Access, Zugriff, Zugang – das ist die Formel des kommenden Zeitalters. Der rasche Zugriff auf Ideen, Güter und Dienstleistungen zählt heute bereits mehr als dauerhafter und schwerfälliger Besitz. Entertainment und Lifestyle, Abenteuer und Glücksgefühle werden immer mehr zur Ware. Jeremy Rifkin entwirft ein umfassendes Bild des neuen Access-Zeitalters. An zahlreichen Beispielen zeigt er, wie sich Alltagsleben, Arbeit, Freizeit und Konsumverhalten bereits radikal verändert haben und wie sie in Zukunft aussehen können. Er führt uns eine Welt vor, in der möglicherweise alles, was wir brauchen, nur noch als bezahlter Service erhältlich ist. Rifkin warnt: Wenn wir der Ökonomie gänzlich das Feld überlassen, sind die Grundlagen unserer Gesellschaft in Gefahr.

»Eine faszinierende, überaus spannende Reise in die virtuelle Welt des Hyperkapitalismus!« *Süddeutsche Zeitung*
»Ein aufrüttelndes Buch!« Ernst Ulrich von Weizsäcker

Jeremy Rifkin, geboren 1945, ist Gründer und Vorsitzender der Foundation on Economic Trends in Washington. Mit seinen zeitkritischen Büchern bringt er die großen gesellschaftlichen, politischen und ökonomischen Trends auf den Punkt. Bestseller wie »Das Ende der Arbeit« (Bd. 15156) wurden in sechzehn Sprachen übersetzt und lösten internationale Debatten aus.
Rifkin ist als Berater mehrerer Regierungen tätig und unterrichtet an der renommierten Wharton School.

Jeremy Rifkin

ACCESS

Das Verschwinden des Eigentums

Warum wir weniger besitzen und mehr ausgeben werden

Aus dem Englischen
von Klaus Binder und
Tatjana Eggeling

Fischer Taschenbuch Verlag

Ungekürzte Ausgabe
Veröffentlicht im Fischer Taschenbuch Verlag,
einem Unternehmen der S. Fischer Verlag GmbH,
Frankfurt am Main, Oktober 2002

Lizenzausgabe mit freundlicher Genehmigung
des Campus Verlags Frankfurt / New York
Für die deutsche Ausgabe:

Die amerikanische Originalausgabe erschien 2000
unter dem Titel ›The Age of Access‹
bei Jeremy P. Tarcher / Putnam, New York

Druck und Bindung: Clausen & Bosse, Leck
Printed in Germany
ISBN 3-596-15620-3

INHALT

Teil I
Der Kapitalismus erreicht eine neue Stufe

Teil II
Die Privatisierung des kulturellen Gemeinguts

Teil I

DER KAPITALISMUS ERREICHT EINE NEUE STUFE

KAPITEL 1

»ACCESS« STATT EIGENTUM

Eigentum bleibt nicht, was es war. Und das wird weitreichende Folgen für das gesellschaftliche Leben haben. Seit Beginn der Neuzeit waren Eigentum und Märkte Synonyme. Im Zentrum der kapitalistischen Wirtschaftsweise steht der Tausch von Eigentum auf dem Markt. Das Wort *market* ist in der englischen Sprache erstmals im 12. Jahrhundert aufgetaucht und bezeichnete den physischen Ort, an dem Verkäufer und Käufer Waren und Vieh tauschen konnten. Ende des 18. Jahrhunderts wurde der Begriff von jedem räumlich-geografischen Bezug befreit und beschreibt seither den abstrakten Prozess des Verkaufens und Kaufens.[1] Entsprechend hat auch das deutsche Wort Markt seine Bedeutung erweitert. Die Welt, wie wir sie kennen, ist so eng an den Prozess des Verkaufens und Kaufens gebunden, dass wir uns gar nicht vorstellen können, wie die Menschen ihre Angelegenheiten anders organisieren könnten. Der Markt ist die Macht, die unser gesamtes Leben durchdringt. Seinen Stimmungen und Umschwüngen können wir uns nicht entziehen. Sein Wohlergehen wird zum Maßstab unseres eigenen. Sind die Märkte gesund, fühlen wir uns im Auftrieb. Werden sie schwach, verzweifeln wir. Der Markt ist der Führer und Ratgeber, manchmal auch der Fluch unserer Existenz.

Schon kleine Kinder machen ihre Erfahrungen mit dem Markt. Welcher Youngster hat sich nicht die Nase an einem Schaufenster platt gedrückt und schüchtern gefragt: »Was kostet das?« Von klein auf lernen wir, dass praktisch alles einen Preis hat und zu kaufen ist. Wenn wir älter werden, führt man uns an die dunkle Seite des Marktes heran, wir hören die Warnung *caveat emptor*: Käufer, nimm dich in Acht. Wir leben unter der unsichtbaren Macht des Marktes nach dessen Regeln und richten unser Leben nach der Maxime, billig zu kaufen und teuer zu verkaufen. Wir lernen, dass Erwerb und Akkumulation von Besitz ganz wesentlich zu unserem Dasein gehören, lernen, dass das, was wir sind, zu einem guten Teil Spiegelbild dessen ist, was wir besitzen. Unsere Vorstellungen davon, wie die Welt funktioniert, beruhen größtenteils darauf, was wir als quasi natürlichen Drang betrachten, nämlich Güter miteinander auszutauschen und wohlhabende Mitglieder der Gesellschaft zu werden.

Mit schier unerschütterlicher Ergebenheit haben wir den Markt zu unserer Sache gemacht. Wir singen sein Lob und mahnen seine Kritiker. Wer hätte nicht, zumindest hin und wieder, die Vorteile von Eigentum und Märkten mit Leidenschaft verteidigt? Ob Freiheit des Individuums, unveräußerliche Menschenrechte oder Gesellschaftsvertrag: Diese Ideen sind allesamt Ausgeburten dieser unsichtbaren und grundlegenden gesellschaftlichen Konvention.

Eben diese Grundlage des neuzeitlichen Lebens befindet sich heute in Auflösung. Die Institution, die einst Menschen in ideologische Kämpfe verwickelte, in Revolutionen und Kriege trieb, stirbt im Gefolge einer neuen Konstellation ökonomischer Realitäten langsam ab und die Gesellschaft steht vor der Frage, welche Bindungen und Grenzen die menschlichen Beziehungen im kommenden Jahrhundert bestimmen werden.

Im kommenden Zeitalter treten Netzwerke an die Stelle der Märkte, und aus dem Streben nach Eigentum wird Streben nach Zugang, nach Zugriff auf das, was diese Netzwerke zu bieten haben. Unternehmen und Verbraucher machen erste Schritte, den zentralen Mechanismus des neuzeitlichen Wirtschaftslebens auszuhebeln – den Tausch von Eigentum zwischen Verkäufern und Käufern auf Märkten. Das bedeutet nicht, dass es im kommenden

Zeitalter kein Eigentum mehr geben wird. Ganz im Gegenteil. Eigentum wird weiter fortbestehen, aber es wird wahrscheinlich viel seltener getauscht werden. Die Anbieter der neuen Ökonomie werden ihr Eigentum behalten, sie werden es verpachten und vermieten oder auch Zugangsgebühren, Abonnements- oder Mitgliedsbeiträge für seinen befristeten Gebrauch erheben. Der Austausch von Eigentum zwischen Verkäufern und Käufern – das Grundschema des neuzeitlichen Marktsystems – wird abgelöst vom kurzfristigen Zugang, wobei Anbieter und Kunden in einem Netzwerk miteinander verbunden sind. Märkte bleiben bestehen, spielen für die Beziehungen zwischen den Menschen jedoch eine immer geringere Rolle.

In der vernetzten Wirtschaft ist materielles wie geistiges Eigentum für Unternehmen etwas, auf das man zugreift, der Austausch wird zurückgehen. Eigentum an Sachkapital jedoch, im Industriezeitalter Kern nicht nur des Wirtschaftslebens, wird für den ökonomischen Prozess immer unbedeutender. Es wird von Unternehmen eher als Betriebsausgabe betrachtet denn als Vermögenswert, als etwas, das man besser leiht als besitzt. Auf der anderen Seite wird geistiges Kapital zur treibenden Kraft der neuen Ära und zum eigentlichen Objekt der Begierde. Konzepte, Ideen und Vorstellungen – nicht Dinge – sind in der neuen Ökonomie die Gegenstände von Wert. Reichtum wird nicht länger mit materiellem Kapital verbunden, sondern mit menschlicher Vorstellungskraft und Kreativität. Geistiges Kapital, das soll gleich gesagt sein, wird allerdings kaum ausgetauscht. Stattdessen steht es unter der Verfügung von Anbietern, die es potenziellen Nutzern zur begrenzten Nutzung verleihen oder in Lizenz vergeben.

Unternehmen sind in diesem Übergang vom Besitz zum Zugang schon ein Stück vorangekommen. In einem gnadenlosen Wettbewerb verkaufen sie ihren Grundbesitz, verschlanken ihr Inventar, leasen ihre Ausstattung und lagern ihre Aktivitäten aus; sie wollen sich von jeglichem immobilen Besitz befreien. Dinge, und zwar möglichst viele, zu besitzen, wird in der an Schnelligkeit und Flexibilität orientierten Wirtschaft des neuen Jahrhunderts als überholt und lästig betrachtet. In der heutigen Geschäftswelt wird fast alles geliehen, was ein Unternehmen zu seinem Betrieb braucht.

Drehte sich auf den herkömmlichen Märkten alles um Verkäufer und Käufer, stehen heute Anbieter und Nutzer im Mittelpunkt. In der vernetzten Wirtschaft treten strategische Allianzen an die Stelle von Markttransaktionen: Man trifft Vereinbarungen über die gemeinsame Nutzung von Ressourcen und über die Aufteilung der Gewinne. Viele Unternehmen verkaufen nicht länger fertige Produkte an andere. Sie vereinigen und teilen ihre Ressourcen; sie schaffen riesige Netze, in denen Anbieter und Nutzer gemeinsam das Geschäft des jeweils anderen mit betreiben.

Es kann nicht überraschen, dass diese neue Organisation des Wirtschaftslebens auch neue Möglichkeiten schafft, ökonomische Macht in der Hand von immer weniger Unternehmen zu konzentrieren. Im Zeitalter der Märkte konnten Institutionen den Austausch von Gütern zwischen Verkäufern und Käufern infolge ihrer Akkumulation von materiellem Kapital zunehmend beherrschen. Im Zeitalter der Netzwerke gewinnen Anbieter, die wertvolles geistiges Kapital angehäuft haben, zunehmend Macht über die Bedingungen, unter denen Nutzer auf gewinnträchtige Ideen, Wissen und Fachkenntnisse zugreifen können.

Geschäftserfolg hängt in der vernetzten Ökonomie weniger vom wiederholten Austausch auf dem Markt ab, sondern eher davon, dass es gelingt, langfristige Geschäftsbeziehungen aufzubauen. Ein Beleg dafür ist das gewandelte Verhältnis zwischen Gütern und sie begleitenden Dienstleistungen. Im klassischen Industriezeitalter wollten Unternehmen vorrangig ihre Produkte verkaufen; kostenlose Servicegarantien setzten Kaufanreize. Heute ist dies geradezu umgekehrt. Immer häufiger geben Unternehmen ihre Produkte buchstäblich umsonst ab: Sie hoffen stattdessen auf langfristige Servicebeziehungen zu ihren Kunden.

Auch die Verbraucher orientieren sich um: Sie streben weniger nach dem Eigentum an einer Sache, denn nach ihrer Verfügbarkeit.

Zwar werden niedrigpreisige haltbare Dinge auch weiterhin gekauft und verkauft werden, teurere Objekte jedoch, Geräte, Autos oder Häuser, werden zunehmend von Anbietern gehalten werden, die den Konsumenten über zeitlich befristete Leasing- oder Mietverträge, Mitgliedschaften und andere Dienstangebote Zugang und Nutzung gewähren.

In 25 Jahren wird ein Großteil der Unternehmen und Konsumenten Eigentum wahrscheinlich für altmodisch halten. Es ist eine zu langsame Institution in einer Welt, die immer schnelllebiger wird, in der auch das kulturelle Leben im Takt von Nanosekunden pulsiert. Die Idee des Eigentums beruht auf der Annahme, dass materielle Vermögenswerte oder Anteile daran ihren Wert über eine lange Zeitspanne behalten. »Eigentum« und »akkumulieren« waren über lange Zeit hinweg sorgsam gehegte und gepflegte Lebenskonzepte. Nun jedoch überholen die rasante technische Innovation und die aktuellen ökonomischen Aktivitäten mit ihrem schwindelerregenden Tempo alle Vorstellungen, die wir an Eigentum geknüpft haben. Maßgeschneiderte Produktion, permanente Innovation und kontinuierliche Verbesserung sowie immer kürzere Lebenszyklen von Produkten: In dieser Welt hat nichts Bestand. In einer Ökonomie, deren einzige Konstante der Wandel ist, macht es wenig Sinn, bleibende Werte anzuhäufen.

Das neue Jahrhundert wird also von Geschäftsgrundlagen bestimmt, die völlig anders funktionieren als die der klassischen Marktwirtschaft. Netzwerke treten an die Stelle der Märkte, Verkäufer und Käufer werden zu Anbietern und Nutzern, und was bislang käuflich war, wird »zugänglich«. Zugang, Zugriff, »Access« sind die Schlüsselbegriffe des anbrechenden Zeitalters.

Der Wandel von einem Regime des Besitzens, das auf der Vorstellung von weit gestreutem Eigentum basiert, zu einem des Zugangs, das die kurzfristige und begrenzte Nutzung von Vermögenswerten sichert, die von Anbieternetzwerken zur Verfügung gestellt werden – dieser Wandel wird das Wesen ökonomischer Macht in den kommenden Jahren radikal verändern. Weil unsere politischen Institutionen und Gesetze von Eigentums- und damit von Marktverhältnissen geprägt sind, führt der Übergang von der Idee des »Eigentums« zu der des »Zugangs« auch zu grundlegenden Veränderungen im politischen Leben des kommenden Jahrhunderts. Seit Jahrhunderten schon stiften persönlicher Besitz und Eigentum Identität und gelten als »Maß« für den Wert eines Menschen. Eine gewandelte Vorstellung von Eigentum im Wirtschaftsleben wird den Blick zukünftiger Generationen auf sich selbst und auf das Leben als solches nachhaltig verändern. Sehr wahrscheinlich wird eine Welt, die durch »Access«-Beziehungen geprägt ist, eine andere Art Menschen hervorbringen.

Die Umstrukturierung wirtschaftlicher Beziehungen ist Teil einer weit umfassenderen Transformation des kapitalistischen Systems insgesamt. Langfristig wird die rein industrielle Produktion an Bedeutung verlieren. Statt auf traditionelle Industriegüter und Dienstleistungen wird sich das Kerngeschäft zunehmend auf die Vermarktung von Erlebnissen und Erfahrungen konzentrieren. Reisen in alle Welt, Themenstädte und -parks, Entertainmentzentren, Wellness, Mode und Essen, Profisport, Glücksspiel, Musik, Film, Fernsehen, die virtuelle Welt des Cyberspace und elektronisch vermittelte Unterhaltung jeglicher Art – diese Produkte werden im Zentrum eines neuen Hyperkapitalismus stehen, der den Zugang zu kulturellen Erfahrungen kommerziell verwertet.

Die Metamorphose der industriellen Produktion in einen Kultur vermarktenden Kapitalismus wird begleitet von einem gleichermaßen nachhaltigen Wandel der bisherigen Arbeitsethik in eine Spaß- und Spielethik. Kennzeichen des Industriezeitalters war die Vermarktung der Arbeit, im Zeitalter des Zugangs wird dies vor allem die Vermarktung des Spiels sein – das Marketing kultureller Ressourcen, etwa der Künste sowie von Ritualen, Festivals, sozialen Bewegungen, spirituellen Aktivitäten, Gemeinschaftserlebnissen und staatsbürgerlichem Engagement: all das in Gestalt bezahlter persönlicher Unterhaltung. Die Konkurrenz zwischen Kultur und Kommerz wird im neuen Zeitalter ökonomisch bestimmend sein:

Es geht nun um die wirtschaftliche Kontrolle des Zugangs zu den vielfältigen Vergnügungen.

Überall auf der Erde bauen transnationale Medienkonzerne weltumspannende Kommunikationsnetze auf und beuten lokale kulturelle Ressourcen aus: neu verpackt als Unterhaltungsprodukte und Kulturware. Heute schon gibt das reiche obere Fünftel der Weltbevölkerung für den Zugang zu kulturellen Erlebnissen genauso viel aus wie für Fertigerzeugnisse und Dienstleistungen. Wir erleben die Transformation zu einer »Erlebnis«-Ökonomie – wie es die Wirtschaftsexperten getauft haben – in eine Welt, in der das Leben eines jeden Einzelnen zuletzt zum kommerziell ausbeutbaren Faktor wird. In bestimmten Branchen spricht man schon heute vom *lifetime value* eines Konsumenten, einem Maß für die Werte, die sich mit einem Menschen schöpfen lassen, wenn jeder Augenblick seines oder ihres Lebens in irgendeiner Form vermarktet wird. Im neuen Zeitalter kaufen die Menschen ihre bloße Existenz in kleinen kommerziellen Segmenten.

Zwischen zwei Welten

Auf den globalen Märkten beginnt die kulturelle Produktion die materielle zu überflügeln. Die alten Kolosse des Industriezeitalters – Exxon, General Motors, USX und Sears – weichen den neuen Giganten des kulturellen Kapitalismus – Viacom, Time-Warner, Disney, Sony, Seagram, Microsoft, News Corporation, General Electric, Bertelsmann AG und PolyGram. Diese transnationalen Medienkonzerne nutzen die digitale Revolution in der Telekommunikation, um die Welt zu verbinden. Sie kommerzialisieren Kultur zu maßgeschneiderten kulturellen Erlebnissen, professionellen Massenveranstaltungen und persönlicher Unterhaltung.

Im Industriezeitalter, als die Produktion von Gütern das ökonomische Handeln ausmachte, war Eigentum entscheidend für materielles Überleben und Erfolg. Im neuen Zeitalter, in dem die so genannte kulturelle Produktion das ökonomische Handeln bestimmt, wird der gesicherte Zugriff auf psychisch relevante kulturelle Ressourcen und Erfahrungen genauso wichtig wie Eigentum.

Die Transformation der Ökonomie ist schon seit längerem im Gang. Der Prozess begann früh im 20. Jahrhundert, als sich das Hauptaugenmerk von der Güterproduktion auf die Dienstleistungen verschob. Nun erlebt die Wirtschaftswelt erneut einen grundlegenden Wandel; sie orientiert sich immer stärker an Erlebnissen. Die Produktion von Kultur ist die letzte Stufe des Kapitalismus, dessen wesentliche Triebkraft es seit jeher war, immer mehr menschliche Aktivitäten für das Wirtschaftsleben zu vereinnahmen. Die Konsequenz dieser Entwicklung belegt, dass die Wirtschaft kein anderes Ziel hat, als alle Beziehungen in Marktbeziehungen zu verwandeln.

Die Vermarktung aller Aspekte menschlicher Lebenswelten bedingt auch einen fundamentalen Wandel von Berufstätigkeit und »Arbeit«. Im Industriezeitalter stand die menschliche Arbeitskraft im Dienste der Produktion von Gütern und der Verrichtung von Dienstleistungen. Im Zeitalter des Zugangs wird die menschliche Arbeitskraft in den Sektoren Landwirtschaft, Produktion und Dienstleistung zunehmend von intelligenten, programmierbaren Maschinen ersetzt. Landwirtschaftliche Betriebe, Fabriken und viele Dienstleistungsindustrien werden zügig automatisiert. Von den einfachsten, repetitiven bis hin zu hoch anspruchsvollen, differenzierten Tätigkeiten wird im 21. Jahrhundert körperliche und geistige Arbeit zunehmend von denkenden Maschinen erledigt werden. Mit den neuen Technologien wird man billiger produzieren können als mit den billigsten Arbeitskräften; also werden diese »online« ersetzt werden. Gegen Mitte des 21. Jahrhunderts wird die Wirtschaft über die technische Ausstattung und die organisatorischen Möglichkeiten verfügen, Güter und Dienstleistungen für eine wachsende menschliche Bevölkerung mit nur einem Bruchteil der gegenwärtig Beschäftigten bereitzustellen. Wahrscheinlich wird man im Jahr 2050 nicht mehr als fünf Prozent der erwachsenen Bevölkerung benötigen, um die herkömmliche Industrie und ihre Betriebe zu leiten und in Gang zu halten. Landwirtschaftliche Betriebe, Fabriken und Büros, in denen fast niemand mehr arbeitet, werden selbstverständlich sein. Neue Beschäftigungsmöglichkeiten werden sich eröffnen, jedenfalls für die meisten Menschen, allerdings als bezahlte kulturelle Arbeit im kommerziellen Bereich. Wenn immer größere Teile des persönlichen Lebens der Menschen zu bezahlten Erlebnissen werden, dann werden Millionen Menschen im kommerziellen Bereich arbeiten, um kulturelle Bedürfnisse und Wünsche zu befriedigen.

Die Entwicklung des Kapitalismus, die mit der Vermarktung von Raum und Material begann, endet mit der Vermarktung der Zeit und der Lebensdauer von Menschen. Wird Kultur zunehmend als zu vergütende menschliche Aktivität kommerzialisiert, führt das rasch in eine Welt, in der Geld bestimmte Formen menschlicher Beziehungen, nämlich die traditionellen sozialen Beziehungen ersetzt. Wir müssen uns eine Welt vorstellen, in der praktisch jede Aktivität außerhalb der Familie zum bezahlten Erlebnis wird, eine Welt, in der gegenseitige Verpflichtungen und Erwartungen – vermittelt durch Vertrauen, Empathie und Solidarität – durch Vertragsbeziehungen ersetzt werden, durch Mitgliedschaften, Abonnements, Eintrittsgebühren, Vorauszahlungen und Beiträge.

Überlegen wir nur, wie viele unserer täglichen Interaktionen mit anderen Menschen schon heute nur möglich sind, wenn wir kommerzielle »Medien« in Anspruch nehmen. Zunehmend kaufen wir die Zeit anderer, ihre Achtung und Zuneigung, ihre Sympathie und Aufmerksamkeit. Wir kaufen Information und Unterhaltung, Schönheit und Prestige und alles, was dazwischen liegt – sogar das Vergehen der Zeit selbst wird taxiert. Das Leben wird fortschreitend vermarktet, und zwischen Kommunikation und Kommerz lässt sich immer weniger unterscheiden. Schon für ein Gespräch greifen wir zum Handy.

Selbst in einer voll ausgereiften Marktwirtschaft wird nur periodisch Handel betrieben. Verkäufer und Käufer kommen für einen kurzen Moment zusammen, um über den Transfer von Gütern und Dienstleistungen zu verhandeln, und gehen dann wieder ihrer Wege. Der Rest ihrer Zeit ist frei von Markterwägungen und Handel. Kulturelle Zeit bleibt nicht vermarktete Zeit. Im Hyperkapitalismus, in einem Wirtschaftssystem, das Zugangsbeziehungen organisiert, wird praktisch unsere gesamte Zeit zur Ware. Kauft zum Beispiel ein Kunde ein Auto, ist die direkte Beziehung zum Verkäufer kurz. Wenn ein Kunde sich den Zugang zum gleichen Auto durch einen Leasingvertrag sichert, dann besteht die Beziehung zum Anbieter stetig und ununterbrochen bis zum Auslaufen des Vertrages fort. Anbieter schätzen diese Beziehungen zu ihren Kunden, weil sie sich erneuern lassen und zumindest theoretisch immerwährend sind. Ist jeder in kommerzielle Netzwerke und über Leasing- und Mietverträge, über Partnerschaften oder Mitgliedschaften in kontinuierliche Beziehungen eingebunden, dann ist Zeit stets nur kommerzielle Zeit. Es gibt keine kulturelle Zeit mehr. Was die Menschen und die Zivilisation zusammenhält, sind Geschäftsverbindungen. Das ist die eigentliche Krise der Postmoderne.

In den achtziger und neunziger Jahren grassierte die Deregulierung von Staatsfunktionen und öffentlichen Diensten wie eine Sucht. In weniger als zwanzig Jahren übernahm der globale Markt erfolgreich große Teile dessen, was Aufgabe des Staates war, darunter den öffentlichen Personenverkehr, versorgungswirtschaftliche und Telekommunikationseinrichtungen. Nun hat die Wirtschaft ihre Aufmerksamkeit dem letzten unabhängigen Bereich des menschlichen Lebens zugewandt: der Kultur selbst. In kulturelle Rituale, Gemeinschaftserlebnisse, Versammlungen, in die Künste, in Sport und Spiele, in soziale Bewegungen und staatsbürgerliches Engagement – überall dorthin dringt der kommerzielle Bereich vor. Die große Frage der kommenden Jahre ist, wie ein ziviles Zusammenleben bestehen kann, wenn Staat und kultureller Sektor ihre Selbstständigkeit weitgehend verlieren und als Mediator des menschlichen Lebens nur der kommerzielle Bereich übrig bleibt.

In diesem Buch werde ich viele strukturelle Veränderungen untersuchen, durch die das neue Zeitalter sein ideologisches und organisatorisches Fundament erhält. Der Übergang von Märkten zu Netzwerken und vom Eigentum zum Zugang, die Marginalisierung von materiellem Besitz und der Bedeutungszuwachs von geistigem Eigentum sowie die zunehmende Vermarktung menschlicher Beziehungen führen uns langsam heraus aus einem Zeitalter, in dem der Austausch von Eigentum die zentrale Funktion der Ökonomie war, und hinein in eine neue Welt, in der Erlebnisse und Erfahrungen zur Ware schlechthin werden.

Die Transformation vom industriellen in einen kulturellen Kapitalismus wirft schon jetzt viele unserer Grundannahmen über den Haufen. Hergebrachte Institutionen, die auf Eigentum, Austausch, Markt und materieller Akkumulation basieren, werden allmählich ausgehöhlt. So bricht sich ein Zeitalter Bahn, in dem Kultur die wichtigste kommerzielle Ressource, Zeit und Aufmerksamkeit der wertvollste Besitz und das Leben eines jeden Menschen zum ultimativen Markt werden.

Die Kollision von Kultur und Kommerz

Wir sind auf dem Weg in eine neue Periode, in der immer mehr menschliche Erfahrung zur Ware wird: im bezahlten Zugang zu vielseitigen Netzwerken im Cyberspace. Diese elektronischen Netzwerke, in denen eine wachsende Zahl von Menschen ihren Alltag verlebt, werden von einigen wenigen mächtigen transnationalen Medienkonzernen kontrolliert werden. Sie sind Eigentümer der »Pipelines«, über die Menschen miteinander kommunizieren, und sie werden über einen Großteil der kulturellen Inhalte verfügen, in denen die bezahlten Erlebnisse der postmodernen Welt bestehen. Für diese umfassende Kontrolle gibt es in der Geschichte der menschlichen Kommunikation kein Beispiel. Gigantische Medienkonglomerate und die von ihnen kontrollierten Anbieter von

Inhalten werden zu »Pförtnern«; sie bestimmen die Bedingungen und Verhältnisse, unter denen Millionen Menschen im kommenden Zeitalter Zugang zueinander erhalten werden – ein völlig neues Monopoly, ein globales Spiel mit dem sozialen Leben eines großen Teils der Weltbevölkerung. Wenn aber der Zugang zur menschlichen Kultur zunehmend von globalen Konzernen vermarktet und vermittelt wird, dann wird die Frage nach institutioneller Macht und Freiheit wichtiger denn je zuvor.

Dass die kulturelle Sphäre in der kommerziellen aufgeht, zeigt einen grundlegenden Wandel in den menschlichen Beziehungen: mit beunruhigenden Folgen für die gesellschaftliche Zukunft. Vom Beginn der menschlichen Zivilisation bis heute ging das kulturelle Leben und Erleben den Märkten voraus. Menschen gründen Gemeinschaften, schaffen komplizierte Kodes sozialen Verhaltens, reproduzieren gemeinsame Bedeutungen und Werte und stellen – als »soziales Kapital« – soziales Vertrauen her. Nur wenn dieses Vertrauen und der gesellschaftliche Austausch gut entwickelt sind, tätigen Gemeinschaften Handel. Bislang also war der Handel stets ein Derivat der kulturellen Sphäre und von ihr abhängig. Denn bislang war Kultur die Quelle, aus der verbindliche Verhaltensnormen abgeleitet wurden. Diese Normen schaffen ein Klima des Vertrauens, in dem Handel und wirtschaftlicher Austausch überhaupt stattfinden können. Wenn aber die kommerzielle die kulturelle Sphäre verschlingt – wie, das zeige ich in Teil II –, droht sie, die gesellschaftlichen Grundlagen der Handelsbeziehungen zu zerstören.

Eine für das kommende Zeitalter ganz wesentliche Aufgabe wird sein, wieder eine sichere Balance zwischen Kultur und Kommerz herzustellen. Die Kommerzialisierung des Zugriffs droht die kulturellen Ressourcen über die Maßen auszubeuten und zu erschöpfen, vergleichbar etwa mit der Ausbeutung natürlicher Ressourcen im Industriezeitalter. Die Frage ist, ob und wie es gelingen kann, die bestehende reiche kulturelle Vielfalt zu erhalten und zu mehren. Denn sie ist der Lebensnerv jeder Zivilisation – auch der einer globalen, vernetzten Wirtschaft, die den bezahlten Zugang zu vermarkteten kulturellen Erlebnissen ins Zentrum ihrer Aktivitäten stellt.

Proteus und Proletarier

Das Zeitalter des Zugangs wird einen neuen Menschentyp hervorbringen. Die jungen Menschen der neuen, »proteischen« Generation akzeptieren es, in der Welt des elektronischen Handels und des Cyberspace Geschäfte zu machen und sich dort sozial zu engagieren. Ohne Mühe passen sie sich den simulierten Welten an, die die kulturelle Ökonomie in großer Zahl schafft. Ihre Welt ist eher theatralisch als ideologisch, mehr an »Fun« als an einem Arbeitsethos orientiert. Für sie ist die potenzielle Verfügbarkeit ein Lebensstil. Eigentum mag wichtig sein, aber im Wesentlichen kommt es darauf an, dass man Zugang zum Netz hat. Die Menschen des 21. Jahrhunderts werden sich vermutlich eher als Knoten in Netzwerken gemeinsamer Interessen verstehen denn als autonome Individuen im darwinistischen Überlebenskampf des freien Wettbewerbs. Persönliche Freiheit erfährt diese erste Generation der vernetzten Wirtschaft nicht im Spannungsfeld zwischen dem Recht auf Eigentum und der Möglichkeit, andere auszuschließen. Freiheit definieren sie als das Recht, in Netze wechselseitiger Beziehungen eingebunden zu sein.

Die Erfindung des Buchdrucks hat das menschliche Bewusstsein über die letzten Jahrhunderte hinweg verändert; ähnliche Folgen wird der Computer für das Bewusstsein der nächsten zwei Jahrhunderte haben. Schon stellen Psychologen und Soziologen erste Veränderungen in der kognitiven Entwicklung von Kindern der »Generation @« fest. Die Zahl junger Menschen, die vor Computerbildschirmen aufwachsen und einen großen Teil ihrer Zeit in Chatrooms und simulierten Umwelten verbringen, wächst. Sie bilden »multiple Persönlichkeiten« aus. Für jede virtuelle Welt oder jedes Netzwerk, in dem sie sich gerade befinden, schaffen sie sich flüchtige fragmentierte Bewusstseinsformen. Realität, so befürchten die Psychologen, wird für die Generation @ kaum noch etwas anderes sein als ständig wechselnde Handlungsfäden und Unterhaltungsräume. Damit würden sie die in der herkömmlichen Sozialisation tief verankerten Erfahrungen ebenso verlieren wie die Fähigkeit, ihre Aufmerksamkeit über längere Zeiträume zu konzentrieren. Beides aber sind Voraussetzungen dafür, einen kohärenten Bezugsrahmen auszubilden, in dem sich Umwelt verstehen und der Umgang mit ihr erlernen lässt.

Andere betrachten diese Entwicklung positiver: als eine Befreiung des menschlichen Bewusstseins, durch welche die Menschen spielerischer, flexibler werden, ja die Fähigkeit entwickeln, sich immer wieder zu verwandeln, um den sich rasch und ständig ändernden Realitäten, die sie erleben, genügen zu können. Die Kinder, so die optimistische Deutung, wachsen heute in einer Welt der Netzwerke und Verbindungen auf, in der aggressive Auffassungen von Mein und Dein, wie sie für die besitzorientierte Marktökonomie charakteristisch waren, von der Wahrnehmung wechselseitiger Abhängigkeiten und Beziehungen abgelöst werden. Es geht nicht mehr um Wettbewerb, sondern um Kooperation, um Denken in Systemen und um Konsensbildung.

Tatsächlich ist es für Prognosen noch zu früh. Einerseits sind die kommerziellen Kräfte ebenso mächtig wie verführerisch und lenken bereits einen großen Teil der Generation @ in die neuen Welten der kulturellen Produktion. Andererseits nutzen viele junge Leute ihr neu gewonnenes Bewusstsein dazu, die zügellose Konkurrenz- und Wirtschaftsethik infrage zu stellen und neue Interessensgemeinschaften zu bilden. Ob sich die Kräfte des kulturellen Ausverkaufs letztlich durchsetzen oder ob eine neue Kultur des Zusammenlebens in der Lage sein wird, eine Balance zwischen den beiden Sphären zu schaffen, ist noch offen.

Neben dieser Kluft zwischen den Generationen verläuft ein ebenso tiefer Graben zwischen den Wirtschafts- und Gesellschaftssystemen. Während ein Fünftel der Weltbevölkerung auf dem Weg in Cyberspace, Vernetzung und Zugangsbeziehungen ist, leidet der Rest der Menschheit noch immer unter materiellem Mangel. Für die Armen bleibt das Leben ein täglicher Kampf ums Überleben, für sie ist Besitz das dringendste – und für manche sicher ein fernes – Ziel. In ihrer Welt spielen Glasfaserkabel, Satellitenverbindungen, Mobiltelefone, Computerbildschirme und Netzwerke im Cyberspace keine Rolle. Auch wenn es sich manche von uns nur schwer vorstellen können: Über die Hälfte der heute lebenden Menschen hat noch nie telefoniert.

Der Graben zwischen Besitzenden und Nichtbesitzenden ist tief, der zwischen den Vernetzten und den Nichtvernetzten ist allerdings noch tiefer. Es entwickeln sich zwei verschiedene Zivilisationen – die Welt teilt sich in jene, die innerhalb der elektronischen Mauern leben, und jene, die draußen bleiben. Die neuen weltumspannenden digitalen Kommunikationsnetzwerke schaffen, weil sie so allumfassend sind, einen totalisierenden sozialen Raum, den Cyberspace, als eine zweite Weltsphäre über der »Mutter Erde«. Die Abwanderung von Handel und gesellschaftlichem Leben ins Reich des Cyberspace isoliert in bislang nicht vorstellbarer Weise einen Teil der Menschheit vom Rest. Die Teilung der Menschheit in zwei verschiedene Existenzbereiche – die so genannte digitale Kluft – ist ein bedeutender Wendepunkt in der Geschichte. Ist ein Teil der Erdbevölkerung nicht länger in der Lage, mit dem anderen Teil in Zeit und Raum zu kommunizieren, dann gewinnt die Frage des Zugangs eine politische Bedeutung von historischem Ausmaß. Die große Kluft der Zukunft verläuft zwischen denen, deren Leben zunehmend im Cyberspace stattfindet, und denen, die zu diesem mächtigen neuen Reich menschlicher Existenz niemals Zugang haben werden. Dieser Gegensatz wird viele der politischen Kämpfe in den kommenden Jahren bestimmen.

Der Wandel vom physischen Raum zum Cyberspace, vom Industrie- zum kulturellen Kapitalismus und vom Eigentum zum Zugang stellt den Gesellschaftsvertrag grundsätzlich infrage. Wir dürfen eines nicht vergessen: Die neuzeitliche Auffassung, dass Privateigentum exklusiv verfügbar und auf einem Markt zu tauschen sei, war *die* zentrale Idee des Industriezeitalters. Sie diktierte die Bedingungen des täglichen Lebens, bestimmte den politischen Diskurs und diente dazu, den Status eines Menschen zu beurteilen. Nun, nachdem dieses Paradigma einige Jahrhunderte lang das zivile Leben bestimmt und strukturiert hat, beginnt das Marktsystem zu zerfallen, das Verkäufer und Käufer zusammenbrachte, die Eigentum tauschen mussten. Wir erleben, wie ein neues Zeitalter heraufzieht, in dem allein die Möglichkeit der Verfügbarkeit zählt. Es wird neue Formen des gesellschaftlichen Austauschs, des politischen Engagements und auch unserer Selbsterfahrung ausbilden.

Dass wir Marktsystem und Warentausch hinter uns lassen, dass die menschlichen Beziehungen nicht mehr über Eigentum, sondern über Vernetzung und Zugang aufgebaut werden, ist derzeit für viele Menschen noch genauso unvorstellbar, wie es die Einhegung und Privatisierung von Land und Arbeit und damit ihre Einbindung in Verhältnisse des Privateigentums vor einem halben Jahrtausend gewesen sein mögen. Doch ein Teil der Menschen hat sich bereits auf diesen Weg begeben; diejenigen nämlich, die ihr Leben immer mehr aus den geografischen Grenzen des Marktes heraus-, in das Reich des Cyberspace hineinverlagert haben. In dieser neuen Welt, die mit Information und Diensten, mit Bewusstsein, Erlebnissen und Erfahrungen handelt, in der das Materielle dem Immateriellen weicht und vermarktete Zeit wichtiger wird als die Aneignung von Raum, verlieren die konventionellen Auffassungen von Eigentumsverhältnissen und Märkten, die das Leben im Industriezeitalter bestimmt haben, immer mehr an Bedeutung.

Der Begriff »Access«, die Vorstellung des Zugriffs auf Netzwerke aber setzt sich durch, und sie wird die Dynamik gesellschaftlicher Entwicklungen nicht weniger machtvoll verändern, als es die Vorstellungen von Eigentum und Markt zu Beginn der Neuzeit getan haben. Bis vor kurzem war das Wort *access* generell auf Fragen des Zugangs zu physischen Räumen beschränkt. 1990, in seiner achten Auflage, führte das Oxford Concise Dictionary das Wort zum ersten Mal als Verb auf, als *Zugang haben* – ein Zeichen dafür, dass sich zumindest im angelsächsischen Sprachraum und Alltagsleben etwas verändert hat. In deutschen Wörterbüchern findet man neben der räumlichen auch soziale und kulturelle Bedeutungen, meist mit restriktivem Unterton: keinen Zugang zu bestimmten Kreisen, zur modernen Kunst haben etc. Zugang ist so etwas wie die Eintrittskarte zu Aufstieg und persönlicher Erfüllung, und heute, wo man – angeblich – überall Zugang erwerben kann, ist diese Vorstellung so mächtig wie es die Vision demokratischer Verhältnisse für frühere Generationen gewesen ist. Zugang ist ein politisch hoch aufgeladenes Wort. Schließlich geht es um Unterschiede und gesellschaftliche Brüche, darum, wer dazugehört und wer ausgeschlossen wird. »Access«, Zugang, ist *der* Schlüsselbegriff, wenn wir verstehen wollen, was sich an unserer Wahrnehmung von Welt und Wirtschaftsgeschehen geändert hat – er wird die Metapher des kommenden Zeitalters sein.

KAPITEL 2

AUS MÄRKTEN WERDEN NETZWERKE

1851 hat Nathaniel Hawthorne versucht, sich vorzustellen, wie die Elektrizität die Welt verändern wird: »Ist es nicht eine Tatsache ..., dass die materielle Welt durch elektrische Kräfte zu einem einzigen großen Nerv geworden ist, der in der Zeit eines Atemzuges 1000 Meilen durchzittert? Wahrlich, die runde Erdkugel ist ein ungeheurer Kopf, ein mit Intelligenz gefüllter Geist! Oder – wir wollen lieber sagen – sie ist selbst ein Gedanke, nichts anderes als ein Gedanke und nicht mehr die Materie, wie wir vermuteten!«[1]

Hawthornes Vision wird heute Realität: in der Vereinigung von Mikroelektronik, Computern und Telekommunikation zu einem einzigen einheitlichen Kommunikationsnetzwerk. Der Wandel von analogen zu digitalen Kommunikationsformen hat den Angleichungsprozess beschleunigt. Moderne Technik eröffnet einen neuen Weg, Geschäfte zu machen. Und auch in der ökonomischen Theorie ist vom »Netzwerkverfahren« modernen Wirtschaftens die Rede.

Der neue Handelsverkehr findet im Cyberspace statt, einem elektronischen Medium, das sich weit vom geografisch gebundenen Markt entfernt hat. Die Verlagerung des Primärhandels aus der physischen Welt in den Cyberspace ist einer der großen Umbrüche in der Organisation des menschlichen Lebens, ein Prozess, der zu enormen, ganz grundsätzlichen Veränderungen der menschlichen Wahrnehmung und des gesellschaftlichen Verkehrs führen wird.

Nichts wird sich vermutlich gründlicher verändern als unsere Vorstellungen von Eigentum. In einer an geografische Räume gebundenen Ökonomie tauschen Verkäufer und Käufer an bestimmten Orten Güter und Dienstleistungen, heute tauschen Anbieter und Kunden im globalen Netz eher Informationen, Wissen, Erlebnisse, sogar Fantasien. Ging es früher darum, Eigentum zu transferieren, so ist das Ziel heute, Zugriff auf unser Alltagsleben zu gewinnen.

Die Neupositionierung des Primärhandels im Cyberspace und der Übergang zu einer vernetzten, globalen Ökonomie sind durch die Ausbreitung der weltumspannenden elektronischen Netze möglich geworden, deren wichtigstes das Internet ist. Geschaffen hat es das Pentagon in den späten sechziger Jahren. Man wollte den Forschern, die an Universitäten und im Auftrag des Verteidigungsministeriums tätig waren, neue Supercomputer zur Verfügung stellen, doch sollte das möglichst wenig kosten. Also suchte man im Pentagon nach Methoden, wie Menschen trotz räumlicher Trennung Computer gemeinsam nutzen könnten. Zudem fürchtete man, dass zentral gesteuerte Kommunikationsverfahren bei möglichen Angriffen viel zu verletzlich seien. Gesucht wurden also neue dezentrale Kommunikationsmedien, die einer großen Zahl von Wissenschaftlern auf verschiedenen Wegen Nachrichten übermitteln könnten und auch dann noch funktionstüchtig bleiben würden, wenn Teile des Systems zerstört wären. Die Lösung war das ARPANET, das die Advanced Research Projects Agency des US-Verteidigungsministeriums entwickelt hatte.

Der erste Hostcomputer ging 1969 online. Im Jahr 1988 waren bereits mehr als 60 000 Hostcomputer angeschlossen.[2] Andere Netze folgten ARPANET dicht auf dem Fuß. Die National Science Foundation baute das NSFnet auf, um ihre Supercomputer an großen Universitäten Wissenschaftlern überall im Land zugänglich zu machen. Das ARPANET wurde 1990 geschlossen, damit rückte das NSFnet zum wichtigsten Medium zur Vernetzung von Computern auf. Das Energieministerium schuf ESnet, und die NASA ging mit NSInet online. Auch private Netze wurden in den achtziger Jahren eingerichtet: Zu den Pionieren gehörten IBM, GTE und AT&T.[3] Entwickelt für den internen Gebrauch und damit Anbieter und Kunden ohne Zeitverzug kommunizieren können, schufen diese privaten Netze die Grundlage dafür, dass sich eine elektronisch vernetzte Wirtschaft entwickeln konnte.

Das Internet ist das Netz der Netze, seine Botschaften können über Telefonleitungen, Kabel und Satelliten versendet werden. Eine Gesellschaft, in der sich die Vorstellung von Eigentum auflöst, so James Gleick »muss sich vor allem eines klar machen: [Das Internet] ist kein Ding, es ist keine Einheit; es ist eine Organisation. Niemand besitzt es; niemand betreibt es. Es ist einfach der Computer eines jeden, nur vernetzt.«[4]

Heute haben nach Angaben des US-Handelsministeriums mehr als 200 Millionen Menschen überall auf der Welt Zugang zum Internet, und Prognostiker schätzen, dass es im Jahr 2005 mehr als eine Milliarde Menschen sein werden.[5] 1998 erzielte die Internetwirtschaft Erlöse von mehr als 301 Milliarden US-Dollar und schuf über 1,2 Millionen Arbeitsplätze. Nach einer Studie der University of Texas wächst die Internetökonomie jährlich um durchschnittlich 174,5 Prozent und verdoppelt sich derzeit alle drei Monate.[6]

Auch Firmennetze breiten sich aus. Im Jahr 1989 waren weniger als 10 Prozent der amerikanischen Unternehmen an Netze angeschlossen; bis 1993 sind mehr als 60 Prozent online gegangen.[7] EDS rühmt sich des weltgrößten Netzes von Firmendaten. Das System, dessen Installation 1 Milliarde US-Dollar kostete, vernetzt 400 000 Desktopcomputer und Terminals mit 95 Datenzentren. Das EDS-net steuert täglich 51,2 Millionen Transaktionen und Datentransfers und kann 49,7 Billionen Datensätze speichern: das 45-fache der Menge an Informationen, die in der Library of Congress zu finden sind.[8]

1998 tätigten Unternehmen in den USA online Business-to-Business-Geschäfte im Wert von mehr als 43 Milliarden US-Dollar. Forrester Research, ein Marktforschungsunternehmen in Cambridge, Massachusetts, schätzt, dass Online-Geschäfte bis zum Jahr 2003 ein Volumen von 1,3 Billionen US-Dollar erreichen werden, das wären 9,4 Prozent aller Geschäftsabschlüsse. Auch in Deutschland werden die Umsätze von Online-Geschäften enorm ansteigen, von 2,6 Milliarden DM im Jahr 1998 auf voraussichtlich 100 Milliarden DM im Jahr 2002. Nach Einschätzung von Forrester Research wird Deutschland spätestens im Jahr 2004 mit Abstand der größte E-Commerce-Markt in Westeuropa sein. Bis zu diesem Zeitpunkt sollen rund 800 Milliarden DM allein über das Internet umgesetzt werden, was einem Anteil von 6,7 Prozent am Gesamtaufkommen der Bundesrepublik ausmachen würde.[9]

Die vernetzte Wirtschaft

Das wesentliche Kennzeichen des Geschäftslebens im Cyberspace ist Vernetzung. Elektronische Netze reißen Grenzen und Mauern nieder. Anders als der geografisch zu ortende Markt des Industriezeitalters – der auf der Idee souveräner und autonomer Verkäufer und Käufer beruhte, die, jeder unabhängig vom anderen, diskrete Transaktionen durchführten – verwebt die Cyberspace-Wirtschaft die Unternehmen in enge Netze gegenseitiger Abhängigkeit, in denen sie Aktivitäten und Ziele miteinander teilen. Kevin Kelly, der Herausgeber des Magazins *Wired*, spricht für viele Enthusiasten, wenn er anmerkt, es sei »die zentrale Leistung des kommenden Zeitalters, alles mit allem zu vernetzen«.[10] Schon vernetzen sich Firmen mit Anbietern und Konsumenten, um immaterielle Ressourcen, also Informationen und Fachkenntnisse, gemeinsam zu nutzen. Man ist davon überzeugt, dass jedes Unternehmen die eigenen Ziele optimieren kann, wenn alle ihre Stärken vereinen.

Dieses Anknüpfen von Geschäftsbeziehungen hat nichts mehr mit den Beobachtungen und Thesen eines Adam Smith gemeinsam. Was der schottische Ökonom in dem 1776 veröffentlichten Werk

Der Wohlstand der Nationen schrieb, galt mehr oder weniger für die gesamte Industrielle Revolution:

Jeder Einzelne ist ständig bemüht, den vorteilhaftesten Einsatz für jegliches Kapital zu finden, über das er verfügt. Es ist aber tatsächlich sein eigener Vorteil und nicht der Nutzen für die Gesellschaft, auf den er aus ist. Doch die Suche nach seinem eigenen Vorteil führt ihn auf natürlichem Wege, oder besser notwendigerweise, dazu, den Einsatz zu bevorzugen, der für die Gesellschaft am vorteilhaftesten ist.[11]

In der Welt des Adam Smith gründet das Spiel des Marktes auf der Fähigkeit, Eigentum anzuhäufen, zu halten und andere auszuschließen. In einer vernetzten Ökonomie führt das Eigeninteresse auf einen ganz anderen Weg. Wenn jedes Unternehmen in ein Netz gegenseitiger, für alle nützlicher Beziehungen eingebunden ist, das geknüpft wurde, um die Gesamtleistung aller zu optimieren, rückt der Erfolg jedes Einzelnen in greifbare Nähe – was in der Geschäftswelt auch als Winner-Winner-Strategie bezeichnet wird.

Der Soziologe Manuel Castells von der University of California in Berkeley hat die Netze der neuen global vernetzten Wirtschaft in fünf Grundtypen unterschieden: Anbieternetze, in denen Unternehmen vertraglich zur Zulieferung einer Reihe von Inputs, von Planungsoperationen bis hin zur Herstellung von Einzelteilen, verpflichtet sind; Produzentennetze, in denen Unternehmen ihre Produktionsanlagen, ihre Finanz- und Arbeitskraftressourcen zusammenführen, um ihre Bestände an Gütern und Dienstleistungen auszudehnen, Märkte geografisch zu erweitern und die Kosten für Vorlaufrisiken zu minimieren; Konsumentennetze, die Hersteller, Verteiler, Vermarktungskanäle, wertschöpfende Händler und Endverbraucher miteinander verbinden; Koalitionen, die in einem bestimmten Bereich so viele Unternehmen wie möglich zusammenbringen, um sie an den technischen Standard zu binden, den ein führendes Industrieunternehmen entwickelt hat; und schließlich Netze technischer Kooperationen, in denen Unternehmen wertvolles Wissen und wertvolle Fachkenntnisse zur Forschung und zur Entwicklung von Produktlinien gemeinsam nutzen können.[12]

Was man sich vor allem klar machen muss: Die vernetzte Wirtschaft wird von einer dramatischen Beschleunigung der technischen Innovation vorangetrieben, die sie wiederum ihrerseits beschleunigt. Weil Produktionsprozesse, technische Ausrüstungen, Güter und Dienstleistungen in einer elektronisch geprägten Umgebung schneller veralten, wird langfristiger Besitz immer unattraktiver, der kurzfristige Zugang dagegen zu einer immer häufigeren Option. Beschleunigte Innovation und beschleunigter Produktumsatz diktieren die Bedingungen für die neue Netzwerkökonomie; ein erbarmungsloser Wettbewerb, der großen Einsatz fordert.

Dass die Lebenszyklen der Produkte auf diese Weise immer kürzer werden, folgt direkt aus dem so genannten Mooreschen Gesetz. Gordon Moore, Elektroingenieur und Gründer von Intel, hat bereits sehr früh vorausgesehen, dass sich die Prozessgeschwindigkeit von Computerchips kontinuierlich alle 18 Monate verdoppeln wird, während deren Produktionskosten gleich bleiben oder sogar geringer werden. Das Mooresche Gesetz gilt inzwischen auch für Computerspeicher, für die Kapazität zur Datenspeicherung und für die Fernmeldetechnik.[13]

Moores Voraussage ist eingetroffen. Die Computerleistung wächst, obwohl die Preise für Computer und Chips weiter fallen. Personalcomputer, die vor zehn Jahren im Einzelhandel 3000 US-Dollar kosteten, sind heute, obwohl die Rechenleistung in jedem Gerät um ein Vielfaches gestiegen ist, für weniger als 1000 US-Dollar zu haben. Und Chips sind, ob in Grußkarten oder Waschmaschinen, in Tausenden von Produkten eingebaut; die Geräte um uns herum werden immer intelligenter, der Informationsaustausch immer intensiver.[14]

Hinsichtlich der Lebenszyklen von Produkten richtet die dem Mooreschen Gesetz folgende Entwicklung verheerenden Schaden an. »Intelligente« Produkte, die Computerchips enthalten, sind zeitabhängiger als traditionelle Produkte; sie entwickeln sich ständig fort, werden immer ausgereifter und übernehmen mit jedem neuen Übergang und in jeder neuen Generation neue Aufgaben.[15] Weil sie abhängig vom Informationsfluss und animiert durch ständiges Feedback entstehen, wächst der Druck zur Verbesserung und Innovation. »In dem Maß, in dem ein Produkt dem Kontinuum der Informationsintensität voraus ist«, so Rashi Glazer, Professor für Marketing an der University of California, »wird es zwingender und auch einfacher, das Angebot zu verändern.«[16] Je mehr ein vom Informationsfluss angereichertes Produkt – über Feedback-Schleifen – mit seiner Umgebung interagiert, desto wahrscheinlicher wird dieser Prozess selbst innovative Möglichkeiten generieren, das Produkt effektiver zu gestalten. Die Kosten für Forschung und Entwicklung zur Verbesserung der Informationskomponente mögen hoch sein, die tatsächlichen Kosten dafür, diese neuen Informationen in jedes neu auf den Markt gebrachte Produkt einzubauen, sind relativ gering. »Das Ergebnis«, so Glazer, »ist eine schnellere Evolution der Grundform des Produktes und eine Gewichtsverlagerung hin zu erfolgreichen *Generationen* des Produktes, wobei der Lebenszyklus jeder einzelnen Generation oder ›Version‹ ... an Bedeutung verliert.«[17]

In allen Branchen werden die Lebenszyklen von Produkten kürzer. Ende der siebziger und Anfang der achtziger Jahre brauchten 3100 Arbeitskräfte bei Chrysler 55 Monate, um das K-Modell zu entwickeln und zu produzieren. Nur wenige Jahre später entwickelte das gleiche Unternehmen das Modell Neon mit nur 700 Arbeitskräften in weniger als 32 Monaten. Heute kann die Chrysler Forschungs- und Entwicklungsabteilung ein neues Auto in weniger als zwei Jahren produktionsreif machen. Automobilhersteller verfolgen das Ziel, in weniger als einem Jahrzehnt ein maßgeschneidertes, fehlerfreies Auto in weniger als drei Tagen bauen und liefern zu können.[18]

1986 betrug die durchschnittliche Entwicklungszeit für ein neues Medikament zehn Jahre. Die neue Generation von Pharmazeutika, mittels Biotechnologie und viel mehr Informationen hergestellt, wird in vier bis sieben Jahren entwickelt und zur Marktreife gebracht. Gleichzeitig sinkt die Lebensdauer pharmazeutischer Produkte. Zum Beispiel wurden Mitte der sechziger Jahre injizierbare Cephalosporine, Breitbandantibiotika, auf den Markt gebracht. Zwölf Jahre später überholten die Verkaufszahlen der zweiten Produktgeneration die der Vorläufer; die vierte Produktgeneration schließlich benötigte dafür weniger als ein Jahr.[19]

Elektromechanische Produkte wie Schreibmaschinen, elektrische Schalter und Regler für Subsysteme blieben früher für Jahrzehnte auf dem Markt. Ihre Nachfolger haben eine durchschnittliche Lebensdauer von drei bis fünf Jahren oder weniger, dann werden sie von neueren Modellen und Versionen verdrängt. Arbeitsplatzrechner hielten anfangs ein Jahrzehnt oder länger. Heute beträgt ihre Lebensdauer kaum 24 Monate.[20]

Die Konsumgüter japanischer Elektrokonzerne erreichen heute einen durchschnittlichen Lebenszyklus von drei Monaten. Im Jahr 1995 kam Sony mit 5000 neuen Produkten auf den Markt, eine unglaubliche Menge.[21] Nathan Myhrvold, Vicepresident von Microsoft, bringt die schwindelerregende Verbreitung neuer Produkte auf den Punkt: »Dein Produkt kann so gut sein, wie es will: Nur 18 Monate trennen dich vom Misserfolg.«[22] An der Spitze des Wettbewerbs zu liegen, heißt häufig, gegen sich selbst zu konkurrieren. Intel zum Beispiel arbeitet gleichzeitig an drei Generationen von Chips. Während die eine Generation noch produziert wird, wird eine zweite produktionsreif gemacht und eine dritte entwickelt.[23] Bei IBM fiel die Entwicklungszeit für neue Produkte von 2500 Arbeitstagen auf nur drei Stunden.[24] Der Honeywell-Konzern hat seine Produktentwicklungszeit um 60 Prozent gesenkt und zugleich die Arbeitsstunden um 5 bis 10 Prozent reduziert; Xerox hat seine Entwicklungszeiten halbiert.[25]

Forschung und Entwicklung werden, so Eric Schmidt, der Cheftechniker von Sun Microsystems, heute in »Webwochen« gezählt. Nach seiner Schätzung sind 20 Prozent des Wissens, das innerhalb seines Unternehmens generiert wird, in weniger als einem

Jahr überholt.[26] Der größte Teil der Konzerneinnahmen, so Wim Roelands, Chef für die Planung von Computersystemen bei Hewlett-Packard, wird mit Produkten erzielt, die es vor einem Jahr noch nicht gab.[27] Selbst Konsumgüter, die bisher eine langfristige Kundentreue garantierten, bleiben auf der Strecke. Mehr als 90 Prozent ihrer Einkünfte erwirtschaftet die Miller Brewing Company mit Biersorten, die zwei Jahre zuvor noch nicht auf dem Markt waren.[28]

Es sind die »schnellen Ökonomien«, so die Zukunftsforscher Alvin und Heidi Toffler, die auf dem neuen, von heftiger Konkurrenz geprägten Markt »große Ökonomien ersetzen«.[29] Ein Unternehmen, das als erstes auf dem Markt ist, kann höhere Preise und Gewinnspannen erzielen. Nur wenige Monate Vorsprung vor der Konkurrenz können über Erfolg oder Scheitern entscheiden. Je rascher ein Produkt auf den Markt gelangt, desto länger ist seine Lebensdauer. Durch gesenkte Forschungs- und Entwicklungszeiten verlängert ein Unternehmen die Verweildauer seines Produktes auf dem Markt und kann so die Investitionen wieder erwirtschaften und sogar Gewinne erzielen, bevor das Produkt veraltet ist.

Natürlich spiegelt sich der kurze Lebenszyklus der Produkte in der kurzen Spanne, in der die Verbraucher aufmerksam bleiben. Wenn neue Produkte zu Tausenden immer schneller über den Markt flitzen, muss man damit rechnen, dass auch die Ungeduld der Konsumenten größer, ihre Aufmerksamkeit entsprechend geringer wird. Das Intervall zwischen Wunsch und Befriedigung tendiert rasch gegen Null, denn die Verbraucher haben sich darauf eingestellt, dass immer mehr neue Produkte und Dienstleistungen einander in fast halsbrecherischer Geschwindigkeit ablösen. Heute haben Verbraucher, und zwar alle bis hin zum Endverbraucher, kaum Zeit, eine neue Technik, ein neues Produkt oder eine neue Dienstleistung kennen zu lernen, bevor ihre verbesserten Nachfolger erhältlich sind. In einer derart durchkommerzialisierten Umgebung ist die Vorstellung von Eigentum oder Besitz wirklich fehl am Platz. Warum sollte man den Wunsch haben, eine Technik oder ein

Produkt zu besitzen, wenn sie wahrscheinlich veralten, noch bevor sie bezahlt sind? In der vernetzten Wirtschaft wird der kurzfristige Zugang zu Gütern und Dienstleistungen – zum Beispiel über Leasing- oder Mietverträge – als Alternative zu Kauf und langfristigem Besitz immer attraktiver.

Kürzere Herstellungsprozesse und Produktzyklen, die wachsenden Kosten von High-Tech-Forschung und -Entwicklung, dazu die Vermarktungskosten, die mit der ständigen Einführung neuer Produkte verbunden sind, all das hat Unternehmen veranlasst sich zusammenzuschließen, um gemeinsam strategische Informationen zu nutzen, um Ressourcen und Kosten zu teilen, sodass beide Spielführer bleiben und sich in einer immer sprunghafteren, unbeständigeren, schnelleren Cyber-Ökonomie gegen Verluste absichern können. Dass man sich Verluste aus gescheiterten Prozessen und technischen Entwicklungen teilt, ist eine Art kollektiver Versicherung, die den Beteiligten das Weiterspielen erlaubt.

Durch all das unterscheidet sich eine vernetzte Wirtschaft grundlegend von traditionellen Märkten und von hierarchischen Betriebsstrukturen. Walter Powell, Direktor des Social and Behavioral Sciences Research Institute der University of Arizona, zeigt, dass Markttransaktionen sich im Allgemeinen durchsetzen, wenn der Tausch selbst in seiner Natur einfach, direkt und nicht wiederholbar ist und zudem nur wenige transaktionsspezifische Investitionen verlangt. Auf Märkten braucht es wenig Vertrauen zwischen Verkäufern und Käufern. Rechtlich bindende Verträge sichern, dass der Transfer des Produktes beglichen wird oder das Versprechen der Dienstleistung auch erfüllt wird. Markttransaktionen sind flüchtige Begegnungen, die in der Regel keine Verpflichtungen für die Zukunft nach sich ziehen. Das spiegelt sich auch in Adam Smiths Vorstellung von eigennützigen Parteien wider, die in einem wettbewerbsbetonten und häufig feindseligen Umfeld versuchen, den maximalen Vorteil zu erringen.

Für komplexere Tauschaktionen sind hierarchische Organisationsstrukturen im Allgemeinen effektiver. Geografische Märkte mit Massenprodukten verlangen eine genauere Kontrolle der Investitionen und eine engere Koordination von Produktionsprozessen und Verteilungsmechanismen. Formale Hierarchien mit klar geteilter Autorität ermöglichen es, dass Informationen die Kette von Entscheidungsfindung und Beschluss hinaufsteigen und mit einem Minimum an Störungen wieder nach unten fließen. Hierarchische Organisationen arbeiten in Zeiten ruhiger und stabiler Märkte am effektivsten, funktionieren in bewegten Zeiten jedoch jämmerlich: Ihre administrativen Verfahren sind viel zu starr, als dass sie an rasch wechselnde Marktbedingungen angepasst werden könnten.

Netze dagegen sind viel flexibler, sie entsprechen der Sprunghaftigkeit der neuen globalen Ökonomie. Mit kooperativen und teamorientierten Ansätzen zur Problemlösung können die Partner schneller auf Veränderungen im Umfeld reagieren. Die Spieler geben einen Teil ihrer Autonomie und Souveränität auf, gewinnen damit aber aus der Spontaneität und Kreativität, die der vernetzten Zusammenarbeit entspringen, gemeinsam einen Vorteil. Zur Vernetzung gehören komplexe Kommunikationskanäle, unterschiedliche Perspektiven, die parallele Verarbeitung von Informationen, ständige Rückkopplung; Vernetzung belohnt zudem ein Denken außerhalb eingefahrener Bahnen, darum werden die Spieler wahrscheinlich mehr neue Verbindungen eingehen, mehr neue Ideen kreieren und dort neue Aktionspläne einführen, wo eine hoch kommerzialisierte Umgebung entsteht. Walter Isaacson von Time Warner hat den Wandel der kapitalistischen Organisationsstrukturen in seiner eigentlichen Bedeutung erfasst: »Das alte Establishment war ein Club. Das neue Establishment ist ein Netz.«[30]

Das Organisationsmodell à la Hollywood

Die Kulturindustrien Hollywoods haben eine lange Erfahrung mit vernetzten Organisationsformen; genau darum werden sie zum Prototyp der Neuorganisation des kapitalistischen Systems. Im Unterschied zu vielen anderen hatte die Unterhaltungsindustrie schon immer all jene Risiken zu bewältigen, die Produkte mit einem sehr kurzen Lebenszyklus begleiten. Jeder Film ist ein einzigartiges Erlebnis, das rasch ein Publikum finden muss, wenn die Produktionsfirma ihre Investitionen wieder einspielen will. Dadurch wird die Vernetzung der Geschäftstätigkeiten zu einer Notwendigkeit.

Das war jedoch nicht immer so. Die frühe Filmindustrie verließ sich auf quasi »fordistische« Produktionsprinzipien, wie sie in vielen Branchen der zwanziger Jahre eingesetzt wurden. Wie Automobile am Fließband wurden so genannte »Rezeptfilme« produziert. Universal Film Manufacturing Company, einer der Pioniere auf diesem Gebiet, produzierte in einem einzigen Jahr über 250 Filme. In den ersten Jahren wurden diese, so wie sie kamen, nach einem Schema verkauft, und nicht nach ihrem Inhalt differenziert vermarktet – ein Kennzeichen der Massenfertigung.[31]

Anfang der dreißiger Jahre beherrschte eine Handvoll Studiogiganten die Filmindustrie – unter anderem Warner Brothers, Paramount, Metro-Goldwyn-Mayer und Twentieth Century Fox. Ihr Aufbau war hierarchisch und darauf ausgelegt, jeden Aspekt des Produktionsprozesses vom Drehbuch bis zum Vertrieb zu überwachen und zu regeln. Michael Storper, Professor der University of California an der School of Public Policy and Social Research in Los Angeles, erklärt, wie das System funktioniert hat:

> Die großen Studios beschäftigten einen festen Stab von Drehbuchschreibern und Produktionsplanern, die den Auftrag hatten, standardisierte Drehbücher in Massen herzustellen und durch das Produktionssystem zu peitschen. Produktionsgruppen und Stars wurden in Teams zusammengefasst, die mehr als 30 Filme im Jahr abdrehen sollten. Die Studios besaßen große Abteilungen, die die Szenen aufbauten, den Ton produzierten, die Filmlabors betrieben und für Marketing und Vertrieb sorgten. Wie auf dem Fließband wanderte jedes Produkt von einer Abteilung zur anderen. ... Die innere Organisation – beziehungsweise die technische Teilung der Arbeit – glich sich in jener Phase der industriellen Massenproduktion immer stärker an, deren Leitprinzipien Routine und Aufgabenteilung sind.[32]

Im Jahr 1944 flossen 73 Prozent aller inländischen Kinoeinnahmen in die großen Studios, die 4424 Spielstätten, damit fast ein Viertel aller Lichtspielhäuser in den Staaten besaßen oder gemietet hatten. Mit mehr als 90 Millionen verkauften Eintrittskarten pro Woche erreichten die Kinobesuche im Jahr 1946 ihren Höhepunkt.[33]

Zwei große Schläge zwangen die Filmindustrie Ende der vierziger, Anfang der fünfziger Jahre dazu, sich nach damals bestehenden Grundlagen der Vernetzung neu zu organisieren. Der Supreme Court der USA verurteilte die großen Studios – in einem Prozess gegen Kartellbildung, der zum Wendepunkt wurde – dazu, sich von ihren Kinoketten zu trennen. Als sie die Endverbraucher nicht mehr von der Kinokasse aus kontrollieren konnten, sahen die Filmstudios ihre Einnahmen sinken. Das Aufkommen des Fernsehens ließ die Gewinne weiter schrumpfen. Millionen ehemaliger Kinogänger blieben lieber zu Hause und ließen sich dort kostenlos unterhalten. Die Einnahmen an den Kinokassen fielen zwischen 1946 und 1956 um 40 Prozent, die Besucherzahlen gingen um 50 Prozent zurück. Die Bruttoeinnahmen der zehn führenden Filmgesellschaften sanken um 26 Prozent, die Gewinne um 50 Prozent.[34]

Mit der wachsenden Konkurrenz des neuen Mediums Fernsehen konfrontiert, änderte die Filmindustrie die Art ihrer Produktion. Als man begriff, dass das Kino mit einem kostenfreien Medium, das standardisierte kulturelle Produkte in den Markt pumpte, nicht Schritt halten konnte, begannen die Studiochefs mit dem Experiment, weniger, dafür aber unterhaltsamere Filme zu produzieren – jeder Film ein einzigartiges Produkt, das um die Zuschauergunst wetteifern konnte. Für diese neuen Filme, zunächst »spectaculars«, später »blockbusters« genannt, musste die Filmindustrie die Massenproduktion zugunsten der Einzelanfertigung aufgeben. Anders ließ sich das Ziel, dem Kinopublikum bei jedem Besuch ein »Kinoerlebnis« zu bieten, nicht erreichen.

Das neue Genre war ausgereifter und teurer, vor allem aber kam jeder Film als einzigartiges Produkt und deshalb ungetestet auf den Markt. Darum mussten zusätzlich riesige Summen in die Werbung investiert werden. Kurzum, die wachsenden Kosten, die entstanden, weil weniger Filme und diese jeweils individueller gedreht wurden, erhöhten das finanzielle Risiko und machten die Rendite des eingesetzten Kapitals unsicherer.

Das vernetzte System der Filmproduktion entstand in den fünfziger Jahren. Es war der Weg, auf dem sich für jedes einzelne Projekt verschiedene Talente zusammenbringen und das Risiko, dass ein Produkt an der Kinokasse scheiterte, auf mehrere Schultern verteilen ließ. Die Studiogiganten begannen, Schauspieler, Spezialisten und Dienstleister für jedes Projekt neu und gezielt unter Vertrag zu nehmen. Immer mehr unabhängige Produktionsfirmen entstanden, gegründet von Bühnenbildnern und Schauspielern, die vorher bei den großen Studios beschäftigt gewesen waren. Heute produzieren die verbliebenen Studiogiganten kaum noch Filme im eigenen Haus. Stattdessen agieren sie als Kapitalgeber, die den unabhängigen Produzenten die Finanzierung bereitstellen und dafür das Recht erhalten, das Endprodukt in den Kinos und später über Fernsehen und Video zu vermarkten.

Jede Filmproduktion bringt ein Team von spezialisierten Produktionsfirmen und unabhängigen Auftragnehmern zusammen, alle bringen sie spezifische Fachkenntnisse und Talente mit. So bilden die Unternehmen ein Netzwerk, dessen Lebensdauer auf die Laufzeit des Projektes beschränkt ist. Drehbuchschreiben, Casting, Szenenaufbau, Kinematografie, Kostümproduktion, die Aufnahme und das Mischen von Ton und Geräuschen, Schnitt und Filmentwicklung werden jeweils von unabhängigen Fachleuten besorgt, die in einer kurzfristigen Partnerschaft mit einer unabhängigen Produktionsfirma zusammenarbeiten. Wenn sie die Fachkenntnisse einer Reihe von spezialisierten Firmen zusammenbringen, können die Produzenten das Know-how in genau der Kombination finden, die sie brauchen, um ein bestimmtes Filmprojekt zum Erfolg zu führen. Die unabhängigen Auftragnehmer wiederum minimieren ihre Risiken, indem sie sich gleichzeitig und quer durch die gesamte Branche an einer Reihe von Projekten beteiligen. Zum Beispiel ist es für ein

Unternehmen, das Spezialeffekte produziert, nicht ungewöhnlich, in mehreren kurzfristig bestehenden Netzwerken gleichzeitig mitzuarbeiten und an einem Tag hier spezielle Aufgaben für einen Film, dort für einen Fernsehwerbespot oder anderswo für eine Bühnenshow zu übernehmen. Die Produzenten können damit die allgemeinen Kosten der Arbeit gering halten, weil die Arbeitskraft »auf Abruf« oder vertraglich festgelegt nur für begrenzte Aufträge in Anspruch genommen wird. Von 1979 bis 1995 verdreifachte sich die Zahl der in Südkalifornien produzierten Unterhaltungsfilme. Die meisten Unternehmen der Filmindustrie beschäftigen jedoch weniger als zehn feste Mitarbeiter.[35] Unabhängige Produktionsfirmen, die 1960 gerade 28 Prozent aller Filme in den USA produziert haben, produzierten nur 20 Jahre später 58 Prozent aller Filme, die großen Studios dagegen weniger als 31 Prozent.[36]

Obwohl die Methode der Vernetzung in der kommerziellen Organisation eine wachsende Zahl kleinerer Unternehmen in die Branche gebracht hat, beherrschen die großen Studios und Unterhaltungskonzerne noch immer den größten Teil des Prozesses, weil sie die Produktionen teilweise finanzieren und weil sie die Vermarktung der Produkte kontrollieren. Asu Aksoy und Kevin Robins, Analytiker der Filmindustrie, haben gezeigt, wie die großen Studios die vertikale Auflösung und die Verlagerung auf organisatorische Vernetzung gezielt vorangetrieben haben, um ein Produkt effektiver herstellen und dabei die finanziellen Risiken minimieren zu können. Damit sie weiterhin eine wirksame Kontrolle über die Branche ausüben können, müssen die Studios vor allem anderen den Zugang zu den Vertriebskanälen unter ihrer Regie behalten.

> Indem sie ihre Macht als nationale und internationale Vertriebsnetzwerke behielten, konnten die Großen ihre Finanzkraft dafür einsetzen, das Filmgeschäft zu dominieren und die unabhängigen Produktionsfirmen zu schröpfen oder zu nutzen.[37]

Nach Robins und Aksoy sind die Branchenstatistiken häufig irreführend. Obwohl unabhängige Filmfirmen die Masse neuer Filme produzieren, bleibt der größte Teil der erwirtschafteten Gewinne noch immer bei den ganz Großen hängen. 1990 zum Beispiel erhielten die fünf größten Unternehmen 69,7 Prozent der Kasseneinnahmen.[38] Wenn sie ein Netzwerk zur Organisation des Vertriebs aufgebaut haben, können die größten transnationalen Konzerne – wie wir im Verlauf des Buches immer wieder sehen werden – sich von Betriebsanlagen und technischen Ausrüstungen, von Mitarbeitern und Spezialisten befreien. Um die Inhalte für ihre Vertriebsnetze zu produzieren, knüpfen sie strategische Beziehungen mit Anbietern aller erforderlichen Leistungen. In einer Welt wachsender Konkurrenz, immer differenzierterer Produkte und Dienstleistungen sowie immer kürzerer Produktzyklen halten sich Konzerne an der Spitze, indem sie Finanzen und Vertriebskanäle kontrollieren und gleichzeitig den kleineren Einheiten die Lasten des Eigentums und des Managements materieller Vermögenswerte aufbürden.

Der Ansatz Hollywoods weist den Weg zu einer neuen, vernetzten Wirtschaft im Cyberspace, spielt also heute die gleiche Rolle wie in den zwanziger Jahren die Hierarchie bei General Motors. In einem Artikel für die Zeitschrift *Inc.* untersucht Joel Kotkin, warum jedes Geschäft wie das Showgeschäft sein wird. Hollywood, heißt es da, habe sich gewandelt: »von einer Industrie mit klassischen, riesigen und vertikal organisierten Konzernen zum weltweit besten Beispiel einer vernetzten Ökonomie. ... Schließlich wird jede wissensintensive Industrie denselben hierarchielosen, in viele Einheiten gespaltenen Zustand erreichen. Hollywood ist nur zuerst dort angekommen«.[39]

Nicht zufällig wurde dieses Organisationsmodell so rasch von den Informations- und den Biowissenschaften, den Leitindustrien des 21. Jahrhunderts, übernommen. Andy Grove, früher President bei Intel, vergleicht die Softwareindustrie mit dem Theater, in dem Regisseure, Schauspieler, Musiker, Dramatiker, Techniker und Geldgeber eine kurze Zeit für eine neue Produktion zusammengebracht werden. Obwohl die Zahl der Erfolge gering ist und sie zeitlich weit auseinander liegen, lassen sich mit diesem Verfahren, so

Grove, auch durchschlagende Hits platzieren.[40] In seinem Buch *Jamming. The Art and Discipline of Business Creativity* (Improvisation. Kunst und Regeln kreativen Wirtschaftens) fordert John Kao von der Harvard Business School das Management auf, das in Hollywood geborene Netzwerkmodell in die langfristige strategische Planung zu integrieren. »Sie müssen«, so sein Rat, »arbeiten wie die aktuelle Version eines Hollywoodstudios.«[41]

In der neuen, vernetzten Wirtschaft löst sich die »Organisation« allmählich auf, die Max Weber noch als eine relativ feste Struktur mit gegebenen Regeln und Verfahren aufgefasst hat. In der sich rasant verändernden Welt des elektronischen Geschäfts müssen Unternehmen von sich aus proteisch handeln, also in der Lage sein, ihre Struktur den aktuellen Anforderungen entsprechend zu ändern und sich immer wieder neuen ökonomischen Situationen anzupassen. Im Cyberspace fallen die Grenzen. An die Stelle von Strukturen, bislang als Garanten des wirtschaftlichen Überlebens verstanden, treten Prozesse. Organisationsstrukturen werden so flüchtig und fließend wie das elektronische Medium, mit dem Geschäfte abgewickelt werden.

Managementberater Tom Peters hat den Ansatz des neuen Wirtschaftens treffend beschrieben: In Zukunft »kommen Netze aus Bits und Unternehmensteilen zusammen, um eine Marktgelegenheit auszunutzen, bleiben vielleicht ein paar Jahre zusammen (obwohl sie während dieser Zeit ihre Gestalt mehrmals dramatisch ändern) und lösen sich dann auf, um niemals wieder in derselben Form zu existieren«.[42]

Rund um die Welt liefern sich große und kleine Unternehmen heftige Gefechte, um Teil der expandierenden Geschäftsnetzwerke zu werden. Es geht um Zugang, und gegenwärtig haben Unternehmen keine größere Sorge als die, keinen Zugang zu den Netzen und Beziehungen zu finden, die Geschäftschancen schaffen. Der Zugang zu Netzwerken wird im Cyberspace genauso wichtig, wie es der Marktvorteil im Industriezeitalter gewesen ist. Wird ein Unternehmen in dieser neuen Welt ständig wechselnder Allianzen aus der Spirale ausgeschlossen, kann dies seinen sofortigen Untergang bedeuten.

Es bleibt ein letzter Aspekt des Organisationsmodells Hollywood zu nennen, der in Diskussionen über Managementstrategien häufig übergangen, wenn nicht vollkommen vergessen wird. Es ist nicht nur Zufall, dass andere Branchen die Organisationsform der Unterhaltungsindustrie kopieren. Die Kulturindustrien – eingeschlossen die Musikindustrie, die Kunst, Fernsehen und Radio – vermarkten, verpacken und vertreiben ein besonderes Produkt: nämlich Erlebnisse, etwas völlig anderes als materielle Güter oder Dienstleistungen. Ihr Geschäft ist es, kurzfristigen Zugang zu simulierten Welten und veränderten Bewusstseinszuständen zu verkaufen. Genau darum sind sie ein ideales Vorbild für eine globale Ökonomie, deren Geschäfte sich zunehmend von Gütern und Diensten den kulturellen Erlebnissen zuwendet.

Im Cyberspace ähneln die Beziehungen zwischen Verkäufer und Käufer zunehmend den für die Kulturindustrien seit Jahren schon fast klassisch zu nennenden. Wir treten in eine Art mentale Phase des Kapitalismus ein, dessen Leitprodukt der Zugang zu Lebenszeit und Erfahrungswelt wird. Die Herstellung und der Transfer materieller Güter von Verkäufern zu Käufern (die Bewegung von Eigentum), die noch immer Teil unserer alltäglichen Realität sind, werden im Ranking der ökonomischen Aktivitäten auf den zweiten Platz zurückfallen. Erlebnisse rücken unangefochten auf den ersten Platz. Die Filmindustrie war Vorreiterin auf dem Weg in ein neues Zeitalter, in dem Leben und Erleben jedes Verbrauchers vermarktet und in eine endlose Folge theatralischer Augenblicke, dramatischer Veranstaltungen und individueller Transformationen verwandelt wird. Weil nun auch die übrige Wirtschaft die geografisch fassbaren Märkte ins Cyberspace verlegt und zunehmend ganze Bereiche menschlichen Erlebens vermarktet, gewinnt das Organisationsmodell der Hollywoodstudios immer stärker eine Leitfunktion für die Organisation aller Geschäftstätigkeiten.[43]

KAPITEL 3

DIE SCHWERELOSE ÖKONOMIE

Die Wirtschaft verliert an materiellem Ballast. Im Oktober 1996 konstatierte Alan Greenspan, Chef der US-Notenbank, eine starke Veränderung der Weltwirtschaft – alles werde stetig leichter. Neue Werkstoffe, Miniaturisierung, der Ersatz von materieller Substanz durch Information und die wachsende Rolle von Dienstleistungen, all das lasse die Materialität des ökonomischen Outputs schrumpfen. »Während die gegenwärtige Produktion von ihrer Tonnage her im letzten halben Jahrhundert kaum gestiegen ist, ist die Wertschöpfung inflationsbereinigt um mehr als das Dreifache höher.«[1] Laut OECD ist im US-Exportgeschäft das Durchschnittsgewicht des materiellen Gegenwerts eines Dollars zwischen 1990 und 1996 auf die Hälfte geschrumpft.[2]

In ihrem Buch *The Weightless World* erinnert Diane Coyle daran, dass einzelne Länder vor gar nicht langer Zeit das Verhältnis von Exporten zu Importen noch in Gewichtsverhältnissen dargestellt haben; bis 1985 verfuhr selbst die britische Regierung auf diese Weise. Heute, wo der Computerchip einer Geburtstagskarte mehr Rechnerleistung enthält, als 1945 auf der ganzen Welt zur Verfügung stand, hätte es etwas Absurdes, den Wert von Computern in ihrem Gewicht auszudrücken.

An den Computern lässt sich die Tendenz zur Entmaterialisierung und zur Gewichtslosigkeit am besten ablesen. Der erste IBM-Personalcomputer wog, als er 1981 auf den Markt kam, 20 Kilogramm. Das Macintosh Power Book 5300C von 1995 hingegen bringt, bei 500-facher Rechnerleistung, nur mehr 2,8 Kilogramm auf die Waage.[3] Und mit wenigen Kilogramm Glasfaserkabel lassen sich mehr Daten übertragen als mit einer Tonne Kupfer.[4]

Der Immobilienbesitz schrumpft

Produkte sind nicht die einzigen Dinge, die sich in der gewichtslosen Welt des elektronischen Handels entmaterialisieren. Auch der Immobilienbesitz wird leichter. Unternehmen haben ein Heer von Planern darangesetzt, ihre Bürogebäude der offeneren, nach dem Netzwerkprinzip arbeitenden Organisationsstruktur anzupassen. In den Büros schwindet der »private«, für einen einzelnen Mitarbeiter reservierte Raum. Das Konzept abgeschlossener, gegen die anderen Mitarbeiter abgeschotteten Büros entsprach einer hierarchischen Unternehmensorganisation. In einer Netzwerkumgebung jedoch werden Einzelbüros durch öffentliche Bereiche abgelöst. Projektteams, die ständig Informationen, Wissen und Fachkenntnisse gemeinsam nutzen, brauchen einen Arbeitsbereich, der die direkte Kommunikation fördert. Besitzermentalität, nämlich die Möglichkeit, andere durch Informationsvorsprung auszuschließen, steht den Zielen eines modernen Unternehmens diametral entgegen. Im Zeitalter des Zugangs ist der direkte und offene Kontakt zu den Kollegen oberstes Gebot.

Viele Firmen haben ihre Büroräume umgestaltet, um vernetztes Arbeiten zu fördern. In den neuen Gebäuden von Procter and Gamble im Norden von Cincinatti arbeiten die Teams in offenen, auch »Häfen« genannten Räumen. Akten sind mobil in Rollcontainern untergebracht. Versammlungsräume und andere große Bereiche bieten eine anregende, das Brainstorming in der Gruppe fördernde Atmosphäre. Selbst Flure wurden verbreitert und mit Sofas bestückt: Raum für kurze spontane Gespräche. J. P. Jones, für Forschung und Entwicklung im Bereich frei verkäuflicher Medikamente zuständiges Mitglied des Vorstands von Procter and Gamble, erwartet, dass die Vernetzung in offenen Räumen einen Produktivitätszuwachs von 20 bis 30 Prozent bringen wird. Denn »die Informationen werden direkt und gemeinsam genutzt, das führt zu qualitativ besseren und schnelleren Entscheidungen«.[5]

Auch das Management folgt den neuen Vorstellungen eines reduzierten Büroraums. Bei IBM wurden, wie in anderen Unternehmen auch, Bereiche mit eigenen Schreibtischen für jeden Mitarbeiter fast vollkommen abgeschafft; die Angestellten sind gehalten, ihre persönlichen Dinge zu reduzieren und mobiler zu werden. Mit Mobiltelefonen und Laptops ausgestattet, sollen sie ihre Zeit effektiver nutzen, indem sie von zu Hause aus oder in den Büros ihrer Kunden arbeiten. IBM und andere Unternehmen führen ein Raummanagement ähnlich wie Hotelbetriebe: Die Mitarbeiter können Workstations, Büros oder Versammlungsräume im Voraus reservieren. Wie in einem Hotel kümmert sich im Washingtoner Büro von Ernst and Young ein Portier um die »Gäste«. Kommen sie ins Büro, finden die Angestellten einen auf ihren Namen reservierten Raum, in dem Akten, Unterlagen und Geräte bereit stehen, die sie für diesen Tag vorbestellt haben. Das Telefon ist auf ihre Nummer geschaltet, und von den Computerbildschirmen grüßen digitalisierte Fotografien von Kindern oder Gatten.[6] Über 20 000 Angestellte arbeiten in Vertrieb und Service für IBM Amerika und nutzen diese wie Hotels geführten Bürogebäude. Das Unternehmen konnte, nach einer im *Harvard Business Review* veröffentlichten Studie, durch Raummanagement, Schließung ungenutzter Büros und Umzug an preiswertere Standorte Overhead-Kosten von 1,4 Milliarden Dollar sparen.[7]

Die Entmaterialisierung des Büroraums beschleunigt sich auch deshalb, weil man von Papierakten zur elektronischen Speicherung übergeht. Noch ist das papierlose Büro ferne Zukunft, doch werden nach aktuellen Prognosen im Jahr 2005 über 50 Prozent aller Daten elektronisch gespeichert sein.[8]

Schließlich dünnen die Unternehmen auch ihre Organisationsstrukturen immer weiter aus. In Produktion und Verwaltung werden Arbeitskräfte durch intelligente Technik ersetzt; mit dem Personalbedarf reduziert sich die genutzte Fläche. Nach einer britischen Studie werden bauliche Einrichtungen in den kommenden Jahren um 25 Prozent abnehmen, weil die Unternehmen zum elektronischen Handel übergehen und sich auch intern als Netzwerke strukturieren.[9]

Warenbewegung auf Abruf

Die materiellen Vermögenswerte, die Unternehmen besitzen, werden weniger oder verschwinden ganz, und zwar auf jeder Stufe und in jedem Bereich des kapitalistischen Systems. Nehmen wir zum Beispiel Lagerbestände. Die Unternehmen unterhielten früher riesige Lagerhäuser, die mit Gütern vollgestopft waren. Nun übermitteln elektronische Scanner im Augenblick des Verkaufs Neubestellungen an die Lieferanten, die die Produkte daraufhin innerhalb von Stunden oder Tagen herstellen und direkt an die Besteller liefern. So spart man aufwendige und ausgedehnte Lagerhaltung.

General Electric verwaltet nicht nur die Kundenkarteien elektronisch, auch die Produktion wird über Datentransfer gesteuert: ein hochmodernes Verfahren, mit dem Bestandsbewegungen auf Abruf – Just-in-Time – organisiert werden. Auch so spart man Kosten für die Unterhaltung großer Bestände und Lager. Zwischen 1987 und 1997 hat das Unternehmen 26 seiner 34 Lagerhäuser in den USA geschlossen, statt 25 gibt es nur noch ein einziges Kundendienstzentrum.[10]

Japans National Bicycle Company ging noch einen Schritt weiter: Nicht nur die Bestandsbewegung, die Produktion selbst geschieht maßgeschneidert – Made-to-Order – entsprechend den eingehenden Einzelbestellungen. Der Kunde kann sich in einem Verkaufsraum des Einzelhandels mit Hilfe eines computergestützten Planungssystems genau das Fahrrad bestellen, das in Größe und Bauart seinem Körperbau am besten entspricht und kann anschließend für »sein« Fahrrad die gewünschten Bremsen, Ketten, Schaltungen und Reifen auswählen. Die Information wird elektronisch an die Fabrik übermittelt, wo das Fahrrad in nicht einmal drei Stunden produziert, montiert und ausgeliefert wird.[11] Auch solche Bestellsysteme machen Bestände und Lagerhäuser überflüssig.

Im Mai 1999 kündigten Universal Music, ein Unternehmen des Seagram-Konzerns, und Sony Music Entertainment an, Musik digital verbreiten zu wollen. Sony nutzt das Programm Windows Media 4.0 von Microsoft, um Singles von einigen ihrer populärsten Stars wie Mariah Carey, Celine Dion und Will Smith ins Netz zu stellen. Nach Analysen von Marketing Trading International (MTI), einer Research- und Consultingfirma, wird die übers Internet verbreitete Musik im Jahr 2004 ein Umsatzvolumen von 4 Milliarden Dollar überschreiten und über 8 Prozent des weltweiten Geschäfts mit Musikkonserven ausmachen. Im Jahr 2010 sollen nach der gleichen Studie über 20 Prozent aller gehandelten Musikaufnahmen im Internet verkauft werden.[12]

Musikfirmen brauchen dann nicht mehr den Umweg über Lieferanten, Lagerhäuser, Lagerhaltung, Verteiler und Spediteure zu nehmen, der immaterielle Vertrieb über das Netz spart die Kosten für Produktion und Handling materieller Tonträger. Die elektronische Übermittlung von Musikprodukten ist nur ein Beispiel für den gewichtslos werdenden Kapitalismus, der mit der Cyberspace-Ökonomie entsteht.

Der elektronische Handel wächst schneller, als seine leidenschaftlichsten Protagonisten sich das träumen ließen. Die Anzahl gewerblich genutzter Sites im Internet vervielfachte sich zwischen 1995 und 1998 von 2000 auf 400 000. Ebenso beeindruckend ist die Tatsache, dass 46 Prozent der Internethändler in der Gewinnzone operieren.[13] Ihr Erfolg zeigt, dass sich die Konsumenten immer häufiger im Cyberspace bewegen. 1995 stöberten nur 14,3 Millionen Menschen im Web, Ende 1997 gingen bereits mehr als 41 Millionen Menschen elektronisch einkaufen.[14]

Der Handel im Cyberspace gefährdet den Einzelhandel schon heute. Viele Einzelhändler können nur schwer mit den virtuellen Läden konkurrieren, die wenig oder gar nichts in Sachkapital investieren müssen, die keine Bestände oder Immobilien mehr besitzen, womit sich die allgemeinen Geschäftskosten deutlich reduzieren. Im Zeitalter des nahezu gewichtslosen Handels kann Eigentum, gleich welcher Art, für die Einzelhändler nur hinderlich sein. Die Verkaufszahlen des Einzelhandels sind in den letzten Jahren stetig gesunken. Das ist nicht erstaunlich. Hielten sich die Käufer in den frühen achtziger Jahren pro Besuch durchschnittlich anderthalb Stunden in einem Einkaufszentrum auf, so sanken in den neunziger Jahren die durchschnittliche Verweildauer auf 71 Minuten und die Zahl der besuchten Geschäfte statistisch von 3,6 auf 2,6. Im ungefähr gleichen Zeitraum explodierte der elektronische Kauf per Kreditkarte auf 30 Prozent.[15] Damit sie nur ja den Anschluss nicht verpassen, steigen einige der bekanntesten US-amerikanischen Einzelhändler, wie etwa das Warenhaus Macy's, in den elektronischen Markt ein und bieten ihren Kunden per Kabelfernsehen und Online-Bestellungen Einkaufsmöglichkeiten rund um die Uhr.

Die Macht des elektronischen Handels bekam die Spielwarenkette Toys 'R' Us zu spüren, als um die Weihnachtszeit 1988 ein kleiner Online-Händler, unter dem Firmennamen eToys plötzlich aus dem Nichts aufgetaucht, einen bedeutenden Teil des Saisongeschäftes an sich zog. Und angesichts der Erfolgserwartungen des neuen E-Commerce-Unternehmens wurde den Anlegern geradezu schwindling: Am ersten Handelstag im Mai 1999 erreichte eToys eine Marktkapitalisierung von 7,8 Milliarden Dollar und ließ Toys 'R' Us mit 5,6 Milliarden Dollar weit hinter sich. Beunruhigt über andauernde, das Unternehmen bedrohende Verluste antwortete Robert C. Nakasone, der Chef von Toys 'R' Us, mit den gleichen Waffen. In einer Partnerschaft mit Benchward Capital, einem Risikokapitalgeber aus dem Silicon Valley, sicherte er sich 80 Millionen Dollar zum Aufbau des Online-Geschäfts von Toys 'R' Us.[16]

Trendprognostiker sind zwar schnell mit dem Hinweis bei der

Hand, dass viele Konsumenten weiterhin in Kaufhäusern und Einkaufszentren einkaufen werden, weil sie die Waren lieber sehen und anfassen wollen und das Bummeln als Freizeitvergnügen betrachten. Gleichwohl zeigen die Prognosen, dass der Einzelhandel im Gefolge des sich ausbreitenden elektronischen Handels im Cyberspace zurückgehen wird. Seine Annehmlichkeiten und niedrigere Preise machen diesen neuen Markt einfach attraktiver. Sollte sich dieser Trend fortsetzen, werden wohl auch viele der Einkaufszentren, die passend zur amerikanischen Highway-Kultur der Nachkriegszeit gebaut wurden, einen spürbaren Rückgang des Publikumsverkehrs erleben, der sie dazu zwingen wird, entweder aufzugeben oder zum Handel mit Unterhaltung und anderen zur Ware gewordenen Erlebnissen überzugehen.

Es wird immer deutlicher, dass Gewerbeimmobilien, einst als Filetstücke des auf Privateigentum beruhenden Systems und lange Zeit als Gradmesser für die Gesundheit des Kapitalismus betrachtet, im Zeitalter des Zugangs zumindest in einigen Branchen kaum mehr als Zeichen des Reichtums gelten können, vielmehr belasten sie Wertschöpfung und Gewinnsteigerung. Im Zeitalter der geografischen Märkte waren sich Unternehmer der verschiedensten Branchen zumindest in einem einig: Erfolgsfaktor Nummer eins ist der Standort! Dass Immobilien nun eher als Last für manche Geschäfte gelten und Immobilienbesitz lieber verkleinert oder abgebaut wird, dass man sich zumindest nicht mehr selbst mit dem Immobilienmanagement beschäftigen möchte, sagt viel über die vernetzte Wirtschaft aus.

Die Entmaterialisierung des Geldes

Auch Geld entmaterialisiert sich in der vernetzten Wirtschaft. In den ersten Phasen des Tauschhandels sind die Zahlungsmittel solide und häufig unhandlich gewesen. So benutzten Eingeborene in Westafrika im 18. Jahrhundert Eisenbarren als Geld. Für Kulturen in Afrika und Europa war Vieh das Zahlungsmittel, das gilt für manche Völker bis heute. Das englische Wort *cattle* (Vieh) hat die gleiche wortgeschichtliche Wurzel wie *chattel* (bewegliche Habe) und *capital* (Kapital). Auch Salz und Leinen dienten als Zahlungsmittel. Der Ausdruck *a piece of India* bezieht sich auf die Menge Baumwollstoff (von den Westindischen Inseln), die dem Preis eines Sklaven entsprach: Die Sklavenhändler verwenden diesen Stoff als Tauschmittel.[17] Tabak, Zucker, Koka und Felle gerieten in der Neuen Welt zu gängigen Währungen zwischen kolonialen Händlern und Eingeborenen. Die haltbarste und am weitesten verbreitete Form des Geldes jedoch waren Münzen aus Kupfer, Silber und Gold, wie sie fast die gesamte abendländische Geschichte hindurch geprägt wurden.

Im Merkantilismus des 16. und 17. Jahrhundert beschleunigte sich der Handel, und sein Volumen nahm zu. Damals entstanden leichtere und flexiblere Zahlungsmittel wie etwa Schuldverschreibungen und Wechsel. Schecks wurden in der ersten Hälfte des 20. Jahrhunderts eingeführt, die Kreditkarte in der zweiten. Beide machten das Geld noch mobiler und immaterieller.

Das wird sich in der Cyberspace-Wirtschaft fortsetzen. Jeden Tag fließen 1,9 Billionen US-Dollar durch die elektronischen Netze von New York City. Alle zwei Wochen, so Walter Joel Kurtzman in seinem Buch *The Death of Money,* »strömt das jährliche Gesamtprodukt der Welt durch das Netz in New York«, ohne jemals konkrete Formen anzunehmen – eine völlig andere Realität, verglichen mit jener noch nicht weit zurückliegenden Zeit, in der Goldbarren von Bank zu Bank, von Land zu Land transportiert wurden, um den Austausch von Handelswaren und Währungen zu stützen.[18] Die entmaterialisierte Form des Geldes, so Kurtzman, sei »nichts weiter als eine Ansammlung von Einsen und Nullen, den Grundrecheneinheiten im Computer, ... die durch kilometerlange Drähte geleitet, durch Glasfaserkabel gepumpt, von Satelliten reflektiert und von einer Kurzwellenstation zur anderen gesendet werden.«[19] Kurtzman vergleicht dieses neue Geld mit einem Schatten: »Seine kühl-graue Gestalt kann man sehen, aber nicht berühren. Es hat keine fühlbare Dimension, kein Gewicht ... Geld ist zum Phantom geworden.«[20]

Die Entmaterialisierung des Geldes ist Folge zweier Entwicklungen – einer wirtschaftspolitischen und einer technischen. Am 15. August 1971 schloss Richard Nixon das »Goldfenster« und beendete damit die Verbindung zwischen Geld und Edelmetall. Der Wert des US-Dollars, lange Zeit an die Goldreserven eines Landes gebunden – im Fall der USA an das in Fort Knox lagernde Gold –, wurde davon entkoppelt und konnte nun ohne jeglichen fühlbaren Reichtum an stützendem Gold gehandelt werden.[21]

Mit der Cyberspace-Wirtschaft entwickeln sich auch die technischen Voraussetzungen für eine bargeldlose Gesellschaft. Geldautomaten, Chipkarten und digitaler Zahlungsverkehr formulieren die Regeln des Spiels mit dem Geld neu. Unternehmen und Konsumenten wickeln ihre Geschäfte zunehmend elektronisch ab. Private Zahlungsverfahren mit Namen wie Digicash, Bitbux, Cybercash, Netbills, E-Cash und Netchex breiten sich immer weiter aus.[22] Wir erleben, so William J. Mitchell, Dekan der School of Architecture and Planning am Massachusetts Institute of Technology, die Entstehung der »weichen Bank, eine rund um die Uhr arbeitende und an unendlich vielen Orten zugängliche Einrichtung, die auf elektronischem Weg neben Aus- und Einzahlungen, Bezahlung von Rechnungen, Einlösung von Schecks, Reiseschecks, Kreditanträgen, Kontoauszügen jede Finanzdienstleistung anbietet, die Banken sich ausdenken und verkaufen können«.[23]

In einem immer schwereloseren, globalen Wirtschaftssystem entmaterialisiert sich das Zahlungsmittel, mit dem Markttransaktionen und andere finanzielle Arrangements ausgeführt werden. Geld mutiert zu elektronischen Bits, zu reiner Information, die sich mit Lichtgeschwindigkeit bewegt. Weniger als 10 Prozent der amerikanischen Geldvorräte existiert als greifbare Währung: Alle derzeit zirkulierenden Münzen und Scheine ergäben zusammengezählt einen Betrag von weniger als 400 Milliarden Dollar; und ein großer Teil davon zirkuliert gar nicht mehr in den USA, sondern in anderen Ländern. In Deutschland hat sich zwischen 1991 und 1997 der Wert der bargeldlosen Zahlungen auf 57 Milliarden DM verdreißigfacht. Im deutschen Einzelhandel wurden 1998 rund ein Viertel aller Zahlungen bargeldlos getätigt.[24] In 25 Jahren wird greifbares Geld wahrscheinlich als Wegmarke einer historischen Odyssee betrachtet werden, als Relikt einer vergangenen Zeit, in der die Wirtschaft ihrer Natur nach sinnlicher und handfester und ihrer Form nach materieller gewesen ist.

Schwinden der Ersparnisse

Die Entmaterialisierung des Geldes ging mit einer Verringerung der Ersparnisse und der Zunahme privater Schulden einher. Die im Verlauf des vergangenen Jahrhunderts stetig gewachsene Produktion von Gütern und Dienstleistungen verursachte innovative Kreditformen, mit denen man die Konsumtion anzuregen hoffte. Infolgedessen legen die Amerikaner Ende dieses Jahrhunderts einen viel geringeren Teil ihres Einkommens auf die hohe Kante als noch hundert Jahre zuvor. Private Sparkonten werden in einer Ära des sich beschleunigenden Wirtschaftsgeschehens zum Anachronismus – schneller Umlauf, nicht Akkumulation ist der vorherrschende Ethos.

Konsumentenkredite wurden in den 1880er Jahren zum verbreiteten Finanzierungsinstrument. Warenhäuser wie A. T. Steward in New York City und Wanamaker's in Kalifornien waren die ersten, die guten Kunden »Zahlungsprivilegien« einräumten. Im ersten Jahrzehnt des 20. Jahrhunderts gründeten Warenhäuser »Ratenvereine«, um den Verkauf von kostspieligen Konsumgütern wie Phonographen, Nähmaschinen oder Klavieren zu fördern. Die Kunden konnten ihre Einkäufe über eine längere Zeit hinweg in monatlichen Raten abstottern.[25] »Stellen Sie es in Rechnung« – ein sich rasch verbreitender Refrain in den Läden überall im Land. Ein zeitgenössischer Finanzanalyst sah darin das moderne »Sesam öffne dich« des Ali Baba: »Ausgestattet mit diesen kostbaren Worten, kann ein amerikanischer Bürger mit leerer Brieftasche in die Innenstadt gehen und nach Luxus stinkend nach Hause zurückkehren.«[26]

Mitte der zwanziger Jahre waren die Amerikaner bis über beide Ohren verschuldet. Bei Marshall Fields in Chicago wurden Kundenkreditkonten über insgesamt 180 000 Dollar geführt, fast doppelt soviel wie zu Beginn des Jahrzehnts. Von Geschäften wie Abraham & Straus oder Lord & Taylor wissen wir, dass sie zwischen 45 und 70 Prozent ihres gesamten Umsatzes über Kreditverkäufe abgewickelt haben.[27]

Die neuen Finanzierungssysteme hatten die Mittelschicht, denen ein Jahrzehnt zuvor die bloße Vorstellung eines Kaufs auf Pump ein Horror gewesen wäre, für sich gewonnen: Man kaufte Waschmaschinen, Kühlschränke und Geschirrspülmaschinen auf Kredit.[28] Drei Viertel aller im Jahr 1925 verkauften Automobile wurden in Raten bezahlt.[29] Zwischen 1925 und 1930 stiegen die Konsumentenschulden um 21 Prozent.[30] Im Jahr 1932 wurden 60 Prozent der Möbel, Haushaltsgegenstände und Automobile auf Kredit gekauft, ebenso 75 Prozent der Radios und anderer elektrischer Geräte.[31]

Die National City Bank war die erste, die Kredite an Konsumenten vergab. 1928, am ersten Tag des neuen Angebots, besuchten über 500 Kunden die Bank. Weitere 2500 Menschen schlossen in den folgenden drei Tagen Kreditverträge und leiteten damit die neue Ära des privaten Leihens ein. Die Presse würdigte diese Entwicklung als »Meilenstein in der Demokratisierung des Kreditwesens«.[32] In Deutschland wurde bereits 1926 die Kunden-Kredit GmbH gegründet. Allerdings wurden Barkredite erst nach der Währungsreform im Jahre 1948 an Privatkunden vergeben.

Mit den Kreditkarten stiegen die Verbraucherschulden in den fünfziger Jahren noch einmal. 1949 führte Alfred Bloomingdale die Diners-Club-Karte ein, mit der Kunden überall in den Staaten ihre

Mahlzeiten, Hotels und andere Reisekosten bezahlen konnten. 1958 stiegen American Express und Carte Blanche in den Kreditkartenwettbewerb ein. Zunächst jedoch erlaubten die Karten keine revolvierenden Kredite und keine Belastung des Kreditkontos. 1958 kamen dann die Bank of America und die Chase Manhattan Bank mit dem revolvierenden Kredit ins Geschäft. Bank Americard änderte ihren Namen 1976 in Visa, MasterCharge wurde 1980 zur MasterCard. 1980 verfügten 52 Millionen Amerikaner über Kreditkarten.[33]

Die Kreditkarten haben das Kaufverhalten der Amerikaner – und zunehmend auch der Bürger anderer Länder – umgewälzt. In einer Ära kürzerer Produktzyklen, schnellerer Produktumläufe und immer differenzierterer Produktlinien erlauben die revolvierenden Kreditkartenschulden es Millionen von Konsumenten, schneller einzukaufen. Sie zahlen überhöhte Zinsraten für das Privileg, ihre Zahlungen für längst gekaufte Güter und Dienstleistungen auf später zu verschieben. Nach einer Studie des amerikanischen Verbraucherbundes Consumer Federation of America haben zwischen 56 und 60 Millionen Haushalte Kreditkartenschulden von über 6000 Dollar, für die sie jedes Jahr mehr als 1000 Dollar Zinsen und Gebühren bezahlen. Der typische Haushalt mit Schulden verfügt über ein jährliches Einkommen von weniger als 20 000 US-Dollar und wälzt über 10 000 Dollar Kreditkartenschulden vor sich her.[34]

Private Ersparnisse – ein wesentlicher Maßstab in einem System, das auf privates Eigentum setzt – schwinden, weil Millionen von Verbrauchern mehr ausgeben, als sie verdienen. Zum ersten Mal seit der Großen Depression weist Amerika heute wieder eine negative Ersparnisrate auf.[35] Noch im Jahr 1944 haben die Amerikaner 25,5 Prozent ihres Einkommens gespart. Anfang der neunziger Jahre fielen die Sparraten auf 6 Prozent. Im Oktober 1998 gaben die Amerikaner 0,2 Prozent mehr Geld aus, als sie verdienten. In anderen Ländern wird noch deutlich mehr auf die hohe Kante gelegt: Das Bundesamt für Statistik gibt an, dass 1998 hierzulande immerhin durchschnittlich 11,6 Prozent des Nettoeinkommens gespart wurde. Japanische Haushalte sparen sogar rund 30 Prozent ihres Nettoeinkommens. Der Trend zum Schuldenmachen ist allerdings auch in Deutschland zu beobachten: Nach dem Schuldenreport des Instituts für Finanzdienstleistung lag die durchschnittliche Pro-Kopf-Verschuldung 1994 bei 4470 DM und die durchschnittliche Haushaltsverschuldung bei 30 578 DM. Zwischen 1970 und 1994 hat sich das Volumen der Konsumentenkredite von 29 auf fast 364 Milliarden DM verzwölffacht.[36]

Mit großzügigen Vergabebedingungen haben es die Unternehmen den Käufern immer leichter gemacht, in den Besitz von Kreditkarten zu gelangen. Gleichzeitig wurden die Kreditlinien für Kartenbesitzer erweitert. 1996 summierten sich die Verbrauchern gewährten Kreditlinien in den USA auf über 1,2 Billionen Dollar.[37] Gleichzeitig wuchsen die Verbraucherkredite jährlich um 9 Prozent.[38] 1998 betrug die Summe der revolvierenden Kredite insgesamt 531,1 Milliarden Dollar gegenüber 530,8 Milliarden zwölf Monate zuvor.[39]

Seit den siebziger Jahren ist der Lebensstandard einer amerikanischen Durchschnittsfamilie kaum nennenswert gestiegen.[40] Dennoch scheinen die Amerikaner nichts dabei zu finden, wenn sie mehr ausgeben als verdienen. Studien der University of Michigan und des Conference Board belegen eine weiterhin hohe Zuversicht der Verbraucher, dementsprechend hat das Direktorium der US-Zentralbank für das Jahr 1999 eine negative Rate der Familienersparnisse errechnet. Diese Zuversicht lässt sich, wie einige Wirtschaftsexperten beobachten, zu einem guten Teil auf die Rekordgewinne auf den Aktienmärkten zurückführen; sie geben den Amerikanern das Gefühl, es ginge ihnen trotz der negativen Sparrate sehr gut. Nur sollte man den Hinweis von Lester Thurow, dem ehemaligem Dekan der Sloan School of Management des MIT, nicht vergessen, dass 90 Prozent der Börsengewinne an die oberen zehn Prozent der Haushalte gehen, während die unteren 60 Prozent der Amerikaner von der Hausse kein bisschen profitiert haben – sie besitzen keine Aktien.[41]

Der große Optimismus der Verbraucher muss also einen anderen Grund haben.

Offenbar gewöhnen sich Konsumenten in den USA, aber zunehmend auch in Europa und anderswo, daran, ihr Einkommen direkt zu konsumieren und mit weniger Ersparnissen zu leben. Solange ihnen die Banken mit großzügigen Kreditlinien auch weiterhin Zugriff auf Geld gewähren, sehen sie keinen zwingenden Grund, ihr Einkommen durch Rücklagen abzusichern. Der »unbegrenzte Zugang« zu Verbraucherkrediten, so das Fazit eines Kongressausschusses, lasse viele Amerikaner von Sparern zu Schuldnern werden.[42] Selbst die Zahlungsunfähigkeit, in der Eigentumsgesellschaft das Rufschädigenste, was einer Person widerfahren kann, hat ihr Stigma verloren. 1997 erklärten sich, so die Zahlen des American Bancruptcy Institute, 1,35 Millionen Amerikaner für zahlungsunfähig, eine Steigerung von 20 Prozent gegenüber dem Vorjahr, von 145 Prozent gegenüber 1987.[43]

Die Entwicklung gipfelt darin, dass einige Wirtschaftsexperten das Sparen sogar als Hemmschuh für das Wirtschaftswachstum sehen. Obwohl die privaten Sparraten in Europa, Asien und Lateinamerika etwas höher bleiben werden als in den USA, erwarten Kreditkarteninstitute und Banken in den ersten Jahrzehnten des 21. Jahrhunderts noch mehr Verbraucher zum Einsatz von Kreditkarten verlocken zu können, ihnen den kurzfristigen Zugriff auf geborgtes Geld zu ermöglichen.

Existenz auf Pump

Die Entmaterialisierung von Eigentum und Geld, die Anstrengungen, Büroraum zu verkleinern, Lagerbestände abzubauen und Immobilien abzustoßen sowie das Schwinden privater Ersparnisse werden von einer noch viel tiefgreifenderen Veränderung begleitet. Das Sachkapital selbst, die bedeutendste Form des Privateigentums im kapitalistischen System und die Ressource, auf die das gesamte Gefüge gebaut war, wird in vielen Industrien an die zweite Stelle verbannt. Unter Sachkapital verstehen wir Werkzeuge, Maschinen, Ausrüstungsgegenstände und Fabriken, die Infrastruktur und die Betriebseinrichtungen zur Herstellung von Gütern und Dienstleistungen. Eine neue Generation von Managementberatern und Wirtschaftsexperten rät den Unternehmen, die Akkumulation von Sachkapital wo immer möglich zu vermeiden. Stan Davis, Unternehmensberater und zuvor Professor an der Harvard Business School, und Christopher Meyer, der Leiter des Centre for Business Innovation bei Ernst and Young, sagen das ganz unverblümt: »Wir müssen uns von der Vorstellung verabschieden, dass der Besitz oder sogar die Kontrolle von Kapital notwendig sind, um Marktbedürfnisse zu befriedigen.«[44] Wie viele andere auch glauben beide Autoren, »dass es sich in der beschleunigten vernetzten Wirtschaft häufig nicht auszahlt, eigene Betriebsanlagen zu besitzen. ... Unternehmen können so schwerfällig werden wie ein Albatros. Eigentum kann sich als Ballast erweisen und die Fähigkeit eines Unternehmens einschränken, rasch den Kurs oder den Geschäftsbereich zu wechseln.«[45] Davis und Meyer glauben, dass im heutigen Wirtschaftsleben »das Kapital als Bestand an Kapazitäten dem Kapital auf Abruf weichen muss: Es öffnet den Zugang zu vorhandenen Kapazitäten und deren Nutzung.«[46] Ihr erstes Axiom lautet: »Nutze das Kapital, aber besitze es nicht.«[47] Thomas Stewart, Kolumnist der Zeitschrift *Fortune*, fasst dieses neue Gefühl zusammen, das die alte Garde der Industriekapitäne von Unternehmern und Managern der vernetzten Wirtschaft unterscheidet: »Man könnte sagen, dass sich Unternehmen entscheiden müssen: Entweder sie besitzen oder sie leihen Vermögenswerte.«[48]

»Sei weder Schuldner noch Gläubiger« – das mochte im Zeitalter des Eigentums ein vernünftiger Rat gewesen sein. Jetzt wird diese Weisheit einer früheren Epoche auf den Kopf gestellt. Klassischen Ökonomen wie Jean Baptiste Say, Adam Smith oder David Ricardo hätte ein solches Denken die Sprache verschlagen. Gleichwohl betritt eine neue Form des Kapitalismus die Bühne der Weltgeschichte, die sich in ihren Handlungsvoraussetzungen von der vorhergegangenen so sehr unterscheidet wie der Industriekapitalismus von der Marktökonomie des 16. und 17. Jahrhunderts.

Viele Unternehmen sind zum Beispiel nicht länger bereit, kostspielige Ausrüstungen zu kaufen, sie leihen das Sachkapital, das sie benötigen, und verbuchen die Leasingraten als kurzfristige Ausgabe, also als Betriebskosten. Fast ein Drittel aller Maschinen, Betriebsanlagen und Transportflotten in den USA sind heute geleast und nicht im Besitz der sie nutzenden Unternehmen. In Dollars ausgedrückt: von den insgesamt 582,1 Milliarden, die 1997 in Anlagen investiert wurden, flossen fast 180 Milliarden in Leasingverträge. In Deutschland betrug die Leasing-Quote 1999 immerhin 14,8 Prozent.[49] Praktisch jede Art von Produktivkapital kann inzwischen geleast werden, Industrieanlagen und Büroausstattungen ebenso wie Transportmittel, Immobilien, Werkzeugmaschinen, elektronische Produktions- und Kontrollanlagen, Planungsausrüstungen, Fabriken, Büroräume, Einzelhandelsgeschäfte, Lastwagen, Flugzeuge, Tanker, Fahrzeuge, Pipelines, Röntgengeräte, Computer und Drucker, ja sogar Milchkühe.[50] 80 Prozent der amerikanischen Unternehmen leasen ihre Ausstattung teilweise oder vollständig bei mehr als 2000 Leasingunternehmen.[51]

Geliehen haben die Menschen, solange sie Handel miteinander treiben. Vor rund 5000 Jahren verpachteten sumerische Prinzen und Priester »heiliges Land« an Bauern gegen einen Teil der Ernte, der zwischen einem Siebtel und drei Achteln lag. Im alten Persien war das Verpachten von Schiffen üblich, ebenso das Verpachten von Dämmen und Bewässerungskanälen.[52]

In Babylonien konnte man Ochsen pachten. Strikte Verträge, denen unnachsichtig Geltung verschafft wurde, regelten das Verhältnis zwischen den Parteien und deren Verantwortlichkeiten. Wurde ein Ochse von einem Löwen getötet, musste der Besitzer den Verlust tragen. Starb der geliehene Ochse jedoch aufgrund schlechter Behandlung, wurde der Pächter haftbar gemacht. Hatte Gott den Ochsen geschlagen, »schwor« der Pächter, »selbst unschuldig zu sein – und übertrug damit die Haftung auf den Verpächter«.[53]

Das erste Pachtgesetz, das 1284 in Großbritannien verabschiedet wurde – das Statute of Wales –, regelte das Verpachten von Land, Gebäuden und beweglicher Habe. Das Pachten als Mittel, zu teuren Betriebsanlagen zu kommen, verbreitete sich in England während der Entwicklung der Eisenbahnen. Viele Eisenbahnunternehmen pachteten die Gleisanlagen von den Firmen, die sie gelegt hatten, und liehen später auch Waggons. 1854 hat die Birmingham Wagon Company damit begonnen, Eisenbahnwagen zu verleihen; 1862 konkurrierten mehr als ein Dutzend Waggonbauer um lukrative Verträge. Am Ausgang des 19. Jahrhunderts konnte man eine ganze Reihe anderer Betriebsanlagen pachten, darunter Webstühle für die Baumwollindustrie und Transportfahrzeuge, später auch Telefonsysteme, Strom- und Gaszähler.[54]

Nach dem Zweiten Weltkrieg dann war Leasing nicht länger eine Randerscheinung, sondern ein wichtiges Investitionsinstrument. Viele Unternehmer, die oft keine konventionellen Finanzierungsmöglichkeiten finden konnten, griffen zum Leasing. Gerade in einer Periode wirtschaftlichen Wachstums betrachtet man Leasing als einen Weg, Finanzmittel für andere Geschäftsziele verfügbar zu halten. Das Leasen von Anlagen war und ist kein Kredit, muss also nicht unter Verbindlichkeiten verbucht werden: So lässt sich die Finanzsituation eines Unternehmens positiver darstellen. Auch die Leasingunternehmen profitieren bis heute. Sie waren keine Banken, unterstanden damit keiner Bankenaufsicht und konnten hohe Renditen erzielen und die höheren Risiken kompensieren, die mit Leasingverträgen verbunden sind.[55]

Anlagenhersteller wie IBM, Burrouhgs, Singer, NCR und Olivetti begannen Ende der fünfziger, Anfang der sechziger Jahre ihren Kunden Leasinggeschäfte anzubieten. 1971 wurden die Bankgesetze der USA ergänzt. Nun durften Banken Holdingfirmen gründen, unter deren Dach auch Leasingunternehmen und andere Finanzdienstleister operieren durften. Dass sich die Banken der Leasingunternehmen annahmen, erhöhte deren Glaubwürdigkeit als Finanzinstitution erheblich und gab dem Verfahren neue Impulse.[56]

Als wesentlichen Grund für ihre hohe Wertschätzung der Pacht gegenüber dem Kauf nennen die Unternehmen die größere Flexibilität, mit der sie auf die sich rasch verändernden Märkte und das Veralten eingesetzter Technologien reagieren können.[57] »Wir können uns an der Spitze der technischen Entwicklung halten, wenn wir unsere technische Ausrüstung nicht besitzen und sie bei Ablauf des Leasingvertrages abstoßen können und etwas Neueres dafür bekommen«, sagt David J. Burns, der Leiter von Timex, Inc. in Middlebury, Connecticut.[58] Viele Leasingverträge ermöglichen es den Leasingnehmern, laufende Vereinbarungen zu kündigen und Anlagen ohne Nachteil zu verbessern.

Zahlreiche Unternehmen leasen auch wegen der damit verbundenen Annehmlichkeiten. Der Leasinggeber ist im Allgemeinen für Service und Instandhaltung der Einrichtungen und Anlagen verantwortlich und übernimmt manchmal auch deren Verwaltung und Management. »Wir sind inzwischen eher Anlagenmanager als Finanzierungsunternehmen«, so Robert Stubbs, der Generaldirektor von Bell Atlantic Capital.[59]

Die Praxis des Leasing hat sich weltweit ausgebreitet; mehr als die Hälfte aller Leasingverträge werden von europäischen und japanischen Unternehmen abgeschlossen.[60] Die Leasingbranche operiert inzwischen in über 80 Ländern. In einigen davon nähert sich der Anteil des Leasingmarktes dem der USA an. So werden in Südkorea 23 Prozent aller neuen Betriebsanlagen geleast; in Brasilien sind es 20, in Großbritannien 19, in Deutschland 15,9, in Irland 42,5, in Kanada 12,8, in Italien 10,8, in Schweden und auf den Philippinen 20 Prozent.[61]

Am schnellsten wächst der Bereich Sale-and-Lease-back, als »Verkauf und Rückmiete« zu übersetzen. Die Unternehmen verkaufen ihre Betriebsanlagen und leasen sie von Immobilieninvestmentfonds zurück. Solche Geschäfte, in den USA weit verbreitet, gewinnen nun auch in vielen anderen Ländern an Attraktivität.

Motel 6 schloss für 288 seiner Standorte mit 33 000 Zimmern einen Vertrag über Sale-and-Lease-back, ein Geschäft mit einem Gesamtvolumen von 1,1 Milliarden US-Dollar. Zu den Käufern gehörten unter anderem U.S. Realty, Norton Herrick & Sunder und Phillip Morris.[62] Auch Einzelhandelsketten wie Borders Books and Records, Eckerd und Office Max haben sich für viele Standorte zu diesem Verfahren entschlossen.[63] Autohändler gehen den gleichen Weg, so etwa Potamkin, das im November 1997 acht von elf seiner Verkaufshäuser für 50 Millionen US-Dollar an den Kimco-Auto Fund verkauft hat und sie mit günstigen langfristigen Verträgen zurückleast. Allen Potamkin, Vorstandsmitglied der Kette, sprach von einer Win-Win-Situation: »Wir gewinnen damit Liquidität. Für die Leasinggeber sinkt das Kreditrisiko. Ich habe mehr Geld, um das Geschäft auszuweiten, und ich führe es immer noch.«[64]

Auch viele der führenden Versorgungsbetriebe in den USA haben Sale-and-Lease-back-Verträge abgeschlossen. Damit konzentrieren sich die Unternehmen auf ihre Kernkompetenz: Sie managen Anlagen und Umlaufvermögen eines anderen Unternehmens.

Den Unternehmen in den USA gehören immer noch Sachwerte im Wert von 1,7 Billionen Dollar, das sind 70 Prozent des gesamten Firmenvermögens. Michael Silver, Präsident des Chicagoer Immobilienconsultant Equis, der unter anderem für Chrysler, Coca-Cola und die NationsBank verschiedene Geschäftsbereiche managt, rät den Unternehmensführungen: »Denken Sie darüber nach, was Sie erreichen könnten, wenn Sie all ihr Kapital freisetzen würden.« Silver fasst die Möglichkeiten von Sale-and-Lease-back in Worte: »Sie brauchen sich nicht um den Kleinkram zu kümmern, wenn Sie auf einem hungrigen Markt verkaufen, und mit dem, was übrig bleibt, können Sie leasen – und das flexibel.«[65]

Einfach auslagern

In jedem Bereich und in jeder Branche haben Unternehmen nichts Eiligeres zu tun, als diejenigen Vermögenswerte loszuwerden, die nichts mit ihrer Kernaufgabe zu tun haben. Die neue Maxime der

Geschäftswelt lautet: »Im Zweifelsfall ein Leasingvertrag.« Wenn ein Aktivposten oder ein Produktionszweig nicht unbedingt notwendig ist, um das Kernziel zu erreichen, dann wird er einem anderen Unternehmen übertragen. In der sich stetig stärker vernetzenden Wirtschaft gerät das Auslagern und Outsourcen fast zum Glaubenssatz.

»Auslagern« heißt, Funktionen und Dienstleistungen, die früher im eigenen Haus erledigt wurden, bei anderen Unternehmen, möglicherweise ausgegründeten früheren Teilen des eigenen Betriebs, einzukaufen. Anders ausgedrückt: Der Besitz an erforderlichen Betriebsmitteln und Funktionsbereichen wird durch den Zugang zu Ressourcen und Verfahren anderer Anbieter ersetzt.

Ross Perot, Inhaber von EDS, wird oft als Pionier dieses Konzeptes gelobt. Sein Unternehmen hat in den sechziger Jahren als erstes Regierungsinstitutionen und Privatunternehmen angeboten, ihre Datenverarbeitung zu übernehmen. Inzwischen ist Outsourcing der organisatorische Angelpunkt der sich zunehmend stärker vernetzenden Wirtschaft. Unternehmen trennen sich von Sachwerten und Funktionen, verflachen die Hierarchien der Organisation, verketten ihre Betriebsabläufe mit Zulieferern und schaffen so zunehmend komplexere Netzwerke und Beziehungen. Durch die neuen Computer-, Software- und Telekommunikationstechniken können die Unternehmen ein beinahe nahtloses Netz zwischen den eigenen Aktivitäten und ausgelagerten Geschäftsfeldern knüpfen. Elektronische Datenverarbeitung und direkte Feedbackschleifen halten Kunden und Zulieferer in ständiger Kommunikation. So entstehen ausgedehnte virtuelle Gesamtunternehmen, in denen Kunde und Dienstleister zusammenarbeiten, um ihr Alltagsgeschäft ohne Zeitverzug abzuwickeln.

Weil die Fortschritte der elektronischen Technologien die Kosten, die mit den Transaktionen nach der Auslagerung einhergehen, ständig reduzieren, übertragen immer mehr Unternehmen einen Großteil ihrer eigenen Randfunktionen an Vertragspartner. Auslagerung, so das Outsourcing Institute, »ist nicht weniger als eine grundlegende Neudefinition des Unternehmens«.[66] Die hergebrachten autonomen und abgegrenzten Unternehmen weichen der Kooperation mehrerer Partner, die jeweils tief in die Operationen der anderen eingebettet sind und in formellen und informellen Wechselbeziehungen miteinander verbunden operieren.

Immer mehr Unternehmen lagern Wartung und Reparatur von Computeranlagen, Mitarbeiterschulung, die Entwicklung von Anwendungen, Beratung und Planung aus. Zu den ausgelagerten Funktionen zählen häufig etwa der Postverkehr, Druck und Reprographie, Lager und Inventur, telefonische Kundenbetreuung oder auch administrative Aufgaben. Im Finanzbereich wird die Abwicklung des Zahlungsverkehrs und der Steuern sowie von Einkauf und Buchhaltung externen Dienstleistern übertragen. Spezialisierte Marketingunternehmen übernehmen Werbung, Postwurfsendungen und Telemarketing. Das Gleiche gilt für die Sicherheitsüberwachung, das Betriebs- und Facility-Management und Kantinen. Spediteure lassen ihre Fahrzeugflotte von Vertragspartnern managen.[67]

Das hat viele Vorteile. Hat ein Unternehmen interne Dienstleistungen ausgelagert, kann es sich auf den eigentlichen Wertschöpfungsprozess konzentrieren. Ferner kann das Unternehmen auf Anbieter zugreifen, die wegen ihrer spezialisierten Fachkenntnisse erstklassige Dienste zu oft geringeren Kosten anbieten können. Outsourcing vermindert die Notwendigkeit, Kapital für teure Anlagen und eine ausgedehnte Infrastruktur zu binden, die nur peripher zur Wertschöpfung beitragen. Und schließlich verleihen Auslagerung und Leasing dem Unternehmen die notwendige Flexibilität, um sich auf den sich schnell ändernden Märkten mit ihren immer kürzeren Produktlebenszyklen zu behaupten. Die Belastung mit überalterten Produktionsanlagen und Einrichtungen, mit antiquierten Systemen und Geschäftsabläufen ist das beste Rezept zum Scheitern. Indem sie statt auf langfristigen Besitz auf kurzfristigen Zugang setzen, können die Unternehmen mit dem Wettbewerb Schritt halten.

Das Outsourcing-Geschäft boomt. In den USA sind gegenwärtig schätzungsweise 146 000 Unternehmen in diesem Bereich tätig.[68] Dieses Geschäftsfeld wird nach aktuellen Schätzungen Ende des Jahres 2000 über 300 Milliarden Dollar Gewinn einbringen.[69] Von den 1,6 Millionen Unternehmen, die entsprechende Dienstleistungen in Anspruch nehmen, beschäftigen die meisten weniger als zehn Angestellte.[70] Aber auch große Unternehmen lagern zunehmend mehr interne Funktionen aus: Drei von zehn Industriebetrieben haben über die Hälfte ihrer Produktionsbereiche an fremde Unternehmen übertragen.[71]

Outsourcing ist kein rein amerikanisches Phänomen. Weltweit haben zwei Drittel aller Unternehmen gegenwärtig einen oder mehrere ihrer internen Dienste ausgelagert; in Japan zum Beispiel sind es mehr als 60 Prozent.[72]

Nirgendwo hat Outsourcing weitreichendere Folgen als in der Produktion. Für die Industrie, deren Ertragskraft lange Zeit am Sachanlagenvermögen gemessen wurde, haben sich die Regeln des kapitalistischen Spiels grundlegend geändert. In weniger als einem Jahrzehnt haben sich die bekanntesten Hersteller in Designstudios und Vertriebshäuser verschlankt, haben Anlagen und Eigentum aufgegeben und die Produktion außenstehenden Vertragspartnern übertragen.[73] Die neuen »Generalübernehmer« sind riesige Organisationen, die für andere Unternehmen Fabriken betreiben und Versorgungsnetzwerke überall in der Welt managen.

Die Zukunft der industriellen Fertigung liegt in den Händen von Generalunternehmern wie Ingram in Santa Ana, Kalifornien; ein Unternehmen, das nichts anderes tut, als maßgefertigte Computerserien zu produzieren: Die Geräte tragen die bekannten Markenzeichen von IBM bis Compaq. Nur wenige Jahre zuvor wäre es unvorstellbar gewesen, dass ein und dasselbe Unternehmen konkurrierende Markenartikel auf dem gleichen Band produziert. Heute gehört das zum Alltag. Ingram ist ein Komplettanbieter, das Unternehmen produziert und vertreibt – über Vertragshändler – direkt an den Endverbraucher und stellt sogar Rechnungen, beantwortet im Namen seiner Auftraggeber Kundenanfragen, richtet deren Webseiten ein und verwaltet sie. Nachdem er das riesige Lagerhaus von Ingram besichtigt hat, »groß genug, um eine Flotte von Düsenflugzeugen aufnehmen zu können«, schreibt der Technikjournalist Saul Hansell in einem Artikel für die *New York Times*: »Hier ... können wir einen Blick in die Zukunft der amerikanischen Industrie werfen, in der Hersteller nichts produzieren und Einzelhändler die Waren, die sie verkaufen, nie in der Hand hatten.«[74]

In der vernetzten Wirtschaft werden vor allem Ideen und Vorstellungen gehandelt. Die materielle Realisierung dieser Ideen und Vorstellungen ist in diesem Wirtschaftsprozess längst nicht mehr der zentrale Vorgang. War der Markt des Industriezeitalters durch den Austausch von Dingen gekennzeichnet, ist das Charakteristikum der Netzwerkökonomie der Zugang zu Konzepten, die materielle Aspekte beinhalten.

Nike ist vielleicht das beste Beispiel für die Kräfte, die sich in den neuen Märkten entfalten. Nike ist im Grunde eine virtuelle Firma. Hört man den Konzernnamen, assoziiert man Sportschuhe; tatsächlich ist das Unternehmen ein Forschungs- und Entwicklungsbüro mit ausgeklügeltem Marketingkonzept und Verteilungsmechanismus: Nike, der weltweit führende Produzent von Sportschuhen, besitzt weder Fabriken und Maschinen noch Immobilien in nennenswertem Umfang. Stattdessen hat man in Asien ein ausgedehntes Netzwerk von Anbietern aufgebaut – »Produktionspartner« genannt –, die für Nike Designerschuhe und andere Dinge produzieren. Auch ein Großteil der Werbungs- und Marketingaktivitäten wurde ausgelagert. Der Erfolg des Unternehmens in den neunziger Jahren ist in nicht geringem Maß den innovativen Kampagnen von Weiden and Kennedy zuzuschreiben, der Werbeagentur, die dazu beitrug, dass Nike der weltweit begehrteste Sportschuh wurde.[75]

Nike verkauft Konzepte. Das Unternehmen schließt Verträge mit namenlosen Herstellern in Südostasien, die den Produktkonzepten materielle Form geben. Dieser neue Ansatz vernetzter Produktion und Geschäftstätigkeiten, gestützt auf namenlose Produzenten, kann allerdings zur Ausbeutung der Arbeiter und Arbeiterinnen führen.

Nike ist einer der virtuellen »Produzenten«, der wegen unfairer Geschäftspraktiken mit Boykotten und öffentlichen Angriffen und formellen Klagen überzogen wurde. Vor den Fabriken von Nikes Vertragspartnern in Übersee kam es zu Protestaktionen der Belegschaft, das wiederum führte zu Medienberichten über Ausbeutung und sexuellen Missbrauch von Beschäftigten, über inhumane Arbeitsbedingungen, gefährliche Arbeitsplätze, niedrige Löhne und Quotensysteme für die Einstellung von Angestellten. Mehr als 450 000 asiatische Arbeiter und Arbeiterinnen fertigen Nikes populäre Schuhe. Obwohl die Gewinne des Unternehmens allein in den USA über 4 Milliarden US-Dollar betrugen, verdienen die Arbeiterinnen und Arbeiter in Vietnam gerade zwischen 1,60 und 2,25 Dollar am Tag, ein Lohn, der kaum für drei Mahlzeiten reicht. In manchen Fabriken arbeiten 13-jährige Mädchen über 60 Stunden pro Woche und viele von ihnen werden sexuell belästigt. Unglücklicherweise werden die beklagenswerten Arbeitsbedingungen in Auslagerungsfabriken selten aufgedeckt, weil die Firmennetzwerke streng bewacht und von der Öffentlichkeit abgeschirmt werden.[76]

Das Outsourcing-Fieber bot den Unternehmen der neuen Art Gelegenheit, spezialisierte Nischenmärkte zu schaffen. Norrell, eine Firma mit Hauptsitz in Atlanta, die 1961 als kleine Beschäftigungsagentur begonnen hatte und Ende der achtziger Jahre zu einem der größten Zeitarbeitsunternehmen mit Franchisern überall im Land geworden war, übernahm in den neunziger Jahren ausgelagerte Hintergrundfunktionen: so in einem 1990 mit Sears geschlossenen Vertrag die Zentrale des Kaufhauses sowie dessen Sekretariat, Fotokopie-, Versand- und Empfangsabteilung. 1992 schloss Norrell mit IBM einen Outsourcing-Vertrag mit einem Volumen von 75 Millionen US-Dollar; nun managt Norrell die IBM Sektretariatszentrale, die Abwicklung der Büro- und Reisekosten und den Telefonservice für die Marketing- und Kundendienstabteilungen. Mit dem gleichen Vertrag erwarb IBM einen fünfprozentigen Anteil an Norrell. Gegenwärtig arbeiten über 3000 Angestellte von Norrell bei IBM und erledigen die Arbeit von früher 3750 IBM-Angestellten. Weitere Kunden von Norrell sind führende Unternehmen wie MCI, Bell Atlantic, UPS und Equitable.[77]

Solche Outsourcing-Verträge mögen harmlos erscheinen, dahinter steckt jedoch ein weiteres Ziel: Auslagerung ist zu einem bevorzugten Mittel geworden, die Macht der organisierten Arbeiterschaft zu schwächen. Indem sie Dienstleistungen an gewerkschaftsfreie Firmen auslagern, können die Auftraggeber Tarifvereinbarungen umgehen. Der Niedergang der Gewerkschaftsbewegung in den USA und anderen Ländern der Erde ist sicher auch dem Phänomen der Auslagerung zuzuschreiben.

Vor kurzem erreichte das Outsourcing auch den Cyberspace. EDS, der Pionier der Auslagerung, bietet Internetanbietern das Management ihres elektronischen Handels an. Die in Dallas ansässige Niederlassung von EDS mit dem Geschäftsfeld Internetberatung und Services schloss mit Hachette Filipacchi Magazines, Herausgeber von Zeitschriften wie *Road and Track* oder *Travel Holiday*, einen Vertrag über die Pflege der Unternehmenswebsites. Der Verlag in New York muss dafür keine Investitionen tragen, stattdessen erhält EDS einen Teil der Einnahmen des Medienunternehmens, die aus den Online-Verkäufen von Autozubehörteilen, Pauschalreisen und Kochbüchern resultieren. Der »Cosourcing«-Vertrag, den Hachette und EDS abgeschlossen haben – eine Weiterentwicklung des bekannten Outsourcing – zeigt, wohin die Reise der Netzwerkbeziehungen im Cyberspace gehen wird. Jim Dochery, im Vorstand von Hachette, kommentiert diesen Vertrag:

> Wir bezahlten EDS eine Zeit lang dafür, dass sie unsere Sites entwickelten und betreuten, aber dann ging den Verantwortlichen an beiden Orten ein Licht auf. Wir hatten den Inhalt und die Werbung, aber nicht die Technik. Und sie hatten keinen Inhalt. So, wie wir es jetzt vereinbart haben, bezahlen sie nichts für den Inhalt und wir bezahlen nichts für die Technik. Jeder zieht einen Vorteil aus dem Vertrag.[78]

Mit dem Vertrag zwischen Hachette und EDS wird die herkömmliche Beziehung zwischen Käufer und Verkäufer durch eine Partnerschaft von Anbieter und Nutzer ersetzt. Weder Kapital noch Eigentum irgendeiner Art wurde ausgetauscht. In dieser »Cosourcing«-Vereinbarung sind beide Seiten sowohl Anbieter wie auch Nutzer des Vermögens des jeweils anderen. Beide Seiten gewinnen Zugang zu den Kernkompetenzen und Wertschöpfungskompetenzen des anderen. Indem die Kernfunktionen beider Unternehmen verbunden wurden, ergab sich eine neue Geschäftsmöglichkeit. Hier wie in zahllosen anderen Partnerschaften, die in Netzwerkökonomie und Cyberspace zustande kommen, ist Zugang und nicht Eigentum der entscheidende Schlüssel zum kommerziellen Erfolg.

Im Zeitalter des Zugangs, so der Berater Earl Hall, »ist ein produzierendes Unternehmen [und deshalb jedes andere Unternehmen] keine isolierte Produktionseinrichtung, sondern eher ein Knoten im komplexen Netz von Anbietern, Verbrauchern, Planungs- und anderen Funktionen«.[79] Den Zugang zu anderen in einem Geschäftsnetzwerk sicherzustellen, bedeutet, Informationen zu teilen und Vertrauen zwischen Parteien zu bilden, die früher als Verkäufer und Käufer Wettbewerber waren. In ihrem Buch *The Virtual Corporation* schreiben der Managementberater William Davidow und der Journalist Michael Malone: »Das virtuelle Unternehmen wird weniger als einzelner Betrieb auftreten, sondern eher als ein in einem engen Beziehungsnetz sich ständig wandelndes Bündel gemeinsamer Unternehmungen.«[80]

In einer vernetzten Wirtschaft wird kommerzieller Erfolg zunehmend nach der Vorstellung bemessen, »was mein ist, ist auch dein, und was dein ist, ist auch mein«. Das Muster des auf Netzwerken beruhenden Austauschs bildet das Teilen wirtschaftlicher Aktivitäten ab.

Immaterielle Werte zählen

Der Übergang vom Eigentum zum Leasing und zum Outsourcing wird in weniger als 40 Jahren den modernen Kapitalismus und seine Geschichte völlig verändern. Microsoft ist ein gutes Beispiel für die Logik, die in der sich entwickelnden Netzwerkökonomie wirksam ist. Wie andere High-Tech-Firmen auch verwendet Microsoft ein Gutteil seiner Energien darauf, immaterielle Werte zu schaffen. Vergleichen wir Marktkapitalisierung und Bilanzen von IBM und Microsoft. Die Marktkapitalisierung von IBM betrug im November 1996 insgesamt 70,7 Milliarden Dollar, während Microsoft auf 85,5 Milliarden kam. Auf der anderen Seite besaß IBM Fabriken, Anlagen und Immobilien im Wert von 16,6 Milliarden Dollar, während die festen Anlagen von Microsoft nur einem Wert von 930 Millionen Dollar entsprachen. Dennoch waren Anleger bereit, für Microsoft-Aktien mehr zu bezahlen – das Anlagevermögen, der traditionelle Bewertungsmaßstab für den Gesamtwert des Aktienkapitals, spielt also keine Rolle mehr.[81] Wofür die Investoren tatsächlich zahlen, wenn sie Microsoft-Aktien kaufen, ist das immaterielle Kapital der Firma: das Engagement, die Ideen, das Talent und die Fachkenntnis der Menschen, die die Firma ausmachen. Der Journalist Fred Moody schrieb dazu in einem Artikel des *New York Time Magazines* treffend: »Microsofts einziger Firmenwert ist die Erfindungskraft der dort beschäftigten Menschen.«[82] Wieder sehen wir, dass der Aktienhandel des 21. Jahrhunderts »leichtere« Unternehmen bevorzugt, deren Wert eher in Ideen als in hartem materiellen Vermögen gemessen wird.

Diese Verschiebung ist im globalen Wirtschaftsgeschehen allmählich unübersehbar. Margaret Blair von der Brookings Institution stellte fest, dass 1982 Sachvermögen – Grundstücke, Fabriken und Anlagen – von Bergbau- und Produktionsfirmen 62,3 Prozent des Marktwertes eines Unternehmens ausmachten, zehn Jahre später dagegen waren es nurmehr 37,9 Prozent.[83] Leif Edvonsson, der Direktor des schwedischen Finanzdienstleisters Skandia AFS, schätzt, dass das Verhältnis von intellektuellem zu Sach- und Finanzkapital bei den meisten Unternehmen zwischen fünf zu eins und sechzehn zu eins liegt.[84]

Vor über dreißig Jahren hat der Wirtschaftswissenschaftler und Nobelpreisträger James Tobin aus dem Verhältnis zwischen Marktwert und Buchwert, Q-Ratio genannt, einen Bewertungsmaßstab für Aktien entwickelt. Damals, als es vor allem auf Sachwerte ankam, ließ sich an diesem Verhältnis erkennen, ob eine bestimmte Aktie zu hoch bewertet und deshalb reif für eine Anpassung nach unten war. Heute verfügen viele der erfolgreichsten Unternehmen in der Welt über außerordentlich hohe Q-Werte, werden aber trotzdem, wegen ihrer immateriellen Werte, die sich zwar nicht bemessen lassen, gleichwohl als Maßstab für den zukünftigen Erfolg einer Firma gelten, als gute Investition betrachtet. Nehmen wir General Motors. Der Autohersteller hat im Jahr 1997 Produkte im Wert von 178 Milliarden Dollar verkauft. Damit war GM die Nummer eins unter allen Unternehmen weltweit. Die Marktkapitalisierung jedoch betrug weniger als die Hälfte dieser Summe. GM ist das klassische Beispiel eines altmodischen Unternehmens mit einem großen Anlagevermögen, das in Fabriken, Maschinen, Ausrüstungen, Lagerhäusern und anderen festen Einrichtungen gebunden ist. Seiner Bilanz nach scheint GM gesund zu sein. In der Realität einer neuen globalen Ökonomie erweisen sich die materiellen Vermögenswerte von GM jedoch als Belastung. Chrysler dagegen hat sich – durch Auslagerung an externe Dienstleister – vom größten Teil seines Eigentums getrennt und arbeitet eher als Planungsbüro und Marketingkanal. Das Unternehmen scheint auf dem Papier weniger vermögend zu sein, erzielt jedoch auf dem Markt einen respektablen Gewinn. (Bezeichnend ist, dass GM, obwohl das Unternehmen nach den Verkaufserlösen Nummer eins ist, mit seinem Aktienwert nicht unter den ersten 40 Notierungen des New Yorker Aktienmarkts zu finden ist.)[85]

Die wachsende Kluft zwischen Buchwert und Marktwert ist in anderen Industriesektoren noch deutlicher. Betrachten wir Dream-

Works SKG, die Filmproduktionsgesellschaft von Steven Spielberg, Jeffrey Katzenberg und David Geffen. Die erste Aktienemission des neuen Unternehmens wurde mit 2 Milliarden bewertet, obwohl es selbst überhaupt kein Sacheigentum besaß.[86] Auch hier waren Investoren bereit, dafür zu bezahlen, dass sie zukünftig am Talent und den Fachkenntnissen der Gründer teilhaben dürfen. Nach George Gilder können wir uns diese Kluft als den »Index des unternehmerischen Dynamits im Aktienkapital« vorstellen.[87] Mit anderen Worten, die Anleger setzen auf zukünftige Gewinnchancen einer Gesellschaft und bauen bei ihren Investitionen auf immaterielle, mit konventionellen Bewertungsstandards nur schwer zu bemessende Werte.

Das Rennen der Zukunft, so der Managementberater Adrian Slywotzky, wird unter den neuen, leichtgewichtigen Firmen ausgetragen, die nicht von Umfangreichen gebundenen Vermögenswerten belastet sind. Darum werde es »für viele vermögensintensive Unternehmen, wie Immobilienfirmen, Chemiebetriebe oder Stahlwerke, immer härter, Geld zu machen«, weil deren Finanzmittel zum Großteil in Sachkapital und anderem Sachvermögen gebunden sind.[88]

Der Wechsel in eine Ökonomie, in der Erfolg zunehmend an der Kontrolle von Ideen, also am intellektuellen und immateriellen Kapital gemessen wird, stellt die konventionellen Bewertungsmethoden infrage. In einer vernetzten Wirtschaft können Aktienanalysen wesentlich subjektiver und riskanter sein, weil Ideen und Talent häufig wichtiger als Produktionsanlagen und Materialien sind, aber auch schwieriger zu bewerten. Das Problem sieht Judy Lewent, Leiterin der Finanzabteilung von Merck and Company, darin, dass »das Bewertungssystem nichts wirklich erfasst«.[89]

Die traditionelle Unternehmensbilanz zeigt den Waren- und Geldfluss durch das Unternehmen. Sie bildet Vermögenswerte und Kapitalstruktur und zugleich die Forderungen Dritter an dieses Unternehmen ab. Das funktioniert gut, solange vor allem materielle Dinge produziert und verkauft werden. Doch in einer Ökonomie, in der der Austausch von Gütern nicht so wichtig ist wie der gemeinsame Zugriff, den Anbieter, Nutzer, Dienstleister und Kunden auf Dienstleistungen und Erfahrungen haben, verliert das altbekannte Rechnungswesen an Gewichtigkeit.

Die neuen, auf Informationen basierenden Branchen – in den Bereichen Finanzen, Unterhaltung, Kommunikation, Geschäftsdienstleistungen und Bildung – machen heute schon mehr als 25 Prozent der amerikanischen Wirtschaft aus. Ein großer Teil ihres Wertes liegt in immateriellen Werten und wird in ihren Bilanzen deshalb nicht genau erfasst. Die Industrien des Life-Science-Sektors – Agrartechnologie, Fasertechnik, Baumaterialien, Energie und Pharmazie – verlassen sich ebenfalls viel stärker auf immaterielle Werte, insbesondere auf geistiges Eigentum und wissenschaftliches Know-how, und machen weitere 15 Prozent der Wirtschaft aus.[90] Die Informations- und die Biowissenschaften werden die Geschäftswelt im 21. Jahrhundert bestimmen. Beide basieren weniger auf dem Eigentum an materiellem Besitz als auf dem Zugang zu wertvollen Informationen, seien sie in Software oder Wetware eingebettet. Wie zum Beispiel sollten die alten Bewertungsverfahren den Wert des geistigen Eigentums, etwa die ungefähr 140 000 Gene bewerten, die den Bauplan der menschlichen Rasse ausmachen?

Die Wirtschaftsprüfer des Informationszeitalters, so der Risikokapitalgeber William Davidow, sehen sich »mit einer schwierigen Entscheidung konfrontiert: Entweder müssen sie mit dem alten System leben und die Wahrheit verdrehen oder sie müssen ein neues riskantes System entwickeln, mit dem immaterielle Werte gemessen werden können. ... Was wir brauchen ... ist ein vollkommen anderes Bewertungssystem für Unternehmen.«[91] Allerdings zeigen die meisten Finanzanalysten, Wirtschaftsprüfer und Manager diesbezüglich Zurückhaltung, auch wenn neue Systeme den Anteil immaterieller Werte am Profil einer Firma besser wiedergeben könnten, denn diese Werte sind subjektiv. Damit wird der Fehlinterpretation, aber auch dem Missbrauch und betrügerischer Berichterstattung Tür und Tor geöffnet, und das Unternehmen muss externe Prüfungen und Rechtsstreitigkeiten mit den Anteilseignern fürchten.

Ungeachtet solcher Hindernisse haben einige Wirtschaftsexperten und -prognostiker sich der neuen Bewertungsaufgabe gestellt. Von Leif Edvinsson und Michael Malone stammt ein prototypisches Modell für die Bilanzierung des geistigen Kapitals; das Modell beruht auf dem, das gegenwärtig in Edvinssons eigener Firma Skandia angewendet wird. Dieses Modell, so räumen die Autoren ein, könne »viele der Faktoren, die den Erfolg einer Firma ausmachen, nicht erfassen, so etwa die Moral der Angestellten, eine dynamische und vorausschauende Firmenleitung und eine Umgebung, die Innovation und Kreativität befördert«.[92] Darum könne ihr Modell auch kein Ersatz für das traditionelle Rechnungswesen sein, eher eine Ergänzung, die ein transparenteres Bild vom wahren Wert einer Firma bieten kann.

In den neuen Bewertungsmodellen der vernetzten Wirtschaft wandert physisches Kapital stetig von der Habenseite auf die Sollseite, wo es als Betriebskosten aufgeführt wird, während immaterielle Werte zunehmend ihren Weg auf die Habenseite finden werden.

Das Geistige ist wertvoller

Die Schwierigkeiten, neue Bewertungsmethoden zu definieren, reflektiert die umfassenderen Veränderungen, die mit dem Übergang ins Zeitalter des Erfindungsgeistes einhergehen. Das Symbol des Industriezeitalters war brutale Kraft, eine Welt der stahlharten Körper. Die Menschen haben gigantische und hochintelligente Werkzeuge erfunden, um die physische Welt zu erforschen, sie sich anzueignen und ihre Schätze in materielle Güter zu transformieren. In dieser Ära maß der Mensch seine Errungenschaften – in der sicheren Überzeugung, »größer ist besser« – nach Höhe, Gewicht und Rang. Wir haben jede verfügbare Fläche zubetoniert und eine große Industriefläche zwischen uns und die Natur gelegt. Wir haben Autobahnen in den Himmel und über den Horizont hinaus gebaut und große Teile der natürlichen Welt zu Privateigentum gemacht. Der Gestank des verbrannten Benzins, Industrieabgase, die den Himmel verdunkeln, und der unablässige Lärm zischender und speiender Maschinen, die die Nacht zum Tage machen, erinnern an das große Experiment, die Welt nach unserer Vorstellung neu zu ordnen. Jeder Mensch wurde ein kleiner Gott, ein Wächter seines kleinen begrenzten Gartens Eden, der mit durch Arbeit anverwandelten Relikten der ursprünglichen Schöpfung ausgestattet ist.

Dies war die Kernidee von Eigentum und Marktwirtschaft: Der Mensch glaubte gottähnlich und omnipräsent zu sein. Die eigene physische Existenz durch eine schier materielle Existenz zu vergrößern, das war das Ziel eines jeden Eigentümers. Diese alte war tatsächlich eine »materielle Welt«, wie Madonna es in einem Song ausdrückt.

Das neue Zeitalter dagegen ist seinem Wesen nach immaterieller und mentaler geprägt, eine Welt der platonischen Formen, der Ideen, Vorstellungen und Archetypen, der Konzepte und Fiktionen. Waren die Menschen des Industriezeitalters damit beschäftigt, sich Materie anzueignen und neu zu formen, ist die erste Generation im Zeitalter des Zugangs mehr daran interessiert, den menschlichen Geist zu manipulieren. Im Zeitalter des Zugangs und der Netzwerke, in dem Ideen der wesentliche Motor des Geschäftslebens sind, ist es das Ziel, gottgleich und allwissend zu sein. Die eigene mentale Präsenz ausdehnen zu können, universell verknüpft zu sein und auch das menschliche Bewusstsein beeinflussen und formen zu können, das ist das Ziel, das die Wirtschaft über alle Branchen hinweg motiviert.

Wir leben von Ideen und Gedanken nicht weniger als von Brot und Wein. Hat das Industriezeitalter unser physisches Sein genährt, so nährt das Zeitalter des Zugangs unser mentales, emotionales und spirituelles Sein. An die Stelle materieller Herrschaftsinstrumente treten Konzepte. Im 21. Jahrhundert werden Institutionen zunehmend mit Ideen handeln, und Menschen wiederum kaufen Zugang zu den Ideen und den Verkörperungen, in denen sie enthalten sind. Die Fähigkeit, Gedanken zu kontrollieren und zu verkaufen, ist der ultimative Ausdruck eines neuen Geschäfts-Know-hows.

Jahresbilanzen zeigen genau das. Materielles Eigentum wird immer unwichtiger und verliert an Wert. Geistiges Eigentum dagegen ist das »himmlische Gold«. Im neuen Zeitalter steht der Geist über der Materie. Leichtere Produkte, Verkleinerung, schwindender Grundbesitz, Produktion und Lagerbestand auf Abruf, Leasing und Outsourcing belegen den Niedergang einer Weltauffassung, deren Fokus auf dem Materiellen und Körperlichen liegt. Darum werden Selbstsucht, Habgier und kommerzielle Ausbeutung noch lange nicht schwinden. Die Ausbeutung wird im Zeitalter des Zugangs wahrscheinlich noch zunehmen. Ideen verleihen in der heutigen Welt mehr Macht als die Herrschaft über Raum und materielles Kapital. Die Bereitschaft der Finanzwelt, Milliarden Dollar in mentales Kapital zu investieren, zeugt von den sich verändernden Begehrlichkeiten des kapitalistischen Systems, das in seinem Wesen so lange vom materiellen Kapital geprägt war.

Die wachsende Bedeutung von Ideen und Geschäftskonzepten beschwört ein auf neue Weise beunruhigendes Gespenst herauf. Wenn das menschliche Denken eine derart wesentliche Ware wird, was geschieht dann mit Ideen, die zwar bedeutend sind, aber wirtschaftlich wenig Gewinn versprechend? Gibt es in einer Zivilisation, die zunehmend mehr Leitbilder und Ideen kommerzialisiert, überhaupt noch Raum für nichtkommerzielle Ansichten und Konzepte? Welche Folgen wird es für unser kollektives Bewusstsein und die Zukunft des gesellschaftlichen Diskurses haben, wenn Megakonzerne unkontrolliert Ideen aller Art als geistiges Eigentum betrachten?

KAPITEL 4

MONOPOLY UM GESCHÄFTSKONZEPTE

Es ist schon eine merkwürdige Wendung der Geschichte: Das kapitalistische System, das immer dann am besten funktioniert hat, wenn Märkte erweitert und Handelsbeziehungen ausgebaut werden konnten, macht sich nun systematisch daran, gerade diese Kernprinzipien und damit seine institutionellen Grundlagen zu dekonstruieren. Der Kapitalismus lässt die Märkte hinter sich und erfindet sich selbst schrittweise neu: in Gestalt von Netzwerken. Dabei entwickeln sich neue Formen institutioneller Macht, die möglicherweise gefährlicher sind als alles, was der Gesellschaft unter dem langjährigen Marktregime widerfahren ist. Die Gründe dafür werden wir nur verstehen, wenn wir uns immer wieder die Unterschiede zwischen den neuen Netzen und den traditionellen Märkten vor Augen halten.

Auch in der vernetzten Wirtschaft wird es Eigentum geben, in allen möglichen Formen, doch es wird als Grundlage des Tausches an Gewicht verlieren. Die zentrale Operation der Marktwirtschaft, die zwischen Verkäufer und Käufer ausgehandelte Übertragung von Eigentum, wird seltener werden. Der kurzfristige Zugang wird lukrativer scheinen als der Erwerb. Aus Verkäufern und Käufern werden Anbieter und Nutzer. Und im Zentrum der vernetzten Wirtschaft steht ein völlig neuer Vorgang: Zur Ware werden nicht die Dinge, sondern die Beziehungen zwischen den Verhandlungs- oder Vertragsparteien. Nur so erhalten sie jeweils Zugang zu materiellem und immateriellem Eigentum.

In einer vernetzten Wirtschaft ist Eigentum, gleich in welcher Gestalt, eher Gegenstand der Verfügbarkeit als des Kaufs; auch daran zeigt sich, dass materieller Besitz, bislang die Basis ökonomischer Macht, an Bedeutung verliert. Immer rascher wird dagegen geistiges Eigentum zum ökonomisch bestimmenden Faktor. Patente, Copyrights, Warenzeichen, Betriebsgeheimnisse und Beziehungen sind die Mittel, derer sich Mega-Anbieter, die Herrscher über ausgedehnte Netzwerke, bedienen, um auf neue Art ökonomische Macht zu schaffen.

Diese Anbieter-Nutzer-Netze konzentrieren wirtschaftliche Macht sogar noch wirkungsvoller in den Händen weniger Institutionen, als dies während der klassischen Marktwirtschaft möglich war, in der Käufer und Verkäufer miteinander Geschäfte machten. Der neue Typus global operierender Anbieter kontrolliert nicht mehr nur Produktionsmittel, operative Prozesse und Produkte, sondern Geschäftskonzepte. Dergestalt ausgerichtete Unternehmen gewinnen einen in der Wirtschaftsgeschichte bislang unbekannten Vorteil. Sobald sie über das Ideenmonopol in einem Geschäftsfeld verfügen, können Unternehmen eine ganze Branche beherrschen. Branchenführer bauen, um ihren Erfolg zu sichern, riesige Anbieter-Nutzer-Netzwerke auf, in denen sie ihre Geschäftskonzepte und Ideen vermarkten, und bringen damit frühere Konkurrenten in die gleiche wirtschaftliche Abhängigkeit wie Kunden und andere Anbieter.

Das lässt sich am Franchising, der Lizenzvergabe von Geschäftsformaten, ebenso erkennen wie in der vergleichsweise neuen Life-Science-Branche. Franchising setzt auf das Urheberrecht an Konzepten und Gestaltung, um ausgedehnte Geschäftsnetze zu beherrschen. Die Life-Science-Industrien erwerben auf Entdeckungen der Genforschung Patente und schaffen sich damit Netze, die alle potentiellen Nutzer umfassen, von den Landwirten bis hin zu Forschern und Fachleuten im Gesundheitswesen. In diesen beiden Geschäftsfeldern wird die neue Dynamik ökonomischer Machtentfaltung besonders anschaulich.

Zugang durch Franchising

Wie durchgreifend sich der Kapitalismus in den letzten 30 Jahren verändert hat, zeigt sich vielleicht am deutlichsten am phänomenalen Wachstum des Franchising-Geschäfts. Franchising, die Lizenzvergabe von ausformulierten Geschäftsformaten, nutzt alle Elemente der neuen, durch Netzwerke vermittelten Geschäftstätigkeit. Mit den klassischen Lizenzen für etablierte Produkte hat das wenig gemein. Die Funktionsweise dieser neuen Geschäfte beruht auf Voraussetzungen, die ins Zeitalter des Zugangs gehören. Mit der Ära des Eigentums haben sie nichts mehr zu tun.

Produktlizenzen entwickelten sich im späten 19. Jahrhundert. Damals gab es viele Unternehmen, die wie Singer und McCormick, Herstellern von Nähmaschinen und landwirtschaftlichen Geräten, ihre Marktpräsenz ausdehnen mussten. Doch fehlte diesen Unternehmen das Kapital für eigene Einzelhandelsvertretungen. Also schlossen sie überall im Land Lizenzverträge mit kleinen unabhängigen Firmen und sicherten sich damit exklusive Verkaufsstellen für ihre Produkte. Die Lizenznehmer wiederum schafften sich das Kapital zur Finanzierung des Einzelhandelsbetriebes und erhielten dafür exklusive Vertriebsrechte. Heute prägt diese traditionelle Form der Lizenzvergabe vor allem den Automobilhandel.

Das Franchising dagegen ist eine relativ junge Erfindung. Ein Geschäftskonzept wird in Lizenz vergeben. Die Mutterfirmen von Franchising-Netzen haben realisiert, dass ihr immaterielles Vermögen – Produkt- und Geschäftskonzepte sowie Markennamen – eine viel höhere Wertschöpfung erlaubt als das Sachvermögen der Lizenznehmer – nämlich Fabriken, Anlagen, Maschinen und Rohmaterialien. Der Siegeszug von McDonald‘s zum Beispiel beruht auf der Erkenntnis, dass sich mehr Geld verdienen lässt »durch den Verkauf von Hamburger-Verkaufslokalen als durch den Verkauf von Hamburgern«.[1] Dienstleistungsunternehmen waren die ersten, die ihre Geschäftsformate und Markennamen lokalen Geschäftsleuten angeboten und dafür, abhängig vom Umsatzvolumen, Lizenzgebühren erhoben haben. Beim Franchising geht es also um die Verbreitung von Konzepten und nicht um die Massenproduktion von Gütern oder Dienstleistungen.

Jeder lokale Anbieter funktioniert wie ein Klon der Mutterfirma: Deren Image und Betriebsformat werden auf jedem lokalen Markt neu realisiert. In einem typischen Franchisingvertrag bezahlt der Lizenznehmer eine Lizenzgebühr an die Mutterfirma. Gegen zusätzliche Zahlungen liefert der Lizenzgeber dem Lizenznehmer Ausrüstungen, bietet Schulungen an und gibt diesem das Recht, Markennamen und Warenzeichen zu benutzen. Der Lizenznehmer führt und finanziert das Tagesgeschäft, bezahlt also auch die Miete für Immobilien und Anlagen, für Versicherungen und Geräte sowie die Löhne und Gehälter. Die Mutterfirma erhält regelmäßig einen Anteil der Bruttoeinnahmen, üblicherweise zwischen 5 und 12 Prozent des Ertrags.[2]

Viele sehen im Franchising ein Winner-Winner-Geschäft. Die eine Seite erhält Zugang zu lokalen Märkten, ohne in Ausstattungen und Gemeinkosten investieren oder das aktuelle Geschäft selbst führen zu müssen; die andere Seite erlangt Zugang zu einem Betriebskonzept, einem Markennamen und einem Vermarktungsschema, die sich als erfolgreich erwiesen haben.

Mit dem Franchising verändern sich die Beziehungen zwischen großen und kleinen Unternehmen grundlegend. Bis vor kurzem waren kleine Unternehmen nur lose an große Konzerne gebunden. Jedes arbeitete mehr oder weniger in seinem eigenen Bereich und besetzte exklusive, manchmal auch mit anderen geteilte Marktnischen. Mit Franchising verwandeln Branchenführer kleinere Unternehmen unaufhaltsam in lokal agierende Surrogate. Sie sind, als Subunternehmer, durch ein klar definiertes Netz von Vertragsregelungen fest mit den Großunternehmen verbunden. Weil sie Zugang zu den Größenvorteilen gewinnen wollen, in deren Genuss sonst nur Großunternehmen kommen, geben lokal operierende Unternehmen ihre Unabhängigkeit auf.

Heute kann praktisch jedes Produkt und jede vorstellbare

Dienstleistung in Lizenz vergeben werden: Gebäuderenovierungen und -reparaturen, Rasen- und Gartenpflege, Dienste von Hausangestellten, Produkte zur Haustierpflege, Dienste der Gesundheitsfürsorge, Spezialbrauereien, Reisebüros, Friseursalons, Erzeugnisse für Kinder, Fotoarbeiten, Schnellrestaurants, Service für Autofahrer, Autovermietungen, Kosmetika, Fahrschulen, Tierärzte, Lagerhaltung, Lebensmittellieferdienste, Zeitarbeits- und Haussicherheitsagenturen, Tagesstätten, Trainingslager für Sportler, Dienstleistungen von Privatlehrern oder Innenarchitekten, Möbelreparaturen, Leichenhallen, juristische Dienstleistungen sowie Buchhaltung und Steuerberatung.[3]

In nur wenigen Jahrzehnten wurde das Franchising zur folgenreichsten Neuorganisation von Geschäftsbeziehungen, die sich seit Ende des 19. Jahrhunderts mit der Entstehung der modernen Unternehmen entwickelt hat. Über 35 Prozent aller Einzelhandelsumsätze in den USA basieren auf Franchising-Verträgen; auf deren Basis werden Bruttoeinnahmen von 800 Milliarden Dollar erwirtschaftet. Man schätzt, dass die Umsätze bis Ende 2000 auf mehr als eine Billion steigen. Die rund 550 000 Franchisingbetriebe in den USA beschäftigen 7,2 Millionen Menschen in 60 Branchen.[4] Alle acht Minuten eröffnet ein neues Lizenzunternehmen sein Geschäft, und die mit Franchising operierenden Branchen wachsen sechsmal schneller als die Wirtschaft insgesamt.[5] Über 2000 Lizenzsysteme gibt es derzeit, wobei die meisten dieser Ketten jünger sind als 25 Jahre. Auch in Deutschland boomt das Geschäft mit Franchising. 1998 gab es bereits 35 802 Lizenzunternehmen bei 1115 Lizenzsystemen, die zusammen einen Umsatz von 44 Milliarden DM erwirtschafteten und rund 330 000 Menschen beschäftigten. Jedes Jahr kommen 6000 bis 8000 neue Lizenzunternehmen hinzu.[6]

Das Verfahren verbreitet sich rasch weltweit und ersetzt in jeder Region der Erde die herkömmlichen unabhängigen Privatfirmen. Malaysia verweist stolz auf seine 102 Franchise-Betriebe – von denen knapp 80 im Besitz ausländischer Unternehmen sind. Auch Indonesien, Hong Kong und Singapur verfügen über gut entwickelte Märkte für Lizenzgeschäfte. In Westeuropa längst etabliert, dringt das Franchising derzeit mit Macht nach Osteuropa und Russland vor. Die Eröffnung des ersten McDonald in Moskau vor einigen Jahren war der Wendepunkt. Heute findet man Franchise-Unternehmen in Polen, in der Tschechischen Republik, sogar im ehemaligen Jugoslawien und in Bulgarien. Im Nahen Osten sind Ägypten, Kuwait, Saudi Arabien und Israel Spitzenreiter; auch in Brasilien, Uruguay, Chile und Argentinien sind gut entwickelte Franchise-Systeme entstanden.[7]

Die mit Franchising operierenden Branchen preisen ihre lokalen Lizenznehmer als den Unternehmertypus des kommenden Jahrhunderts, und auf den ersten Blick wirken Franchise-Betriebe tatsächlich wie kleine, allenfalls halbabhängige Firmen. Was macht einen Unternehmer aus? Er schließt einen Lizenzvertrag ab, investiert in Anlagen, Geschäftslokal und Immobilien, stellt Mitarbeiter ein. Er tut dies, um Produkte herstellen oder Dienstleistungen anbieten zu können, mit denen sich Gewinne erwirtschaften lassen. Insoweit besteht kein Unterschied zwischen einem Privatunternehmen und einem Franchising-Betrieb. Doch ist der Lizenznehmer tatsächlich Eigentümer seines Unternehmens? Etwas ganz Entscheidendes gehört ihm nicht, nämlich Idee oder Konzept, Betriebsformel und Markennamen. Erst damit aber wäre ein Unternehmen ein freies Unternehmen. Franchise-Betriebe sind keine im konventionellen Sinn unabhängigen, damit keine wirklichen Privatunternehmen. Eher im Gegenteil, wie der Soziologe E. O. Wright schreibt:

> Die Besitzer eines lizensierten Schnellrestaurants ... rangieren, genau betrachtet, auf einer unklaren Position zwischen Kleingewerbetreibenden oder kleinen Angestellten und den Managern. Einerseits haben sie einige der Kennzeichen eines selbständigen unabhängigen Produzenten, andererseits werden sie mehr und mehr zu Funktionären kapitalistischer Großunternehmen.[8]

Der Lizenznehmer mag das Sachkapital besitzen, Arbeitskräfte beschäftigen, ein Produkt herstellen beziehungsweise eine Dienstleistung anbieten – entscheidend für sein Geschäft ist, dass die immateriellen Aspekte, die das Wesen des Unternehmens ausmachen, Eigentum des Lizenzgebers bleiben.

Die meisten Zeitgenossen glauben, dass der Privatbesitz kleiner Firmen – eine der tragenden Säulen der klassischen Markwirtschaft – weiterhin wichtig sei, daran ändere auch das verbreitete Franchising nichts. Damit aber unterschätzen sie die Dynamik, die sich im kapitalistischen System derzeit entfaltet. Da kann die Franchising-Industrie die überholte Idee vom »Eigentum an der eigenen Firma« propagieren, so lange sie will, die American Marketing Association hat Recht: Der Trick liegt im Unterschied zwischen Eigentum und Zugang. »Entgegen der verbreiteten Auffassung kann ein Franchiser dem Bewerber keine Lizenz *verkaufen*«, so Jan Kirkham und Timothy Mc Gowan in *The Franchising Handbook*, einer Publikation der Marketingvereinigung.[9] Das sind keine semantischen Spitzfindigkeiten. Ein Franchise-Vertrag ist eine zeitlich begrenzte und periodisch zu erneuernde Vereinbarung, mit der ein Unternehmen der Vertragspartei Zugang zu seinem Geschäftskonzept, seinen Arbeitsweisen und seinem Markennamen gewährt. Der Lizenznehmer *kauft* nichts, sondern er erhält befristet Zugang, den er nur zu den Bedingungen des Anbieters nutzen kann. Die Vertragsbeziehung ist keine zwischen Verkäufer und Käufer, sondern eine zwischen Anbieter und Nutzer. Verhandelt wird über den Zugang, nicht über den Transfer von Eigentum. Der Franchising-Vertrag ist der Kern des neuen Kapitalismus.

Jedes Jahr werden Tausende kleiner Unternehmen gegründet, und viele Menschen riskieren dabei ihr Vermögen. Aber sie erwerben mit ihrer Firma eigentlich nur das Recht, für begrenzte Zeit einen Zugang zu nutzen, und nicht das faktische Eigentum an einem Unternehmen. Diese entscheidende Differenz betonen Kirkham und McGowan: Lizenznehmer verfügen über keines der Rechte, die mit dem Eigentum gemeinhin verbunden sind. Der Lizenznehmer kann den Namen des Lizenzgebers nicht zum Handelsregistereintrag seines Unternehmens benutzen, weil ihm dieser nicht gehört. Die Lizenz selbst kann nur mit Genehmigung des Lizenzgebers weitergegeben werden. Verkaufen kann der Lizenznehmer nur die materiellen Sachwerte, die er für den laufenden Betrieb angeschafft hat. Und vor allem: Der Lizenznehmer muss den Lizenzvertrag immer wieder erneuern. Hätte er die Lizenz wirklich erworben, müsste er keine neuen Vereinbarungen mehr aushandeln.[10] »Der Gebrauch der Worte *verkaufen*, *kaufen* und *Eigentümer* übermittelt eine Botschaft, die dem tatsächlichen Zweck einer Lizenzbeziehung widerspricht«, so Kirkham und McGowan.[11] Denn: »Wenn ich Ihnen etwas verkaufe, haben Sie es gekauft. Wenn Sie es gekauft haben, gehört es Ihnen. Und wenn Ihnen etwas gehört, können Sie damit tun, was Sie wollen.«[12] Nichts davon gilt im Rahmen von Lizenzvereinbarungen.

So ist die Lizenzbeziehung ein Spiegel für die Organisationsmuster der vernetzten Wirtschaft. Sie verringert die wirtschaftliche Bedeutung des gestreuten Privateigentums an Unternehmen stetig – darin steckt ihre Sprengkraft. Franchising lässt ein Wirtschaftssystem entstehen, dessen Akteure abhängige Lizenznehmer sind, die jeder für sich Zugang zu Netzwerken beherrschender Anbieter haben. Das ist eine radikal neue ökonomische Landschaft, in der traditionelle Wegweiser zum Privateigentum an Unternehmen ins Leere deuten. Die Lizenzgeber kontrollieren die immateriellen Werte, die von zentraler Bedeutung sind, denn sie bestimmen das Wesen eines Unternehmens, und damit kontrollieren sie häufig auch, mehr oder weniger direkt, die materiellen Vermögenswerte. Oft ist der Lizenzgeber selbst Hauptmieter des Geschäftslokals und schließt mit dem Lizenznehmer einen Untermietvertrag. In den USA sind Lizenzgeber sogar häufig Eigentümer der Grundstücke, auf denen Franchise-Niederlassungen errichtet werden. Ray Kroc, der Gründer von McDonald's, sah im Besitz von Grundstück und Gebäude, in dem der Lizenznehmer sein Geschäft betreibt, die einzige Garantie dafür, das Geschäft umfassend beherrschen zu können:

Ich habe schließlich den Weg gefunden, wie wir jeden einzelnen McDonald's-Laden, den wir eröffnen, durchgreifend kontrollieren können. ... Er [der Untermietvertrag des Lizenznehmers] besagt, dass jedesmal, wenn McDonald's System Inc. die Franchise Realty Corporation davon unterrichtet, dass ein Betrieb die Qualitäts- und Dienstleistungsstandards von McDonald's nicht vollständig erfüllt, [unsere Immobilienverwaltung] den Mietvertrag mit einer Frist von 30 Tagen [sic] kündigen wird. Damit haben wir sie tatsächlich in der Hand, und, bei Gott, wir müssen sie nicht länger verhätscheln oder mit ihnen herumspielen. Wir ordnen an, anstatt herumzugehen und sie zu bitten, mit uns zu kooperieren.[13]

Dunkin Donuts verfügt, als Eigentümer oder als Hauptmieter, über zwei Drittel der Ladenlokale seiner Franchise-Nehmer. In Großbritannien verfügen die Lizenzgeber über 17 Prozent der Grundstücke und Immobilien ihrer Lizenznehmer.[14]

Viele Franchise-Verträge verpflichten die Lizenznehmer, die Ausrüstung zu mieten oder zu pachten: ein weiteres Herrschaftsinstrument. Selbst Telefonanschlüsse können Gegenstand der Verträge sein: Entweder haben die Lizenzgeber den Anschluss auf sich eintragen lassen oder es wurde vereinbart, dass die Telefonnummer an den Lizenzgeber zurückfällt, sobald der Vertrag ausläuft.[15]

Selbst alltägliche Geschäftsabläufe bestimmt der Lizenzgeber. Ein Handbuch beschreibt, oft erschreckend detailliert, wie der Betrieb geführt werden muss. Auf über 600 Seiten legt das McDonald's-Handbuch fest, wie die Küche zu arbeiten hat, wie groß die Portionen zu sein haben, welche Reinigungsstandards einzuhalten sind, wie sich die Angestellten zu verhalten haben, wenn sie auf Kunden warten und so weiter.[16]

Um den Betrieb zu kontrollieren, haben die Lizenzgeber auch das Recht, ihre Lizenznehmer zu inspizieren – oft ohne sich anmelden zu müssen – und die Kundschaft zu befragen. Kentucky Fried Chicken beschäftigt »Geheimkunden«, die sich unerkannt in den zahlreichen Filialen bedienen lassen und detaillierte Berichte verfassen.[17]

In der Hälfte aller Lizenzverträge werden die Öffnungszeiten festgelegt. 83 Prozent der Verträge gewähren dem Lizenzgeber das Recht, den Lizenzvertrag zu kündigen, wenn der Lizenznehmer in andere Geschäfte einsteigen will, während er die Filiale führt. Viele Verträge legen auch die Höchstzahl der jährlichen Urlaubstage fest, die der Lizenznehmer nehmen darf. Schließlich diktieren viele Lizenzgeber auch die Preisgestaltung, die bislang als das unbestreitbare Recht eines Geschäftsinhabers galt; manche Lizenzgeber setzen Ober- und Untergrenzen für Preise fest, andere nur eine Obergrenze oder auch einen Festpreis.[18]

Alan Felstead hat an der University of Leicester eine ausgedehnte Studie über solche Verträge verfasst. Zu den Folgen dieser detaillierten Bestimmungen schreibt er: »Obwohl sie riesige Geldsummen, oft ihre gesamten Ersparnisse und/oder Fremdmittel investiert haben, verfügen Lizenznehmer praktisch nicht über Eigentum an den immateriellen Vermögenswerten und nur über beschränkte Rechte an den eher materiellen.«[19]

Ist ein Lizenznehmer nun Eigentümer im traditionellen Sinn oder wird seine wirkliche Stellung als Angestellter oder Agent der Mutterfirma nur glorifiziert? Seine unklare Stellung hängt vor allem an dem, was er sein eigen nennen kann. Im Industriezeitalter ließ sich Eigentum mit folgenden Kriterien zureichend definieren: Besitz an Sachvermögen, an Maschinen und Land, Beschäftigung von Arbeitnehmern, Leitung der Produktionsprozesse und schließlich Vertrieb von Waren und Dienstleistungen. In der vernetzten Wirtschaft, in der immaterielle Werte über den materiellen rangieren, ist nur der freier Eigentümer, der Know-how, Konzepte, Idee, Markennamen und Betriebsformel besitzt. »Beim Franchising«, so Felstead, »wird ökonomische Macht nicht durch *direkten* Besitz und *direkte* Kontrolle über die materiellen Vermögenswerte ausgeübt, die zum Geschäft gehören: kontrolliert wird vielmehr deren Nutzung, eingeschlossen die von immateriellen Werten wie Markennamen, Idee und Geschäftsformat.«[20]

Der Franchise-Betrieb, der in den USA und auch in anderen Ländern schnell zur dominanten Form lokal operierender Unternehmen wird, unterscheidet sich von der hergebrachten, autonomen, persönlich geführten und in privatem Eigentum befindlichen Firma ebenso grundsätzlich, wie diese sich von einem Handwerksbetrieb unterscheidet, der unter den restriktiven Zunftordnungen des Mittelalters arbeitete. Diese neuen Wirtschaftseinheiten sind Hybridunternehmen, eine Übergangsform, angesiedelt irgendwo zwischen der Ära des Eigentums, der Marktwirtschaft, und dem Zeitalter des Zugangs, der Marktgesellschaft.

Im Lauf der nächsten zwanzig Jahre wird ungeachtet aller Probleme eine wachsende Zahl kleiner, unabhängig geführter Firmen verschwinden und größtenteils durch Lizenzunternehmen ersetzt werden. In diesem neuen Organisationsschema, in dem Anbieter und Nutzer Verkäufer und Käufer ersetzen, in dem immaterielle Vermögenswerte mehr zählen als materielle und in dem der einzelne Investor nur das Recht erwirbt, ein Geschäftskonzept zu nutzen, und nicht das Geschäft selbst, formiert sich das Wirtschaftsleben vollkommen neu. Kleine, unabhängige Firmen, das Rückgrat des kapitalistischen Systems, werden rasch auf der Strecke bleiben. An ihre Stelle treten neue Unternehmen, die nach den Maximen des neuen Kapitalismus operieren, der zunehmend über den Zugang zu mächtigen Netzwerken funktioniert.

DNA leasen

Ein ebenso bedeutsamer Übergang zu Anbieter-Nutzer-Netzwerken vollzieht sich in der biotechnischen oder Life-Science-Industrie. Die materielle Basis der Produktion verlagert sich von fossilen Brennstoffen, Metallen und Mineralien – den Rohstoffen der Industriellen Revolution – auf Gene: Sie sind der »Rohstoff« des biotechnischen Jahrhunderts. Vierzig Jahre gentechnischer Forschung und Entwicklung haben den Weg für eine Revolution gebahnt, die jetzt den Markt erfasst und dabei praktisch keine Branche und keinen Wirtschaftszweig unbeeinflusst lassen wird. Gentechnik wird eingesetzt, um gentechnisch konstruierte Superpflanzen, neue pharmazeutische Produkte, neue Fasern und Baumaterialien und sogar neue Brennstoffe zu erfinden. Regierung, Universitäten und Life-Science-Unternehmen sind am ehrgeizigsten wissenschaftlichen Projekt der gesamten Menschheitsgeschichte beteiligt – der Entschlüsselung des Genoms vieler Mikroorganismen, Pflanzen und Tiere, auch der menschlichen Spezies; des Kodes, auf dem das Leben auf unserem Planeten beruht. In weniger als einem Jahrzehnt werden alle der ungefähr 140 000 Gene, die den evolutionären Bauplan der menschlichen Spezies ausmachen, lokalisiert und identifiziert sein.

Der Übergang vollzieht sich außerordentlich schnell. Zum Beispiel beschlossen in den letzten drei Jahren vier der Giganten der petrochemischen Revolution – Monsato, Novartis, DuPont und Aventis sich von einigen oder allen chemischen Betrieben zu trennen. Stattdessen wollen sie sich fast ausschließlich auf die Genforschung und deren Anwendung konzentrieren. Sicher werden die chemischen Produkte in absehbarer Zukunft nicht verschwinden, aber sie werden ökonomisch gegenüber den gentechnisch produzierten in den Hintergrund treten.

Im Industriezeitalter wurden nichterneuerbare Ressourcen – fossile Brennstoffe, Chemikalien, Metalle und Mineralien – in Waren transformiert. Die Stoffe wurden aus der Erde geholt, extrahiert, bearbeitet und nach Gewicht und Güteklasse auf dem Warenmarkt verkauft – und dabei von Anfang bis Ende des Produktionsprozesses in jedem Bearbeitungszustand als Eigentum betrachtet, das auf jeder Stufe von Produktion und Vermarktung an Käufer übertragen werden konnte. Mit den Genen und gentechnisch gewonnenem Wissen wird man anders verfahren: Sie werden nicht verkauft, sondern nur in Lizenz vergeben werden – man kann sie nur leasen. Das isolierte Gen wird Eigentum des Anbieters bleiben, der das Patent daran hält und einem Nutzer für kurze Zeit Nutzungsrechte gewähren wird.

Auch Gene sind in gewisser Weise eine natürliche Ressource, die gewonnen, destilliert, gereinigt und verarbeitet werden muss. Biotechnische Unternehmen suchen seltene Gene, wie früher Bodenschätze, an jedem Fleck der Erde, in Mikroorganismen, Pflanzen, Tieren und Menschen – Gene, die für die Entwicklung einer neuen Nutzpflanze oder eines neuen Medikaments, für die Herstellung neuer Fasern oder Energiequellen ökonomisch wertvoll sein könnten.

Werden Gene entdeckt, die sich kommerziell verwerten lassen, lässt man sie patentieren. Juristisch gelten sie damit als Erfindungen. Darin unterscheidet sich die biotechnische Nutzung von Genen von der chemietechnischen Nutzung stofflicher Ressourcen im industriellen Zeitalter. Haben Chemiker im letzten Jahrhundert neue chemische Elemente in der Natur entdeckt, konnten sie die Verfahren patentieren lassen, mit denen es ihnen gelungen war, die Substanzen zu gewinnen und zu reinigen, aber nicht die chemischen Elemente selbst – die Patentgesetze in den USA und in anderen Ländern verbieten es, »Entdeckungen in der Natur« als Erfindungen zu betrachten.

Niemand würde es angemessen finden, einem Wissenschaftler, der die Eigenschaften von Wasserstoff, Helium oder Aluminium isoliert, klassifiziert und beschrieben hat, auf 20 Jahre das exklusive Recht einzuräumen, für diese Substanzen den Status einer menschlichen Erfindung geltend zu machen. 1928 wurde ein Patentantrag für das Element Wolfram gestellt, aber das Gesuch wurde von der US-Patentbehörde (PTO) prompt abgelehnt. Diese Entscheidung wurde vom Bundesgericht bestätigt: Zwar habe der Antragsteller Wolfram als Erster entdeckt und erfolgreich in reiner Form dargestellt, die Substanz selbst habe jedoch schon immer in der Natur existiert; also habe er auch nur eine Entdeckung gemacht, und diese könne nicht als »Erfindung« betrachtet werden.[21]

Im Jahr 1987 jedoch veröffentlichte die PTO in offensichtlicher Verletzung ihrer eigenen Statuten einen Grundsatzerlass, nach dem für Bestandteile lebender Kreaturen – Gene, Chromosomen, Zellen und Gewebe – durchaus Patente vergeben werden können. Sie können seither als das geistige Eigentum desjenigen behandelt werden, der ihre Eigenschaften als Erster isoliert, ihre Funktionen beschrieben und auf dem Markt lohnende Anwendungen gefunden hat.

Inzwischen sind Patente auf menschliche Gene und Zellen erteilt worden, genau wie auf Gene und Zellen anderer Lebewesen. Industriebeobachter sagen denn auch voraus, dass in weniger als 25 Jahren ein großer Teil der Genome – die Erbschaft von Millionen Jahren biologischer Evolution – isoliert, identifiziert und als geistiges Eigentum festgeschrieben sein wird. Über diesen Besitz wird eine Handvoll transnationaler biotechnischer Konzerne mehr oder weniger ausschließlich verfügen.

Diese Patente auf den maßgeblichen Rohstoff der neuen Ökonomie begründen eine grundsätzlich neue wirtschaftliche Ausbeutung dieser Ressourcen. In dieser Zukunftsbranche gibt es von Anfang an keine Verkäufer und Käufer, sondern nur Anbieter und Nutzer. Im kommenden Zeitalter werden biologische Ressourcen, die grundlegendsten aller Ressourcen und der entscheidende Stoff der neuen Ökonomie, Gegenstand des Zugangs und nicht des Handels sein.

Was dieser Wandel bedeutet, welche Folgen er hat, zeigt sich schon jetzt in den Beziehungen zwischen den Akteuren, besonders in der Landwirtschaft. In den letzten Jahren haben die transnationalen Life-Science-Konzerne die verbliebenen unabhängigen Saatguthersteller aufgekauft. Das sicherte ihnen eine umfassende Kontrolle über das Keimplasma, auf dem die gesamte landwirtschaftliche Produktion beruht. Anschließend modifizieren die Unternehmen das Saatgut, entnehmen einzelne genetische Eigenschaften, kombinieren in den Samenzellen neue Gene und sichern sich Patentschutz für ihre »Erfindungen«. Einmal zum geistigen Eigentum geworden, sind sie auch das Mittel, den gesamten Saatgutbestand der Erde zu kontrollieren.

Zehn biotechnische Unternehmen beherrschen heute 32 Prozent des kommerziellen Saatguthandels mit einem Volumen von 23 Milliarden Dollar. Drei Life-Science-Unternehmen, nämlich DuPont,

Monsanto und Novartis, erzielten in diesem Geschäft Einnahmen von insgesamt 4,5 Milliarden Dollar.[22] Allein Monsanto erwarb in den letzten Jahren für über acht Milliarden US-Dollar Samenhersteller und auf dem Agrarsektor arbeitende Life-Science-Unternehmen und wurde so zu einem der Branchenführer. 1998 fügte Monsanto seiner Sammlung zwei der zehn größten Unternehmen in diesem Bereich hinzu: DeKalb Genetics und Cargills internationalen Saatguthandel.[23] Monsanto bemüht sich um die Übernahme von Delta and Pine Land Co., dem weltweit größten Hersteller von Baumwollsamen und hat bereits Plant Breeding International gekauft, ein britisches Unternehmen, das früher zu Unilever gehörte. Monsanto, als Chemiekonzern groß geworden, ist heute ein biotechnisches Unternehmen und zugleich der weltweit größte Saatguthändler.[24] 33 Prozent des Sojabohnenmarktes, 15 Prozent des Marktes für Maissamen und, sollte es zur Übernahme von Delta and Pine Land Company kommen, 85 Prozent des US-amerikanischen Marktes für Baumwollsamen kontrolliert dieser Gigant des Life-Science-Sektors.[25]

Zu den Unternehmen im Life-Science-Bereich, die den Löwenanteil am weltweiten Saatgutbestand besitzen, gehören weiterhin die französische Groupe Limagrain, AgriBiotech Inc. in den USA, Astra Zeneca in Großbritannien und Schweden, Sakata in Japan und die deutsche KWS AG.[26] Die International Seed Trade Federation erwartet, dass der Markt für gentechnisch hergestelltes Saatgut Ende des Jahres 2000 ein Volumen von über zwei Milliarden US-Dollar, bis zum Jahr 2010 sogar über 20 Milliarden US-Dollar erreichen wird.[27]

Was diese über Patente auf das weltweit vorhandene Keimplasma durchgesetzte Kontrolle tatsächlich bedeutet, zeigt ein Blick in die Geschichte. Seit Beginn der neolithischen Revolution in der Landwirtschaft und bis heute verfügten Bauern und Landwirte über eigenes Saatgut. Seit vielen tausend Jahren hielten sie einen Teil der Ernte für die nächste Vegetationsperiode zurück. Saatgut konnte mit entfernteren Familienmitgliedern und Nachbarn geteilt und gelegentlich gegen andere Güter getauscht werden.

Diese grundlegende Beziehung wird jetzt aufgelöst. Patentiertes Saatgut wird nicht mehr im konventionellen Sinn des Wortes verkauft, sondern den Bauern für den einmaligen Einsatz in einer Vegetationsperiode vermietet. Das bei der Ernte gewonnene Saatgut gehört – als Saatgut – dem Patentinhaber, deshalb darf der Bauer die Frucht zwar verkaufen, aber er darf sie nicht als Saatgut für die nächste Saison verwenden. Er hat nur befristeten Zugang zum geistigen Eigentum anderer. Saatgut wird weder im technischen noch im juristischen Sinn ver- oder gekauft, es wird nur gemietet.

Monsanto und die anderen Life-Science-Unternehmen haben angekündigt, jeden Bauern zu verklagen, der ihr patentiertes Saatgut zurückhält und wieder einsetzt. Den Bauern drohen Geldbußen bis zu 100 000 US-Dollar. Monsanto hat sogar Detektive der Agentur Pinkerton angeheuert, um die Landwirte zu überwachen und Saatgutreiniger, Händler für Landwirtschaftsbedarf und Saatgut und andere nach potenziellen Vertragsbrüchigen auszuhorchen. Wie das Handelsmagazin *Progressive Farmer* berichtet, hat Monsanto bereits Hunderte von Landwirten wegen Patentverstößen verklagt.[28]

Mit ihren Patenten am weltweit verbleibenden Saatgutbestand beherrschen die Liefe-Science-Unternehmen einen großen Teil der landwirtschaftlichen Produktion. Sie sind die Anbieter, und jeder Landwirt weltweit wird zum Nutzer, der für den Zugang zu Saatgut in jeder Vegetationsperiode neu bezahlen muss.

Weil sie sicher gehen wollen, dass Landwirte die geerntete Frucht nicht vertragswidrig als Saatgut einsetzen und damit die Firmenpatente verletzen, zugleich aber wussten, dass sich unmöglich überprüfen lässt, ob Landwirte in aller Welt die Verträge auch einhalten, hat die Life-Science-Industrie eine technische Lösung gefunden, mit der die Einhaltung der Regelungen garantiert ist. Delta and Pine Land und das US-Landwirtschaftsministerium ließen sich ein Verfahren patentieren, mit dem Saatgut sterilisiert werden kann, also in der nächsten Periode nicht keimt. Harry Collins, als Vice President der Delta and Pine Land zuständig für Transfertechnologie, hat das Verfahren erklärt: Man fügt in Tabakpflanzen – und bald auch in andere Pflanzen – ein neues Gen ein. Es wirkt als Blockade: Erst wenn die Pflanzen mit einer bestimmten chemischen Substanz besprüht werden, wird ein »Blockierschalter« ausgelöst, und erst dann wird das patentierte Saatgut keimen. Die von der Pflanze gebildeten Samen können dies nicht, weil das Blocker-Gen nicht aktiviert wird. Die Rural Advancement Foundation International (RAFI), eine Nichtregierungsorganisation (NGO) bezeichnet das Verfahren, das inzwischen auch bei Baumwollstauden angewendet wird, als synchronisierte »Terminatortechnik«.[29]

Melvin Oliver, beim US-Landwirtschaftsministerium für deren Entwicklung verantwortlich, erklärte: »Uns ging es darum, ein System zu schaffen, mit dem wir unsere eigene Technik selbst überwachen können. Das machte mehr Sinn als der Versuch, Gesetze und rechtliche Sanktionen gegen die Bauern zu erwirken, die Saatgut zurückbehalten. Außerdem wollten wir fremde Interessengruppen daran hindern, die Technik zu stehlen.«[30] Kritiker sind der Meinung, man dürfe die Bauern nicht jedes Jahr erneut zwingen, Saatgut zu kaufen, das bislang nach einer ersten Anschaffung reproduziert und immer wieder eingesetzt werden konnte.

In kurzer Zeit wuchs der Widerstand gegen die Terminatortechnik unter den Bauern, in internationalen Landwirtschaftsvereinigungen und sogar in einzelnen Regierungen. Im Oktober 1998 empfahl die Consulting Group on International Agricultural Research, die weltweit größte landwirtschaftliche Forschungsstätte, gegründet von den Vereinten Nationen und der Weltbank, ihren 16 Mitgliedsinstitutionen, den Einsatz der Terminatortechnik in ihren Forschungsprogrammen zu verbieten. In Indien, dem Land mit der zweitstärksten Bevölkerung der Erde, ist die Terminatortechnik inzwischen verboten.[31] Konfrontiert mit der weltweiten Ächtung erklärte Monsanto im Oktober 1999, man werde diese Technik nicht weiter einsetzen, dafür aber andere Möglichkeiten zum Schutz des geistigen Eigentums entwickeln: Unter anderem durch Verfahren, mit denen das Unternehmen spezifische Gene in den Pflanzen erst dann aktivieren würde, wenn die Bauern für das Recht, die neuen Eigenschaften der Pflanzen zu nutzen, zusätzliche Lizenzgebühren bezahlt hätten.

Das Überleben von Millionen Bauern auf der ganzen Welt hängt davon ab, dass sie Saatgut aufbewahren und es mit ihren Nachbarn über den Zaun tauschen. Der Zwang, das Saatgut für jede Wachstumsperiode erneut bei einer Handvoll transnationaler Life-Science-Unternehmen zu beziehen, kann zu ihrem wirtschaftlichen Ruin führen. Lawrence Busch, ein Soziologe an der Michigan State University, der die Debatte verfolgt hat, spricht für einen wachsenden Chor von Kritikern, wenn er warnt: »Es wird zu Kriegen, sozialen Unruhen und katastrophalen Entwicklungen in der natürlichen Artenvielfalt kommen. All das kann die Lieferung von Saatgut unterbrechen. Wenn die Bauern die Frucht, die sie ernten, nicht säen dürfen, und damit vollkommen abhängig werden, erhöhen Sie tatsächlich die Möglichkeit einer Massenhungersnot.«[32]

Das weit verteilte Eigentum an Saatgut wurde in den Händen weniger Unternehmen konzentriert – dies ist ein Wendepunkt in der Geschichte der Landwirtschaft. Auch der Agrarhandel wird zu einem Geschäft zwischen Anbietern und Nutzern. Für Millionen von Bauern endet die Ära des Eigentums, es beginnt das Zeitalter des Zugangs. Der bäuerliche Besitz an Saatgut, lange Zeit als eine der Grundformen des Eigentums betrachtet, wird im kommenden biotechnischen Jahrhundert zum Anachronismus.

Patente auf Lebensprozesse werden auch in anderen Bereichen der Wirtschaft bedeutsam, in denen traditionelle Vorstellungen von Eigentum und Handel lange Zeit verbreitet waren. Zum Beispiel konnten Bauern oder Wissenschaftler, die Tiere kauften, deren Nachwuchs bislang als ihr Eigentum reklamieren. Das geht heute nicht mehr. Technisch gesehen gehören dem Anbieter von patentierten Tieren sämtliche Nachkommen desselben Genoms. Entsprechend werden die Kopien eines geklonten und patentierten Tieres als geistiges Eigentum des Patentinhabers betrachtet, und bei jeder Geburt werden Patentgebühren fällig. Dies wird in den nächsten Jahren an Bedeutung gewinnen, weil geklonte und patentierte Tiere in der Nahrungsmittelproduktion, als Lieferanten von Spenderorganen oder als chemische Fabriken, aus deren Milch Arzneimittel gewonnen werden können sowie als Modelle für die medizinische Forschung genutzt werden. Bauern, Wissenschaftler und andere werden diese Tiere nicht mehr »besitzen«, sondern nur den Zugang zur Nutzung von patentierten, geklonten Tieren erwerben und darum auch Tantiemen, also Zugangsgebühren, für jeden geklonten Nachkömmling bezahlen.

Es wird die meisten Menschen überraschen, wenn sie nun erfahren, dass sie nicht länger Eigentümer ihres eigenen Körpers sind – dass ihnen sogar die eigene DNA und Zellen nicht länger gehören und sie darum auch nicht frei über diese verfügen können. Nach John Locke, dem politischen Philosophen der Aufklärung, besitzt jeder Mensch sich selbst – seinen Körper, seine Arbeit und seine mentalen Fähigkeiten. Im Zeitalter des Zugangs steht diese traditionelle Vorstellung des Eigentums am eigenen Körper infrage.

Ein ungewöhnliches Gerichtsverfahren schuf vor ein paar Jahren in Kalifornien einen entsprechenden Präzedenzfall. Verhandelt wurde die Frage, ob Teile des eigenen Körpers als Eigentum beansprucht werden können oder nicht. Der Geschäftsmann John Moore aus Alaska hatte entdeckt, dass ohne sein Wissen und seine Zustimmung Teile seines Körpers patentiert worden waren. Moore war an einer seltenen Krebsart erkrankt, er ließ sich an der University of California in Los Angeles (UCLA) behandeln. Ärzte und Wissenschafter dort fanden heraus, dass Moores Milzgewebe ein Blutprotein produzierte, das das Wachstum von weißen Blutkörperchen anregt. Diese wiederum sind wertvolle Gegenmittel gegen Krebs. Die Universität synthetisierte eine Zellkette aus Moores Milzgewebe und erhielt 1984 auf diese »Erfindung« ein Patent. Der Wert dieser Zellkette wird auf über drei Milliarden US-Dollar veranschlagt. In einer Klage gegen die University of California reklamierte Moore das Eigentum an seinem eigenen Gewebe.

1990 entschied das oberste Gericht Kaliforniens gegen Moore

und bestätigte, dass er kein Eigentumsrecht an seinem eigenen Gewebe habe. Das Urteil gab der Universität Recht, die die Zellkette, die ja nicht mehr physisches Eigentum von Moore sei, als geistiges Eigentum beansprucht hatte.

Dieser Fall zeigt die Einstellung des neuen Zeitalters: Das materielle Eigentum am eigenen Gewebe gilt nichts, immaterielles Eigentum dagegen erfährt Aufwertung und rechtlichen Schutz. Sollte irgend ein Mitglied von Moores Familie oder deren Nachkommen diese Zellkette irgendwann einmal selbst für eine medizinische Behandlung brauchen, wird er oder sie nur dann Zugang zu der in der Zellkette des Vorfahren oder Verwandten gespeicherten Information erhalten, wenn eine Lizenzgebühr an die UCLA entrichtet wurde.[33]

Patente auf menschliche Gene und Zellen werden selbstverständlich. Heute müssen Patienten, die sich auf eine genetische Prädisposition für bestimmte Krankheiten wie Brustkrebs, die Huntingtonsche Krankheit oder eine zystische Fibrose untersuchen lassen wollen, zunächst einen Betrag bezahlen, in der auch Tantiemen für das Unternehmen enthalten sein können, die das Patent an einem bestimmten Gen hält. Der Preis für Tests, zu denen patentierte Gene gebraucht werden, wird die Kosten konventioneller Gentests um ein Vielfaches übersteigen. Wer in Zukunft zu welchem Zweck auch immer nach genetischer Information sucht, wird, wenn er ein entsprechendes Gen benutzen möchte, immer häufiger und jedes Mal erneut exorbitante Zugangsgebühren zahlen müssen.

Indem eine Handvoll Life-Science-Unternehmen den Genpool über Patente monopolisieren, können sie das Gesundheitswesen erschüttern und sogar dessen Bestand bedrohen. Im Lauf der nächsten zwei Jahrzehnte wird man Menschen auf Zehntausende von Genen und genetische Prädispositionen durchsuchen können. Viele Menschen erhoffen sich vielleicht einen Nutzen aus diesen Untersuchungen, entweder im Rahmen der Vorsorge oder um den Ausbruch von Krankheiten zu diagnostizieren. Ärzte und Einrichtungen der Gesundheitsfürsorge werden es sich jedoch sehr genau überlegen, ob sie breite genetische Untersuchungen anbieten sollen, wenn die Kosten pro Patient zehn- oder sogar hunderttausend Dollar betragen können. In diese Höhen können Life-Science-Unternehmen den Preis für genetische Untersuchungen treiben, weil sie das Monopol für ein bestimmtes Gen halten, das ihnen unverhoffte Gewinne sichert. Ein Patient, der erkrankt oder eine Fehldiagnose erhält, weil ein Arzt eine bestimmte genetische Untersuchung verweigert hat, wird diesen oder die Klinik wahrscheinlich verklagen. Auch solche Rechtsstreitigkeiten könnten die Kosten für die Gesundheitsfürsorge von Millionen Menschen in die Höhe treiben. Patente auf Gene werden in jedem Fall zu einer außerordentlichen Kostensteigerung im Gesundheitswesen führen.

1998 erklärten Wissenschaftler der Johns Hopkins University und der University of Wisconsin, die Lizenzvereinbarungen mit der Geron Corporation, einem kalifornischen Life-Science-Unternehmen, getroffen haben, sie hätten menschliche Stammzellen – jene Zellen, die jedes Individuum zu einem Menschen werden lassen – erfolgreich isoliert und am Leben erhalten. Das Patentgesuch ist bei der Patentbehörde anhängig. Würde das Patent gewährt, könnte Geron 20 Jahre lang die für das menschliche Leben wesentlichen Zellen kontrollieren. Damit hätte das Unternehmen die unerhörte Macht, die Bedingungen für zukünftige medizinische Forschung zu diktieren und sogar die zukünftige evolutionäre Entwicklung der menschlichen Spezies zu steuern. Wissenschaftler hoffen, mit Hilfe dieser Stammzellen Möglichkeiten zu finden, die verschiedenen genetischen »Schalter« zu beeinflussen, die die menschliche Entwicklung steuern. Solche Forschungen, so argumentieren sie, öffneten neue Wege, menschliche Proteine, Zellen, Organe und menschliches Gewebe zu synthetisieren. In Zukunft wird jeder, der medizinische Therapien in Anspruch nehmen muss, die aus der Erforschung der Stammzellen entwickelt wurden, für den Zugang zu diesen Verfahren bezahlen.

1999 traf die isländische Regierung ein Abkommen mit dem

schweizer Pharmakonzern Roche Holding AG: Für 200 Millionen US-Dollar sollten alle 270 000 Isländer genetisch untersucht werden. Man hoffte, Gene und genetische Prädispositionen zu finden, die die Forschung vorantreiben und die Entwicklung neuer Genprodukte lukrativ machen würde. In Zukunft werden Isländer, wenn sie die genetischen Informationen oder Produkte, die ausgehend von dieser Untersuchung entwickelt wurden, nutzen wollen, dem Konzern eine Gebühr für den Zugriff auf ihr eigenes genetisches Erbe zahlen müssen.[34]

Die Kontrolle über immaterielle Vermögenswerte und geistiges Eigentum in seinen verschiedenen Formen gibt den transnationalen Konzernen alle Voraussetzungen dafür, mächtige Netzwerke von Anbietern und Nutzern aufbauen und mit völlig neuen Methoden noch größere ökonomische Macht konzentrieren zu können. Der Übergang von Verkäufer-Käufer-Märkten zu Netzwerken aus Anbietern und Nutzern, von breit gestreutem Eigentum zu kurzfristigem Zugriff auf Kapital, Waren und Dienstleistungen stellt Wirtschaft und Gesellschaft vor eine Vielzahl beunruhigender Probleme. Früher wurden Kartellgesetze verabschiedet, die Märkte und Marktwirtschaft schützen sollten. Märkte sind Orte, an denen Verkäufer und Käufer zusammenkommen, um Waren und Dienstleistungen zu verkaufen und zu kaufen. Netzwerke jedoch sind ihrer Struktur nach darauf angelegt, den klassischen Handel auszuschalten und ihn durch Verbindungen von Anbietern und Nutzern zu ersetzen. Werden, wenn sich dieser Prozess fortsetzt, Kartellgesetze verletzt, deren einziger Zweck der Schutz konventioneller Märkte ist? Wie sollen Nationen neue gesetzliche Beschränkungen gestalten, damit Konzerne ihre Verfügung über Ideen und intellektuelles Kapital nicht dazu einsetzen können, Netzwerke zu monopolisieren und zu kontrollieren? In *Owning the Future* schreibt Seth Shulman: »Wir müssen einen klaren Blick dafür entwickeln, was Antitrust in der Wissensökonomie heißt. ... Wir müssen das Mittel der Kartellgesetzgebung aktivieren, damit wir Monopole über die Infostruktur nachhaltig begrenzen können – Monopole, die eine der gefährlichsten Machtkonzentrationen darstellen, mit denen wir es jemals zu tun hatten.«[35]

Die Diskussion über die Herausforderungen, die mit den vernetzten Geschäftspraktiken auf uns zukommen, hat kaum begonnen. Wir wissen nicht, wie man politisch darauf reagieren sollte. Doch werden diese Fragen, wenn die Metamorphose der globalen Ökonomie anhält, zukünftig in jedem Land unausweichlich im Zentrum stehen.

Kapitel 5

ALLES WIRD ZUR DIENSTLEISTUNG

Wie anders sähe die Welt heute aus, hätte Henry Ford das Automobil nicht als Produkt verkauft, sondern das Automobilgeschäft als Dienstleistung betrachtet und sich dafür entschieden, Autos zu verleasen statt sie zu verkaufen? Das 20. Jahrhundert hätte sich völlig anders entwickelt. So aber wurde das Auto zu einer Art Lackmustest: zum Maßstab für den persönlichen Erfolg im Zeitalter des Eigentums.

Der Kauf des ersten Automobils war für die meisten Menschen so etwas wie eine Taufe oder Konfirmation – die Aufnahme in die Gemeinde der Eigentümer. Mit dem Autokauf zeigen wir unsere Bereitschaft, die Verhältnisse zu akzeptieren, die mit der Zugehörigkeit zur besitzenden Klasse verbunden sind. In der modernen Welt, in der es wenige Initiationsriten gibt, bleibt das eigene Auto eine bedeutsame Brücke zwischen Jugend und Erwachsenenalter.

Gleichwohl wird das Auto derzeit, wie so viele andere gesellschaftlich hoch bewertete Dinge auch, von einer Ware in eine Dienstleistung verwandelt. Gerade weil es so deutlich im Zentrum unseres Lebens, unserer Wirtschaft und unseres Lebensstils steht, ist seine Metamorphose von einem Ding, das die Menschen besitzen, zu einem, das sie leasen, eine Art Wegbereiter der dramatischen Veränderungen, die mit der gegenwärtigen Umstrukturierung sozialer Beziehungen stattfinden.

In weniger als 18 Jahren wurde das Leasen auch von Privatwagen zu einem alltäglichen Vorgang: Heute ist ein Drittel aller Automobile und Lastwagen auf den Straßen der USA geleast.[1] Das heißt, ein Drittel aller neuen Fahrzeuge bleibt Eigentum von Herstellern oder Händlern, die sie an ihre Kunden verleasen. Das betrifft vor allem Autos der Luxusklasse, die zur Hälfte geleast sind; beim Jaguar XJ sind es sogar über 90 Prozent. In gehobeneren Wohngegenden wie Marin County in Kalifornien sind mehr als 60 Prozent aller Autos geleast.[2] Der Trend zum Leasing von Autos und Lastwagen holt auch in Europa und anderen Teilen der Welt auf. In Deutschland sind gegenwärtig 20 Prozent aller Autos geleast, allerdings meistens von Unternehmen.[3]

Es gibt eine ganze Reihe von Gründen für diesen Übergang vom Besitz zum Leasing. Wegen der hohen Anschaffungskosten können sich heute viele interessierte Kunden die Anzahlungen und die finanzielle Belastung eines normalen Ratenvertrags einfach nicht leisten. Vor einem Jahrzehnt mussten die Käufer den Gegenwert von 22 Wochenlöhnen für den Kauf eines neuen Autos aufbringen. Mitte der neunziger Jahre brauchte man für ein gleichwertiges Fahrzeug bereits den Gegenwert von 26 Wochenlöhnen. Beim Leasing muss in den USA meist nur eine Kaution in Höhe eines Monatslohns bezahlt werden. Weil die Zinsen für einen Ratenvertrag nicht absetzbar sind, wurde das Leasing auch als Finanzierungsmöglichkeit attraktiv. Wenn sie leasen statt kaufen, können die Kunden auch »ein Schnäppchen« machen und einen Wagen fahren, den sie sich als Käufer nicht leisten könnten. Immerhin müssen sie den Wert des Autos, das sie gerade fahren, nur zum Teil bezahlen.[4]

Ford war in den achtziger Jahren der Pionier des Leasingkonzeptes und ist bis jetzt noch immer Branchenführer. Von allen in den ersten zwei Monaten des Jahres 1998 abgeschlossenen Leasingverträgen entfielen 26 Prozent auf das Unternehmen.[5] Sogar Rolls-Royce verleast seinen berühmten Silver Dawn. Bei einem Kaufpreis von 139 000 bis 149 000 US-Dollar zahlen auch wohlhabende Kunden lieber eine monatliche Leasingrate von 1699 US-Dollar.[7]

Leasing kam zuerst bei reicheren Käufern an, die ihre finanziellen Mittel nicht in Sachwerten binden wollten. Das gilt bis heute. Marktanalysen zeigen, dass Männer und Frauen mit höherem Einkommen häufiger leasen als andere.[8] Diese Schicht kennt den Vorgang, Eigentum durch Zugang zu ersetzen, aus der Geschäftswelt und ist bereit, auch ein Auto als Dienstleistung und weniger als Produkt zu betrachten.

In einer Gesellschaft, die durch kürzere Produktlebenszyklen und ständige Innovation gekennzeichnet ist, sieht eine wachsende Zahl von Kunden das Leasing als Chance, auf der Höhe der Zeit zu bleiben. Verschiedene Untersuchungen zeigen, dass Käufer ein Automobil für durchschnittlich dreieinhalb Jahre behalten, während diejenigen, die es leasen, den Wagen nach zwei bis drei Jahren gegen einen neuen eintauschen.[9] Die Autohändler ihrerseits wissen im Voraus, wann der Leasingvertrag des Kunden ausläuft, und können absehen, wann der richtige Zeitpunkt ist, mit ihnen einen neuen abzuschließen.

So gewinnen Autohändler die Möglichkeit, eine langfristige Beziehung zu einem Kunden aufzubauen. Sie behandeln die Vermittlung eines Automobils nicht mehr, wie beim konventionellen Verkauf üblich, als eine einzelne Transaktion, sondern konzentrieren sich auf die Pflege einer langfristigen Beziehung. Laut Ford Motor Company wollen fast 50 Prozent ihrer Leasingnehmer wieder einen Ford, die »Kundentreue« ist hier also doppelt so hoch wie beim Verkaufsgeschäft.[10]

Daimler Chrysler hat in Großbritannien die Idee des Leasing mit »Variationsmöglichkeiten« eine Stufe weiter entwickelt. Nach den Vertragsbedingungen kann ein Kunde jedes Auto, das er will, innerhalb eines bestimmten, vertraglich vereinbarten Preisspektrums leasen und seinen Wagen nach Wunsch jederzeit in einen anderen umtauschen. In diesem Sammelleasing zeigt sich der Übergang vom Besitz zu einer geschäftlichen Beziehung besonders deutlich. Dazu Helment Werner, Chef der britischen Daimler Chrysler AG: »Wir wollen nicht nur ein weiteres Auto verkaufen, sondern ein ganzes Paket von Transportdienstleistungen anbieten.«[11]

Noch weiter entwickelt sind in Europa Car-Sharing-Netzwerke – ein Service, der in mehr als 300 Städten und Gemeinden überall in Europa seinen Mitgliedern rund um die Uhr Zugang zu Autos anbietet. Die »geteilten Autos« werden von den Car-Sharing-Genossenschaften geleast. Jedes Mitglied bezahlt eine Einlage und erhält einen Tresorschlüssel und eine Broschüre, in der die zur Verfügung stehenden Autos in seiner Stadt aufgelistet sind. Die Reservierungen für ein Auto können unmittelbar vor dessen Nutzung telefonisch getätigt werden. Die Autos stehen auf besonderen, im Stadtgebiet verteilten und reservierten Parkplätzen. Die Autoschlüssel werden an jedem Standort in einem verschließbaren Tresor deponiert. Das Mitglied holt sich das gebuchte Fahrzeug und stellt es am Ende seiner Fahrt dahin zurück, wo es dieses übernommen hat. Auf einem Formular trägt es die gefahrenen Kilometer ein und legt Formular und Schlüssel zurück in den Tresor. Der Verein kümmert sich um Versicherung, Unterhaltung und Pflege der Autos und stellt dem Mitglied am Monatsende eine Rechnung.[12]

Solche Organisationen gibt es in Deutschland, der Schweiz, in Österreich, Irland, Schweden, Dänemark und den Niederlanden. Sie werben mit einer Sentenz von Aristoteles: »Alles in allem findet man Reichtum viel eher im Gebrauch als im Besitz.« Viele Mitglieder sehen das ähnlich: Gegenwärtig sind es 38 000, die jährliche Wachstumsrate dieser Vereine liegt bei 50 bis 60 Prozent.[13]

Unsere Beziehung zum Automobil ändert sich grundlegend. Es wird von einem Produkt, das wir kaufen, zu einer Dienstleistung, die wir in Anspruch nehmen. Diese Veränderung ist Teil der weit reichenden Umstrukturierung des kapitalistischen Systems, das sich von einer Wirtschaft, die Waren produziert, zu einer Wirtschaft entwickelt, in der Dienstleistungen angeboten und Erfahrungen generiert werden. Unsere lang gehegte Liebe zum Besitz wird immer schwächer. Die neue Zeitstruktur der hyperkapitalistischen Gesellschaft zwingt uns zur Neuorientierung. Eigentum und Handel sind nicht mehr alles. Ähnliches geschah zu Beginn des Industriezeitalters. Damals erzwang die neue, schnelle, höchst mobile

Welt, von Druckerpresse, mechanischer Uhr, Kompass und Dampfkraft ermöglicht, einen ähnlichen Wandel. In den kommenden Jahren werden wir unsere Teilhabe am Wirtschaftsleben eher unter dem Aspekt des Zugangs zu Dienstleistungen und Erfahrungen organisieren als nach der Vorstellung von Eigentum: Die Ära des Eigentums geht zu Ende, das Zeitalter des Zugangs beginnt.

Aufstieg und Fall des Eigentums

Die Bedeutung des Privateigentums für die Welt der Neuzeit lässt sich nicht bestreiten. Der Historiker Daniel Bell bezeichnet es als »axiale Institution« der kapitalistischen Gesellschaft.[14] Fast drei Jahrhunderte haben Ökonomen versucht, das System des Privateigentums zu rechtfertigen. Vergeblich suchten sie nach einem verborgenen Naturgesetz, mit dessen Hilfe sich die Idee des Privateigentums in ein umfassenderes metaphysisches Ganzes einbinden ließ. Von Paul Lafargue, einem Gesellschaftskritiker des 19. Jahrhunderts, stammt der spöttische Hinweis, dass die Ökonomen in ihrem Streben, die universelle Natur des Privateigentums nachzuweisen, diese Sitte schließlich der bescheidenen Ameise zuschrieben, die doch dafür bekannt sei, Vorräte zu horten: »Leider hatten sie den Mut nicht, noch einen Schritt weiter zu gehen und uns zu erklären, dass die Ameise ihre Vorräte mit der Absicht anlegt, diese zu verkaufen und aus der Zirkulation ihres Kapitals Profit zu schlagen.«[15]

Der englische Jurist Sir William Blackstone definierte Eigentum als »die einzige und despotische Herrschaft, die ein Mann beansprucht und über die äußerlichen Dinge der Welt ausübt, wobei er das Recht jedes anderen Individuums im Universum ausschließt«.[16] Eigentum ist also eine gesellschaftliche Konvention, nach der die Individuen ihren jeweiligen Einflussbereich ausgehandelt haben. Das Konzept von »Mein und Dein« erlaubt es, Unterscheidungen zu treffen und in einem sozialen Kontext Beziehungen einzugehen.

Alltäglich müssen wir in allem, was wir tun, auch Eigentumsfragen klären. Unsere vielfältigen sozialen Beziehungen halten wir in den meisten Fällen dadurch aufrecht, dass wir uns auf vereinbarte Vorstellungen darüber stützen, wem was gehört. So lange menschliche Beziehungen in der materiell-räumlichen Welt verankert bleiben, muss irgendeine Form von Eigentumssystem existieren.

Gleichwohl ist das, was Eigentum ist, begrifflich schwer fassbar. Dabei scheint es in all seinen Erscheinungsformen so einfach zu identifizieren. Sogar ungebildete Menschen wissen, was Eigentum ist, wenn sie es sehen, und haben verinnerlicht, was mit dem Begriff gemeint ist. Doch gibt es kaum einen Begriff, der schwerer zu fassen ist.

Seit undenklichen Zeiten haben sich Philosophen und Könige, Theologen und Politiker mit der Vorstellung von Eigentum herumgeschlagen und bis jetzt nicht befriedigend erklären können, was es wirklich ist. Das liegt wahrscheinlich daran, dass sich unsere Vorstellungen vom Eigentum im Lauf der Geschichte ständig verändern. Daraus lässt sich nur schließen, dass Eigentum, wie andere gesellschaftlichen Erfindungen auch, keine in Stein gehauene Idee ist, sondern eher ein wandelbares Konzept, das den Wechselfällen von Zeit und Ort seiner jeweiligen Anwendung unterliegt. So war die mittelalterliche Vorstellung vom Eigentum eine völlig andere als die der modernen Welt.

Die feudale Gesellschaft wurde als Teil einer »großen Kette des Seins« betrachtet, als hierarchisch strukturierte, zugleich natürliche und soziale Welt, die von den niedrigsten Kreaturen bis zu den Kirchenfürsten reichte. Die gesamte Kette galt als Gottes Schöpfung und in einer Weise strukturiert, die sicherstellte, dass jedes Wesen die Rolle spielen konnte, die Gott ihm zugedacht hatte, Dienste die Höher- und Tiefergestellte einander schuldeten, eingeschlossen.

Insofern Gott als Schöpfer auch Besitzer der Schöpfung ist, waren alle Dinge der irdischen Welt letztlich sein Eigentum. Er gewährte den Menschen das Recht, das göttliche Eigentum zu nutzen. Sie mussten nur rechtschaffen bleiben und ihm, wie jeder anderen höher gestellten Person gegenüber auch, ihrer Pflicht der Ehrerbietung und der Lehenstreue nachkommen, so wie es die göttliche Ordnung vorherbestimmt hatte. Als deren Spiegelbild galt die gesellschaftliche Ordnung. Kirche und Adel agierten als Gottes Stellvertreter. Im Zweifelsfall entschieden sie mit Waffengewalt über die Bedingungen, nach denen Gottes irdischer Besitz aufgeteilt, verwaltet und genutzt wurde.

Eigentum war in der feudalen Gesellschaftsordnung also ein komplexes Geflecht, die sozialen Verhältnisse waren eng mit der Idee des Grundbesitzes verbunden. Die Dinge gehörten nicht direkt und exklusiv einer Person, sondern wurden nach den Bedingungen verteilt, die ihrerseits aus dem stringenten Kodex gegenseitiger Verpflichtungen abgeleitet wurden. Gab der König einem Vasallen Land, dann blieben »seine Rechte an diesem Land erhalten, außer an dem bestimmten Teil, von dem er sich getrennt hat«.[17] Also ließ sich von niemandem sagen, wie der Historiker Richard Schlatter schreibt, »ihm gehöre das Land; jeder, vom König über die Pächter und Unterpächter bis zu den Bauern, die es bestellten, übte eine bestimmte Herrschaft aus, niemand jedoch hatte die absolute Gewalt darüber.«[18]

Die »große Transformation«, wie der Historiker Karl Polanyi die Umwälzung der sozialen Verhältnisse nannte, die die moderne Ära der Eigentumsbeziehungen und den Marktkapitalismus einleitete, begann im tudorianischen England des 16. Jahrhunderts mit den Dekreten zur Einfriedung von Land. Jahrhundertelang wurden die Menschen, in England nicht anders als auf dem Kontinent, als Anhängsel des Landes betrachtet, auf dem sie saßen. Die Gesetze, die das Einfrieden von Land erlaubten, kehrten die Verhältnisse um: Nun konnte das Land bestimmten Menschen gehören. Es war zu Grundbesitz geworden. Die Gesetze und Dekrete, die die Einfriedung regelten, waren so angelegt, dass sich Grund und Boden in einzelne Besitzungen aufteilen ließ, die gekauft und verkauft, also auf dem Markt getauscht werden konnten. Land wurde zum Privateigentum, und an Stelle der Lehensverhältnisse, die Rechte und

Pflichten der Menschen in der gottgegebenen Hierarchie geregelt hatten, traten Eigentumsverhältnisse.

Man kann sich den Wandel, der die damalige Gesellschaft erschütterte, nicht radikal genug vorstellen. Das gesamte Gesellschaftsgefüge, alle Beziehungen der Menschen untereinander, die zuvor aus den Beziehung der Menschen zum Land ihrer Vorfahren abgeleitet wurden, wurden neu strukturiert. Bis dahin waren im englischen Recht Eigentumsrechte sakrosankt. Der Alltag von Leibeigenen war alles andere als angenehm und erfreulich. Doch hatten sie stets das Bleiberecht auf dem Land ihrer Vorfahren. Auch einem selbstherrlichen Grundbesitzer war es unter Strafandrohung verboten, seine Leibeigenen von dem Land zu vertreiben, auf dem sie geboren waren. Durch die Einfriedung der Anger und ihre Umwandlung in Privateigentum, das auf dem Markt gehandelt werden konnte, wurden Millionen von Bauern aus ihren festgeschriebenen Verpflichtungen befreit. Doch sie verloren mit dieser Freiheit ihre traditionellen, durch Geburt gegebenen Rechte, die ihnen die Zugehörigkeit zum Land garantiert hatten. Land als Immobilienbesitz wurde die Grundlage, auf der alle menschlichen Beziehungen unter Eigentumsbegriffen neu strukturiert wurden. Entwurzelt und losgelöst vom Land ihrer Vorfahren hatten die Leibeigenen keine andere Wahl: Sie mussten ihre Lebenskraft zur Ware machen. Sie verkauften ihre Arbeitskraft gegen Lohn auf den neuen städtischen und industriellen Märkten, die in England und kurz darauf auch auf dem europäischen Festland entstanden.

Mit der philosophischen Begründung für die moderne Vorstellung von Eigentum beschäftigte sich im 17. Jahrhundert als erster der politische Philosoph John Locke. Seine Theorie des Eigentums wurde 1690 anonym veröffentlicht. *Die Zweite Abhandlung über die Regierung* wurde schnell zur weltlichen Bibel einer Mittelklasse, die nun ihre Muskeln auf der politischen Bühne Englands spielen ließ. Lockes Schriften waren so etwas wie der Versammlungsruf für die »Glorreiche Revolution« und parlamentarische Reformen in England und lieferten später die philosophische

Grundlage für die Amerikanische und die Französische Revolution.

Locke definierte Privateigentum als *Naturrecht.* Weder Kirche noch der Staat könnten es darum also als Privileg gewähren, es könne auch nicht von der Erfüllung vereinbarter sozialer Verpflichtungen abhängig gemacht werden. Eigentum, so lehrte der Philosoph der Aufklärung, schaffe sich jeder Mensch selbst, indem er seine Arbeit den Rohstoffen der Natur hinzufüge, die er in Dinge von Wert verwandle. Im Naturzustand habe die Erde und all ihre Kreaturen allen Menschen gemeinsam gehört, dann kommt die entscheidende Passage: »Jeder Mensch hat ein *Eigentum* an seiner eigenen *Person.* Auf diese hat niemand ein Recht als nur er allein. Die *Arbeit* seines Körpers und das *Werk* seiner Hände sind, so können wir sagen, im eigentlichen Sinne sein Eigentum.« Darauf folgert Locke: »Was immer er also dem Zustand entrückt, den die Natur so vorgesehen und in dem sie es belassen hat, hat er mit seiner *Arbeit* gemischt und ihm etwas eigenes hinzugefügt. Er hat es somit zu seinem Eigentum gemacht.« Zur entscheidenden Frage, wieviel Landbesitz eine Person rechtmäßig für sich beanspruchen könne, erklärt Locke: »*So viel Land* ein Mensch bepflügt, bepflanzt, kultiviert und so viel er von diesem Ertrag verwerten kann, soviel ist sein *Eigentum.*«[19]

Lockes Theorie des Naturrechts auf Eigentum war bei der neuen Generation unabhängiger Bauern, Händler, Ladenbesitzer und kleinen Kapitalisten, die das englische Leben veränderten und das Land von den letzten Resten feudaler Privilegien befreiten, äußerst populär. Doch seine Abhandlungen boten mehr als nur eine Erklärung des Naturrechts auf Eigentum. Er gab der menschlichen Arbeit selbst einen Wert und verherrlichte den Erwerb als die krönende Errungenschaft der menschlichen Existenz. Anders als mittelalterliche Kirchenmänner, die menschliche Arbeit nur als eine Reihe notwendig zu erfüllender Verpflichtungen vorstellten, sah Locke in ihr Möglichkeiten und Gelegenheiten, nach denen jeder Mensch streben sollte. Eigentum wurde so zum sichtbaren Zeichen des weltlichen Erfolgs eines jeden Einzelnen. Der Übergang von Besitz- zu Eigentumsverhältnissen veränderte die Beziehungen der Menschen untereinander und auch das Verhältnis des Individuums zu sich selbst. Durch Arbeit erworbenes Eigentum wird zur Basis des modernen Selbstbewusstseins. Daraus erwuchs auch das Bewusstsein für die Notwendigkeit, sich eine Privatsphäre aufzubauen, und zu deren Sicherung auch die Notwendigkeit, Nationalstaat und konstitutionelle Regierung aufzubauen.

Locke hat die Frage lösen wollen, wie Menschen Eigentum schaffen, der schottische Ökonom Adam Smith dagegen interessierte sich mehr dafür, wie Eigentum auf dem Markt getauscht wird. Er gliederte die Geschichte in eine Abfolge von Stufen – Jagen, Weidewirtschaft, Landwirtschaft und Handel – und verfolgte, wie sich die Form des Eigentums mit jeder Epoche verändert hat. Auf der Stufe der Jäger und Sammler habe es einfachen Besitz gegeben, jedoch noch nicht die Idee von Eigentumsverhältnissen. Mit der Weidewirtschaft begann man Tiere als Eigentum zu betrachten, und zum ersten Mal wurden Gesetze oder Vereinbarungen getroffen, die das Eigentum betrafen.[20] Mit Aufkommen der Landwirtschaft sei auch der Boden langsam in Eigentumsverhältnisse überführt worden. Erst in dieser Zeit, so Smith, habe man Land und anderes Eigentum, immobiles ebenso wie mobiles, als etwas angesehen, das sich durch Erbschaft übertragen ließ, durch eine Willensverfügung also. Das markiert den entscheidenden Wendepunkt im Wesen der Eigentumsverhältnisse. Aus dem Vorgang des Erbens, der Übertragung von Eigentum zwischen aufeinanderfolgenden Generationen, erwuchs die Vorstellung der Tauschbarkeit, und mit dem Tausch wurde Eigentum zu einem Mittel, Herrschaft auszuüben; ein Mittel, Klassenunterschiede zu schaffen und zu erhalten. Die vierte, die kommerzielle Stufe des Eigentums, sieht Smith verbunden mit dem Handel und dem weit verbreiteten Austausch und der Verteilung von Eigentum auf dem Markt.[21]

Smith konzentrierte sich hauptsächlich auf die Ökonomie des Tausches. Den Markt sah er regiert von einer unsichtbaren Hand, die damit das Wirtschaftsleben in allen Einzelheiten reguliere. Wie das Pendel der mechanischen Uhr regle die unsichtbare Hand Angebot und Nachfrage, Arbeit, Energie und Kapital sehr genau und sichere so ganz automatisch die richtige Balance zwischen Produktion und Konsumption aller irdischen Ressourcen. Sofern sich die Regierung nicht einmische, sei die unsichtbare Hand ein effizienter Mechanismus für den kontinuierlichen Austausch von Eigentum zwischen Verkäufern und Käufern.

So verband man schließlich mit dem Eigentum das exklusive Recht, Dinge zu besitzen, zu nutzen und auf dem Markt zu veräußern. Irgendeine Sache wird dann zu Eigentum, wenn sie jemand in Anspruch nehmen und halten und andere von deren Besitz ausschließen kann; wenn sie jemand nutzen kann, wie er will, so lange dies niemand anderen in seinen Rechten verletzt. Als Eigentum lässt sich die Sache veräußern, indem man sie anderen überträgt oder verkauft. Aus der Perspektive des Marktes ist das letzte der drei Kriterien das wichtigste. Diese Möglichkeit der Eigentumsübertragung – der Handel auf dem Markt – ist das Herz der kapitalistischen Wirtschaft.

Zunächst fand die Produktion von Gütern in der Hauswirtschaft statt, lokale Handwerker produzierten Dinge für den direkten Tausch und nur gelegentlich Waren für den Tausch auf dem Markt. Mit der ersten Stufe des Industriekapitalismus wurde die Produktion allmählich aus dem häuslichen Zusammenhang ausgelagert. Mit dem Fabriksystem kam die Massenfertigung von Waren auf. Möbel, Stoffe und später Kleidung, Geräte, Seife und zahllose andere in Heimarbeit hergestellten Dinge wurden nun billiger, besser und in größerer Zahl kommerziell produziert. Lange Zeit hatten die Menschen solche Güter für den eigenen Gebrauch selbst hergestellt, nun mussten Millionen von Arbeitern fabrikgefertigte Dinge von ihren Fabriklöhnen auf dem Markt kaufen. Mit der industriellen Produktion wurde das Haus zur Wohnung: von einem Ort der Produktion zu einem der Konsumtion umgewandelt.

Über viele Jahrhunderte war das Haus Zentrum praktisch aller ökonomischen Aktivitäten. Der Begriff *Ökonomie* selbst stammt von dem griechischen Wort *oikos*, der »Wirtschaft des ganzen Hauses«. Noch um 1900, daran erinnert der Arbeitshistoriker Harry Braverman, konzentrierte sich ein Gutteil der Produktion auf das Haus, auch in den dicht besiedelten Gebieten der wild wuchernden Städte Amerikas. Familien, die in so hoch industrialisierten Gegenden wie den Kohle- und Stahlzentren lebten, stellten einen großen Teil ihrer Nahrung zu Hause her – mehr als die Hälfte der Familien hielt eigenes Geflügel und Vieh, baute eigenes Gemüse an und kaufte nur Kartoffeln auf dem Markt.[22] Nach Zahlen der amerikanischen Zensusbehörde backte mehr als die Hälfte der befragten Familien zwischen 1889 und 1892 ihr Brot selbst. Während Männerkleidung im Allgemeinen im Laden gekauft wurde, wurde Frauen- und Kinderkleidung weiterhin zu Hause geschneidert – zuerst von Hand, später mit der Nähmaschine.[23]

Ob man besser selbstgefertigte oder industriell produzierte Güter nutzen sollte, war ein Streit, der im Zentrum der Generationenkonflikte zwischen den Immigranten in der neuen Welt und ihren inzwischen amerikanisierten Kindern stand. Die Amerikaner der zweiten Generation, bestrebt, den amerikanischen Traum zu ihrem zu machen, wollten die Waren, die sie in Geschäften kaufen konnten; es war ihnen peinlich, wenn ihre Eltern darauf bestanden, Dinge selbst herzustellen. Die Front war klar gezogen: Man war entweder »altmodisch« oder »modern«. Die Moderne triumphierte, und materielle Güter aller Art wurden zu Waren, die in Fabriken produziert und auf den Märkten gehandelt wurden.

Massenprodukte dominierten die kapitalistische Wirtschaft in den USA von Beginn des industriellen Produktionsprozesses der 1880er Jahre bis weit in die Mitte des 20. Jahrhunderts hinein. So lange die Akkumulation von Sachkapital die Bedingungen des Handels bestimmte und Konsumgüter über Status und Wohlergehen von Millionen von Menschen entschieden, war das Eigentumsrecht oberstes Gesetz. Die Welt, so schien es, wurde plötzlich von Sachkapital und Konsumgütern überspült, die Gesellschaft schwamm in einem Meer von Privateigentum. Der Drang in die Vorstädte, die Entstehung der Highway-Kultur in den fünfziger und sechziger Jahren und der sie begleitende, zum Fetisch gewordene Konsum, markierten die Hochzeit der Eigentumsbeziehungen. Es war eine Zeit, in der Besitzen, Halten und Ausschließen die *raison d'être* der menschlichen Existenz in der nichtkommunistischen Welt war.

Die Geburt der Dienstleistungsökonomie

Doch waren in dieser Zeit der sich entfaltenden kapitalistischen Märkte, in der sich das gesamte gesellschaftliche Geschehen um Produktion, Tausch und Akkumulation von Eigentum drehte, noch andere Kräfte am Werk. Sie sollten schließlich das System des Privateigentums und der darauf errichteten Gesellschaft unterminieren.

Die wachsende Komplexität von Marktoperationen, höhere, damit besser einteilbare Familieneinkommen und der Eintritt einer großen Zahl von Frauen in den Arbeitsmarkt machten zunächst Geschäftsdienstleistungen, später auch Konsumentendienstleistungen lukrativ. Zunächst waren Geschäftsdienstleistungen ein Anhängsel von Produktion und Verteilung von Gütern. Eisenbahnen, versorgungswirtschaftliche und andere, für die Massenproduktion notwendige Infrastrukturleistungen verlangten immer komplexere Formen der Koordination und Organisation. Geschäftsdienstleistungen, so etwa Buchhaltung, Finanzplanung, Transport und Kommunikationsmittel, spielten für die Produktion und Verteilung von Gütern eine immer wichtigere Rolle. Gleichzeitig begann eine wohlhabende Mittelklasse, ihr Familieneinkommen für Dienstleistungen aller Art auszugeben. Der Prozess beschleunigte sich, weil immer mehr Frauen erwerbstätig wurden. Tätigkeiten wie Kinderbetreuung, Betreuung von älteren Menschen, Nahrungsmittelzubereitung, Gesundheitsfürsorge, Haare schneiden und Ähnliches, die Frauen bis dahin zu Hause selbst übernommen hatten, wurden zunehmend als kommerzielle Dienstleistungen angeboten. Zwischen 1899 und 1939 stieg der Anteil des in kommerziellen Bäckereien verarbeiteten Mehls von einem Siebtel auf zwei Fünftel der Gesamtproduktion. Die Produktion von Gemüsekonserven stieg um das Fünffache; die der Obstkonserven um das Zwölffache.[24] Dazu Braverman: »Gesellschaftlichen Status erwirbt man nicht mehr durch die Fähigkeit, etwas herzustellen, sondern nurmehr durch die Fähigkeit, etwas kaufen zu können.«[25] Auch Unterhaltungs- und Freizeitbeschäftigungen, die bis dahin größtenteils Familienangelegenheiten oder öffentliche Aktivitäten waren, wanderten auf den Markt, wo sie zu kommerziellen Dienstleistungen wurden. Braverman fasst zusammen, wie sich die Beziehungen der Menschen untereinander in den ersten Jahrzehnten des 20. Jahrhunderts in ihrer Struktur verändert haben:

> So ist die Bevölkerung nicht länger auf soziale Organisation in Form von Familie, Freunden, Nachbarn, der Gemeinschaft, Älteren oder Kindern angewiesen, sondern muss mit wenigen Ausnahmen auf den Markt gehen, und nur auf den Markt, nicht nur wegen Nahrung, Kleidung und Wohnung, sondern auch zur Erholung, zum Amüsement, für die Sicherheit, für die Betreuung von Kindern, Alten, Kranken, Behinderten. Mit der Zeit werden nicht nur materielle und Dienstleistungsbedürfnisse, sondern auch die emotionalen Strukturen des Lebens durch den Markt kanalisiert.[26]

1973, als der Soziologe David Bell aus Harvard mit *The Coming of Post Industrial Society* einen Meilenstein setzte, hatte das Angebot an Dienstleistungen die Warenproduktion überholt und wurde zum Motor des Kapitalismus in Nordamerika und Europa. »Dienstleistung« ist eine allgemeine und äußerst schillernde Kategorie und steht allen möglichen Interpretationen offen; auf den kleinsten Nenner gebracht, bezeichnet sie wirtschaftliche Aktivitäten, die keine Produkte oder Bauleistungen hervorbringen. Solche Leistungen sind transitorisch, werden zu dem Zeitpunkt konsumiert, in dem sie produziert werden, und stellen einen immateriellen Wert dar. Mit einem Augenzwinkern nennt *The Economist*

Dienstleistungen »all das, was gehandelt wird und niemandem auf den Fuss fallen kann«.[27] Dazu gehören freiberufliche Tätigkeiten (juristische, buchhalterische und beratende), Groß- und Einzelhandel, Transport, Kommunikation, Gesundheits-, Kinder- und Altenfürsorge, Unterhaltung und zu bezahlende Freizeitaktivitäten sowie Sozialprogramme der Regierung.

1973 waren in den USA 65 von 100 Angestellten im Dienstleistungsbereich beschäftigt. In der EU arbeiteten Anfang der siebziger Jahre 47,6 Prozent der Angestellten im Dienstleistungssektor.[28] Heute beschäftigen die Dienstleistungsindustrien in den USA über 77 Prozent aller Arbeitskräfte und erbringen 75 Prozent der US-amerikanischen Wertschöpfung. Weltweit sorgen sie für mehr als die Hälfte der Wertschöpfung.[29] Percy Barnevik, ehemaliger Vorstandsvorsitzender der Asea Brown Boveri Ltd., geht davon aus, dass im Jahr 2010 der Dienstleistungssektor in den USA über 90 Prozent der Wirtschaft und der Produktionssektor weniger als 10 Prozent ausmachen werden.[30]

Die Verlagerung des Hauptgeschäfts von Warenproduktion zu Dienstleistungen macht Eigentum im Geschäfts- und Privatleben immer unwichtiger. Im Zeitalter des Zugangs messen wir wirtschaftliche Aktivität eher in »ZZH – der Zwischenzeit zwischen Haarschnitten« als an der Zahl hergestellter und verkaufter Produkte, so Peter Martin in der *Financial Times*.[31] Zumindest teilweise hat Daniel Bell die Bedeutung der Transformation erkannt, die im kapitalistischen Handelsleben stattfindet, wenn er schreibt: »Wird eine Industriegesellschaft durch die Quantität von Gütern definiert, die den Lebensstandard kennzeichnen, dann ist die postindustrielle Gesellschaft durch die Lebensqualität gekennzeichnet, die an derzeit nachgefragten Dienstleistungen und Einrichtungen – für Gesundheit, Bildung, Erholung und Kunst – gemessen wird.«[32]

Eines blieb in den Diskussionen über die Transformation in eine Dienstleistungsgesellschaft ungesagt und kann darum hier durchaus wiederholt werden: Dienstleistungen sind kein Eigentum. Sie sind immateriell und ungreifbar. Sie werden verrichtet, nicht hergestellt. Sie können nicht gehalten, akkumuliert oder vererbt werden. Produkte werden gekauft, Dienstleistungen dagegen zugänglich gemacht. In einer Dienstleistungsökonomie wird mit Zeit gehandelt, nicht mit Standorten oder Dingen. Dienstleistungen verlangen stets eine Beziehung zwischen Menschen, die mit der zwischen Menschen und Dingen nichts gemein hat. Der Zugriff aufeinander als soziale Wesen wird über Geldbeziehungen vermittelt.

Die Metamorphose der Struktur menschlicher Beziehungen – weg von der Produktion und dem kommerziellen Austausch von Eigentum hin zum Zugang zu kommerzialisierten Dienstleistungsbeziehungen – verändert alles, was sie ergreift. Bis jetzt setzt unsere Gesellschaft weiterhin voraus, dass Eigentumsbeziehungen grundlegend seien, in Wirklichkeit jedoch verliert materieller Besitz zunehmend an Bedeutung. Möglicherweise haben wir uns bisher gegen die Einsicht gesperrt, dass in unserer Welt Produktion und Austausch von Eigentum nicht länger der einzige Anhaltspunkt für das Maß wirtschaftlichen Handelns sind, weil wir fürchten, unseren Halt zu verlieren. Lange wurden unsere Verhaltenscodes, unsere bürgerlichen Werte, selbst unsere tief verankerte Selbstwahrnehmung, die institutionellen Kräfte und die Welt um uns herum durch Eigentumsbeziehungen vermittelt. Deshalb ist die Vorstellung beunruhigend, in eine neue, immateriellere, weniger begrenzte, ungreifbarere und kurzlebigere Welt kommerzieller Dienstleistungen entlassen zu werden. Wir müssen den Gesellschaftsvertrag grundsätzlich, von A bis Z, neu überdenken, wenn wir uns ernsthaft damit auseinandersetzen wollen, was mit einer Welt geschieht, die stärker auf Zugang und Zugriff als auf Eigentum beruht.

Dieser Tag der Wahrheit ist vielleicht schon nah. Das liegt an zwei Veränderungen, die Daniel Bell und andere Prognostiker nicht vorhersehen konnten. Erstens werden bereits die Waren selbst – einst Bollwerk des Systems des Privateigentums – in reine Dienstleistungen verwandelt. Dies signalisiert, dass das Eigentum nicht länger als dominierendes Konzept des sozialen Lebens fungiert. Zweitens verändert sich das Wesen der Dienstleistungen. Bislang wurden diese eher wie Waren behandelt und als diskrete Markttransaktionen getätigt, jede einzelne für sich in Zeit und Raum. Heute, mit der Entstehung des elektronischen Handels und hochentwickelten Medien für die Rückkopplung von Daten, werden Dienstleistungen neu erfunden: als langfristige und vielschichtige Beziehungen zwischen Anbietern und Nutzern.

Der Wandel der Güter zu Dienstleistungen

Werden Güter immer informationsintensiver, interaktiver und als solche ständig ausgebaut, verändern sie ihren Charakter. Sie bleiben nicht länger »Produkt«, werden vielmehr zu sich entwickelnden Dienstleistungen. Ihr Wert liegt weniger in der materiellen Konstruktion oder der Verpackung, in der sie daherkommen, sondern eher im Zugang zu Diensten, die sich mit diesen Dingen realisieren lassen. Taichi Sakaiya, Leiter der japanischen Behörde für Wirtschaftsplanung, hat erfasst, wie anders wir heute Waren wahrnehmen: »Was materielle Güter bedeutsam macht [wird sein], dass sie zu Vehikeln für Wissenswerte werden.«[33]

Unternehmen revolutionieren das Produktdesign, um hervorzuheben, worauf es ihnen in Zukunft ankommt: auf Dienstleistungen. Produkte werden nicht länger als diskrete Dinge mit gegebenen Merkmalen und einmaligem Verkaufswert präsentiert, sondern als »Plattformen« für alle möglichen Erweiterungen und wertschöpfende Leistungen. Wertschöpfung erfolgt über Dienstleistungen und Aktualisierungen. Die Produkt-Plattform ist nur das Vehikel für die angebotenen Dienstleistungen. Man könnte auch sagen, das Produkt wird eher zu den Geschäftskosten gerechnet denn als Verkaufsgegenstand betrachtet. Die Plattform ist der »Brückenkopf«, die pure Möglichkeit, sich physisch am Geschäftsort oder Domizil des Kunden niederzulassen. Diese Präsenz erlaubt es dem Verkäufer, eine langfristige Beziehung zum Kunden aufzubauen. Deshalb werden die Plattformen oft zum Selbstkostenpreis verkauft: in der Erwartung, dem Kunden über die Lebensdauer des Produktes hinaus lukrativere Dienstleistungen zu verkaufen.

Der dänische Spielwarenhersteller Lego Group AS verkauft ein neues Spielzeug, in dem in die Legobausteine ein Computerchip integriert ist, sodass Kinder Roboterspielzeuge bauen können. Anschließend läßt sich, was die Kinder gebaut haben, an einen PC anschließen und von einer zentralen Website sind neue Kommandos herunterzuladen, mit denen sich Funktionen und Möglichkeiten des Spielzeugs erweitern lassen.[34] Nach ähnlichem Prinzip hat emWare, Inc. aus Salt Lake City ein mit dem Internet zu koppelndes Rasensprengersystem entwickelt. Der Rasensprenger selbst ist tatsächlich eine Plattform für eine ganze Reihe erweiterter Dienste, die in ihn integriert werden können. Zahlt man eine Dienstleistungsgebühr, kann der Rasensprenger mit der Website des Nationalen Wetterdienstes programmiert werden: Automatisch werden dann Wetterbedingungen und Vorhersagen abgefragt und die Berieselung entsprechend ein- und ausgeschaltet.[35]

Sogar die *Encyclopaedia Britannica* liefert ein gutes Beispiel dafür, wie wirtschaftliche Bedingungen die Metamorphose konventioneller Waren in reine Dienstleistungen beschleunigen. Bis vor kurzem kostete die gebundene Ausgabe des 32-bändigen Lexikons 1600 US-Dollar und galt in amerikanischen Haushalten als große finanzielle Investition. Anfang der neunziger Jahre schlug Bill Gates dem Verlag der *Encyclopaedia* vor, eine digitale Version des Produktes zu entwickeln, die im Einzelhandel viel billiger auf CD-ROM vertrieben werden könne. In der Befürchtung, die billige digitale Version könnte die Verkäufe der gedruckten Ausgabe schmälern, lehnte der Verlag das Angebot ab. Gates kaufte daraufhin Funk and Wagnalls und kombinierte deren Inhalte mit Audio- und visuellem Material, das bereits öffentlich zugänglich war, um mit *Encarta* eine digitale Enzyklopädie zu entwickeln. Auf CD-ROM veröffentlicht kostete das elektronische Lexikon 49,95 Dollar.[37] Obwohl die Kosten damit nicht vollständig gedeckt waren, erweiterte und aktualisierte Microsoft das digitalisierte Lexikon ständig. In weniger als eineinhalb Jahren wurde es zur meistverkauften Enzyklopädie der Welt.[38] Weil der Verlag rapide Marktanteile einbüßte, musste er eine Online-Version der *Enzyclopaedia* herausbringen. Deren Abonnenten erhielten für 85 Dollar »unbegrenzten Zugang zu den riesigen Ressourcen von Britannica Online«.[39] *Encyclopaedia Britannica* entmaterialisierte sich buchstäblich zu einem reinen Dienstleistungsangebot.

Vor nicht all zu langer Zeit tobte in der Bibliothekswelt eine Debatte über das Eigentum an Büchern und Sammlungen versus Zugang zu Online-Veröffentlichungen. Die Bibliothekarinnen Eleanor A. Goshen und Suzanne Irving von der State University of New York in Albany schreiben dazu: »Innerhalb des letzten Jahrzehnts haben wirtschaftliche Realitäten in akademischen Bibliotheken eine paradigmatische Akzentverschiebung verursacht: vom Erwerb umfassender wissenschaftlicher Sammlungen hin zur Entwicklung effektiver Methoden, mit denen der Zugriff auf ... Forschungsergebnisse möglich wurde, die von dieser oder jener Institution hin und wieder genutzt werden.«[40] Gerade wenn es um wissenschaftliche Bibliotheken geht, kann man via Internet und andere elektronische Datenautobahnen auf einen Großteil der Informationen direkter und mit geringeren Kosten zugreifen, als dies eine Bibliothek leisten kann, die Zeitschriften und Bücher kauft und als Bestand erhält.[41]

Schon heute werden Lehrbücher online verbreitet. John Wiley and Sons stellte 1999 zwei wissenschaftliche Standardwerke, die *Encyclopaedia of Chemical Technology* von Kirk-Othmer und die *Encyclopaedia of Electrical and Electronics Engineering*, ins Netz. Diese Werke, die man sich früher als gebundene Exemplare ins Regal gestellt hat, sind nun gegen eine Gebühr greifbar.[42]

Das Ende der Gutenberg-Ära wurde seit Jahren vorhergesagt. Nun zeigt sich, wie Zugang zu Texten und Dokumenten auf elektronischem Weg Realität wird – für die erste Generation junger Menschen, die mit Computern aufgewachsen ist und es bequemer findet, sich Informationen vom Bildschirm zu holen als sie auf einer gedruckten Seite zu lesen. Jeff Rothenberg, ein leitender Computerwissenschaftler der Rand Corporation, sieht den Tag nicht fern, an dem Bücher mehr »als Kunstobjekte denn als Nutzgegenstände« betrachtet werden.[43]

Bücher sind nicht die einzigen Produkte, die sich in der neuen Wirtschaft des Cyberspace zu elektronischen Dienstleistungen entmaterialisieren. Das Gleiche ereignet sich auch in anderen Geschäftsbereichen. Zum Beispiel bieten die sieben regionalen Telefongesellschaften von Bell und andere große Telekommunikationsunternehmen inzwischen Sprachpostdienste an. Man braucht keinen eigenen Anrufbeantworter mehr, die Sprachnachrichten werden im Rechner des Anbieters gespeichert, und die Kunden können diese abfragen. Wie in vielen anderen Fällen auch, wird ein Produkt durch eine Dienstleistung ersetzt, und der bloße Zugriff erweist sich als vorteilhafter, als das Prozent selbst zu besitzen. In einem Artikel für den *Harvard Business Review* zeigen Jeffrey Rayport und John J. Sviokla, dass der Wandel von einer Transaktion auf dem Marktplatz zu einer Dienstleistung im Marktraum immer häufiger stattfindet, weil Kunden in ihrem Alltag eher auf umfassende Verfügbarkeit setzen als auf Eigentum.

Wenn Zugriff ohne Anrufbeantworter möglich ist, gewinnt der Kunde die Vorteile von Dienstleistungen, die sich auf Software stützen, jedoch ohne den Zwang, ein Produkt in Hardwareform anzuschaffen und unterhalten zu müssen.[44]

Robert P. Shapiro, Chairman und CEO von Monsanto, ist einer der neuen Unternehmer, die, indem sie in ihrer Marketingstrategie Zugang über Eigentum stellen, den Schwerpunkt der Geschäftstätigkeiten vom Verkauf allmählich auf Nutzung verschieben. In einem Interview sprach Shapiro 1997 davon, dass Konsumenten Dinge nicht für sich selbst, sondern eher für das kaufen, was sie tun; als Beispiel nannte er Monsantos Produktlinie von Nylonfasern für die Teppichproduktion.

Niemand möchte tatsächlich einen Teppich besitzen, jeder will nur drübergehen. ... Was würde passieren, wenn Monsanto oder der Teppichhersteller diesen Teppich besäßen und versprächen, zu kommen und ihn abzuholen, wenn er ersetzt werden muss?[45]

Und Shapiro fügt hinzu, dass sein Unternehmen »damit beginnt, all unsere Produkte genauer anzuschauen und zu fragen, was müssen die Menschen wirklich kaufen? Brauchen sie die Dinge oder nur ihre Funktion? Welche wirtschaftliche Folgen hätte es, wenn wir einen Teppichservice statt eines Teppichs verkaufen würden?«[46]

Wer keine Waren mehr verkauft, sondern Zugriff auf Dienstleistungen bereitstellt, wird in mehr oder weniger großem Umfang Ressourcen einsparen können und zudem Produktionsmengen, Abfall und Umweltbelastungen reduzieren. Carrier, der größte Hersteller von Klimaanlagen, bietet inzwischen Kühlungsdienstleistungen an. Das Airconditioning wird nicht via Klimaanlage verkauft, sondern den Kunden als Dienstleistung zur Verfügung gestellt. Die Anlage wird in den Gebäuden der Kunden installiert, und Carrier verlangt ein Honorar für deren Unterhaltung auf vereinbartem Komfortniveau. Wo es, wie bisher, nur ums Verkaufen von Produkten ging, hat ein Unternehmer versucht, die größtmögliche Stückzahl von Klimaanlagen abzusetzen – und damit wurde mehr Energie als nötig verbraucht. Hinter einer auf Zugang basierenden Beziehung steht die Idee, Wege zu finden, den Energieverbrauch zu reduzieren, um Energie- und Betriebskosten zu senken. Carrier bietet als Zusatzdienst die Nachrüstung der Beleuchtung und die Installation von hochwärmedämmenden Fenstern an, sodass der Kunde bei gleichem Komfortniveau noch einmal Energie spart. Die Einsparungen vergrößern den Mindestgewinn des Unternehmens, während der unwirtschaftliche Verbrauch von Energieressourcen und die Emission von Treibhausgasen verringert werden.

Auch manche Unternehmen in der chemischen Zulieferindustrie haben den Verkauf von Produkten durch das Angebot von Dienstleistungen ersetzt. Eine innovative Form von Geschäftsbeziehungen zwischen Chemieanbietern und Automobilherstellern wurde unter dem Motto »shared savings« (gemeinsame Einsparungen) erstmals Mitte der achtziger Jahre auf den Weg gebracht. Derartige Verträge werden schnell zum Prototyp eines neuen Handels, der eher auf Dienstleistung und Zugriff beruht als auf Eigentum.

Bislang haben Chemieunternehmen Automobilherstellern die Chemikalien für deren Produktionsprozesse verkauft. Die Kunden bezogen nach Bedarf pro Tonne (oder Kilogramm, Liter usw.). Es bestand eine Beziehung zwischen Verkäufer und Käufer, in der diskrete Markttransaktionen getätigt wurden, bei denen Eigentum – zum Beispiel Lacke – verkauft wurde. Der Anbieter versuchte, soviel seiner Produkte wie möglich zu verkaufen und dabei seine vorab anfallenden Kosten für Produktion, Verarbeitung und Transport zu minimieren. Dabei geriet der Wunsch des Anbieters, so viel Chemikalien wie möglich zu verkaufen, in Widerspruch zum Interesse des Kunden, gerade so viel zu kaufen und einzusetzen, wie für die Produktion und die Sicherung entsprechender Qualitätskontrollen notwendig ist. Häufig führen die unterschiedlichen Ziele von Verkäufern und Käufern zu einem Konflikt. Nach dem konventionellen Modell des Verkaufens und Kaufens gab es für den Verkäufer keinen Anreiz, die Qualität seiner Produkte zu verringern. Schließlich war nicht der Verkäufer für die Umweltkosten verantwortlich, die mit dem Endverbrauch und der Verteilung seiner Produkte einher gingen, also machte es für ihn wenig Sinn, in teure Forschung und Entwicklung von umweltfreundlicheren Chemieprodukten zu investieren.

In einer Geschäftsvereinbarung auf der Basis des geteilten Vorteils, Sharing-Savings, kauft der Autohersteller die Chemieprodukte nicht, sondern diese bleiben Eigentum des Anbieters. Dieser schließt einen Leistungsvertrag, nach dem er für Produktionsmanagement und Anwendung der Chemikalien am Produktionsort des Kunden verantwortlich ist. Anstatt die Produkte selbst zu kaufen, kauft der Automobilhersteller nur den Zugriff auf die notwendigen Zulieferungen. Auch hier wird die Beziehung zwischen Verkäufer und Käufer in eine zwischen Anbieter und Kunden verwandelt.

Die Leistungsverträge der Chemieunternehmen wurden entwickelt, um für verschiedene Partner einen je eigenen Anreiz zu schaffen, um Kosten und Abfälle zu reduzieren und die Gewinnspannen zu steigern. Nach einem solchen Leistungsvertrag erhält der Anbieter eine feste monatliche Gebühr, der Nutzer überwacht die Leistung durch vereinbarte Qualitätskontrollen. Der Anbieter kann seinen Gewinn steigern, indem er den Verbrauch an Chemikalien und die allgemeinen Produktions- und Handlingkosten reduziert und dadurch das Produkt und das Verteilungssystem verbessert.

Einen solchen Sharing-Savings-Vertrag hat Chrysler für das Werk in Belvedere, Illinois, mit den PPG Industries abgeschlossen. PPG ist verantwortlich für alle chemischen Stoffe, die für Reinigung, Verarbeitung und Lackierung von Chryslerkarosserien benötigt werden. Chrysler kauft nicht den Lack von PPG, sondern zahlt dem Anbieter eine feste Dienstleistungsgebühr für jedes produzierte, in seiner Qualität kontrollierte Fahrzeug. Umgekehrt verkauft auch PPG den Lack nicht mehr, sondern bedient seinen Kunden, indem er den Lackierungsprozess selbst managt. Mit dem zwischen beiden geschlossenen Leistungsvertrag sichert sich Chrysler den Zugriff auf das Management der Autolackierung auf dem jeweils neuesten Stand der Technik, das ihm ein Unternehmen der Weltklasse bietet.[47] Durch die Strategie des gemeinsamen Sparens hat das Unternehmen mehr als eine Million US-Dollar jährlich einsparen können.

Mit Verträgen über ein Gain-Sharing (Gewinnteilung) gehen die Vertragspartner einen Schritt weiter. Wenn zum Beispiel ein Anbieter Innovationen auf den Markt bringen kann, die das Entstehen von Sondermüll reduzieren, vereinbart das Automobilunternehmen, das die Kosten der Entsorgung tragen muss, die Einsparungen mit dem Anbieter zu teilen. Das schafft für diesen einen weiteren Anreiz, Verfahren einzusetzen, die dem Automobilhersteller zusätzliche Kosteneinsparungen ermöglichen.

So führte der Gewinnteilungsvertrag zwischen PPG/Chemfil

und dem Taurus-Montagewerk, Chicago, der Ford Motor Company zu bedeutenden Verbesserungen für die Umwelt. Als Ford Karosserieteile aus Aluminium einführte, drohten bei der Reinigung der Abwässer anfallenden Schlamm-Mengen ein wirklich gefährliches Ausmaß anzunehmen. PPG/Chemfil konnte den Prozess der Abwasserbehandlung im Werk verändern und den Anfall von Schlamm um 27 Prozent reduzieren. Damit sparte Ford zusätzliche Kosten für das Abfallmanagement Ford, Einsparungen die das Werk mit PPG/Chemfil geteilt hat.[48]

Dieser neue Weg, Geschäfte zu machen, der statt auf Produktverkauf auf Zugang zu Dienstleistungen rund um dieses Produkt basiert, ermöglicht Einsparungen im Umweltbereich und macht diese zu einem integralen Teil der Geschäftsaktivitäten in vielen Industrien. Die Umweltexperten Paul Hawken und Amory und Huter Lovins gehen mit ihrer These, dass »reine Produktverkäufer« im kommenden Zeitalter des Zugangs »verdächtig« werden, noch einen Schritt weiter: »Wenn Ihr Produkt – mag ein möglicher Käufer fragen – alle Dienstleistungen mit all den Verfahrensvorteilen bietet, die Sie ihm nachsagen, warum wollen Sie diese Vorteile nicht selbst nutzen, indem Sie das Produkt behalten und mir nur dessen Dienste anbieten? Wenn Sie es mir verkaufen wollen und mir damit die Verfahrenskosten überlassen, muss irgend etwas daran falsch sein!«[49]

Das Ende des Verkaufens

In vielen Bereichen wird sich Gewinnteilung aus dem einfachen Grund durchsetzen, dass in diesen Branchen nur noch wenig oder gar kein Geld mehr mit reinen Verkäufe zu verdienen ist. Wenn Material- und Produktionskosten gegen Null wandern und dementsprechend auch die Transaktionskosten, entstehen bei Verkäufen kaum Gewinnspannen. Der Druck hin zu neuen Geschäftsvereinbarungen wird dadurch verstärkt, dass es in den einzelnen

Branchen zu viele Anbieter gibt, die alle um die Aufmerksamkeit einer begrenzten Zahl von Kunden werben. Die Konkurrenz drückt die Preise und Gewinnspannen weiter. Wie kann ein Unternehmen erfolgreich Marktanteile gewinnen, wenn die Qualität seiner Waren von der seiner Konkurrenten praktisch nicht zu unterscheiden ist und alle zuviel vom gleichen Produkt herstellen? Eine wachsende Zahl von Unternehmen will dieses Problem lösen, indem sie nicht mehr verkaufen.

Auch wenn das übertrieben scheint: Geht der Verkäufer auf einem Markt der Käufer durch die Kundentür, muss er die Idee aufgeben, eine Ware oder eine Dienstleistung zu verkaufen. Er muss dem Kunden Kostenfreiheit bieten. Aber wie sollte ein Verkäufer Geld verdienen, ohne zu verkaufen? Es gibt nur einen Weg: Er muss als Comanager der Kundenaktivitäten auftreten, dabei dessen Leistung und Gewinn verbessern und sich mit diesem die Erträge teilen. Noch einmal sei betont, dass der Anbieter dem Kunden kein materielles Produkt verkauft. Stattdessen verleiht er sein Wissen und seine Sachkenntnis und hilft so dem Kunden, dessen Geschäfte zu tätigen. Der Kunde wird zum Klienten und Partner.

Baxter Healthcare Corporation hat einen Gewinnteilungsvertrag mit dem Duke University Medical Center geschlossen. Baxter managt die gesamten Kosten von Dukes chirurgischen Angeboten und lässt sich dieses Comanagement honorieren. Dafür garantiert das Unternehmen eine jährliche Höchstgrenze für Dukes Ausgaben. Sollten die Kosten des Kunden über diese Grenze hinausgehen, trägt Baxter die Differenz. Bleiben die Kosten jedoch unter dieser Grenze, erhält Baxter einen Teil dieser Einsparungen.[50]

Die medizintechnischen Branchen haben an Gewinnteilungsverträgen ein besonderes Interesse: Sie sehen diese als Mittel zur Minderung unkontrollierbarer Ausgaben im Gesundheitsbereich. Verschiedene Arzneimittelfirmen handeln inzwischen nach dem Konzept des »Krankheitsmanagements« und haben mit einer wachsenden Zahl von Gesundheitsorganisationen (HMOs) entsprechende Verträge geschlossen. Die Pharmaunternehmen übernehmen die Verantwortung für die gesamte Behandlung eines Patienten, einschließlich der Prävention, der Pflege und der Verabreichung von Arzneimitteln. Eli Lilly hat sich auf fünf Hauptbereiche des Krankheitsmanagements konzentriert: Diabetes, Herzkrankheiten, Störungen des Zentralnervensystems, Krebs und Infektionskrankheiten. Indem sie ihre Tätigkeit vom Verkauf von Arzneimitteln auf den Dienst am Patienten verlegt haben, hoffen Unternehmen wie Lilly die Wertleiter hinaufzuklettern. Die Arzneimittelfirmen helfen, die Ausgaben der Gesundheitsorganisationen und der Krankenhäuser zu reduzieren, diese wiederum teilen ihre Einsparungen mit den Pharmaunternehmen.[51]

Neue Dienstleistungen

Viele der größeren Unternehmen im Bereich der Informationstechnik, die ihre Gewinne noch bis vor wenigen Jahren mit dem Verkauf von Hard- und Software erzielten, werden nun immer mehr zu Dienstleistungsanbietern. Auch Unternehmen wie IBM, General Electric, Xerox und Hewlett-Packard erkennen, dass materielle Produkte geringe Gewinnspannen bieten. Weil Container oder Plattformen so billig herzustellen sind und sich auch hinsichtlich ihrer Qualität kaum noch unterscheiden lassen, lässt sich nur dann Gewinn erzielen, wenn man den Kunden Sachkenntnis in Form von Dienstleistungen anbietet und bereitstellt. Liegt der Rohgewinn in der Herstellung heute allgemein unter 30 Prozent, übersteigt er im Dienstleistungsbereich häufig die 50-Prozent-Marke.[52]

Xerox und Pitney-Bowes betreiben Mailrooms und Kopierläden und verteilen elektronisch erstellte Dokumente. Honeywell entwirft und wartet ganze Datensysteme. Die Kunden leasen die Systeme, statt sie zu kaufen. Wieder haben die Kunden vor allem den Nutzen, dass sie Zugriff auf die Dienste von Fachleuten erhalten.

Nahezu 20 der 70 Milliarden Dollar, die IBM im Jahr 1995 als

Gewinn auswies, stammten aus Geschäftsdienstleistungen. Wie Lloyd G. Waterhouse, ein Generaldirektor des IBM-Bereichs globale Dienstleistungen, erklärt, nehmen Dienstleistungen weiterhin schneller zu als die Erträge, die mit dem Verkauf von Hard- und Software erzielt werden.[53] Waterhouse macht darauf aufmerksam, dass IBM Systeme verwaltet, in die über eine halbe Million Computer anderer Hersteller eingebunden sind und dass der IBM-Bereich globale Dienstleistungen oft das Produkt eines Konkurrenten empfiehlt, wenn dies die Bedürfnisse des Kunden besser erfüllt. Laut Data Quest, einem führenden Marktforschungsunternehmen, überschritten alleine die globalen Dienstleistungen der Informationstechnologie im Jahr 1996 einen Betrag von 234 Milliarden US-Dollar und sollen im Jahr 2000 den Betrag von 400 Milliarden US-Dollar übersteigen.[54]

General Electric erwartet, dass die Unternehmenserträge aus dem Dienstleistungsbereich Ende 2000 rund 15 Milliarden US-Dollar erreichen werden. John F. Welch, Chairman von General Electric, hat die Zeichen der Zeit genau erkannt: »Ich kann viel schneller expandieren, wenn ich die Anlagen, die ich installiert habe, auf den neuesten Stand bringe oder unterhalte, als wenn ich versuche, mehr Einheiten zu verkaufen.«[55] Der Beweis dafür liege bei der Gewinn-Untergrenze des Unternehmens, sie zeige, dass die mit Produkten zusammenhängenden Dienstleistungen »zwei bis dreimal so schnell wachsen wie die Rendite der Produkte selbst«.[56]

Den Produktvertrieb aufgeben, Honorare für Dienstleistungen erwirtschaften

Der vielleicht beste Hinweis auf die sich verändernden Beziehungen zwischen einem Produkt und den Dienstleistungen, die es begleiten, liegt im Vergleich des Marktwerts beider Seiten des Angebots. Bis vor kurzem wurde mit dem Produkt eine Servicegarantie gegeben, oft für eine minimale Zusatzzahlung oder, noch häufiger, umsonst – als Anreiz, das Produkt zu kaufen. Nun kehrt sich dieses Verhältnis um. Wie bereits erwähnt, gibt eine wachsende Zahl von Unternehmen ihre Produkte umsonst ab, um Kunden zu binden, die dann für das Management, die Verbesserung des Produktes und andere Dienstleistungen ein Honorar zu zahlen haben.

Als Motorola 1989 sein Micro-Tac-Handy auf den Markt brachte, kostete es im Handel 2500 Dollar. Gerade fünf Jahre später kostete dasselbe Gerät nur noch 100 Dollar. Heute geben Telefonunternehmen das Handy von Motorola häufig umsonst an neue Abonnenten ab – als Anreiz, ihre Telekommunikationsdienste zu nutzen.[57]

Im Jahr 1993 brachte Computer Associates International, Inc., die neue Buchhaltungssoftware Simple Money heraus und gab sie kostenfrei ab. Das Unternehmen setzte darauf, dass die Mund-zu-Mund-Propaganda dieses großzügigen Angebots zum weit verbreiteten Gebrauch der Software führen werde und dass die Startkosten wieder hereinzuholen seien, indem den so gewonnenen Kunden ständige Verbesserungen und Dienstleistungen verkauft würden. (Die Produktionskosten der Programm-Disketten waren so niedrig, dass man sie getrost vernachlässigen konnte.)[58]

Im Wettlauf der Anbieter gewinnt die Praxis, Produkte umsonst abzugeben, immer mehr an Boden und wird zum Standard im Geschäftsleben der Informationswirtschaft. Netscape verschenkt seine Web-Browser, Microsoft seinen Internet Explorer und Sun Microsystems verteilt Java umsonst.[59] Im Fall der Softwareunternehmen nähern sich die Produktionskosten und Kosten für die Verteilung jedes zusätzlichen Produktes dem Wert Null. Zugleich kann das Unternehmen, wenn es nur genug Endverbraucher von seinem Programm überzeugt, einen Industriestandard setzen und in diesem Prozess Up-Grades und Dienstleistungen mit bedeutenden Gewinnen an seine Kunden verkaufen.

Softwareprogramme zu verschenken, ist für Unternehmen im Bereich der Informationstechnik eine besonders effektive Strategie. Aus einem ganz einfachen Grund: Je mehr Menschen durch die

Programme eines Unternehmens miteinander verbunden sind, desto größer sind die Vorteile für jeden Teilnehmer und umso wertvoller werden die potenziellen Dienste des Unternehmers. In der Branche ist dieses Phänomen als »Netzwerkeffekt« bekannt. Je größer ein Netzwerk, desto weitgespannter sind die Verbindungen und desto wertvoller wird das Netzwerk für diejenigen, die ein Teil von ihm sind. Software zu verschenken, hilft, Netzwerke zu bilden, und dies wird zunehmend als normale Geschäftskosten betrachtet.

Wieder stellt sich die Frage, womit ein Unternehmen Geld verdienen kann, wenn die Herstellungskosten für Produkte in vielen Bereichen gegen Null gehen und wenig Spanne für Gewinne lassen? Wie lässt sich der Preis für ein Produkt festsetzen, dessen Produktionskosten unbedeutend sind? Die Antwort: Man verschenkt die Produkte und verlangt von den Kunden für die zunehmend ausgefeilteren Dienstleistungen, die es begleiten, Honorare oder Nutzungsgebühren.

The Technology Paradox – unter diesem treffenden Titel hat ein Artikel der *Business Week* die weitreichende Bedeutung dieses grundlegenden Wandels im Verhältnis von Produkten und Dienstleistungen skizziert:

> Die neuen Regeln erfordern mehr als Einfallsreichtum, Beweglichkeit und Geschwindigkeit. Sie verlangen – in einer Wirtschaft, in der die Kosten der bloßen Technik Richtung Null fallen – eine Neudefinition des Wertes. Früher oder später wird dieser Sturz den Wert von fast jedem speziellen Hardware- oder Softwareelement tilgen. Dann wird Wert darin liegen, eine langfristige Beziehung zu einem Kunden zu knüpfen – selbst wenn das bedeutet, die erste Generation eines Produktes zu verschenken.[60]

In der vernetzten Wirtschaft, die durch kürzere Lebenszyklen von Produkten und einen immer noch anschwellenden Fluss von Waren und Dienstleistungen gekennzeichnet ist, wird die Aufmerksamkeit der Menschen rascher sinken als die materiellen Ressourcen knapp werden. Die Aufmerksamkeit von Kunden zu gewinnen und zu behalten hat Priorität. Produkte zu verschenken, wird immer häufiger als Marketingstrategie eingesetzt, um die Aufmerksamkeit potenzieller Kunden zu gewinnen. Ob sie diese auch halten können, wird von der Fähigkeit der Unternehmen abhängen, effektive Dienstleistungen und damit dauerhafte Kundenbeziehungen aufzubauen.

KAPITEL 6

MENSCHLICHE BEZIEHUNGEN WERDEN ZUR WARE

Was sich der eine als Utopie ausmalen mag, ist häufig der Albtraum eines anderen. Stellen wir uns vor, wir erwachen eines Tages, nur um herauszufinden, dass jeder Aspekt unseres Daseins gekauft ist, dass unser ganzes Leben zum ultimativen Shopping geworden ist.

Der neuzeitliche Kapitalismus hat verschiedene Facetten des gesellschaftlichen Lebens zunehmend zu kommerziellen Beziehungen enteignet: Das unterscheidet ihn von vorangegangenen Epochen. Land, menschliche Arbeit, Produktionsaufgaben und gesellschaftliche Aktivitäten, die einst ihren Ort in der »Ökonomie des Hauses« hatten, wurden vom Markt aufgesogen und zu Waren gemacht. Solange der Handel noch an diskrete Transaktionen zwischen Verkäufern und Käufern gebunden war, war der Prozess, in dem etwas zur Ware wurde, in Zeit und Raum begrenzt. Er war entweder auf die Verhandlung über Waren und deren Transfer oder auf die Zeit beschränkt, die bei der Ausübung von Dienstleistungen verging. Die verbleibende Zeit war frei von Marktbeziehungen und wurde nicht in Marktüberlegungen einbezogen. In der sich entfaltenden Wirtschaft des Cyberspace ziehen Netzwerkkräfte die gesamte verbleibende Zeit in den kommerziellen Bereich und machen jede Institution und jedes Individuum zum Gefangenen einer alles durchdringenden »Kommerzialität«.

Die vernetzte Wirtschaft bewirkt, dass immer mehr Erfahrungen und Erlebnisse der Menschen zur Ware werden. Geschäftsnetzwerke aller Art knüpfen ein Netz um die gesamte Menschheit herum und reduzieren jeden Augenblick gelebter Erfahrung auf den Status einer Ware. In der von Eigentum geprägten Ära des Kapitalismus lag der Schwerpunkt auf dem Verkauf von Gütern und Dienstleistungen. In der Wirtschaft des Cyberspace ist das Zur-Ware-Machen von menschlichen Beziehungen wichtiger als das von Gütern und Dienstleistungen. Wer in der beschleunigten, sich ständig ändernden Wirtschaft die Aufmerksamkeit von Kunden und Konsumenten erhalten möchte, muss so viel ihrer Zeit wie möglich kontrollieren. Im Übergang von diskreten, in Zeit und Raum begrenzten Markttransaktionen, zu warenförmig gewordenen Beziehungen, die sich zeitlich unbegrenzt ausbreiten, fängt die neue kommerzielle Sphäre immer mehr Bereiche des täglichen Lebens ein und hält die Menschen kurz. Nur dann werden sie das neue Spiel mitspielen.

Wer die Flut der Ratgeberliteratur von Marketing- und Managementberatern, Wirtschaftsexperten, Prognostikern und Futurologen würdigt, wird erfahren, wem der Erfolg in der neuen Ära gehören wird: denjenigen nämlich, die den Übergang von einer Produktions- in die Marketingperspektive schaffen, die nicht länger danach trachten, etwas zu verkaufen, und stattdessen Beziehungen aufbauen. Wenn es in der bisherigen Ökonomie darauf ankam, »zu wiederholten Käufen anzuregen, ein Band diskreter Transaktionen« zu knüpfen, dann – so die Autoren Stan Davis und Christopher Meyer (in *Blur. The Speed of Change in the Connected Economy;* Verwischte Konturen. Der rasante Wandel in der vernetzten Wirtschaft) – wollen die neuen Unternehmen »dauerhafte Beziehungen zwischen sich und ihren Kunden knüpfen«.[1] In *The One to One Future* schreiben die Marketingberater Con Peppers und Martha Rogers: »Ganz gleich wie kreativ und innovativ Ihr Unternehmen ist, die einzige Software von Wert ist die *Beziehung zum Kunden.*«[2] Denn: »All Ihre Produkte sind kurzlebig. Nur Ihre Kunden sind real.«[3]

Der Kunde ist der Markt

Im Industriezeitalter, in dem Massenproduktion und Warenverkauf im Zentrum standen, kam es für jeden Unternehmer entscheidend darauf an, sich einen Marktanteil zu sichern. Im Zeitalter des Zugangs mit seinem Fokus auf spezialisierten Dienstleistungen und dem Zugriff auf Fachkenntnisse aller Art bekommt der Anbieter eine völlig neue Rolle. Dazu Wim Roelands von Hewlett-Packard: »Wir bewegen uns weg vom Verkauf von Beständen und werden bewährte Berater.«[4]

Das neue Marketingziel ist es, sich mehr auf Kundenanteile zu konzentrieren als auf Marktanteile. Dementsprechend gilt nach Peppers und Rogers für die Wirtschaft der Netzwerke:

> Sie versuchen nicht, ein einzelnes Produkt an so viele Kunden wie möglich zu verkaufen. Stattdessen werden Sie versuchen, einem einzelnen Kunden so viele Produkte wie möglich zu verkaufen – über eine lange Zeit und über verschiedene Produktlinien hinweg.[5]

Viele Unternehmen haben diese neue Strategie zu ihrer Sache gemacht. Die Idee, ihre Produkte gleichzeitig an so viele Kunden wie möglich zu verkaufen, ist out, man konzentriert sich auf das Ziel, langfristige Beziehungen zu jedem einzelnen Kunden aufzubauen. Damit gerät das Potenzial, das im gesamten Leben eines Menschen steckt, in den strategischen Blick: Alle Erfahrungen und Erlebnisse sollen zur Ware werden. Marketingexperten sprechen vom »Lifetime Value« (LTV), Laufzeitwert oder auch Wert der Lebenszeit, um die Vorteile hervorzuheben, die im Übergang von einer produktorientierten zu einer zugangsorientierten Umwelt liegt. Hier kommt es weniger auf die Verhandlung über diskrete Markttransaktionen an als darauf, Laufzeitbeziehungen zu Kunden zu sichern und möglichst vorteilhaft zu gestalten. Der Automobilhändler Carl Sewell zum Beispiel schätzt, dass jeder neue Kunde, der ein Cadillacgeschäft betritt, einen potenziellen Laufzeitwert von mehr als 322 000 US-Dollar repräsentiert. Die Zahl ist eine Hochrechnung der Zahl von Autos, die der Kunde während seines Lebens kaufen wird, und all der Dienstleistungen, die diese Autos während ihres Lebenszyklus erfordern. Mark Grainer, Leiter des Technical Assistance Research Programs Insitute (TARP), schätzt, dass der durchschnittliche »treue« Kunde eines Supermarktes mehr als 3800 US-Dollar jährlich wert ist.[6] Es kommt also darauf an, genau den passenden Mechanismus zu finden, mit dem ein Kunde auf Lebenszeit gehalten werden kann.

Um den LTV eines Kunden zu bestimmen, rechnet ein Unternehmen den aktuellen Wert aller zukünftigen Käufe auf die Kosten der Marketing- und Kundendienstleistungen um, die zur Sicherung einer langfristigen Beziehung notwendig sind. Kreditkartenfirmen, Zeitschriftenverlage und der Versandhandel, die von Abonnements und Mitgliedschaften abhängen, überschlagen ihre Kosten schon seit langem mit Hilfe des LTV. Wenn nun auch der Rest der Wirtschaft diesem Beispiel zu folgen und langfristige Beziehungen zu Kunden zu gestalten beginnt, tritt an die Stelle von diskreten Markttransaktionen – die Basis der Marktwirtschaft, die auf Eigentum und dem Warentransfer zwischen Verkäufern und Käufern basierte – das Marketing von Leasingverträgen, Abonnements, Mitgliedschaften und Vorauszahlungssystemen. All diese Geschäftsbereiche basieren auf der Idee, den fortwährenden Zugang zu Fachkenntnissen, Wissen und spezialisierten Dienstleistungen zu sichern.

Das Geschäftspotenzial, das in einem Kundenanteil steckt, ist direkt proportional zur projizierten Dauer der Konsumentenlebenszeit dieses Kunden. Deshalb setzen viele Unternehmen alles daran, ihre Kunden schon in jungen Jahren zu binden, um ihren potenziellen LTV zu optimieren. Die Hotelkette Hyatt hat Camp Hyatt entwickelt: mit Blick auf die Zielgruppe der jüngsten Kunden, die sie auch mit einem speziellen Mitteilungsblatt zu erreichen sucht. A&P stellt Einkaufswagen für Kinder bereit, damit sich schon die Kleinen daran gewöhnen, im Laden ihre eigene Wahl zutreffen. Delta Airlines hat einen besonderen Klub für Kinder: den Fantastic Flyer Klub.[7]

Peppers und Rogers entwickeln ein Szenario dafür, wie ein auf LTV aufbauendes Beziehungsmarketing in der Praxis funktionieren könnte. Nehmen wir an, ein Windeldienst liefert gegen eine Abonnementgebühr alle Einwegwindeln für ein Baby. Statt jede Windel mittels einer diskreten Transaktion im Geschäft zu kaufen, bekommt der Kunde unbegrenzten Zugriff auf Windeln, solange das Baby welche braucht. Derartige Unternehmen gibt es in den USA bereits. Doch das Beziehungsmarketing ist damit nicht zu Ende. Dasselbe Unternehmen, das einen Vertrag über die Lieferung der Einwegwindeln geschlossen hat, kann seinen Kunden mit entsprechenden Verträgen auch Spielzeug, Babynahrung, Pflegeprodukte und Babykleidung liefern. Und warum sollte die Geschäftsbeziehung damit enden? Wenn erst einmal ein umfassendes Dienstleistungsverhältnis aufgebaut wurde, warum sollte es nicht die Kindheit hindurch bis ins Jugendalter fortgeführt werden – mit anderen Worten, warum sollte der LTV nicht maximiert werden? Dazu der Rat von Peppers und Rogers an die Manager:

> In dem Maß, in dem Sie diese Beziehung über die Zeit halten und nähren können, könnten Sie mit den Jahren Spielzeug für ältere Kinder, Schulkleidung und andere Dinge für die Schule, für Familienferien, Videospiele, Compact Discs und sogar Finanzdienstleistungen für die Vorausplanung der Collegekosten anbieten.[8]

Den Lebenszeitwert einer Person zu bestimmen, wurde durch die neuen Informations- und Telekommunikationstechniken der vernetzten Wirtschaft möglich. Mit elektronischen Rückkopplungsschleifen und Strichkodes können sich die Unternehmen ständig aktualisierte Daten über die Käufe der Kunden verschaffen und daraus detaillierte Lebensstilprofile entwickeln – über Vorlieben bei Ernährung und Kleidung, über Gesundheitszustand, Freizeitbeschäftigungen und Reisegewohnheiten der Konsumenten. Mit entsprechenden Computerprogrammen zur Modellbildung kann diese Masse von Rohdaten über jedes Individuum genutzt werden, um zukünftige Wünsche und Bedürfnisse zu prognostizieren und zielgerichtete Marketingkampagnen zu entwerfen, mit denen sich Kunden in langfristige Geschäftsbeziehungen locken lassen.

Viele Mitarbeiter in den Informationswissenschaften raten inzwischen, die neuen Techniken als Beziehungstechniken oder B-Techniken zu bezeichnen und nicht mehr als Informationstechniken. »Wir müssen uns von der Vorstellung, die Technik verarbeite Informationen, verabschieden, und uns der Vorstellung zuwenden, dass die Technik ein Medium für Beziehungen ist«, so Michael Schrage von dem Sloan School's Centre for Coordination Science des MIT.[9] Der französische Wirtschaftsexperte Albert Bressand sieht in der B-Technik darum die angemessene Beschreibung der neuen Techniken, weil »es eher die Beziehungen sind als die materiellen Produkte, die diese Maschinen verarbeiten«.[10]

Was Management- und Marketingexperten und auch einer wachsenden Zahl von Wirtschaftsfachleuten immer klarer wird, ist, dass es die neuen Computersoftware- und Telekommunikationstechniken ermöglichen, große Netze von gegenseitigen Verbindungen und Beziehungen zwischen Anbietern und Nutzern zu knüpfen. Denn sie bieten die Möglichkeit, jeden Aspekt der gelebten Erfahrung einer Person in Form einer langfristigen kommerziellen Beziehung zu quantifizieren und zu kommodifizieren. Bressand sagt: »Die Zeit ist gekommen, von einem technischen Ansatz der Informationstechnik, der am Anfang vollkommen gerechtfertigt war, zu einem an den Menschen und den Beziehungen orientierten Ansatz zu wechseln.«[11]

In Marketingkreisen wird der Einsatz von B-Techniken, mit denen langfristige kommerzielle Beziehungen gestaltet werden, »Kontrolle über den Kunden« genannt. Ständiges kybernetisches Feedback ermöglicht es den Unternehmen, die Bedürfnisse der Konsumenten stetig und unbegrenzt vorherzusehen und zu bedienen. Indem Waren in Dienstleistungen verwandelt und den Kunden Aktualisierungen, Innovationen und neue Anwendungen empfohlen werden, werden Anbieter ein alles durchdringender und unentbehrlicher Teil der alltäglichen Erfahrungen der Verbraucher. Um einen Begriff aus Hollywood zu benutzen: die Unternehmen werden zu »Agenten«, die eine ganze Reihe von Dienstleistungen erledigen. Ihr Ziel ist, so fest in das Leben des Kunden eingebettet zu werden, dass sie dort ständig präsent sind, ein Anhängsel des Seins des Kunden, das in seinem Namen in der kommerziellen Sphäre handelt.

Die Agenten in diesem neuen Projekt sind »Systemintegratoren«, ein Ausdruck, den Robert C. Blattberg, Professor für Einzelhandelswirtschaft an der Kellog Graduate School of Management, und Rashi Glazer geprägt haben. Sie koordinieren einen immer größeren Teil des kommerziellen Lebens ihrer Klienten.[12] Sie managen den ständigen Informationsfluss zwischen der globalen Ökonomie und den Endverbrauchern. Sie erfüllen Marketingfunktionen – sie sollen den effektivsten Weg finden, auf dem Beziehungen zu Klienten geknüpft, aufrechterhalten und erweitert werden können. Kurz: Sie kontrollieren die Kunden.

Natürlich sind die Arten von Beziehungen, die diese Techniken hervorzaubern, von Natur aus einseitig. Trotz der Tatsache, dass Internet und Cyberspace dem einzelnen Kunden seinerseits ein bisschen Macht zur Überwachung zurückgeben und Interaktivität zulassen, weiß das Unternehmen viel mehr über den Verbraucher als dieser jemals über das Unternehmen herausbekommen wird. Die Algebra des neuen elektronischen Marktes bevorzugt immer noch die Unternehmer.

Firefly, ein neues, inzwischen zu Microsoft gehörendes Unternehmen, ist ein Musikvertrieb im Cyberspace. Es benutzt Software, die ursprünglich in den Labors des MIT entstanden ist. Seine drei Millionen registrierten Nutzer nennen ihre Vorlieben in einer Auswahl von Hunderten von Musikgruppen und Komponisten. Firefly empfiehlt dann die Musik, die der Nutzer vielleicht ebenfalls schätzen könnte, nachdem es die Ranglisten vieler anderer Kunden mit ähnlichem Musikgeschmack ausgewertet hat. In diesem Fall stellen die Teilnehmer bereitwillig Daten über sich selbst zur Verfügung und erhalten dafür Zugriff auf Informationen, die ihnen wichtig sind. Die riesige Menge an Informationen, die jeden Tag anhand der Kaufmuster und Lebensstile von Millionen von Kunden gewonnen wird, wird jedoch an Dritte zu Werbezwecken verkauft, ohne dass diejenigen, deren Informationen ausgebeutet werden, sich damit einverstanden erklärt hätten.

Manche Kritiker des willkürlichen Einsatzes der B-Techniken behaupten, dass potenzielle Kunden von jeder Firma entschädigt werden sollten, die ihre persönlichen Daten zu kommerziellen Zwecken benutzt. James Rule, ein Soziologe an der State University of New York in Stony Brook, schlägt vor, dass jede Person das Recht haben sollte,

> die Rechte für den kommerziellen Verkauf oder den Austausch von Informationen über sie selbst zu verweigern, zu verkaufen oder zu verschenken ... Jeder, der der Freigabe von persönlichen Informationen zustimmt, würde einen Agenten für Datenrecht beauftragen, der ein computergestütztes Konto für jeden Klienten einrichtet. Jedes Mal, wenn eine Organisation ihre Mailinglisten verkauft oder mit ihnen handelt, wäre sie legal verpflichtet, Gebühren im Namen des betreffenden Individuums zu erheben.[13]

In der alten industriellen Wirtschaft wurde die Arbeitskraft einer jeden Person als eine Art Eigentum betrachtet, die auf dem Markt verkauft werden konnte. In der neuen Wirtschaft der Netzwerke wird der Verkauf von Zugriff auf die alltäglichen Lebensmuster und Lebenserfahrung eines Menschen, wie sie sich in Kaufentscheidungen widerspiegeln, ebenso wichtig und dieser Zugriff ein heiß ersehnter immaterieller Vermögenswert.

Der Übergang von einer Produktions- zu einer Marketingperspektive

Indem es immer unwichtiger wird, Produkte herzustellen und zu verkaufen, und immer wichtiger, langfristige kommerzielle Beziehungen aufzubauen und aufrechtzuerhalten, rückt die Marketingperspektive in den Vordergrund des Geschäftslebens. Der Imperativ der Produktion, der im Industriezeitalter unangefochten herrschte, wird immer mehr als eine Zulieferfunktion des Marketing betrachtet. Wenn sogar Waren zu Plattformen für Dienstleistungen und Dienstleistungen zum Hauptantrieb des globalen Handels werden, dann ist es entscheidend, Beziehungen zu den Endverbrauchern zu knüpfen. Marketing wird in der neuen Wirtschaft der Netzwerke ein zentrales Rahmenwerk, und die Kontrolle über den Kunden wird zum Ziel aller kommerziellen Aktivitäten.

Die Kontrolle über den Konsumenten ist die letzte Stufe einer langen kommerziellen Reise. Sie zeichnet sich dadurch aus, dass den Massen das Eigentum und die Kontrolle über das Wirtschaftsleben entrissen und in die Hände der unternehmerischen Institutionen gelegt werden. Erinnern wir uns daran, dass auf den ersten Stufen eines produktorientierten Kapitalismus die ökonomischen Aufgaben aus den Häusern und Werkstätten verschwanden und von kapitalistischen Unternehmern in die Fabriken verlegt wurden. Weil die Kapitalisten das Eigentum an Produktionsmitteln und die Kontrolle darüber an sich nahmen, konnten sie einst selbstständige Familien und Handwerker von einem Lohnsystem abhängig machen, das ihnen nun ihren Lebensunterhalt und ihr Überleben garantierte. Den Arbeitern wurde das letzte Bisschen Kontrolle über die Produktionsfunktionen genommen, als in den ersten Jahrzehnten des 20. Jahrhunderts die Arbeitsteilung und das Montageband eingeführt wurden. Frederic Taylor, der Vater der modernen Managementmethoden, führte seine Prinzipien wissenschaftlichen Managements in den Fabriken und in der Geschäftsabwicklung ein und revolutionierte damit die Organisation der Produktion. Mit einer Stoppuhr maß Taylor jede Bewegung der Arbeiter in Hinblick darauf, ihre Effektivität zu verbessern. Das Ziel war, fast vollkommene Kontrolle über den Arbeiter im Produktionsprozess zu bekommen.

Heute, da die Marketingperspektive die Oberhand gewinnt und die Gestaltung von Beziehungen zu Konsumenten das zentrale Geschäft der Unternehmen wird, hat die Kontrolle über den Kunden dieselbe Bedeutung und Dringlichkeit wie die Kontrolle über die Arbeiter zu der Zeit, als die Produktionsperspektive vorherrschte. Wie die Stoppuhr und das Montageband die technischen Instrumente zur Kontrolle der Arbeiter waren, sind kybernetische Feedbackschleifen und Strichkodes die Instrumente der Kontrolle über den Kunden. Im neuen Jahrhundert wird die Organisation der Konsumtion genauso wichtig wie es die Organisation der Produktion im letzten Jahrhundert gewesen ist. Dahinter steht die Idee, sämtliche Erfahrungen eines Menschen von kommerziellen Agenten abhängig zu machen. Obwohl der Endverbraucher an diesem Prozess beteiligt ist, wird er immer abhängiger von Vermittlern, die seine Bedürfnisse bedienen. Den Konsumenten zu kontrollieren, bedeutet genau dies – seine Aufmerksamkeit aufrechtzuerhalten und zu dirigieren und die winzigen Details der Lebenserfahrung eines jeden zu managen. Die kommerziellen Agenten übernehmen die Rolle des Hausmeisters oder Geschäftsführers.

In der industriellen Wirtschaft behielten Kunden ein großes Maß an Kontrolle über jede Kaufentscheidung. Im Zeitalter des Zugangs jedoch riskiert der Konsument langsam die Kontrolle über den Prozess zu verlieren. Denn kurzfristige Marktentscheidungen werden von langfristigen kommerziellen Beziehungen mit bewährten Vermittlern und der Warenkauf von Verträgen über eine Reihe von Dienstleistungen abgelöst, die sich auf praktisch jeden Aspekt der gelebten Erfahrung eines Menschen erstrecken. Der Konsument wird mobilisiert und in ein immer dichteres Netz von andauernden kommerziellen Beziehungen eingebettet und droht vollkommen von den kommerziellen Kräften abhängig zu werden, die er kaum versteht und über die er immer weniger Kontrolle besitzt. In vielerlei Hinsicht hat die neue kommerzielle Abhängigkeit viel mit der sozialen Abhängigkeit gemeinsam, die in den Wohlfahrtssystemen der Zeit nach dem Zweiten Weltkrieg entstanden ist. Weil demokratische Regierungen ausgedehnte Dienstleistungsbeziehungen zu ihren Bürgern aufgebaut haben, ging der demokratische Impuls, der diese sozialen Übereinkünfte entstehen ließ, in der zunehmenden Abhängigkeit sehr vieler Menschen von genau diesen Regierungsdienstleistungen verloren, die sie einst unterstützt hatten.

Betrachten wir zum Beispiel die Finanzplanung. Viele Investmentgesellschaften handeln heute nicht mehr nur mit Aktien und Anleihen oder managen die Portfolios ihrer Kunden, sondern bieten umfassende Dienstleistungen an – sie werden zu Systemintegratoren. Die Klienten verlassen sich immer mehr auf Unternehmen wie Merrill Lynch, die ihnen helfen, individuelle Portfolios nach ihren Bedürfnissen und Zielen zu schnüren. Manche Finanzinstitute werden zu Konsumentenagenten und bieten komplette Finanzplanungsdienste an, die jährliche Geschäftspläne, persönliche Budgetpläne, Rentenpläne, die Planung von Immobilien, Dienstleistungen für Steuererklärungen und Buchhaltung, Rechtshilfe und Anderes beinhalten. Die Idee ist, eine allumfassende Beziehung zum Klienten aufzubauen. Die Finanzinstitution erledigt auf Lebenszeit und darüber hinaus jeden Aspekt der Finanzgeschäfte für ihren Klienten. Der Klient erhält Zugriff auf spezielle Fachkenntnisse bewährter Berater, die in seinem Auftrag handeln, häufig als sein Agent, Stellvertreter oder Anwalt.

Obwohl die Kunden letztlich selbst entscheiden, ob sie diese langfristigen und vielseitigen Beziehungen eingehen oder verlassen wollen, werden im Zeitalter des Zugangs die Komplexität der genannten Dienstleistungen und die Fachkenntnisse, die für die Ausführung dieser Dienstleistungen erforderlich sind, mit der Zeit schwer zu durchschauen und sogar verwirrend – besonders, wenn der Konsument diese Aufgaben schon früh an einen Dritten abtritt. Da er sich nie selbst mit den Details dieser Dienstleistungen beschäftigen muss, bleibt der Kunde häufig ungeschult und unwissend bezüglich der wirkenden Kräfte und kann mit der Zeit immer abhängiger von den »Experten« werden, die seine Angelegenheiten managen. Die Agenten wiederum werden die Pförtner – ein Konzept, das in Kapitel sieben weiter ausgeführt wird. Sie kontrollieren die vielen Angebots- und Verteilungskanäle, die jeden

Konsumenten mit dem globalen Markt und der Außenwelt verbinden.

Es ist kein Wunder, dass so viele Firmen den Sprung vom Hersteller und Produzenten zum Agenten und Verteiler machen. Wieder sehen wir, dass im Zeitalter des Zugangs die Kontrolle über den Konsumenten viel wichtiger ist, als die Kontrolle über das Produkt. Das Produkt ist schließlich nur ein Teil der Dienstleistungen, die die Beziehung zum Klienten ausmachen.

Medco Containment Services ist ein gutes Beispiel für ein Unternehmen, dessen alleinige Aufgabe es ist, Zugriff auf und Kontrolle über den Konsumenten zu gewinnen. Medco ist der größte Arzneimittelversand in den Vereinigten Staaten. Das Unternehmen konnte sich erfolgreich unter den größten pharmazeutischen Unternehmen und Gesundheitsorganisationen positionieren. Medco bietet Universaleinkäufe für alle pharmazeutischen Produkte an und kauft und verteilt Arzneimittel von allen führenden Pharmaunternehmen. Seine Käufer suchen nach den günstigsten Preise und garantieren ihren Kunden bestimmte Ersparnisse. Für diese Ersparnisse geben die Kunden ihr Einverständnis, dass Medco »etwas dazu zu sagen hat, wie die Kunden, die Diagnose, die Behandlung und die anschließende häusliche Pflege der Patienten managen, die eine bestimmte Arznei einnehmen«. Damit garantieren sie dem Unternehmen praktisch, dass mehr Arzneien verkauft werden.[14] Medco wurde durch den Zugriff, den es auf die Konsumenten hat, im Grunde zum Pförtner zwischen den Endverbrauchern, den Gesundheitsorganisationen und den Pharmaunternehmen des Landes.

Die Pharmaunternehmen sahen sich dem Unternehmen in den letzten Jahren wegen der Kontrolle, die Medco über die von den Konsumenten bevorzugten Arzneimittellisten ausübte, zunehmend ausgeliefert. Merck hielt es für den besten Weg, die Bedrohung abzuwenden und Medco einfach aufzukaufen, und tat dies schließlich auch. Sogar nach dem Kauf verlangt Medco von Merck, seine Preise zu senken, wenn das Unternehmen seine Produkte über Kanäle von Medco vertreiben möchte. Merck schätzt, dass bis zum Ende des Jahres 2000 80 Prozent seines Azneimittelgeschäftes über Medco laufen wird. »Wenn das geschieht«, sagt der Berater Mack Hannan, »werden die 5500 Vertreter, die zum Zeitpunkt der Übernahme für Merck arbeiteten, nicht länger gebraucht, um praktische Ärzte, Gemeinschaftspraxen und Krankenhäuser aufzusuchen.«[15] Mercks Vertreterstab wird wahrscheinlich verschwinden. Das Pharmaunternehmen wird zu dem werden, was Hannan einen Anbieter zweiter Klasse nennt, während Medco triumphieren wird, weil es den Zugang zum Konsumenten kontrolliert.

Wie Amazon.com und Nike ist Medco ein reiner Marketingmechanismus, frei von der Last, die der Besitz von Fabriken mit sich bringt, oder der Notwendigkeit, in teure und zeitraubende Forschung und Entwicklung investieren zu müssen. Praktisch ohne Eigentum liegt sein Hauptvermögen im Zugang zu Konsumenten und seiner Fähigkeit, langfristige kommerzielle Beziehungen zu Endverbrauchern aufzubauen. Dies reicht als Erfolgsfaktor vollkommen in einer Wirtschaft der Netzwerke, in der die Marketingperspektive Vorrang vor der Produktion hat.

Die Evolution des Marketing hat genauso viel mit gesättigter Konsumentennachfrage zu tun wie mit den neuen Informations- und Kommunikationstechniken, die eine nahtlose Eins-zu-eins-Beziehung zwischen Unternehmen und Verbrauchern ermöglichen. Die Innovationen der Herstellungsprozesse, besonders nach dem Zweiten Weltkrieg, dehnten den Strom neuer Waren auf den Markt aus. In den ersten Jahren nach dem Krieg war eine aufgestaute Nachfrage ausreichend, um praktisch jeden Gegenstand aufzusaugen, der vom Band lief. Die Große Depression und die Kriegsjahre hatten den Produktionsstrom zu einem Rinnsal verlangsamt. Bestrebt, die verlorene Zeit aufzuholen und die Jahre auszugleichen, in denen es am Notwendigsten und an Luxus gefehlt hatte, ging die Nachkriegsgeneration auf Großeinkauf. Die Migration in die Vorstädte, die Entstehung einer Highway-Kultur und die Ausbreitung der Einkaufszentren wurden zu Magneten der

Konsumtion. Der Markt der fünfziger Jahre war ein Verkaufsmarkt. Produzenten waren Könige und das Augenmerk der Unternehmen richtete sich fast nur auf die Kosten der Produktion und der Verteilung. Mit Konsumenten, die so schnell kauften, wie die Produkte hergestellt werden konnten, musste man sich um die Entwicklung langfristiger Beziehungen keine Sorgen machen. Die Registrierkassen klingelten unentwegt. Diskrete Markttransaktionen schienen ausreichend und wiederholte Geschäfte sicher.

In den sechziger Jahren jedoch wurden die Konsumentenmärkte mit Waren überschwemmt. Die meisten Familien hatten zwei Autos in der Garage, Waschmaschinen und Trockner, die in den Waschküchen summten, und Farbfernseher, die in praktisch allen Räumen des Hauses plärrten. Die Unternehmen sahen sich einer neuen Realität gegenüber: Überproduktion bei nachlassender Konsumentennachfrage. Die Frage war nun nicht länger, ob schnell genug produziert werden konnte, um mit dem Konsumentenmarkt Schritt halten zu können, sondern wie die Aufmerksamkeit des Konsumenten gefangen und lange genug aufrecht erhalten werden konnte, um ihn zu einem loyalen und langfristigen Kunden zu machen.

Einer der ersten, die die Bedeutung des Wandels von einer Produkt- zu einer Marketingperspektive erkannt hatten, war Peter Drucker, der Vater moderner Managementpraktiken. Er schrieb:

> Der Konsument ist die Grundlage eines Unternehmens und sichert seine Existenz. Er allein schafft Beschäftigung. Und man muss den Konsumenten versorgen, damit die Gesellschaft dem Unternehmen vermögenbringende Ressourcen anvertraut ... Weil es der Zweck ist, einen Konsumenten zu schaffen, hat jedes Unternehmen zwei – und nur diese beiden – grundlegende Funktionen: Marketing und Innovation... Marketing ist die charakteristische Funktion, die einzigartige Funktion des Unternehmens... Das bedeutet, das gesamte Unternehmen aus der Sicht des endgültigen Ergebnisses zu betrachten, nämlich vom Standpunkt des Konsumenten aus. Sorge und Verantwortung für das Marketing müssen deshalb alle Bereiche des Unternehmens durchziehen.[16]

Unternehmensberater drängten ihre Kunden immer mehr dazu, sich weniger auf die Produktion und mehr auf das Marketing zu konzentrieren, wenn sie Marktanteile erlangen wollten. In einem wegweisenden Artikel mit dem Titel »Marketing Myopia« behauptete Theodore Lewitt, emeritierter Professor der Harvard Business School, dass Unternehmen zu sehr an den Produkten interessiert seien, die sie herstellten, und zu wenig an den Konsumenten, denen sie dienen sollten. Vielmehr sollten die Unternehmen ihre Geschäftspläne vom Ende, vom Konsumenten aus, zurück- anstatt vom Ende der Produktion nach vorne entwickeln. Das Ziel aller Geschäfte, sagte er, sei es, Konsumenten zu fangen, nicht nur Waren und Dienstleistungen herzustellen.[17] Alle neuen Stimmen im Marketing und im Management teilen dasselbe Gefühl – dass es für ein Unternehmen viel wichtiger ist, langfristige Kundenbeziehungen aufzubauen, als das Ziel zu verfolgen, einzelne Verkaufstransaktionen durchzuführen.

Der Wandel von einem Verkäufer- zu einem Käufermarkt hatte den Übergang von einer Produktions- zu einer Marketingorientierung beschleunigt und die neuen Informationstechniken der vernetzten Wirtschaft hatten die Gestaltung einer andauernden lebenslangen Beziehung zu den Kunden ermöglicht. In den achtziger und neunziger Jahren war es dann der technische Wandel im Produktionsprozess, der letztlich den Aufstieg der Marketingperspektive und die Degradierung der Produktion zu einer Funktion im Marketingprozess garantiert hat.

Die neue Fähigkeit, die Produktion den Bedürfnissen eines jeden Konsumenten anzupassen, machte es für die Geschäftsabwicklung notwendig, im kommerziellen Prozess mit der Position des Kunden zu beginnen und von hier aus bis zur Fabrikation selbst zurückzugehen. Die Anbieter stellen nicht länger Produkte in Massenfertigung her und erschließen dann Märkte, auf denen sie verteilt werden können, sondern die Konsumenten informieren die Anbieter zunehmend über ihren einzelnen individuellen Bedarf, für den dann entsprechend ihrer Angaben produziert wird.

Der Wechsel von der Massenproduktion zur massenhaften individuellen Fertigung begann in den frühen achtziger Jahren. Als die Konsumentenmärkte gesättigt waren, fanden sich viele Anbieter mit Überschusskapazitäten und aufgeblähten Beständen wieder. Weil es so viele Anbieter in jedem Bereich gab, ließen sich die Produkte verschiedener Unternehmen so wenig voneinander unterscheiden, dass diese sich nur an der Spitze des Marktes halten konnten, wenn sie die Preise deutlich senkten und geringere Gewinnspannen in Kauf nahmen. Der stetige Rückgang des Verkaufsvolumens und der Profite überzeugte einige Unternehmen davon, dass sie ihre Richtung radikal ändern mussten, wenn sie überleben wollten. Indem sie ihre Produktangebote anders als die anderer Konkurrenten gestalteten, hofften diese Unternehmen, einen größeren Marktanteil behalten und konkurrenzfähig bleiben zu können. Sie begannen, mit neuen Organisationsformen in der Produktion zu experimentieren und stellten ihre Waren für jeden Käufer maßgeschneidert her. Modulare Anlagen revolutionierten die Produktionsprozesse. Mit ihnen konnten die Hersteller Produkte auf den individuellen Bedarf eines jeden Konsumenten zuschneiden.

Motorola war eines der führenden Unternehmen auf dem neuen Feld der maßgeschneiderten Produktion. Das Unternehmen musste wegen der starken Konkurrenz japanischer Hersteller Verkaufseinbußen hinnehmen. Am schwersten getroffen war das Geschäftsfeld der Pager. Japanische Unternehmen verkauften weltweit Pager von hoher Qualität für die Hälfte des Preises amerikanischer Produkte. Als andere amerikanische Hersteller von Pagern schnell aus dem Geschäft ausschieden, sah Motorola die einzige Überlebenschance darin, seine Produktlinie zu differenzieren und den Kunden maßgeschneiderte Geräte anzubieten. Das Unternehmen brachte seine neuen Pager mit Hard- und Softwarekomponenten auf den Markt, die mehr als 29 Millionen Kombinationen zuließen. Jede dieser Kombinationen konnte praktisch ohne Vorlauf als Einzelstück produziert werden. Inzwischen war die Herstellungszeit von mehr als 5 Stunden auf weniger als 20 Minuten gefallen. Um Kunden zu gewinnen und zu halten, brachte Motorola sein Bestellverfahren mit einer neuen Informationstechnik auf Vordermann, die Zeit und Kosten sparte. Die bislang für eine Bestellung übliche Bearbeitungszeit von einen Monat wurde auf eineinhalb Stunden reduziert.[18]

Bally Engineered Structures in Pennsilvania, ein Unternehmen das auf die Herstellung von begehbaren Kühlräumen, Gefriergeräten und Kühlhäusern spezialisiert ist, durchlief eine ähnliche Konversion. Wie Motorola sah sich Bally mit einem gesättigten Markt und einem harten Wettbewerb konfrontiert, weshalb es die Preise senken und geringere Gewinnspannen in Kauf nehmen musste. Bally rüstete seine Produktionsstätten in den achtziger Jahren um und stattete sie mit modularisierten Schalttafeln und Zubehör aus, die den Anforderungen der Kunden angepasst werden konnten. Die neuen Verfahren sind so leistungsfähig, dass Bally maßgefertigte Produkte viermal schneller herstellen und ausliefern kann als seine Konkurrenten ihre Geräte nach altem Standard.[19]

Die Waren nach den Bedürfnissen und Wünschen eines jeden Kunden herstellen zu können, verschafft den Unternehmen einen enormen Vorteil vor der Konkurrenz. Weil der neue kommerzielle Prozess beim Kunden beginnt und von hier aus zur Produktion verläuft, ist nun der Aufbau einer Beziehung zwischen Unternehmen und Klient – die Marketingfunktion – der entscheidende Faktor. Er bestimmt das Wesen der Produktion. Zugleich schafft der gemeinsame Entwurf von Produkten eine Beziehung zwischen Unternehmen und Endverbraucher, die eher eine zwischen Anbieter und Kunde ist als eine zwischen Verkäufer und Käufer. Kurz, maßgeschneiderte Produktion wird immer mehr als vertraglich vereinbarte Dienstleistung betrachtet.

Neue Gemeinschaften

B-Techniken dehnen sich aus und umfassen die Gesamtheit aller Lebenserfahrungen eines Menschen. Die Macht dieser Marketingwerkzeuge beruht auf ihrer Fähigkeit, ein Gesamtumfeld zu schaffen, in dem das persönliche Leben organisiert und der soziale Diskurs neu strukturiert wird. Weil sie immer mehr zum wichtigsten Mittel werden, durch das Menschen miteinander kommunizieren, können B-Techniken dazu genutzt werden, die grundlegendsten Kategorien der sozialen Existenz neu zu ordnen. Schon wird in Marketingkreisen davon gesprochen, dass mit den B-Techniken neue Arten von Gemeinschaften geschaffen werden könnten, in denen ähnlich denkende Menschen wegen ihrer gemeinsamen Interessen in einem bestimmten kommerziellen Streben, für eine bestimmte Aktivität oder zu einem bestimmten Zweck zusammenkommen. Unter Marketingexperten steigt das Bewusstsein dafür, dass der Aufbau von sogenannten »Interessengemeinschaften« die effektivste Möglichkeit ist, die Aufmerksamkeit der Kunden zu gewinnen, zu halten und lebenslange Beziehung zu knüpfen. Die Unternehmen werden die Pförtner dieser neu definierten Gemeinschaften und gewähren, gegen einen gewissen Preis, den Konsumenten den Zugang zu diesen begehrten sozialen Arenen.

Die Marketingberater Richard Cross und Janet Smith zählen verschiedene wichtige Stufen für den Aufbau von Interessengemeinschaften auf. Stufe eins ist die Bindung des Bewusstseins. Die Idee dabei ist, dem Kunden in der Erwartung auf einen ersten Kauf das Produkt oder die Dienstleistung des eigenen Unternehmens bewusst zu machen. Auf Stufe zwei wird die Identität gebunden. Der Kunde beginnt sich mit dem Produkt oder der Dienstleistung des Unternehmens zu identifizieren und sie in sein Selbstbild zu integrieren. Das Produkt oder die Dienstleistung werden Teil seiner Weltsicht. Einen Cadillac oder einen VW Käfer zu fahren, ist gleichermaßen eine soziale Aussage wie das Auto selbst ein Transportmittel darstellt. Auf Stufe drei wird, »wie oben erklärt, eine Beziehung geknüpft. Das Unternehmen und der Kunde treten von einer Beziehung auf Armeslänge in eine interaktive Beziehung ein. An dieser Stelle spielen nun die B-Techniken eine entscheidende Rolle. Sie helfen das herzustellen, was Marketingfachleute »Kundenintimität« nennen. Der Erinnerungsdienst von Hallmark führt zum Beispiel in seinen elektronischen Dateien eine Liste mit den wichtigen Geburts- und Jahrestagen in Ihrer Familie und schickt Ihnen rechtzeitig eine e-Mail zur Erinnerung mit Vorschlägen für passende Grußkarten.[20]

Auf Stufe vier wird die Gemeinschaft gebunden. Das Unternehmen verbindet seine Kunden in Beziehungen zueinander, die auf ihren gemeinsamen Interessen an den Produkten und Dienstleistungen des Unternehmens beruhen. Das Ziel des Unternehmens ist es, Gemeinschaften aufzubauen, um so langfristige kommerzielle Beziehungen zu knüpfen und den LTV eines jeden Kunden zu erhöhen. »Diese Bindung ist extrem dauerhaft«, sagen Richard Cross und Janet Smith. »Um sie aufzubrechen, müssen die Teilnehmer eigentlich alle sozialen Bindungen zu Freunden, Kollegen oder Familienangehörigen ignorieren.«[21]

Der Schlüssel für den Aufbau dieser Gemeinschaften liegt darin, Veranstaltungen, Zusammenkünfte und andere Aktivitäten zu planen, die Kunden zusammenbringen, um ihre gemeinsamen Interessen an der Marke des Unternehmens miteinander zu teilen.

Der Priority Club von Holiday Inn bringt zweimal jährlich 500 bis 1000 seiner häufigsten Gäste in einer seiner Anlagen für ein Wochenende zur Unterhaltung und Erholung zusammen und würzt dies mit verschiedenen Rundtischgesprächen mit dem Hotelmanagement. Die Ausflugsangebote für die Mitglieder des Priority Clubs beinhalten den Besuch professioneller Sportkliniken, Vorträge berühmter Persönlichkeiten und besondere Touren. Dahinter steht die Idee, den Clubmitgliedern Zeit und Raum zu geben, sich zu treffen und vertraute Bande miteinander und mit leitenden Angestellten von Holiday Inn zu knüpfen. Die Mitglieder werden ermutigt, an Fokusgruppendiskussionen teilzunehmen und »Gefühle und Ideen mit uns zu teilen«, sagt Ken Pierce, der Vizepräsident der Abteilung für Häufigkeitsmarketing bei Holiday Inn.[22] Einige seiner 3,8 Millionen Mitglieder werden auch dazu aufgefordert, Mitglieder der vielen regionalen Beratungsgremien zu werden. Die

Mitglieder des Priority Clubs haben sich als loyale Kunden erwiesen, sie verbringen durchschnittlich 60 Prozent ihrer Nächte auf Reisen in Hotels von Holiday Inn.[23]

Backroads ist ein gehobenes Touristikunternehmen, das Fahrrad- und Wandertouren durch die schönsten Gegenden der Erde anbietet. Das Unternehmen stellt Zelte bereit, bereitet die Mahlzeiten zu und fährt die Gäste mit dem Bus zu den verschiedenen Orten. Der echte Wert der Dienstleistungen von Backroads, meinen Larry Downes und Chunka Mui in ihrem Buch *Unleashing the Killer App* (Auf der Suche nach der Killer-Applikation), liegt in »der Qualität seines Kundennetzwerkes, die teilweise für die Chance bezahlen, *miteinander* etwas zu tun und *einander* zu unterhalten ... Wir buchen solche Reisen, weil wir wissen, dass das Unternehmen Gleichgesinnte anzieht und dass wir am Ende der Reise neue Freunde gewonnen haben.«[24] Backroads, so sagen Dowes und Mui, ist dabei, »wertvolle Gemeinschaften zu schaffen, indem sie der Gemeinschaft Wert verleihen«.[25] Unternehmen wie Backroads werden sich zukünftig noch mehr auf B-Techniken verlassen, um auf der Basis ihrer Konsumentenprofile, der Lebensstile und der Art des Geldausgebens mögliche Neukunden zu finden. Weil die Computerauswertungen immer raffinierter werden, wird es möglich, die speziellen Lebensstilinteressen zukünftiger Kunden mit besonderen Reisen zu treffen, die eine besondere Erfahrung garantieren und aller Wahrscheinlichkeit nach dafür sorgen, dass starke gemeinschaftliche Bindungen zwischen den Gästen entstehen.

Der Kids Club von Burger King bringt Kinder in einer »Interessengemeinschaft« zusammen. Die 4 Millionen Klubmitglieder erhalten Rabatte auf Mahlzeiten und eine Reihe von Vergünstigungen unter anderem auch eine Zeitschrift, die sich gezielt an Dreijährige richtet. Ein Club für Brieffreundschaften vermittelt Kontakte zwischen zueinander passenden Mitgliedern des Kids Clubs. Das Unternehmen versorgt die Kinder mit speziellen Schreibwaren und Stiften von Burger King. Im Jahr 1994 war der Klub in mehr als 25 Ländern aktiv. Das Unternehmen spricht freimütig über den

Zweck seines Kids Clubs. Michael Evans von Burger King sagt: »Wir wollen die Herzen und Köpfe der Kinder fangen und sie halten, bis sie 60 sind«.[26] Seit der Gründung des Klubs im Jahr 1990 ist der Verkauf von Kindermahlzeiten von Burger King um das Dreifache gestiegen.

Die Wohnmobilindustrie ist stolz auf ihre mehr als 30 Wohnmobilklubs, die von Herstellern gesponsert werden. Mitglieder, die dasselbe Wohnmobil besitzen, werden in einer Gemeinschaft Gleichgesinnter zusammengebracht. »Es ist eine richtige psychologische Studie über Kundenbindung«, sagt Warren MacKenzie von Foretravel, Inc.[27] MacKenzie fügt hinzu: »Unsere eigentliche Motivation zur Unterstützung des Klubs ist es, eine kontinuierliche Loyalität zum Produkt und zum Unternehmen zu entwickeln.« Und: »Wir können den Prozentsatz der Verkäufe, die wir dem Klub und der Unterstützung des Klubs verdanken, recht präzise feststellen.«[28]

Viele der Wohnmobilklubs unterhalten ihre eigenen Parkgrundstücke oder haben für ihre Mitglieder bestimmte Bereiche auf Campingplätzen reserviert. Der Winnebago-Itasca Travelers Club hält für seine 14 000 Mitglieder in 250 Ortsgruppen häufig Treffen überall in den USA und Kanada ab. Die Mitglieder erhalten eine Monatszeitschrift und Vergünstigungen. Dazu gehören auch Straßendienste, Ratschläge für Reiserouten, Versicherungen, Produktrabatte und sogar ein Postnachsendedienst, wenn sie auf Reisen sind. Über den Klub werden jährlich mehr als 20 Prozent aller Wohnmobile des Unternehmens verkauft.[29]

Die Veränderung im Handel weg vom Verkauf von Dingen und hin zur Gestaltung von Beziehungen und dem Aufbau von Gemeinschaften markiert einen Wendepunkt des Handels. Die kommerzielle Sphäre vergrößert ihre Reichweite und dringt tiefer in praktisch jeden Aspekt der menschlichen Existenz ein. Im 21. Jahrhundert wird die Wirtschaft immer mehr zu dem Bereich, in dem Menschen ihre alltäglichen Erfahrungen ausleben. In dieser neuen Welt ist das Eigentum an Dingen zwar immer noch wichtig, noch wichtiger ist es jedoch, sich kommerziellen Zugriff auf Netzwerke von gemeinsamen Interessen, auf Beziehungsnetze und Gemeinschaften zu sichern. In der neuen Ära zu etwas zu gehören, heißt, mit den vielen Netzwerken verbunden zu sein, die die neue globale Wirtschaft ausmachen. Ein Abonnent, ein Mitglied oder ein Kunde zu sein, wird ebenso wichtig wie Eigentum. Zugriffsmöglichkeiten bestimmen den Status.

In den letzten Jahren wurde viel öffentlich über die Deregulierung staatlicher Dienstleistungen und Tätigkeitsbereiche und ihre allmähliche Absorption in die kommerzielle Sphäre debattiert. Viel weniger Aufmerksamkeit wurde jedoch der Absorption der Privatsphäre durch den Markt geschenkt. Die zielgerichtete Gestaltung menschlicher Beziehungen ist ein berauschendes Wagnis. Den Menschen Lebenszeitwerte zuzuschreiben, um dann ihre gesamte gelebte Erfahrung in kommerzielle Preise zu übersetzen, ist die letzte Stufe der kapitalistischen Marktbeziehungen. Was passiert mit dem Wesenskern der menschlichen Existenz, wenn sie von einem allumfassenden Netz kommerzieller Beziehungen aufgesaugt wird?

Überall um uns herum erleben wir, dass nach Raum und Waren nun die menschliche Zeit und gelebte Erfahrung ins Zentrum des kommerziellen Interesses rücken. Jeder freie Moment unserer Zeit wird durch irgend eine Art kommerzieller Verbindung gefüllt, was sie selbst zur seltensten all unserer Ressourcen macht. Unsere Faxgeräte, e-Mail, Sprachpost und Mobiltelefone, unsere rund um die Uhr geöffneten Handelsmärkte, der ständige, ununterbrochene asynchrone Übertragungsmodus und Tag und Nacht arbeitende Online-Bankdienstleistungen, elektronischer Handel und Forschungsdienstleistungen, die die ganze Nacht durchgehen, 24-stündige Nahrungsmittelbringdienste, Arzneimitteldienste und Unterhaltsdienstleistungen – sie alle schreien nach unserer Aufmerksamkeit. Sie bohren sich wie Würmer ihren Weg in unser Bewusstsein, beanspruchen einen großen Teil der Zeit, in der wir wach sind, okkupieren viele unserer Gedanken und gönnen uns kaum eine kleine Ruhepause.

Wenn jede Bemühung in eine kommerzielle Dienstleistung transformiert wird, riskieren wir in eine Art temporäre malthussche Falle zu tappen. Zwar ist der Tag auf genau 24 Stunden festgesetzt, doch neue Arten kommerzieller Dienstleistungen und Beziehungen finden nur darin eine Grenze, inwieweit sich der Geist neue Formen vorstellen kann, die Zeit zu nutzen. Schon heute, auf der ersten Stufe des Übergangs zum Zeitalter des Zugangs, ist der Faktor Zeit langsam ausgereizt. Jede Institution und jeder Mensch wird umworben und an irgend eine Form der angepassten Dienstleistung oder Beziehung gebunden. Und während wir Arbeit und Zeit sparende Geräte und Tätigkeiten jeglicher Art entwickelt haben, um im kommerziellen Bereich den Bedürfnissen und Wünschen des Anderen zu dienen, spüren wir allmählich, dass wir immer weniger freie Zeit für uns haben, weniger als jeder Mensch zuvor in der Geschichte. Das liegt daran, dass die große Verbreitung von Arbeit und Zeit sparenden Geräten nur die Diversität, die Geschwindigkeit und den Fluss der kommerziellen Aktivitäten um uns herum vergrößert haben.

Das auf Netzwerken basierende Wirtschaftsleben beschleunigt tatsächlich Beziehungen, verkürzt Zeitspannen, verbessert die Effizienz und macht alles bequemer, weil es alles, was wir uns vorstellen können, zu einer Dienstleistung macht. Aber wenn praktisch alle Beziehungen zu kommerziellen Beziehungen werden und das Leben eines jeden Menschen 24 Stunden täglich zum Gegenstand des Kommerzes wird, was bleibt dann für nichtkommerzielle Beziehungen übrig – für Beziehungen, die auf Verwandtschaft, Nachbarschaft, gemeinsamen kulturellen Interessen, religiöser Zugehörigkeit, ethnischer Identifizierung und brüderlichem oder staatsbürgerlichem Engagement beruhen? Wenn Zeit selbst gekauft und verkauft wird und das Leben wenig mehr als eine fortgesetzte Serie kommerzieller Transaktionen ist, die durch Verträge und Finanzierungsinstrumente zustande kommen, was passiert dann mit den traditionellen Beziehungen, die auf Zuneigung, Liebe und Hingabe beruhen? Es ist schon beunruhigend genug, dass Marketingexperten und Unternehmen das entwickeln, was sie langfristige »Kundenintimität« nennen, und aktiv mit einer Reihe verschiedener Mittel und Treffpunkte experimentieren, um tiefe »Gemeinschaftsbindungen« zu schaffen. Noch besorgniserregender ist aber, dass diese weitreichenden Versuche, eine soziale Ersatzwelt zu schaffen, die in kommerzieller Verpackung steckt, größtenteils unbemerkt und unkritisiert ablaufen, trotz ihrer möglichen Konsequenzen für die Gesellschaft. Wenn praktisch jeder Aspekt unseres Seins zu einer bezahlten Aktivität wird, wird das menschliche Leben selbst das ultimative kommerzielle Produkt, und die kommerzielle Sphäre wird die letzte Herrin über unsere persönliche und kollektive Existenz.

KAPITEL 7

ZUGANG ALS LEBENSFORM

Wir gehen auf eine neue Stufe des Kapitalismus zu, die dem, was wir bis jetzt erlebt haben, in nichts gleicht. Eines nach dem anderen scheinen sich die vertrauten Totems des Wirtschaftssystems aufzulösen. An ihre Stelle treten kommerzielle Ikonen für eine neue Epoche der Geschichte.

Die Entwicklung einer Wirtschaft der Netzwerke, die stetige Entmaterialisierung der Waren, die schwindende Bedeutung von Sachkapital, der Bedeutungszuwachs von immateriellem Vermögen, die Metamorphose von Gütern in reine Dienstleistungen, der Übergang von einer Produktions- zu einer Marketingperspektive, die Übersetzung von der zwischenmenschlichen Beziehungen und Erfahrungen in Waren und Geschäfte sind Elemente der radikalen Neustrukturierung, die in der hoch technisierten globalen Wirtschaft vor sich geht, weil ein Teil der Menschheit auf seiner Reise in das Zeitalter des Zugangs allmählich die Märkte und den Austausch von Eigentum hinter sich lässt.

Wo immer wir hinschauen, wird Zugang zur Messlatte für gesellschaftliche Beziehungen. Der Verkehr, Betriebe in der Nachbarschaft, die eigene Gesundheit, sogar die Keime des Lebens und die biologischen Prozesse werden so umstrukturiert, dass sie in die neue Welt passen, die durch Zugangsbeziehungen bestimmt wird. Anders als die Idee des Privateigentums, dessen Vor- und Nachteile von Philosophen diskutiert und zum Gegenstand einer allgemeinen gesellschaftlichen Debatte wurden, schlüpfte das Problem des Zugriffs unbemerkt in das Gemeinwesen und grub sich ohne große Diskussion seinen Weg in praktisch jeden Winkel und in jede Ritze des privaten und öffentlichen Lebens.

Der Übergang von Eigentum zu Zugang ist oft eine recht unsystematische Angelegenheit. Diese Transformation verändert manchmal so wenig, dass dies praktisch unbemerkt geschieht und erst im Nachhinein sichtbar wird. Die Veränderung der Wohnmodelle in den letzten 25 Jahren ist ein gutes Beispiel für den subtilen Wandel, die in unzähligen Branchen und Bereichen stattfindet, weil Wirtschaft und Gesellschaft allmählich von Eigentumsbeziehungen zu Zugangsbeziehungen übergehen.

Das Wohnen wird in den USA – und auch in anderen Ländern – revolutioniert. Im neuen Wohnstil spiegeln sich nun auch die Sensibilitäten eines Zeitalters des Zugangs wider. Vom »Zugang zu Wohnarrangements«, der letzten Metamorphose, wird vielleicht erst in einer Generation die Rede sein. Doch ihr Reifungsprozess ist schon so weit fortgeschritten, dass sich die Konturen einer neuen Art von Wohnumfeld erkennen lassen, die auf das neue Wirtschaftssystem zugeschnitten ist.

Umfriedete Gemeinschaften

»Common-Interest-Developments« (CIDs), Wohnsiedlungen oder Communities, in denen Menschen mit gemeinsamen Interessen leben, sind überall in der amerikanischen Landschaft wie Pilze aus dem Boden geschossen. Viele, von Mauer oder Zaun umgeben, sind nur durch ein Tor erreichbar, also bewusst so angelegt, dass der Zugang erschwert ist. Sicherheitsleute sitzen als Torwächter in Wachhäuschen am Eingang und passen auf, dass nur Bewohner, ihre Gäste und autorisierte Besucher, Lieferanten und Käufer die Gemeinschaft betreten. Vor 30 Jahren war dieser Typus von Nachbarschaften noch eine Kuriosität, in den meisten der jetzt neu gebauten Siedlungen werden sie inzwischen schnell zur Norm. Mehr als 30 Millionen Amerikaner, das sind 12 Prozent der Bevölkerung der USA, wohnen gegenwärtig in ungefähr 150 000 Common-Interest-Developments.[1]

Diese Communities haben eine Reihe gemeinsamer Merkmale, die sie von anderen Siedlungen unterscheiden. So etwa müssen die Bewohner, die einen Teil der Anlage gemeinsam besitzen, Mitglied in einer Vereinigung von Hausbesitzern sein. Sie sind Eigentümer ihrer eigenen Wohneinheiten und Miteigentümer der »gemeinschaftlichen Bereiche« wie Parks, Rasenflächen, Straßen, Parkplätze, Schwimmbäder, Tennisanlagen und Erholungszentren. Bestehen die Wohngemeinden aus Eigentumswohnungen oder Genossenschaften, dann ist das Gebäude Kollektiveigentum der Bewohner und jeder Einzelne besitzt nur den »Luftraum« einer Wohnung. Jeder Wohnungsbesitzer gehört einer Mitgliederorganisation an und muss monatlich oder jährlich Gebühren für Verwaltung und Unterhalt der Gemeinschaftsanlagen entrichten. Wie es in anderen kommerziellen Bereichen immer mehr zur Regel wird, sind auch in diesen neuen Wohnarrangements Mitgliedschaft und Gebühren zentrale Elemente.

Etwa 4000 bis 5000 neue umfriedete Communities entstehen jedes Jahr.[2] Wenn diese Wachstumsrate anhält – und es spricht alles dafür, dass sie in den nächsten zwei Jahrzehnten sogar noch ansteigt – könnten solche Wohngemeinden allmählich mit den Stadtregierungen rivalisieren, so Robert H. Nelson, ein Wirtschaftsexperte im Innenministerium der Vereinigten Staaten.[3] Werden Communities zur überwiegenden Organisationsform des neuen Wohnens, könne diese Institution »für die USA genauso wichtig werden wie ehemals die Vorstellung des privaten Unternehmertums«.[4]

Anders als konventionelle Gemeinden, die aus durcheinandergewürfelten Häusern und Betrieben in Privatbesitz, aus Ressourcen und öffentlichen Einrichtungen in Kommunalbesitz bestehen und kommunal verwaltet werden, sind Communities vollkommen zur

Ware gewordene Lebensräume.[5] Es gibt dort weder öffentliche Räume noch Besitz der öffentlichen Hand. Und anders als in traditionellen Gemeinden, in denen sich Menschen, Waren und Dienstleistungen frei bewegen können, ist der Zugang zu den Communities eng begrenzt. Das wiederum ist für viele Menschen ein Hauptgrund dafür, dorthin zu ziehen.

Community-Projekte verkaufen Lebensstile und nicht nur Wohnhäuser. Die Häuser selbst sind in ein Netzwerk von Dienstleistungen eingebettet, das eine einzigartige Lebenserfahrung stiftet; ganz ähnlich wie andere Waren oder Eigentumsformen zu Behältern oder Plattformen für die sie begleitenden Dienstleistungen und Erfahrungen geworden sind.

Celebration, die von Walt Disney geplante Community in Florida, ist in vielerlei Hinsicht ein Prototyp für das neue Genre im Immobilienhandel – Wohnanlagen, in denen man mit dem Kauf eines Hauses vor allem das Ticket für den Zugang zu einem konfektionierten Lebensstil erwirbt.

Die 2,5 Milliarden Dollar teure Wohnanlage wird gleich neben Disneys World Theme Park in Orlando errichtet.[6] Die Verkaufsbroschüre widmet dem Lebensstil, den die Bewohner führen werden, viel mehr Raum als den Plänen, nach denen die Häuser gebaut werden. Daran zeigt sich deutlich, dass es sich bei diesem Angebot mehr um die Verherrlichung eines Lebensstils handelt als um ein Wohnviertel. In der Broschüre liest sich das folgendermaßen:

Es gab einmal einen Ort, in dem Nachbarn einander in der Stille des Sommerzwielichtes gegrüßt haben. Wo Kinder Glühwürmchen gefangen haben. Und wo man den Sorgen des Tages im Schaukelstuhl auf der Veranda entfliehen konnte. Das Kino zeigte am Samstag Zeichentrickfilme. Der Kaufmann lieferte ins Haus. Und da war immer dieser eine Lehrer, der wusste, dass du das gewisse Etwas besitzt. Können Sie sich an diesen Ort erinnern? Vielleicht aus Ihrer Kindheit. Oder nur aus Geschichten. Er besaß einen eigenen Zauber. Den besonderen Zauber einer amerikanischen Heimatstadt.[7]

Joe Barnes, Disneys Architekt, streicht das zentrale Thema heraus, von dem die Planer hoffen, dass es zur Celebration-Erfahrung wird: »Wenn Sie ein Haus in Celebration bauen, bauen Sie mehr als nur ein einzelnes Haus auf einem einzelnen Grundstück: Sie schaffen Gemeinschaft.«[8]

Die Disney-Community ist jedoch ein ganz eigenes Gebilde, kein organisches Werk, das über viele Jahre hinweg in Versuch und Irrtum gewachsen ist, in der Auseinandersetzung über konkurrierende Ideen von Menschen, die in gemeinsamem staatsbürgerlichem Engagement zusammengekommen waren, zu dem Ort wurde, der es aktuell ist. Die Anlage ist vielmehr Anfang bis Ende durchkonstruiert, eine sorgfältig geplante kommerzielle Unternehmung, teils ein Ort zum Wohnen, teils Bühne und Schauplatz für diejenigen, die bereit sind, den Eintrittspreis zu bezahlen. Ein Haus zu kaufen und Mitglied der Hausbesitzervereinigung von Celebration zu werden, ist das Portal zur Disney-Erfahrung.

Immobilienentwickler wie Disney planen Communities, die eine ganze Reihe verschiedener Gruppen und ihre Lebensstile wie Singles, Paare, deren Kinder aus dem Haus sind, Rentner und berufstätige Paare ansprechen. Die drei populärsten, auf bestimmte Lebensstile zugeschnittenen Communities sind solche für Rentner; solche, in denen Golf und Freizeitaktivitäten im Mittelpunkt stehen, sowie neue Vorstadtsiedlungen. Wohngemeinden sprechen besonders die älter werdende Generation der sogenannten Baby-Boomer an, die sich langsam auf die Rente zu bewegt und mehr an Freizeitaktivitäten interessiert ist.

Prestigeträchtige Communities sind eine weitere Form dieser Wohnanlagen. Die reichsten Mitglieder der Gesellschaft entscheiden sich häufig für ein Leben unter Gleichgestellten und begrüßen die Sicherheitskontrollen und Zugangsbeschränkungen.

Neue Städte sind große Siedlungen, die auf einen Schlag eine gesamte Kommune aus dem Boden stampfen: Reston in Virginia oder Columbia in Maryland sind stolz auf ihre Schulen, Büros, Einkaufszentren, Parks und anderen Anlagen, die auch in einer traditionellen Stadt zu finden sind – nur dass hier das gesamte Stadtleben zum Warenangebot wurde. Ein öffentliches Leben wie in bisherigen Städten gibt es nicht. Selbst die Stadtregierung und das Wahlrecht ändern nichts daran, dass das Ganze auf kommerziellen Bindungen und nicht auf Bürgerschaft beruht.

Geschlossene Siedlungen dieser Art haben ihre Wurzeln im späten 19. Jahrhundert. Die Gartenstädte, die Ebenezer Howard, ein englischer Gerichtsstenograf, vorstellte, sollten die Vorteile von Stadt- und Landleben in sich vereinen. Howard setzte seine Vision gegen die, wie er fand, ziemlich desorganisierte Entwicklung traditioneller Städte. Es war eine radikale Vorstellung, eine ganze Stadt auf ein einmal zu bauen, von Ingenieuren, Architekten und anderen Fachleuten minutiös geplant: »Es ist wichtig, dass es hier eine Einheit von Planung und Zweck gibt – dass die Stadt als Ganzes geplant wird und nicht einem wilden Wachstum überlassen bleibt wie alle englischen Städte und mehr oder weniger auch die Städte aller anderen Länder.«[9] Er träumte von großen, kreisförmig angelegten und von Boulevards durchzogenen Städten, aufgelockert durch Parks, Gärten und Arkaden. In den Außenbereichen sollten Fabriken angesiedelt und alles von einem Landwirtschaftsgürtel umgeben werden, um dem Gesamtprojekt auch wirtschaftliche Autarkie zu geben. Regieren sollte eine demokratisch kontrollierte, korporative Technokratie, die Verwaltung sollte mit der Effizienz professioneller Manager und Ingenieure arbeiten können, ungehindert durch die altbekannten politischen Schaukämpfe, die mit Parteipolitik und der Vertretung regionaler Partikularinteressen einher gehen. Howards korporative Regierungsstruktur nahm um mehrere Jahrzehnte voraus, was in unseren Tagen zum Organisationsmuster der Communities werden sollte.

In der ersten Hälfte des 20. Jahrhunderts gab es nur wenige solcher Communities. 1928 baute Charles Stern Ascher die erste geplante Gemeinschaft in den USA: Radburn in New Jersey. Sie wurde von einer privaten Regierung verwaltet, die der Hausbesitzervereinigung verantwortlich war.[10] 1962 gab es weniger als 500 solcher Siedlungen in den USA.[11] Bis in die sechziger Jahre fand diese Idee kaum Verbreitung. Dann aber wurde das Bauland, besonders in der Nähe großer Metropolen, knapp und entsprechend teuerer. Das zwang die Immobilieninvestoren dazu, neu über Raumbedarf nachzudenken. Die Communities lieferten die Lösung. Man baute die Häuser dichter nebeneinander und wies Gemeinschaftsflächen wie Parks, Gärten, Schwimmbäder oder Tennisanlagen aus. Damit konnten die Entwickler die Kosten senken und den Hausbesitzern dennoch die Einrichtungen bieten, die sie in einer Vorstadt erwarteten. Die Käufer waren bereit, auf teure Rasen- und andere Flächen zu verzichten und stattdessen gemeinsame Räume zu nutzen, in denen die Bewohner ihren Freizeitbedürfnissen nachkommen können. Mit organisatorischer und finanzieller Unterstützung der Federal Housing Administration erlebten die Communities eine neue Blütezeit. Spezialisten der Branche prognostizieren, dass es Ende 2000 über 225 000 solcher Wohnanlagen mit mehr als 48 Millionen Mitgliedern geben wird.[12]

Viele Bewohner entscheiden sich wegen der Einrichtungen und Dienstleistungen, die sie bietet, für eine derart gestaltete Wohnanlage. Die gelebten Erfahrungen der Menschen werden jedoch oft auf Kosten ihrer Eigentumsrechte selbst kommerzialisiert. Die Leitlinien und Vertragsvereinbarungen, die das Leben in einer Community regulieren, setzen auf raffinierte Weise Eigentums- und Besitzrechte außer Kraft und verweisen die Bewohner immer wieder auf die Vorteile und Fallstricke, die der Zugang zu dieser Wohnform mit sich bringt. Weil das eigene Haus für viele Menschen die wichtigste Form des Eigentums darstellt, das sie jemals erlangen können, lohnt es sich zu untersuchen, wie das Leben in einer Community das traditionelle Verhältnis zum Eigentum zu unterminieren beginnt und damit nach und nach die ideologischen und gesetzlichen Grundlagen für ein Zeitalter legt, in dem der Besitz eines Hauses hinter die Möglichkeit zurücktritt, an einem bestimmten Lebensstil teilzuhaben.

Zunächst einmal gewähren die Regeln und Verpflichtungen den

Bewohnern der Communities weniger Verfügungsrechte über ihren eigenen Besitz als sie traditionelle Hausbesitzer genießen. Diese Wohnanlagen, die man sich oft als private, als Staaten im Staat vorstellt, werden von einem kommerziellen Immobilienentwickler erbaut. Sie entwerfen die Verfassung und legen die sie begleitenden Regelungen und Verpflichtungen fest. Die Erklärung dieser Verpflichtungen, Bedingungen und Beschränkungen »beschreibt alle Grunddienstbarkeiten in der Siedlung, er legt dieser ein System architektonischer und gestalterischer Überprüfungen auf, verhängt private Beschränkungen über den Gebrauch und Nutzen von Eigentumsrechten und stellt ein Regulierungsprogramm vor, mit dem gesichert wird, dass die zukünftigen Eigentümer den Festlegungen auch folgen.«[13] Weil der Bauträger das Eigentum an unverkauften Bauplätzen behält und ausgedehnte Stimmrechte genießt, kann er alle Entscheidung der Vereinigung bis weit in die Entwicklung der Community hinein wirkungsvoll beeinflussen. So besetzt der Projektentwickler oder Bauträger alle Vorstandsposten mit seinen Angestellten und behält im Allgemeinen drei Stimmen für jede noch nicht verkaufte Einheit. Dadurch kann er, ohne Einspruch fürchten zu müssen, alles kontrollieren, bis das gesamte Projekt verkauft ist. Und selbst danach, während einer Übergangsperiode, leitet der Bauträger die Community, bis gewählte Bewohner die Vorstandssitze eingenommen haben. Dazu schreibt Evan McKenzie in *Privatopia*: »Die Bauträger gießen einen Großteil ihrer Vorstellungen über die Art und Weise, in der die Menschen leben sollten, in Beton.«[14]

Trotz ihrer Stimmrechte kann sich der Mehrheitswille der Bewohner oft nicht durchsetzen. Nur Eigentümer dürfen abstimmen, doch jede Wohneinheit hat nur eine Stimme. Leben mehrere Erwachsene in einer Wohneinheit – zum Beispiel ein Ehepaar und Großeltern – kann nur einer Ansicht Ausdruck verliehen werden. Die anderen sind aus dem Prozess ausgeschlossen, weshalb viele Bewohner keine Stimme in der Leitung der Siedlung haben. Außerdem vermieten viele Eigentümer ihre Einheiten als Kapitalanlage.

In Kalifornien zum Beispiel sind schätzungsweise 20 Prozent aller Wohneinheiten vermietet. Deren Bewohner leben als Mieter in der Community und sind deren Statuten und Regelungen unterworfen, haben aber kein Stimmrecht und können bei Entscheidungen, die ihre Lebensbedingungen und Vereinbarungen betreffen, nicht mitreden.[15]

Dieser beschränkte Zugang zur Leitung hat Konsequenzen. Die Vorstände der Communities üben große Macht über das Privatleben ihrer Bewohner aus und beschneiden damit häufig das Recht der Eigentümer, ausschließlich nach eigenem Willen über ihren Besitz zu verfügen. Unter anderem, so McKenzie, »haben viele Community-Vorstände, um die Investition jedes einzelnen zu schützen, das Recht, in jedem Haus Inspektionen vorzunehmen, wie sie es für angemessen und notwendig halten.«[16] Kaum vorstellbar ist es, dass die Vorstände der Communities über das Verhalten der Bewohner oder darüber bestimmen können, wie deren Häuser genutzt werden müssen, und selbst noch darüber, wie sie Gäste zu behandeln haben.

Die rechtlichen Einschränkungen, mit denen die Nutzung eines privaten Haus geregelt werden kann, werden »Dienstbarkeiten« genannt. Einige Einschränkungen in den Communities sind so weitgehend, dass von der alten Vorstellung »My home is my castle« nicht viel übrig bleibt. In Rancho Bernardo, einer Community mit ungefähr 33 000 Bewohnern nördlich von San Diego, ist die Liste der Dienstbarkeiten lang und teilweise geradezu absurd. In seinem Buch *America II* beschreibt Richard Louv einige dieser Verhaltensregeln:

Sogar Gemüsegärten werden beanstandet. ... Zäune, Hecken oder Mauern ... dürfen nicht höher sein als ein Meter. Nur »For Sale«-Schilder sind erlaubt, keine anderen. Bäume müssen geschnitten werden und dürfen nicht über das Dach hinaus wachsen, das mit roten Ziegeln gedeckt sein muss. Die Bewohner dürfen keine Wohnmobile oder Boote auf ihren Auffahrten abstellen; dafür wurde ein besonderer kommunaler Parkplatz angelegt. In einem Dorf, das für Senioren gebaut wurde, dürfen die Enkel das Erholungszentrum nicht benutzen, und der Besuch von Kindern ist streng reglementiert.[17]

Rancho Bernardo steht mit dieser restriktiven Politik nicht allein. Ähnliche Regeln gibt es überall im Land. McKenzie nennt eine Reihe von Beispielen. In Ashland in Massachusetts wurde einem Vietnamveteranen verboten, die amerikanische Flagge zu hissen. In Monroe, New Jersey, verklagte der Vorstand einer Community einen Hausbesitzer, weil dessen damals 45-jährige Frau drei Jahre unter der von der Vereinigung festgesetzten Altersgrenze für Einwohner lag. Das Gericht folgte den Entscheidungen des Vorstandes und verlangte von dem Ehemann, seine Wohneinheit zu verkaufen oder dort ohne seine Frau zu leben. In Fort Lauderdale, Florida, befahl ein Wohnungsmanager einem Paar, das Haus nicht mehr durch die Hintertür zu betreten oder zu verlassen, weil sie einen Pfad auf den Rasen trampelten. In Boca Raton, Florida, verklagte eine Vereinigung eine Bewohnerin, weil ihr Hund die Gewichtsgrenze von 14 Kilogramm überschritten hatte.[18]

Manche Communities regeln sogar, welche Möbel die Bewohner in der Nähe der Fenster aufstellen dürfen oder in welcher Farbe sie ihre Wände zu streichen haben. Andere setzen Grenzen für die Dauer von Besuchen und verhängen zu bestimmten Stunden Ausgehverbote für Treffen mit den Nachbarn.[19] Die meisten Bewohner von Wohngemeinden erklären sich ausdrücklich bereit, einige ihrer individuellen Eigentumsrechte aufzugeben, wenn sie dafür Zugang zu einem Netzwerk gleichgesinnter Menschen erhalten, mit denen sie die gleichen Werte teilen, die ähnliche Meinungen vertreten und den gleichen Lebensstil pflegen. Immerhin bringt die Mitgliedschaft in einer Community Vorteile mit sich, die ein einzelner Hausbesitzer nicht genießen kann. Man gibt die Autonomie auf, die mit dem System des Privateigentums verbunden ist, und begibt sich dafür in gegenseitige Abhängigkeit, indem man eine Beziehung zu anderen wie eine Ware kauft.

Die Reglements der Communities beschneiden die Rechte, die

mit dem Privatbesitz von Häusern und Wohnungen verbunden sind. Doch die Bauträger erklären, die Bewohner hätten ja die Wahl, ihre Wohneinheiten zu verkaufen und umzuziehen, wenn sie unzufrieden seien. Doch macht McKenzie darauf aufmerksam, dass »es in manchen Gegenden immer schwieriger wird, außerhalb von Communities Wohnungen und Häuser zu finden«.[20]

Verfassungsrechtler sorgen sich darum, dass Wohngemeinden nicht nur die Privateigentumsrechte aushöhlen könnten. Mit der allgemeinen Beschränkung des Zugangs verletzten Communities auch das Grundrecht eines jeden Amerikaners, sich frei zu bewegen, sich zu versammeln und die eigene Meinung öffentlich zu äußern. Wohnen heißt in diesen neuen Communities, Zugang zu haben. Das gilt auch für die kommerziell geführten Gesundheitsorganisationen (HMOs) und all die anderen kommerziellen Unternehmungen, die auf »Mitgliedschaft« in kommerziell konzipierten Gemeinschaften aufbauen. Im Fall der Communities ist jeder Quadratmeter Lebensraum Teil einer Geschäftsvereinbarung. Was heißt dies für die Vorstellung von öffentlichem Raum und die Grundrechte des First Amendment der amerikanischen Verfassung, das Versammlungsfreiheit und Freiheit der öffentlichen Rede garantiert? Zum Beispiel müssen die Sicherheitsleute häufig nach eigenem Ermessen entscheiden, wer das Tor passieren darf und wer nicht. Meistens entsprechen die Entscheidungen der Pförtner den vorherrschenden Einstellungen der gesamten Gesellschaft. Ein Planungsberater hat dies unverblümt ausgedrückt: »[Eine] schwarze Person, die an einem dieser Orte auftaucht, muss mit Prügel rechnen.«[21] Die Communities seien Privatgelände, darum, so argumentieren die Vorstände, stehe es ihnen frei, den im First Amendment garantierten freien Zugang auszusetzen. Weil es in den Communities keinen »öffentlichen Raum« gibt, müssen sie ihre Gemeinschaft auch nicht für die Allgemeinheit öffnen.

Damit man ihnen keine Vorurteile nachsagen kann, verlangen manche Communities eine Aufnahmegebühr, die Arme von vornherein ausschließt. Wer zum Beispiel als Nichtmitglied auf den

Straßen von Sea Pines Plantation in Hilton Head, South Carolina, herumlaufen möchte, muss drei Dollar bezahlen.[22]

Die Mitglieder einer Community mögen mit restriktiven Regelungen einverstanden sein, die den Zugang zu ihrem Leben, ihrer Nachbarschaft und ihrer Gemeinschaft beschränken, Nichtmitglieder werden das möglicherweise anders sehen. Die Frage, ob Nichtmitglieder das Recht haben, sich in den Communities frei zu bewegen, Materialien zu verbreiten, etwas zu erbitten, Petitionen zum Unterschreiben vorzulegen oder zu verteilen, führte zu einer wachsenden Zahl von Gerichtsverfahren. Das kalifornische Appellationsgericht hat entschieden, dass die Siedlung Leisure World Nichtmitgliedern nicht allein deshalb verbieten kann, ihre Publikationen in der Gemeinde zu verteilen, weil dies keine von Leisure World verlegten waren. In seinem Kommentar zu dieser Gerichtsentscheidung im *Yale Law Journal* bemerkt Rechtsanwalt David J. Kennedy: »Die Einschränkung der freien Rede von Nichtmitgliedern durch Leisure World illustriert, wie die Bauträger eine geschlossene Öffentlichkeit schaffen können, zu welcher der Zugang an den höchsten Bieter versteigert werden kann. ... Wo solche Communities die dominante Wohnform sind, riskieren weniger gut finanzierte oder unpopuläre Ansichten, selten, wenn überhaupt, Gehör zu finden.«[23]

Zwar ist Privateigentum die Grundlage der Neuzeit gewesen, doch es wurde von einem System öffentlichen Eigentums und den dazugehörigen Rechten begleitet, die mit der Teilhabe am öffentlichen Raum einher gehen. Entscheidend dabei ist, dass Privateigentum als sakrosankt, nicht aber als hegemonisch betrachtet wurde. Es gab stets Räume für öffentlichen Diskurs und öffentliche Beteiligung. Wie wir gesehen haben, eliminieren die geschlossenen Wohngemeinden diese öffentlichen Räume und die Grundrechte, die für diese gelten. Ganze Communities werden kommerzielle Gelände, und darin liegt das Problem. In Wohngemeinden sind nicht nur die Rechte, die zur Beteiligung am öffentlichen Leben gehören, außer Kraft gesetzt, sondern sämtliche Vorstellungen eines öffentlichen Raums selbst. Letzten Endes, so McKenzie, »verlangt das Wohnen in Communities von Hauskäufern, Teil eines Unternehmens zu werden und nach dessen Regeln zu leben. ... In diesem Sinne zeigen die Communities eine Tendenz zur Universalisierung der Unternehmenswerte.«[24]

Das phänomenale Wachstum der Communities in den letzen 25 Jahren zeigt den Gesinnungswandel überdeutlich, der die Werte des Marktes in den Vordergrund gerückt, staatsbürgerliche Werte an die Peripherie des menschlichen Lebens verdrängt hat. Was dies für eine wachsende Zahl von Amerikanern bedeutet, beschreibt Betina Drew im *Yale Law Journal*: Dass »eine Gemeinschaft heute ein Produkt ist, das wir eher kaufen als selber schaffen können, deutet darauf hin, wie tief die Werte des Marktes in das häusliche Leben Amerikas eingedrungen sind«.[25]

Wenn man die ökonomische und soziale Bedeutung von Communities ermessen will, muss man hervorheben, dass Millionen von Amerikanern sich ausdrücklich deshalb in diese Siedlungen einkaufen, um ihre persönlichen Eigentumsrechte zu schützen. Ein Teil des Nutzens umfriedeter Wohnanlagen beruht auf dem Glauben, man könne die eigenen Investition in Haus und Grundeigentum dadurch schützen, dass man mit Anderen zusammen lebt, die die gleichen Werte teilen und über ein vergleichbares Einkommen verfügen, und dass man alle ausschließen kann, die den Wert von Haus und Grundeigentum bedrohen könnten. Wie erwähnt, entschließen sich Menschen auch darum, in eine geschlossene Community zu ziehen, weil sie das starke Bedürfnis haben, sich in einen Lebensstil einzukaufen, sich den Zugang zu einem Netzwerk von Menschen, Dienstleistungen und Einrichtungen zu sichern, die ihnen einen bestimmten Lebensstil ermöglichen. So folgt das Angebot der Communities zwei gleichbedeutenden Interessen: Einerseits sollen die Lebenserfahrung eines Menschen zu Ware und Geschäftsbeziehung gemacht, andererseits dessen Eigentum geschützt werden. In diesem Sinn sind Communities transitorische Gemeinschaften des Wohnens; Zwischenstationen für Millionen von Familien, die sich selbst zwischen zwei Welten und zwei Lebensstilen gefangen sehen – die tradierten basierten auf dem Primat von Eigentumsbeziehungen und die neuen nun auf dem Primat gestalteter Beziehungen und dem Zugang zu gemeinsamen Lebenserfahrungen.

Einen Lebensstil mieten

Zwar sind die Communities die sichtbarsten Manifestationen der sich wandelnden Wünsche und Bedürfnisse, die mit dem Wohnen verbunden sind. Aber auch andere Kräfte sind daran beteiligt, die »Home Experience«, das Wohn-Erlebnis neu zu definieren. Während das Eigentum an Häusern oder Wohnungen in den USA seinen Höchststand erreicht hat – 66,7 Prozent aller Haushalte in den Vereinigten Staaten bewohnen Eigentum, in der BRD sind es in den alten Bundesländern 44 Prozent und in den neuen Bundesländern 26 Prozent – verzeichnen Analysten einen gegenläufigen Trend, der darauf hindeutet, dass besonders eine wachsende Zahl wohlhabenderer und jüngerer Amerikaner ihre Vorstellungen vom Eigentum überdenken.[26]

Der Mietwohnungsmarkt, lange Zeit die Domäne von Familien mit niedrigeren Einkommen, Singles und jung verheirateten Paaren, die sich noch kein eigenes Haus oder eine eigene Wohnung leisten konnten, verändert seinen Charakter. Er spricht zunehmend die Interessen einer aufstrebenden Generation von Menschen an, die dem kurzfristigen Zugang zu Dienstleistungen, Einrichtungen und Erfahrungen einen größeren Wert beimessen und weniger bereit sind, sich mit den Verantwortlichkeiten zu belasten, die mit dem traditionellen Eigentum an Wohnraum einhergehen.

The Villas in Beaver Creek, bei der gehobenen Vorstadt Las Colinas in der Nähe von Dallas gelegen, sind ein gutes Beispiel für diese neue Welle der Wohnraumvermietung. Gegen Monatsmieten zwischen 645 und 1 365 US-Dollar genießen die Mieter Wohnungen mit einem bis drei Schlafräumen. Sie sind ausgestattet mit Einrichtungen »wie im eigenen Heim«, mit gasgefeuerten Kaminen, großen modern eingerichteten Küchen, begehbaren Schränken und Garagen. Der Komplex ist durch ein Tor abgeschottet, was zusätzliche Sicherheit bietet, und umfasst zudem Klubhaus, Fitness- und Geschäftszentren, zwei Schwimmbäder, ein Dampfbad, ein Thermalbad und eine Sauna. Robyn Muller, die mit ihrem Mann in diesem Komplex eine Wohnung mit drei Schlafzimmern und zwei Bädern gemietet hat, sagt: »Es ist wie ein großes Haus, aber wir haben alle Annehmlichkeiten, die wir brauchen, und müssen uns nicht um das Grundstück kümmern.«[27]

Die Mullers gehören zu den 34,7 Millionen Miethaushalten im Land; das entspricht 33 Prozent aller Haushalte.[28] Anders als traditionelle Mieter, die sich zwar Wohneigentum wünschen, es sich aber nicht leisten können, haben diese »neuen Mieter«, eine nach oben mobile Gruppe der Bevölkerung, Miete statt Eigentum und damit einen bestimmten Lebensstil gewählt.

Diese »lifestylers« sind die Zielgruppe von Wohnungsbauunternehmen. Sie haben damit begonnen, Wohnungen mit Stuckdecken, Friesen und anderen Dekors zu bauen, die ohne die lästigen Verpflichtungen, die mit Eigentum verbunden sind, das Gefühl vermitteln, im eigenen Haus zu wohnen. Weil es darum geht, ein Set von Erfahrungen zu vermieten, konzentrieren sich diese neuen Appartementkomplexe auf mit angebotene Dienstleistungen mindestens ebenso wie auf den Wohnraum selbst. Wer diese gehobenen Wohnungen mietet, erhält häufig Zugang zu Geschäftszentren, Medien, Bibliotheken und voll ausgestatteten Fitnesszentren mit persönlichen Trainern. Manche haben sogar eine Concierge, liefern die Morgenzeitung und ein kontinentales Frühstück – alles im Preis inbegriffen.

Vielen Amerikanern erschien Hausbesitz auch deshalb verlockend, weil diese Investition ihren eigenen Wert hatte; das eigene Haus galt seit Ende des Zweiten Weltkrieges als Wertanlage. Seit Ende der achtziger Jahre hat diese Wertschätzung nachgelassen, hat sich anderen angepasst oder ist in manchen Gegenden des Landes sogar ganz verschwunden. So werden Häuser als langfristige Investition immer unattraktiver.

Nun sieht eine wachsende Zahl wohlhabender Amerikaner weniger den Investitionswert eines Hauses als die Zeit, die sie für dessen Unterhaltung aufbringen müssen. Eine Studie, vor kurzem von Coates and Jarratt, Inc., einer Consultingfirma in Washington, D.C., für den National Multi Housing Council und die National Apartment Association durchgeführt, zeigt, dass der Faktor Zeit entscheidend dafür ist, die Reichen und die jüngere Generation für sich zu gewinnen. Sie empfiehlt, weitere Dienstleistungen und Einrichtungen anzubieten, die das Leben in Mietwohnungen angenehmer machen – etwa Lebensmittelbringdienste, »schicke« Geräte, Hütedienste für Haustiere, Kinderbetreuung im Haus, moderne Computer und Telekommunikationseinrichtungen. Der Bericht schließt:

> Zeit ist die knappste Ware. ... Haushalte mit zwei Einkommen oder von Singles fühlen angesichts beschränkter Budgets und begrenzter Zeit die Belastung, traditionellen häuslichen Verpflichtungen nachzukommen. Deshalb sind Verfahren, Produkte und Dienstleistungen überaus notwendig, die der Zeit zusätzlich Wert verleihen oder Zeit sparen oder zeitraubende Tätigkeiten abschaffen.[29]

Die Studie räumt ein, dass die konventionelle Vorstellung, der Besitz eines einzeln stehenden Einfamilienhauses mit Garten sei der Inbegriff des amerikanischen Traums, das größte Hindernis dieser Mietverhältnisse ist. Gleichwohl könne »der wachsende Druck, genügend Zeit zu haben, dazu beitragen, dieser Vorstellung Bedeutung zu nehmen«.[30] So wie der Zeitmangel Unternehmen dazu veranlasst, sich auf kurzfristigen Zugang statt auf langfristiges Eigentum zu konzentrieren, drängen jüngere und wohlhabendere Teile der Bevölkerung aus ähnlichen Überlegungen den Immobilienmarkt immer mehr weg vom Eigentum und hin zur Vermietung.

Zeit ist nicht der einzige Faktor, der den Einstellungswandel begünstigt. Auch die sich ändernde Arbeitssituation hat Einfluss auf die Entscheidung zwischen Eigentum oder Miete. Viele Unternehmen strukturieren ihre Arbeitsabläufe neu und bauen Arbeitskräfte ab. Das drängt immer mehr Angestellte in Arbeitsverhältnisse auf Abruf. Lebenslange Dauerstellungen beim gleichen Arbeitgeber werden durch Mitarbeiter-Leasing oder durch projektgebundene Zeitverträge abgelöst. Von den Angestellten des oberen Managements bis zu den Arbeitern in der Produktion haben sich alle an die Vorstellung gewöhnt, dass der Arbeitsmarkt immer flüchtiger wird, und sind darauf vorbereitet, sich ständigen Arbeitsplatzwechseln anzupassen. Sie rechnen mit Schwankungen ihres Lebensunterhaltes ebenso wie mit Veränderungen in ihren Karrieren. Ein Haus über eine längere Zeitspanne zu halten, macht in einer vernetzten Welt wenig Sinn, in der kurze Lebenszyklen nicht nur für Produkte und Dienstleistungen, sondern auch für Beschäftigungsverhältnisse gelten.

Außerdem fordert Hausbesitz hohe Ein- und Ausstandskosten. Abzahlungen und Verkaufsprovisionen sind Faktoren, mit denen man rechnen muss. Wird die Dauer, für die ein Besitzer sein Haus bewohnt, wegen wechselnder Arbeitsplätze immer kürzer, dann hat das Haus weniger Zeit, an Wert zu gewinnen. Darum ist der Wertzuwachs für viele Hausbesitzer nicht mehr groß genug, um die sechs bis sieben Prozent Kosten zu decken, die beim Verkauf anfallen. Das heißt, Hausbesitzer erleiden einen Nettoverlust.

Dieses Problem hat die Zeitschrift *Real Estate Issues* im Sommer 1998 aufgegriffen. Die Autoren John R. Knight und Cynthia Fiery Eakin betonen, dass es sich zukünftige Hausbesitzer wahrscheinlich zweimal überlegen werden, ihre finanziellen Ressourcen in Eigentum zu investieren, schließlich sei ein Haus die größte Investition, die Familien in der Regel tätigen. Das gelte umso mehr, wenn Arbeitnehmer kurzfristig beschäftigt und von häufigen beruflich bedingten Ortswechseln betroffen seien:

Die neuesten Trends auf dem Arbeitsmarkt beeinflussen die erwartete Anstellungsdauer und führen zur Unsicherheit darüber, mit welcher Beschäftigungsdauer gerechnet werden kann. Wachsende Mobilität lässt erwarten, dass Familien den Punkt, an dem sie sich zwischen Miete oder Kauf entscheiden müssen, schneller erreichen. Der die wachsende Mobilität bedingende Anlass, nämlich kürzere und unsicherere Arbeitsverhältnisse, wird dazu führen, dass sie sich, wenn es soweit ist, eher für Miete als für Kauf entscheiden.[31]

Noch herrscht der Hausbesitz vor. Doch lässt die Zukunft wahrscheinlich einen langsamen, stetigen Übergang zu Mietverhältnissen erwarten, weil immer mehr jüngere US-Amerikaner ihre Wohnverhältnisse mit den Kräften in Einklang bringen, die den Rest der Gesellschaft in ein Zeitalter des Zugangs drängen.

Time-Sharing-Gemeinschaften

Geschlossene Wohngemeinden und gehobene Mietwohnungen zeigen ein wachsendes Interesse an Wohnverhältnissen, die auf Zugang zu unterschiedlichsten Angeboten setzen. Sie sind jedoch nur der Beginn eines Wandels der Einstellungen, die Menschen zu Wohnen und Wohnform haben. Auf einer psychologisch tieferen Ebene wird die Vorstellung der Menschen von einem Heim, die bislang stets von konkreten Orten und räumlicher Identifikation bestimmt war, von einer neuen Vorstellung abgelöst: Wohnverhältnisse werden als kurzfristige Angelegenheit betrachtet.

Time-Sharing, das Teilen von Zeit, revolutioniert das Konzept von Immobilien auf der ganzen Welt. Zeit- und Mitwohnangebote sind eine Alternative zum Kauf eines zweiten Hauses oder Ferienhauses und zieht besonders hochmobile Berufsgruppen an, die gerne regelmäßig Urlaub machen, sich aber nicht mit dem Unterhalt einer zweiten Wohnung belasten oder ihr finanzielles Kapital nicht dafür anlegen wollen. Global agierende Unternehmen wie Hyatt, Marriott, Disney, Inter Continental, Embassy Suites, Hilton und Raddison beteiligen sich an diesem Markt und gehen davon aus, dass wohlhabendere Konsumenten in jedem Land zukünftig wahrscheinlich eher Zugang zu Zweitwohnungen oder Ferienhäuser kaufen als sich diese selbst anzuschaffen.

Das Time-Sharing ist eine Möglichkeit, die Nutzung einer Eigentumswohnung aufzuteilen. Mit dem Kauf einer Eigentumswohnung erwirbt man den Luftraum einer Wohneinheit und einen Anteil an gemeinsam genutzten Räumen, nämlich am Gebäude selbst und am Grundstrück, auf dem es steht. Mit Sharing-Verträgen kauft jemand das Recht zur Nutzung eines Heims für eine bestimmte Zeitspanne im Jahr. Der Zugangspreis beinhaltet auch Gebühren für Unterhalt und Instandhaltung der Gemeinschaftsbereiche des Gebäudes.

Die Idee dazu entstand in den sechziger Jahren in den Skiorten der Alpen. Um sicherzustellen, dass die Skifahrer jedes Jahr zu den Pisten zurückkehren, und im Wissen, dass sie darum kaum Chalets kaufen würden, entwickelten lokale Makler Time-Sharing-Angebote. Das Konzept breitete sich in den siebziger Jahren nach der Energiekrise auf die USA aus. Die Bauträger waren in Gegenden wie Florida oder Kalifornien auf einer großen Zahl von Eigentumswohnungen sitzen geblieben. Indem sie zeitlich begrenzten Zugang zu den Eigentumswohnungen verkauften, konnten sie ihre Gebäude füllen.

Heute wächst die Time-Sharing-Branche um 15 Prozent jährlich und damit schneller als die gesamte Tourismusindustrie. Time-Sharing-Verkäufe sind seit 1980 von einem Volumen von 490 Millionen Dollar kontinuierlich auf mehr als 5 Milliarden Dollar gestiegen.[32] Man erwartet, dass die Zahl der Menschen, die Time-Sharing-Verträge abgeschlossen haben, bis zum Jahr 2010 von 4 Millionen auf 11 Millionen steigen wird. Mit 52 Prozent des globalen Marktes stellen die Amerikaner den größten Teil der Investoren in Time-Sharing-Projekte, der Anteil der Europäer liegt bei 21 Prozent.[33]

Die größte Herausforderung für Time-Sharing-Makler sieht das *Wall Street Journal* darin, »die Reichen vom Vorteil zu überzeugen, der darin liegt, den Anteil an einem Feriendomizil zu kaufen, anstatt, als traditionelles Statussymbol, eine Zweitwohnung zu besitzen«.[34] Wie bei den Communities liegt der zusätzliche Anreiz in den Dienstleistungen und Einrichtungen, die das Time-Sharing begleiten; darauf setzen die Marketingspezialisten in diesem Geschäft.

Die Franz Klammer Lodge in Telluride, Colorado, ist ein »Private Residence Club« für Skiläufer, ein Klub mit privaten Wohnanlagen. Die Mitglieder bezahlen zwischen 118 000 und 154 000 US-Dollar für eine jährlich fünfwöchige oder längere Nutzung der Ferienwohnungen in diesem luxuriösen Urlaubsort. Damit die »Time-Sharer« das Gefühl bekommen, eher in einem Heim als in einem Hotel zu wohnen, können sie private Dinge das Jahr über im Klub unterstellen. Kommen die Mitglieder in die Residence, finden sie ihre Skikleidung, Familienfotos und andere persönliche Dinge schon in der Wohnung vor und im Kühlschrank ihre Lieblingsspeisen und -getränke – das schaffe »die Illusion von Eigentum«, so Mitchell Pacelle im *Wall Street Journal*.[35]

Auch Hotelketten bieten Time-Sharing an, weil sie damit höhere Gewinnspannen erwarten können als mit üblichen Zimmervermietungen. Gute Time-Sharing-Angebote können Gewinne von 25 Prozent oder mehr erbringen, mehr als das Doppelte des normalen Hotelgeschäfts. Zudem sind Time-Sharing-Anlagen billiger zu bauen und zu verwalten als Hotels, womit Investitions- und Betriebskosten sinken. Beim Time-Sharing ist die Mietzeit schon vor dem Bau verkauft, wodurch auch ein großer Teil der Finanzierungskosten der Anlage vorab kalkulierbar wird. Außerdem liegen die Auslastungsraten bei über 80 Prozent jährlich, die der Hotelindustrie jedoch nur bei 60 Prozent.[36]

Zunächst litten die Unternehmen dieses Marktes darunter, dass die Konsumenten ihre Zeit nicht gegen den Zugang zu anderen Orten tauschen konnten. Doch rasch hatte man erkannt, dass besonders für junge Fachkräfte Mobilität und neue Erfahrungen genauso wichtige Entscheidungsfaktoren sind wie Zeitmangel. Also begannen Unternehmen wie Resort Condominiums International (RIC) und Interval International damit, ein weltweites Geschäftsnetz aufzuziehen, das im Rahmen des Time-Sharing Tauschmöglichkeiten anbieten konnte. In diesen Netzwerken können die Kunden ihren Urlaub mit anderen Beteiligten überall auf der Welt tauschen. So kann jemand seinen Zeitanteil an einer Ferienwohnung in Vail, Colorado, gegen eine Woche in einer Villa in Tuscany tauschen. Der Tauschklub von RCI zählt gegenwärtig 2 Millionen Mitglieder; Interval hat fast 700 000.[37] Auch Disney, Marriott und Hilton unterhalten eigene Tauschklubs.

Manche Unternehmen gehen noch einen Schritt weiter und verkaufen Punkte – eine Art Time-Sharing-Währung – statt Zeitanteile in einer bestimmten Anlage. Dass Zeiteinheiten in handelbare Währungen konvertierbar werden, repräsentiert den letzten Schritt in eine Ära, die auf Zeit und weniger auf dem Mangel an Ressourcen, stärker auf Zugang und weniger auf Eigentum basiert. Die Kunden kaufen Punkte – jeder Punkt entspricht dem Wert einer bestimmten Zeiteinheit –, die gegen eine Reihe anderer Reise- und Freizeitdienstleistungen getauscht werden können wie Unterkunft, Flüge, Ausflüge, Gebühren für Golfplätze, Mietwagen und was sonst in der Reise-, Freizeit- oder Unterhaltungsindustrie nachgefragt wird.[38]

Die Vermietung von Zeitanteilen und der Kauf von Punkten »verzeitlichen« das Immobiliengeschäft. Statt Eigentum zu erwerben, kauft man Zugang zu einem Besitz – das Recht, ein Appartement, eine Eigentumswohnung, eine Villa oder andere Anlagen für eine bestimmte Zeit zu nutzen. Wie in anderen Bereichen der entstehenden Netzwerk-Wirtschaft wird auch hier die Beziehung zwischen Verkäufer und Käufer zu einer zwischen Anbieter und Nutzer beziehungsweise Kunde. Genau dies signalisiert den Abschied von einem Zeitalter des Eigentums und den Aufstieg des Zeitalters des Zugangs.

Traditioneller Immobilienbesitz versus Eigentum auf Zeit

Wir borgen tatsächlich immer mehr von dem, was unsere Existenz ausmacht, indem wir etwas mieten, leasen, irgendwo Mitglied werden und in ähnliche Beziehungen zu einem Anbieter treten. Aber verändert das Schwinden des Eigentums unsere Lebensweise tatsächlich? Einerseits scheint das Leben freier zu werden, wenn man praktisch alles, was man braucht, in kleinen, zugänglichen und begrenzten Zeitanteilen borgt. Ein altes Sprichwort sagt: »Je mehr man besitzt, desto mehr wird man besessen.« Uns vom Eigentum zu befreien, kann uns also von den vertrauten Obsessionen befreien, die es häufig begleiten. Aber was bewirkt das reine Empfinden der freien Verfügbarkeit in Bezug auf das Gefühl individueller Verantwortung, das uns Eigentum vermittelt? Zum Eigentum gehört ein tiefes Gefühl der Verpflichtung, das es in einer Kultur des Leasens und Borgens nicht geben kann. Wer ein eigenes Heim besitzt, wird viel mehr damit beschäftigt sein, es zu pflegen und zu unterhalten, als jemand, der es nur mietet. Sich um eigene Werte zu kümmern – und auch um deren Umgebung –, ist in einer Eigentumsgesellschaft genauso wichtig, wie die Sorge für das eigene Leben. Darum sehen wir psychologisch im Eigentum eine Erweiterung unseres Selbst.

Der Philosoph Georg Friedrich Hegel war einer der ersten, der erkannt hat, welchen Einfluss das Eigentum auf unser Sein hat. Hegel ging davon aus, dass jeder Mensch die Vorstellung von seiner Persönlichkeit ausdrückt, indem er sie dem Eigentum einprägt. Indem das Individuum seinen Willen in Objekte der äußeren Welt legt, schafft dies seine Präsenz unter anderen Menschen. Arbeit ist in Hegels Gesellschaftstheorie eher eine kreative Äußerung als die bloße Verrichtung einer Tätigkeit, und das Produkt dieser Arbeit repräsentiert eine Aneignung der Welt und deren Vereinnahmung in die projizierte Persönlichkeit des Eigentümers:

> ... die Persönlichkeit ... ist das Tätige, sie [die vorgefundene Natur] aufzuheben und sich Realität zu geben, oder, was dasselbe ist, jenes Dasein als das ihrige zu setzen. [39]

Wenn jemandes Persönlichkeit im durch Arbeit zu Eigentum gewordenen Objekt immer präsent ist, wird Eigentum zur Erweiterung und Objektivierung dieser Persönlichkeit. Andere wiederum lernen jemandes Persönlichkeit in den Dingen, die er besitzt, kennen und erkennen sie darin. Hegel sah im Eigentum also mehr als nur eine Möglichkeit, Bedürfnisse zu befriedigen. Auf einer tieferen Ebene ist Eigentum ein Ausdruck persönlicher Freiheit. Wer sich mit Eigentum umgibt, dehnt seine Persönlichkeit in Zeit und Raum aus, baut eine Sphäre persönlichen Einflusses auf. Kurz: Er erschafft eine ausgedehnte Präsenz in der Welt.[40] Kein Wunder, dass der »Besitzerstolz« ein für das Zeitalter des Eigentums bestimmendes Muster und ein zentraler Wert gewesen ist.

Was jedoch geschieht in einer Gesellschaft, in der praktisch alles zugänglich ist, mit dem persönlichen Stolz und der individuellen Verpflichtung, die durch das Eigentum vermittelt sind? Und was geschieht mit Selbstständigkeit und Autonomie? Eigentum geht Hand in Hand mit Selbstständigkeit. Eigentum ist das Mittel, durch das wir eine Vorstellung unserer individuellen Autonomie in der Welt bekommen. Wenn wir auf die Mittel unserer Existenz nurmehr zugreifen, werden wir auf neue Art von anderen abhängig: ohne Vermittlung durch das Eigentum. Die Verbindungen mit den anderen werden einschränkender, die Abhängigkeiten größer. Riskieren wir damit, unselbstständiger und verletzlicher zu werden?

Die bis in die Tiefenstrukturen reichende Veränderung der zwischenmenschlichen Beziehungen, die sich auf dem Weg vom Eigentum zu bloßem Zugang zur Welt der Objekte ergeben, scheint uns im Entschluss noch zu bestärken, uns von den Dingen zu trennen, wobei das Ergebnis dieses Ausverkaufs weitgehend unklar ist. Wir empfinden es als Befreiung, uns von unseren Besitztümern zu trennen – um den Preis, unser Gefühl der Verpflichtung den Dingen gegenüber, die wir gestalten und benutzen, zu verlieren. Werden wir stärker in Beziehungsnetzwerke einbezogen, nur um in zunehmende Abhängigkeit von mächtigen Netzwerken kommerzieller Anbieter zu geraten?

Solche Fragen stellen sich mit noch größerem Ernst, wenn auch Wohnarrangements verzeitlicht werden. Wieder weicht – wie überall im Zeitalter des Zugangs – der Ort der Zeit, und die menschliche Aufmerksamkeit wird rar und begehrter als der physische Standort. Der Ort, der so lange der Kontext des Lebens gewesen ist und dazu beitrug, das Sein eines Menschen in der Welt zu charakterisieren, verliert in der heutigen, mobilen Höchstgeschwindigkeitsgesellschaft an Bedeutung.

Ein anderer deutscher Philosoph, Martin Heidegger, hat daran erinnert, dass das Wort *human* von *humus* abstammt, dem lateinischen Wort für den nährenden und fruchtbaren Boden. Nach der hebräischen Mythologie schuf Gott Adam aus Lehm. Unsere lange Verbundenheit mit dem Boden, die in Eigentumsbeziehungen und Eigentumsrechten verankert war und uns half, den Kern dessen zu bestimmen, was wir sind, löst sich auf. Die Revolution der elektronischen Medien hat wesentlich dazu beigetragen, die Dimension Zeit im Leben der Menschen gegenüber dem Raum aufzuwerten, indem sie Distanzen auslöscht und Menschen ungeachtet räumlicher Trennung in »Echtzeit« zusammenbringt. Telefon, Radio und Fernsehen sorgen dafür, dass der Standort nicht länger das Bleibende ist, um das herum Menschen soziale Beziehungen gestalten.

In seiner Kindheit vor der Zeit des Automobils, so erinnerte sich der Dichter Siegfried Sassoon, war jeder, der weiter als 15 Kilometer entfernt wohnte, nicht mehr auf einen Tagesbesuch zu erreichen: »Dumborough Park lag zwölf Meilen vom Wohnsitz meiner Tante entfernt. ... Meine Tante befand sich ganze zwei Meilen außerhalb des Umkreises, der Lady Dumboroughs ›Besuchsrunde‹ abgrenzte.«[41] Heute leben praktisch alle Menschen auf der Welt nur einen Telefonanruf voneinander entfernt.

Der Medienhistoriker und Kritiker Joshua Meyrowitz behauptet, dass die elektronischen Medien unseren Sinn für die »historische Geografie« grundlegend verwirren: »Wo wir uns physisch befinden, bestimmt nicht länger darüber, wer wir gesellschaftlich sind und wo wir gesellschaftlich stehen.«[42] Nirgendwo gilt diese Auffassung mehr als in der neuen Welt des Cyberspace, in der immer mehr Menschen immer längere Zeit in Beziehungen eingebettet verbringen, die keinen wie auch immer gearteten geografischen Rahmen oder Bezugspunkt haben. Unabhängig von einem festen räumlichen Bezug machen heute Millionen von Menschen Geschäfte oder gestalten ihr soziales Leben. Rasch haben virtuelle Adressen überall auf der Welt geografische Adressen ersetzt. Bemerkenswert ist, wie leicht und bereitwillig Menschen in ihren geschäftlichen und sozialen Unternehmungen jegliche geografische Beziehung aufgeben; auch dies zeugt davon, dass der Ort für das Leben der Menschen an Bedeutung verliert.

Während bereits ein großer Teil unseres bewussten Lebens ohne große Widerstände in die zeitbestimmtere Welt der Zugangsbeziehungen eingetreten ist, widersteht dem ein ursprünglicherer Teil unseres Wesens und bleibt im Boden und der Vorstellung des Raums verwurzelt. Der Boden bleibt unsere grundlegendste Verbindung, auch in einer elektronisch vernetzten Welt. Unsere bloße physische Existenz ist von der Erde um uns herum geliehen. Der große Physiker des 20. Jahrhunderts, Erwin Schrödinger, beschrieb das Wesen unseres Seins:

> So magst du dich hinwerfen auf die Erde, flach angedrückt an ihren Mutterboden in der gewissen Überzeugung: Du bist eins mit ihr und sie mit dir. Du bist so festgegründet und unverletzlich wie sie ... So sicher sie dich morgen verschlingen wird, so sicher wird sie dich neu gebären zu neuem Streben und Leiden.[43]

Wir sind mit älteren Schichten unseres Wesens genauso in die Geografie wie in Zeit eingebettet. Das Territorium ist also mehr als nur eine gesellschaftliche Konvention. Es ist auch ein Seinszustand. Vermutlich hat der Besitz eines eigenen Hauses auch darum etwas so überzeugendes. Hausbesitz lässt uns das alte Gefühl erleben, an einem Ort, in einem Territorium, in unseren Ursprüngen verwurzelt zu sein.

Trotzdem wird für viele Millionen Menschen, die sich für das Leben in einer der neuen Communities entschieden haben, der Besitz von Heim und Land dem Zugang zu Einrichtungen, Dienstleistungen und kommodifizierten Erfahrungen nachgeordnet. Den geschlossenen Wohnanlagen fehlt die Verwurzelung in der Geschichte, die gewachsene Gemeinschaften unverwechselbar macht. Die neuen Communities sind durch und durch geplant, werden nach detaillierten Entwürfen ohne historischen Bezug auf ein geräumtes Areal gestellt: es sind Gemeinschaften ohne Geschichte. Den Menschen, die in den Communities leben, gelten diese nicht als der Ort, »woher sie kommen.« Wenn es geografische Anknüpfungspunkte gibt, dann nur, wenn es darum geht, Dauer und Richtung des täglichen Pendelns zur Arbeit zu bestimmen. Wenige Menschen fühlen zu ihren Communities genauso starke Verwandtschaftsbande wie die Bewohner traditionellerer Gemeinschaften zu »ihrem Ort«. In diesem Sinn ging der große Wert, der mit dem Eigentum am eigenen Lebensort verbunden war, schon für viele Menschen verloren: ein Zeichen der Entwurzelung. An die Stelle des Verwurzeltseins tritt der leichtere temporäre Wert, sich kommerziellen Zugang zu einem sozialen Netzwerk gemeinsamer Erfahrungen und Lebensstile zu sichern.

Natürlich könnte man nicht weniger vehement vertreten, dass man es hinnehmen müsse, wenn die Verwurzelung am geografischen Ort und die Unterscheidung von Mein und Dein, die über Hausbesitz und Grundeigentum vermittelt sind, verschwinden und absterben. Schließlich ist der Weg, den die Menschheit auf ihrer historischen Odyssee genommen hat, getränkt vom Blut Unzähliger, die im Kampf um Eroberung oder beim Schutz des Territoriums geopfert wurden. So, wie der Besitz von Heim und Land die Menschen mit den Wurzeln ihrer irdischen Existenz verbindet, schafft er auch Trennungen und befördert Fremdenfeindlichkeit. Konflikte, Leid und Kriege sind die dunkle Seite des »territorialen Imperativs«. So könnte man durchaus sagen, dass die Menschheit langsam auf eine höhere Stufe vorrückt, indem wir die Bedeutung des Ortes verringern und den Wert der Beziehungen und Erfahrungen erhöhen. Dem mögen andere wiederum entgegenhalten, dass wir im Zeitalter des Zugangs, in dem Fragen von Mein und Dein in den Hintergrund rücken, unsere Verankerungen und das Gefühl der Verbundenheit mit den physischen und biologischen Grundlagen aufs Spiel setzen, denen wir unsere bloße Existenz und unser Sein in der Welt verdanken.

So bleibt die Frage: Kann die Einbettung in temporäre Netzwerke als ausreichender und sinnstiftender Ersatz für die Verwurzelung an einem Ort betrachtet werden? Ist Geografie ein unteilbarer Zusammenhang oder eher ein marginales Überbleibsel einer vergangenen Epoche? Sind verbindliche Raumbeziehungen ein wesentlicher Angelpunkt oder nur einer von vielen Aspekten, die wir berücksichtigen müssen? Während sich noch immer viele Menschen stark nach einem Ort sehnen, verspüren eben so viele andere den dringenden Wunsch, den Raum auszulöschen und ihre Existenz zu verzeitlichen. Das Ausmaß, in dem wir unsere Wohnarrangements von Eigentum auf Zugang umstellen, wird zu einem Test dafür, wie der Kampf zwischen zwei verschiedenen Empfindungen dessen, was wir im 21. Jahrhundert sind und sein wollen, entschieden wird.

TEIL II

DIE PRIVATISIERUNG DES KULTURELLEN GEMEINGUTS

KAPITEL 8

EIN NEUER KAPITALISMUS

Große historische Wandlungen, solche, die unser Denken und Handeln radikal verändern, bereiten sich meist schleichend und unbemerkt vor, bis wir eines Tages plötzlich feststellen, dass wir in einer ganz neuen Welt leben. So prägte der britische Historiker Arnold Toynbee den Ausdruck »Industriezeitalter« erst im 19. Jahrhundert, fast hundert Jahre, nachdem der Industriekapitalismus sich mit Macht auf die Bühne der Weltgeschichte gedrängt hatte.[1]

In ähnlicher Weise ist im 20. Jahrhundert ganz allmählich eine neue Form des Kapitalismus herangereift und schickt sich nun an, den Industriekapitalismus abzulösen. Mehrere hundert Jahre lang wurden materielle Ressourcen in Eigentum verwandelt, heute verwandeln wir immer häufiger kulturelle Ressourcen in Erlebnisse und Vergnügungen, die käuflich zu erwerben sind.

In der neuen Ära des kulturellen Kapitalismus zählt nur noch Access, die Verfügbarkeit; Eigentum wird für die Ordnung des Geschäftslebens immer bedeutungsloser. Eigentumsbeziehungen passen in eine Welt, deren ökonomische Hauptaufgabe die Verarbeitung, Produktion und Verteilung materieller Dinge ist. Materielle Dinge sind leicht zu bewerten, und weil sie quantifiziert werden können, kann man ihnen auch einen Preis geben. Sie lassen sich ohne Probleme austauschen. Zudem können sie stets nur das Eigentum einer Partei sein, womit sie der Erfordernis der Exklusivität entsprechen. Sie sind dinghaft selbstständig und, vom Grund-

und Gebäudebesitz abgesehen, mobil. Kurz, sie entsprechen den schlichten Vorstellungen, die Eigentumsbeziehungen prägen.

Im neuen »kulturellen Kapitalismus« herrschen weitaus kompliziertere Verhältnisse und Geschäftsbeziehungen. Es ist eine Welt der Symbole, Netze und Feedback-Schleifen, der Verbundenheit und Interaktivität, in der sich Grenzen verwischen und alles, was fest war, in Fluss gerät.

Die Ära, in die wir eintreten, wird dominiert von der allgegenwärtigen Präsenz digitaler Kommunikationstechniken und der kommerzialisierten Kultur. Beide schaffen ein neues und wirkungsvolles ökonomisches Paradigma. Immer weitere Bereiche unseres täglichen Lebens werden schon heute digital vermittelt. Kommunikation schafft Bedeutungen. Darum verläuft der Prozess, in dem alle Formen digitaler Kommunikation zur Ware werden, parallel zu dem, in dem auch die Beziehungen Warencharakter annehmen, in denen die gelebte Erfahrung – das kulturelle Leben – des Individuums und der Gemeinschaft zum Ausdruck kommen.

Stand die Kultur unserer bisherigen Erfahrung nach »über« dem Markt, weitgehend unabhängig von diesem, wird sie nun auch in die Sphäre der Ökonomie gezogen. Dies bewirken kommerzielle elektronische Kommunikationsmittel inzwischen in unserem täglichen Leben. Der Zugang zu gelebter Erfahrung tritt an die Stelle des klassischen Eigentums.

Kommunikation und Kultur

Selbst enthusiastische Verteidiger der aktuellen Revolution der Kommunikationsmittel müssen wissen, wie eng die Beziehung zwischen Kommunikation und Kultur ist. Wenn Kultur, mit den Worten des Kulturanthropologen Clifford Geertz, in den »Bedeutungsnetzen« besteht, die Menschen um sich herum spinnen, dann sind alle Kommunikationsmittel – Sprache, Kunst, Musik, Tanz, geschriebene Texte, Filmaufnahmen, Software – die Werkzeuge, die wir Menschen benutzen, um diese Bedeutungsnetze zu interpretieren, zu reproduzieren, zu erhalten und zu transformieren. »Mensch zu sein«, so der Medientheoretiker Lee Thayer, heißt, »sich *in* Kommunikation mit *irgendeiner* menschlichen Kultur zu befinden. In einer Kultur zu leben, heißt, die Welt in einer Weise zu sehen und zu kennen – zu kommunizieren –, die in dieser bestimmten Kultur täglich reproduziert wird.«[3] Dem Anthropologen Edward T. Hall verdanken wir den Hinweis, dass »Kommunikation den Kern der Kultur, ja des Lebens selbst ausmacht«.[4] Die Verbindung zwischen den Kommunikationsmitteln und der Kultur ist also unauflöslich. »Kultur kommuniziert«, so die lapidare Feststellung des Anthropologen Edmund Leach.[5]

Informationsspezialisten und -ingenieure haben einen engeren Blickwinkel, sie sehen Kommunikation vor allem als Übermittlung von Nachrichten. Ihr Augenmerk gilt dem Vorgang, in dem Sender und Empfänger effektiv und mit möglichst wenig Nebengeräuschen Signale kodieren, dekodieren und nutzen. Dieses auf das technische Verfahren bezogene Verständnis von Kommunikation geht auf die Pionierarbeiten von Norbert Wiener und anderer Kybernetiker in den späten vierziger und frühen fünfziger Jahren zurück. Es beschäftigt sich damit, wie eine Person Kommunikationsmittel nutzt, um das Verhalten oder Bewusstsein und Gefühle einer anderen Person zu beeinflussen.

Die Anthropologie dagegen betrachtet Kommunikation als den Vorgang, durch den gesellschaftlich Sinn geschaffen wird. Die Semiotik, deren Wegbereiter der Schweizer Linguist Ferdinand de Saussure und der amerikanische Philosoph Charles Saunders Pierce waren, untersucht, wie Kommunikation Bedeutung schafft, gemeinsame Werte reproduziert und Menschen in gesellschaftliche Beziehungen einbindet. Die Strukturalisten wiederum interessieren sich dafür, wie Sprache, Mythen und andere symbolische Systeme genutzt werden, um der gemeinsamen gesellschaftlichen Erfahrung Sinn zu geben.[6] Auf diese Weise werden Kommunikation und Kultur zum Ausdruck des jeweils anderen.

Es ist also kein Zufall, dass Kommunikation und Kommunität, das alte Wort für Gemeinschaft, dieselbe Wurzel haben. Gemeinschaften wurzeln darin, dass ihre Mitglieder Bedeutungen und Kommunikationsformen teilen. Das mag banal klingen, doch diese Beziehung wird in Diskussionen über das, was Kommunikation ist, häufig übersehen. Immer wieder wird angenommen, Kommunikation sei ein Vorgang an und für sich, unabhängig vom sozialen Kontext, den sie interpretiert und reproduziert. Dabei haben gerade die Anthropologen gezeigt, dass sich Kommunikation nicht von Gemeinschaft und Kultur trennen lässt. Keine der beiden Seiten funktioniert und besteht ohne die andere. Wenn, dies vorausgesetzt, alle Formen der Kommunikation zu Waren werden, dann wird unausweichlich auch der Stoff der Kommunikation zur Ware, nämlich die kulturellen Produktionen. Wir sind derzeit Zeugen dieses Vorgangs. Unaufhaltsam wird die gemeinsame Erfahrung, die dem menschlichen Leben Bedeutung verleiht, in den Medienmarkt gezogen, wo sie kommerziell ausgewertet wird. Marketing- und Cyberspace-Experten sprechen darüber, dass die neuen Informations- und Kommunikationstechniken als Beziehungswerkzeuge benutzt werden, und predigen das Evangelium neuer Geschäftsbeziehungen, die auf dem Verkauf von persönlicher Erfahrung, der wirtschaftlich geprägten Gestaltung langfristiger Kundenbeziehungen und dem Aufbau von Interessengemeinschaften gründen. Dabei haben sie, bewusst oder unbewusst, im Kopf, dass auch die kulturellen Gemeinsamkeiten kommerziell erobert, also enteignet, und zur Ware werden müssen.

Herbert Schiller, emeritierter Professor für Kommunikation an der University of California in San Diego, beobachtet wehmütig, dass »Sprache, Drama, Ritual, Musik und die visuellen und plastischen Künste von Beginn an lebendige, ja notwendige Elemente der menschlichen Erfahrung gewesen sind«. Etwas ganz anderes jedoch seien die »unablässigen und erfolgreichen Versuche, diese elementaren Ausdrucksweisen menschlicher Kreativität von ihren Ursprüngen in einer Gruppe oder Gemeinschaft zu trennen, um sie eben jenen *zu verkaufen*, die für sie bezahlen können«.[7]

Belege für diesen Vorgang finden sich allenthalben. Die Kulturindustrien – ein Ausdruck, den die Gesellschaftswissenschaftler Theodor W. Adorno und Max Horkheimer in den vierziger Jahren geprägt haben – sind der am schnellsten wachsende Sektor in der globalen Wirtschaft. Zu den kommerziell bedeutsamsten Bereichen im Zeitalter des Zugangs zählen der Film, Radio und Fernsehen, die Plattenindustrie, der globale Tourismus, Einkaufszentren, Unterhaltungszentren, Themenstädte, Themenparks, Mode, Küche, Profisport und -spiele, Glücksspiel, Wellness, die simulierten Welten und virtuellen Realitäten des Cyberspace.

Für das kulturelle Leben, sofern es eine gemeinsame Erfahrung von Menschen ist, sind Fragen des Zugangs und der Zugehörigkeit von großer Bedeutung. Man ist entweder Mitglied einer Gemeinschaft und einer Kultur und hat darum Zugang zu deren gemeinsamen Bedeutungs- und Erfahrungsnetzwerken oder man ist ausgeschlossen. In einer Wirtschaft der Netzwerke zerfällt die von allen gemeinsam gelebte Kultur in fragmentierte, kommerziell aufbereitete Erfahrungen, also werden auch die Zugangsrechte in ähnlicher Weise aus dem Bereich der gesellschaftliche Interaktion in den Bereich des Kommerziellen wandern. Ob man Zugang erhält oder nicht, wird nicht länger auf gesellschaftsimmanenten Kriterien beruhen – auf Traditionen, Durchfahrtsrechten, Familien- und Verwandtschaftsbeziehungen, Ethnizität, Religion oder Geschlecht –, sondern eher darauf, dass und ob man sich in der kommerziellen Arena Zugänge leisten kann.

Der Aufstieg der kulturellen Produktion

Die Transformation vom industriellen zum kulturellen Kapitalismus und von Eigentums- zu Zugangsrechten hat sich langsam vorbereitet. Die Anfänge des Wandels können bis zum Ende des 19. Jahrhunderts zurückverfolgt werden. In der spätviktorianischen Zeit bildeten sich verschiedene gesellschaftlich wirksame Kräfte heraus, deren Einflüsse erst jetzt zu spüren sind, in unserer Zeit, in der die globale Wirtschaft den letzten Übergang zur kulturellen Produktion als der dominanten Form von Geschäftstätigkeiten vollzieht.

Der Soziologe Daniel Bell teilt moderne Zivilisationen in drei eigenständige, jedoch zusammenhängende Sphären auf: Wirtschaft, Politik und Kultur. Nach Bell ist es ein wesentliches wirtschaftliches Prinzip, alle Ressourcen zu ökonomisieren. In der politischen Sphäre ist Teilhabe der höchste Wert. In der kulturellen Sphäre besteht der Wert in Selbsterfüllung und -verbesserung.[8] Im Laufe des letzten Jahrhunderts haben die Werte der politischen und der kulturellen Sphäre zunehmend Warencharakter angenommen.

Selbst die Konzepte von demokratischer Teilhabe und individuellen Rechten haben ihren Weg auf den Markt gefunden: Derzeit nehmen sie in Konsumentensouveränität und Konsumentenrechten neue Gestalt an. Für Millionen von US-Amerikanern wurde das Recht, etwas kaufen und besitzen zu können, als Ausdruck persönlicher Freiheit nach und nach bedeutsamer als die Ausübung des Wahlrechtes an der Wahlurne. Wir dürfen nicht vergessen, dass das Wort Konsumtion im Englischen bis ins 19. Jahrhundert hinein nur eine negative Konnotation besaß. Konsum bedeutete »verwüsten, plündern, erschöpfen, verringern«. Noch bis in die dreißiger Jahre bezeichneten die Mediziner die Verheerung von Zellgewebe durch die Tuberkulose als »Konsumtion«. Als Markenprodukte eingeführt, die in Geschäften verkauft wurden und, nicht zuletzt durch massenhafte Werbung und Marketingkampagnen, weite Verbreitung fanden, bekam der Akt des Konsumierens eine positive Bedeutung und wurde zum Leitbild glorifiziert. Den Massen der Einwanderer in die USA, die am amerikanischen Traum teilhaben wollten, war weniger am Ideal staatsbürgerlicher Partizipation gelegen, obwohl diese in den Schulen und Festreden gepriesen wurde, als an der lockenden Vielfalt der Waren, unter denen man in den Einkaufspalästen wählen konnte. Politische »Partizipation« verlor ihren Vorrang, in den Vordergrund rückte die Möglichkeit der Teilhabe der Konsumenten am Markt und seiner unbegrenzten Auswahl.

Die Kultur jedoch blieb für eine Zeit lang Zuflucht jener Kritiker, die vor der alles durchdringenden Präsenz materieller Werte warnten. Zunächst die Romantiker und später die Bohemiens suchten nach Selbsterfüllung in der Natur und in den Künsten, hofften darauf, einen nicht materiellen Weg zum Fortschritt zu finden. »Der Mensch«, hieß es, »lebt nicht vom Brot allein.« Künstlerbünde und Sezessionen traten an, um Geist und Seele der Menschen zu bilden, man betrachtete die Künste und die ästhetische Erfahrung als Tonikum des Lebens, das man von Alltagstrott und dem Zwang materieller Akkumulation befreien wollte.

Diesen Kritikern der Gesellschaft ging es eher um die Entwicklung der Persönlichkeit als um rein materiellen Reichtum. Doch wurde der von ihnen in kritischer Absicht artikulierte Wunsch nach Selbsterfüllung allmählich ins kommerzielle Geschehen hineingezogen, so wie die Teilhabe aus der bürgerlich-politischen Sphäre herausgerissen und als Konsumentenwert auf dem Markt Einzug hielt.

Der Weg, auf dem der Ethos des Konsums und der Selbsterfüllung, die lange auseinanderliefen, im 20. Jahrhundert allmählich eine gemeinsame Grundlage im kapitalistischen Markt fanden, ist eines der spannendsten und auch erhellendsten Kapitel der Wirtschafts- und Gesellschaftsgeschichte. Ironischerweise waren es die Künste, die wichtigsten Kommunikationsmittel für kulturelle Normen, die diese beiden scheinbar unvereinbaren Werte zusammenbrachten.

Die Künste sind die anspruchsvollsten Medien menschlichen Ausdrucks. Hoch differenziert und geschaffen, um die wesentlichen kulturellen Bedeutungen zu kommunizieren, organisieren und kommunizieren sie gesellschaftliche Erfahrung auf eine Weise, die nachdrücklicher auf Menschen wirkt als jede ökonomische oder politische Kommunikation. So zeugen die bleibenden Wirkungen der Rockmusik und neue Formen der Musik und des Tanzes auf die soziale Psyche der Generation der Baby-Boomer in den sechziger und siebziger Jahren von der Macht künstlerischer Produktionen, die gesellschaftliche Bedeutung vermitteln und eine Vorstellung gemeinsamer Werte schaffen.

Während der Epoche der Romantik, im Übergang vom 18. zum 19. Jahrhundert, standen Kunst und Künstler der Gesellschaft kritisch gegenüber und verteidigten die Sinneseindrücke. Sie fanden einen Ausdruck für jene Gefühle und Wünsche, die von der Philosophie rationaler Aufklärung und von den Erfordernissen unterdrückt wurden, die der industrielle Markt stellte. In einer Welt, die nach Prinzipien der Effizienz, Nützlichkeit, Objektivität und Distanz organisiert war, die fixiert war auf materielle Werte und die Akkumulation von Eigentum, vermittelten die Künstler jene andere Seite menschlicher Erfahrung – all das, was aus den Grenzen eines industriellen Lebensstils auszubrechen strebte. Mit den ästhetischen Produktionen dieser Künstler zeigte die Moderne ihr Janusgesicht. Sie setzten der gesellschaftlichen Objektivität die Subjektivität der Kunst, der Einförmigkeit der Industrieproduktion die Kreativität des Künstlers entgegen. Kunst und Künstler kommunizierten Gefühle der Hingabe und Ekstase, der Befreiung vom monotonen Gleichlauf des puritanischen Lebensstils, der die Menschen an Werkbank und Maschine zwang. Die Künstler gaben dem Sehnen jener Menschen Gestalt, die in einer Welt der Massenprodukte und der Anonymität Ausdruck und Erfüllung für das eigene Selbst finden wollten.

Anfang der zwanziger Jahre übernahm noch einmal eine neue Generation von Künstlern und Intellektuellen der Boheme die Rolle der künstlerischen Opposition, das geschah zum Beispiel an Orten wie Greenwich Village in New York. Diese neuen Künstler identifizierten sich nicht mit der protestantischen Ethik, die weiterhin die asketischen Werte der Selbstaufopferung, harter Arbeit und der Sublimation körperlicher und emotionaler Vergnügungen propagierte. Sie feierten, so Mike Featherstone, Professor für Sozialtheorie an der Nottingham Trent University in Großbritannien,

»das Leben für den Augenblick, den Hedonismus, die Selbstdarstellung, die Schönheit des Körpers, das Heidentum, die Freiheit von sozialen Verpflichtungen, die Kultivierung von Stils und die Stilisierung des Lebens«.[9] Wie es das Schicksal wollte, wurden ihre Empfindungen, die doch als Widerstand gegen das herrschende kapitalistische System gemeint waren, vom Wirtschaftssystem aufgesogen – als ideales Mittel, die damals beginnenden Wehen des Übergangs vom Produktions- zum Konsumptionsmodus zu befördern. Während der ersten hundert Jahre kapitalistischer Entwicklung lag der Schwerpunkt auf Sparen, Kapitalbildung, Organisation der Produktionsweisen und Disziplinierung der Arbeitskräfte. Sein Erfolg stellte das System kapitalistischen Wirtschaftens in den ersten Jahrzehnten des 20. Jahrhunderts vor eine neue Herausforderung: Man musste die akkumulierten Warenbestände, mit denen die Fabriken mit ihren Montage- und Förderbändern das Land überschwemmten, absetzen. Die Unternehmer sahen eine Chance, ihre Probleme zu lösen, wenn sie ihre Ware gänzlich neu verpackten beziehungsweise vermarkteten.

Wenn der ältere, an der Produktion orientierte Kapitalismus Kreativität, Selbsterfüllung und den Wunsch nach Vergnügen und Spiel unterdrückt hatte, so setzte der neue konsumorientierte Kapitalismus diese aufgestauten Bedürfnisse frei: Er suchte die Unterstützung der Künste, um eine alles durchdringende Konsumkultur aufzubauen. Er lockte die Künste aus der kulturellen Nische, wo sie die wichtigsten Vermittler kollektiver Werte gewesen waren, auf den Markt. Dort wurden sie zur Geisel von Werbefirmen und Marketingberatern, die angeheuert waren, um einen »Lebensstil« zu verkaufen.

Der Ausdruck »Konsumkultur« wurde in den zwanziger Jahren geprägt. Werbeleute schnappten sich die damals besten jungen Schriftsteller, Künstler und Intellektuellen und setzten sie an die Aufgabe, kommerzielle Produkte mit der Aura kultureller Bedeutungen zu versehen. Kreativität, Selbsterfüllung, einen Sinn für die Gemeinschaft und geistige Erhebung – alles Erfahrungen, nach denen man normalerweise in der kulturellen Sphäre sucht – wurden Produkten und Dienstleistungen zugeschrieben und damit käuflich. Im Verlauf dieses Prozesses trat der Nutzwert von Dingen und Dienstleistungen hinter ihren psychologischen Wert zurück.

Die Werbeleute setzen erfolgreich eine ganze Reihe verschiedener Medien, so etwa Farblithografie, Film, Druck und Grafik ein, um die psychische Energie des Publikums marktwirtschaftlich zu nutzen. Die neuen Kommunikationstechniken und künstlerisch aufgewerteten Medien verschafften dem kapitalistischen Markt einen mächtigen Vorteil vor den traditionellen Formen des kulturellen Lebens wie Malerei, Tanz, Lied, Theater, Paraden, Festivals, Sport und Spiel und staatsbürgerlicher Teilhabe. Sie waren, um gemeinsame Erfahrungen zu stiften, in hohem Maß auf direkte Beteiligung angewiesen. Nun aber konnten kulturelle Produktionen durch elektronische Medien häppchenweise ausgenutzt und über große Distanzen hinweg rasch verbreitet werden. Das brachte einer großen Zahl von Menschen kulturelle Erfahrungen nahe, deren Gemeinsamkeit nur simuliert war, die zwar weniger vertraut, oft aber verführerischer und unterhaltsamer waren als die traditionellen. Die in lokalen Zusammenhängen produzierte Kunst und Kultur wurde in einen harten Wettbewerb mit den technisch beziehungsweise elektronisch hergestellten und über die neuen Kanäle von Film und Radio überall hin verbreiteten Kunstformen gedrängt.

Weil die Künste – und die Künstler – vom Markt angeeignet wurden, blieb die Kultur ohne eigene Stimme zurück, die eine kollektive Bedeutung hätte interpretieren und reproduzieren oder auf dieser hätte aufbauen können. Die Folgen dieser Kapitulation waren bis in die sechziger Jahre hinein kaum sichtbar. Als Andy Warhol mit seinen Reproduktionen enthüllte, dass so banale Dinge wie Campbell-Suppendosen und andere Konsumartikel als Kunstwerke zu betrachten seien, war der Übergang von traditioneller zur Konsumkultur schon weit fortgeschritten. Kunst, einst eine Gegnerin der Werte des Marktes, war nun dessen wichtigster Apostel und das wichtigste Kommunikationsmittel für dessen Werte.

Heute jedoch steht der Kapitalismus einer neuen Herausforderung gegenüber. »Es gibt nichts mehr zu kaufen«: Mit diesem Satz hat der Videokünstler Nam June Paik die Situation auf den Punkt gebracht.[10] In den reichen Ländern, und besonders unter den oberen 20 Prozent der Weltbevölkerung, die weiterhin die vielen Früchte des kapitalistischen Lebensstils genießen, ist der Sättigungspunkt erreicht. Der Wert, den man aus zwei oder drei Autos, einem halben Dutzend Fernseher und Geräten jeglicher Art, die alle erdenklichen Bedürfnisse und Wünsche bedienen, ziehen kann, ist begrenzt.

An diesem Scheideweg durchlebt der Kapitalismus seine letzte Wandlung: Er wird zu einem voll entfalteten kulturellen Kapitalismus, der sich nicht nur die Bedeutungen des kulturellen Lebens und die dazugehörigen Kommunikationsformen zu eigen macht, sondern die gelebte Erfahrung selbst. Alvin Toffler ist einer unter der wachsenden Zahl von Zukunftsforschern, die sich vorstellen, wie die Unternehmen von morgen ganze Abschnitte des Lebens vieler Menschen planen und managen werden:

> Die Erfahrungs-Macher werden schließlich einen Grundsektor – wenn nicht den wichtigsten Sektor – der Wirtschaft bilden. (Damit) wären wir die erste Kultur in der Geschichte, die komplizierte Technik dazu benutzt, um das flüchtigste und doch dauerhafteste Produkt herzustellen: die menschliche Erfahrung.[11]

Norman Denzin, Soziologe an der University of Illinois, beschreibt im Anschluss an den französischen Postmodernisten Guy Debord den epochemachenden Wandel der menschlichen Beziehungen, den die eigentlichen Kräfte des kulturellen Kapitalismus hervorgebracht haben: »Gelebte Erfahrung ist die letzte Stufe der Verdinglichung von Waren. Mit anderen Worten, gelebte Erfahrung ... ist zur letzten Ware in der Zirkulation des Kapitals geworden.«[12]

Im neuen Zeitalter wird der Zugang zur gelebten Erfahrung käuflich. Wirtschaftsprognostiker und -berater sprechen von den neuen Erfahrungsindustrien, von Erfahrungsökonomie oder Erfahrungswirtschaft; Begriffe, die noch vor wenigen Jahren gar nicht existierten. Erfahrungsindustrien, zu denen vom Reisen bis zur Unterhaltung sämtliche kulturellen Aktivitäten gehören, werden die neue globale Wirtschaft dominieren. Dazu der Zukunftsforscher James Ogilvey:

> Das Wachstum der Erfahrungsindustrie repräsentiert eine Übersättigung mit den *Dingen*, die die industrielle Revolution produziert hat. ... Heutige Konsumenten fragen sich kaum noch: Was möchte ich *haben*, was ich nicht schon habe; sie fragen stattdessen: Was möchte ich *erfahren*, was ich noch nicht erfahren habe?[13]

Wie andere Analytiker kapitalistischer Trends auch, hat Ogilvey ein Gespür für die Bedeutung der Wandlung von einer industriellen Wirtschaft zu einer Erfahrungsökonomie: »Die Erfahrungsindustrie dreht sich darum, mit allem zu handeln, was unser Herz schneller schlagen lässt.«[14] Obwohl er deren Kritikern zustimmt, die sich »auf das Zur-Ware-Machen der Leidenschaft konzentrieren«, geht er doch davon aus, dass »Leidenschaften weniger gefährlich« sind, wenn sie durch den Markt begrenzt werden, als »wenn sie durch die Sublimierungen der Religion und der Politik hindurch ausbrechen«.[15]

Die Managementberater B. Joseph Pine und James Gilmore raten ihren Kunden: »In der sich ausbreitenden Erfahrungsökonomie müssen Unternehmen erkennen, dass sie *Erinnerungen* produzieren, keine Güter.«[16] So raten sie den Produzenten dringend, ihre Waren zum »Erlebnis zu machen«. Autohersteller etwa sollten sich darauf konzentrieren, das »Erlebnis des Fahrens« zu verbessern, Möbelhersteller entsprechend das »Sitzerlebnis«, Gerätehersteller das »Wasch- und Kocherlebnis« und Kleidungshersteller das »Trageerlebnis«.[17]

Pine und Gilmore berichten, dass die Beschäftigungszahlen in der Erlebnisindustrie fast doppelt so schnell wachsen wie im gesamten Dienstleistungssektor.[18] Die Geburt der Erlebnis- und Erfahrungsindustrie ist die nächste Evolutionsstufe des kapitalistischen Systems, das zunächst – durch die Einhegung des Gemeineigentums – dem Grundbesitz Warencharakter gab, dann die Heim- und Handwerksproduktion zur Warenproduktion machte und sich schließlich die Familien- und Gemeinschaftsfunktionen vornahm. Nun bekommt unsere gesamte Existenz Warenform: nicht nur die Lebensmittel und Dinge, die wir herstellen, sondern auch die Dienste, die wir für einander leisten und zuletzt unsere gemeinsame kulturelle Erfahrung.

Tourismus – Die erste der Kulturindustrien

In allen Ländern sind Unternehmen damit beschäftigt, kulturelle Erlebnisse und Erfahrungen zu Angebotspaketen zu schnüren. Der sichtbarste und mächtigste Ausdruck der neuen Industrie ist der globale Tourismus – eine Form kultureller Produktion, die vor nur einem halben Jahrhundert an den Rändern des Wirtschaftslebens entstand und inzwischen zu einer der größten Branchen geworden ist. Tourismus verkauft nichts anderes als die zu einer bestimmten Ware gemachten kulturellen Erfahrungen.

Nach Lebensmitteln und Wohnen stehen Erholungs- und Vergnügungsreisen an dritter Stelle der Ausgaben von Privathaushalten.[19] Nach Angaben des World Travel and Tourism Council (WTTC) produziert diese Branche mehr als 11 Prozent des weltweiten Bruttosozialproduktes und wird ihren Anteil daran bis ins Jahr 2008 vermutlich auf über 20 Prozent verdoppeln.[20] Weltweit sprangen Reisen und Tourismus von einem Volumen von 1,9 Billionen US-Dollar im Jahr 1987 auf 3,7 Billionen US-Dollar im Jahr 1998 und werden 2008 mehr als 7,5 Billionen US-Dollar erreichen.[21] Der Reise- und Tourismusindustrie gelten heute 7,5 Prozent aller Kapitalinvestitionen weltweit, für einige Länder produzieren sie die wichtigste, auf dem Weltmarkt handelbare Ware. 1998 wurden weitere 779 Milliarden US-Dollar neu investiert; eine

Summe, die weltweit auf geschätzte 1,8 Billionen im Jahr 2010 springen wird.[22]

Gegenwärtig arbeiten auf der ganzen Welt über 230 Millionen Menschen – immerhin 10 Prozent aller Arbeitskräfte – auf Arbeitsplätzen, die die Reise- und Tourismusindustrie geschaffen hat.[23] Sie ist in Australien, Kanada, Frankreich, Deutschland, Italien, Japan, den Vereinigten Staaten, in England und Brasilien die Hauptarbeitgeberin.[24] In Nordamerika beschäftigt dieser Sektor 20,8 Millionen Menschen, in der Europäischen Union mehr als 22 Millionen, in Nordostasien 77,6 Millionen, in Südostasien 33,7 Millionen, in Osteuropa 15,2 Millionen und in Lateinamerika 9,9 Millionen Menschen.[25] Man erwartet, dass diese Branche in den nächsten 10 Jahren noch 100 Millionen zusätzliche Arbeitsplätze schafft.[26]

Vor 20 Jahren reisten 287 Millionen Menschen ins Ausland. 1996 waren es mehr als 595 Millionen Menschen. Die World Tourism Organization sagt für das Jahr 2020 voraus, dass mehr als 1,6 Milliarden der bis dahin vermutlich 7,8 Milliarden Erdbewohner ins Ausland reisen werden.[27] Die G7-Staaten – die Vereinigten Staaten, Japan, Deutschland, England, Italien, Frankreich und Kanada – stellen 30 Prozent aller Touristen auf der Welt.[28] Während sich Wirtschaftsfachleute die Weltwirtschaft in Begriffen der industriellen Produktion, herkömmlicher Dienstleistungen und Informationsgüter vorstellen, hat der Tourismus diese traditionellen Bereiche längst in den Schatten gestellt.

Das Wort *Tourist* wurde zum ersten Mal im frühen 19. Jahrhundert gebraucht: zur Bezeichnung von jungen britischen Aristokraten, für die es üblich wurde, drei Jahre lang durch Europa zu reisen, um ihre kulturelle Bildung abzurunden, bevor sie ihre Karriere starteten.[29] In den vierziger Jahren des 19. Jahrhunderts machte der Siegeszug der Eisenbahn das Reisen und den Tourismus für die Mittelklasse und später sogar für Arbeiterfamilien erschwinglich. In England zum Beispiel transportierte die Eisenbahn die Menschen aus Birmingham und anderen großen Städten zu Wochenendausflügen ans Meer.[30]

Zu einem regelrechten Geschäft wurde der Tourismus in den Händen von Thomas Cook, den viele als den Vater der modernen Reise- und Tourismusindustrie betrachten. Er war der erste, der Pauschalreisen anbot und verwandelte damit das Reisen in eine Erfahrung, die man komplett kaufen kann. Die Anfänge waren bescheiden: Cook organisierte Bahn-Pauschalreisen zu verbilligten Tarifen für Hunderte von Mitgliedern der Abstinenzlervereinigung, die aus Derby und Nottingham in den Midlands zu einer Massenversammlung reisten, die in Leicester abgehalten wurde.[31]

Cook konnte eine neue Klasse von Konsumenten fürs Reisen gewinnen. Viele von ihnen waren hart arbeitende Fachleute – Lehrer, Angestellte, Rechtsanwälte, Buchhalter –, die ihren Erfahrungshorizont erweitern wollten. Cooks Unternehmen half ihnen, dieses Bedürfnis zu befriedigen und löste damit eine kommerzielle Revolution aus, deren volles Potenzial erst heute, in der globalen Wirtschaft, erkannt wird.

Natürlich wäre Cooks Erfolg mit den pauschalierten kulturellen Erfahrungen ohne die schwungvolle Entwicklung der Transport- und Kommunikationstechniken nicht möglich gewesen. Eisenbahn und Dampfschiff setzten die Entfernungen außer Kraft, denn mit diesen Transportmitteln konnten sehr viele Leute für eine Nacht, für ein Wochenende oder länger an einen fremden Ort gelangen. Mit dem Telegrafen und später dem Telefon ließen sich Reisen von Reisebüros aus koordinieren, was einen verlässlichen Service und eine sichere Reise garantierte. Dampfkraft und Elektrizität ließen Raum und Zeit schrumpfen und verwandelten das Travelling von der Arbeit (travail) in ein Vergnügen. Kulturen, die einst durch Geografie und Zeit getrennt waren, rückten einander nahe, wurden erreichbar und zu Objekten derer, die Warenpakte schnürten.

Im Jahr 1856 veranstaltete Cook seine erste »grand tour« durch Europa, wenige Jahre später folgten Reiseangebote in die Vereinigten Staaten und ins Heilige Land.[32] Die Segel für die erste von seinem Unternehmen organisierte Reise rund um die Welt wurden 1872 gesetzt. Im Jahr 1880 unterhielten die Söhne Cooks bereits 60

Büros im Ausland und gaben einen Reise- und Touristenführer in fünf Sprachen heraus: *The Excusionist*.[33] Cook war auch der erste, der mit Massenanzeigen, Marketingkampagnen und besonderen Angeboten Kunden zu gewinnen suchte. Die Cook-Agentur wurde damit zu einem der ersten international tätigen Unternehmen, das an seinem Markennamen erkannt wurde.

In einem Brief des amerikanischen Schriftstellers Mark Twain – und er war nicht der einzige, der das Loblied auf Cook sang – heißt es:

> Cook hat das Reisen leicht und zu einem Vergnügen gemacht. Er verkauft Ihnen ein Ticket zu jedem Ort auf der Welt. ... Er bietet Ihnen überall Hotels an, ... und es kann Ihnen nicht zuviel berechnet werden, weil die Coupons zeigen, wieviel sie bezahlen müssen. Die Angestellten von Cook auf den großen Bahnhöfen kümmern sich um Ihr Gepäck, rufen ein Taxi, ... beschaffen Ihnen Führer ... oder auch alles andere, was Sie wollen, und machen so das Leben angenehm und befriedigend für Sie. Cook ist überall Ihr Bankier, und sein Haus Ihre Unterkunft, wenn Sie in den Regen kommen. ... Ich habe Ihrer Grace empfohlen, mit Cooks Tickets zu reisen; und das tue ich ohne Verlegenheit, denn ich bekomme keine Provision. Ich kenne Cook nicht.[34]

Cook machte das Reisen und den Tourismus für Angehörige der Mittel- und Arbeiterklasse erschwinglich, indem er sein Angebot standardisierte und in Massenproduktion auflegte, genauso wie Henry Ford dies fünfzig Jahre später mit Automobilen tun sollte. Die Organisationsprinzipien, nach denen er kulturelle Erfahrungen produzierte, legte die Grundlage für die Reise- und Tourismusindustrie. Und sie sind bis heute die Organisationsbasis für fast die gesamte restliche Erlebnis- und Erfahrungsindustrie.

Cook war klar, dass man, um Erlebnisse zum käuflichen Angebot zu machen, ein ganz anderes Gespür für die Bedürfnisse haben musste, als wenn man Güter oder einfache Dienstleistungen verkaufen will. Er erkannte früh, dass die Beziehung zwischen Verkäufer und Käufer in eine zwischen Anbieter und Nutzer beziehungsweise zwischen Anbieter und Kunde verwandelt werden musste. Nur das konnte Erfolg garantieren. Er fasste zusammen, was zuvor sich beim Reisen in diskreten Markttransaktionen zwischen verschiedenen Verkäufern und Käufern abgespielt hatte. Damit leitete er eine neue Ära der direkten Kundenbindung ein, die auf dem Prinzip des bezahlten Zugangs zu umfassenden Dienstleistungen beruhte. Gegen einen im Voraus zu entrichtenden Preis bot er seinen Kunden alles an, was sie brauchten, während sie sich in seiner Obhut befanden – von Transport, Verpflegung und Unterkunft bis zu Ausflügen und Geldwechsel. Mit diesem Geschäftsprinzip griff er den Gesundheitsorganisationen und anderen heutigen Unternehmen vor, die Rundum-Versorgung gegen feste, im Voraus zu zahlende Gebühren anbieten. In dieser Hinsicht hätte er es verdient, als der Vater der kulturellen Produktion überhaupt bezeichnet zu werden: Er war der erste, der den Erlebniskapitalismus praktiziert hat.

Mit Cooks Reisen drang der Markt in kulturelle Bereiche vor. Heute jedoch wird die Kultur auf den Markt gebracht. In den letzten Jahren ist der Tourismus immer mehr zu einer inszenierten kommerziellen Unterhaltung geworden und hat immer weniger mit Kultur zu tun. Zwar reist man auch heute noch, um Fremdes kennen zu lernen, doch sind die aktuellen Reiseangebote ihrem Wesen nach theatralisch geworden. Das Ziel ist Fun: Man will sich mindestens so sehr amüsieren und unterhalten wie bilden und aufklären, und wenn das lokale Ambiente am Reiseziel nicht genug interessante und evokative Erlebnisse bietet, dann werden diese oft hergestellt, um jedem Kunden eine vorhersehbare und gleiche Reiseerfahrung zu garantieren.

Tourismus und Unterhaltung verschmelzen miteinander in kulturellen Produktionen, die eher eine Simulation von Erfahrung sind als tatsächlich eine authentische Erfahrung. In *A Continent of Islands* erzählt Mark Kurlansky davon, wie eine lokale Einrichtung in Curaçao beschloss, touristische Sehenswürdigkeiten wie Kirchen und Villen um Bauernhütten zu erweitern, weil die Touristen sich unter die »Einheimischen« mischen wollten. Die Einrichtung schloss einen Vertrag mit John Scoop, dem 80-jährigen Sohn eines Sklaven, und bezahlte ihm einen Zuschuss, damit er sein mit Maisstroh gedecktes ehemaliges Sklavenhaus als »lebendiges Museum« erhielt:

> Scoop führte die Menschen durch sein Einraum-Haus mit traditionellen Werkzeugen und einer Kopie der Befreiungsurkunde von 1868. ... Er wollte modernisieren, aber seine Mutter hatte es ihm verboten. Nun wurde er dafür bezahlt, alles so zu lassen, wie es war.[35]

Rekonstruktionen von landschaftlichen oder historischen Szenerien werden bei einem Publikum immer populärer, das an Themenparks wie Disney World gewöhnt ist. Williamsburg in Virginia zum Beispiel ist eine geschmackvolle, aus dem Nichts aufgebaute Südstaatenstadt aus der Revolutionszeit, komplett ausgestattet, bevölkert mit Händlern und Ladenbesitzern in historischer Kleidung vor gut gefüllten Regalen. Die Touristen sind eingeladen, eine vergangene Zeit nachzuempfinden. Diese arrangierte Authentizität wird inzwischen in vielen Staaten der USA zur Norm. Einige amerikanische Städte haben ihre Zentren mit »thematischen« Rekonstruktionen verjüngt, so etwa New York mit dem South Street Seaport oder Baltimore mit dem Harbour Place. Solche Touristenattraktionen, teils Fantasie, teils Realität, sprechen Besucher an, die das Ungewöhnliche in einer spielerischen, dramatisierten, jedoch sicheren Umgebung suchen.

Wollte Cook noch Aufklärung verkaufen, verkaufen die neuen, an Erlebnisproduktion orientierten Touristenorganisationen eher Spaß, Spiel und Abenteuer. 1950 gründeten Gerard Blitz und Gilbert Trigano ein Unternehmen mit dem Namen Club Mediterranée. 1990 bereits führte Club Med von Brasilien bis Malaysia 98 Urlaubsressorts. Ferien im Club bedeuten einerseits Tourismus und Reise, andererseits Unterhaltung. Die unterschiedlichen Ressorts inszenieren verschiedene Lebensstile und erfüllen entsprechende Wünsche. Es gibt Clubs für Familien, für Singles und für Menschen, die gern Sport treiben. 1995 reisten mehr als 1,4 Millionen Menschen in die Ferienanlagen des Club Med.[37]

Wie Cooks Reisen verlangt auch der Club Mediterranée einen Fixpreis für den Zugang zu einer komplett gelebten Erfahrung. Der »bargeldlose Trip« ist darauf angelegt, jede Laune und jeden Wunsch der Kunden aufzugreifen, dessen gesamte Erfahrungen zu managen, solange er sich in den kompetenten Händen des Clubs und seiner Animateure befindet. Die Ressorts sind sorgfältig konstruierte Szenen, so geplant und gebaut, dass sie die »Authentizität« der jeweiligen lokalen Umgebung widerspiegeln. Der Urlaubsort Playa Blanca an der mexikanischen Pazifikküste zum Beispiel wird als »authentisches mexikanisches Dorf« angepriesen. In *Tourists. How Our Fastest Growing Industry is Changing the World* (Touristen. Wie die Branche mit der größten Wachstumsrate die Welt verändert) bemerkt Larry Krotz lapidar: »Es wird nicht viele authentische mexikanische Dörfer geben, die klimatisierte Räume, Longdrinks am Pool und kostenlose Tauchscheine bieten.«[37]

Rekonstruktionen von Natur- und historischen Schauspielen, Themenstädte und Ferien als »Leben« in vorbildgetreu inszenierten Ambientes und »authentischer« Umgebung sind Angebote einer boomenden Reise- und Tourismusindustrie, die kulturelle Produktionen direkt ins Zentrum des Wirtschaftslebens bringt. Überall auf der Welt werden neue Räume für Besucher geschaffen – »touristische Räume«. »Diese [touristischen] Attraktionen«, so Daniel J. Boorstin, »bieten eine detailliert entworfene, indirekte Erfahrung, ein künstliches Produkt, das an genau dem Ort konsumiert werden soll, an dem das echte Produkt so kostenlos zu haben wäre wie die Luft.«[38]

In *The Tourist. New Theory of the Leisure Class* (Der Tourist. Eine neue Theorie der feinen Leute) verweist Dean MacCannell darauf, dass diese neuen künstlichen Räume den Touristen Besichtigungen ermöglichen, ohne dass sie in direkten Kontakt zu fremden Menschen treten müssen. Sie sind umhegte Oasen, in denen man das Geschehen verfolgen kann wie im Fernsehen, bequem und aus sicherer Distanz.[39]

Touristische Räume sind ein relativ neues Phänomen. Öffentliche Räume von kultureller Bedeutung werden zunehmend durch Wachleute, Pförtner und Eintrittsgelder abgeriegelt. Intime Bestandteile der Kultur eines Landes werden in »Zugangszonen« verwandelt, reserviert für diejenigen, die für das Privileg bezahlen können, die Kultur anderer zu erleben.

Immer weitere Teile des globalen kulturellen Erbes – Naturwunder, Kathedralen, Museen, Plätze, Parks, Rituale, Festivals – werden vom Markt aufgesaugt und in verschiedene Formen kultureller Produktionen verwandelt, dargeboten zur Unterhaltung und Bildung der Reichen dieser Welt. Was einst die historische Größe dieser Kulturen war, wird zur Bühne – zu Requisit und Szenario –, auf der kulturelle Erfahrungen gegen Bezahlung aufgeführt werden.

Der Industriekapitalismus hat sich natürliche Ressourcen und lokale Arbeitskräfte angeeignet und sie ausgebeutet, um Waren und Dienstleistungen zu produzieren. Der neue kulturelle Kapitalismus dagegen beutet kulturelle Ressourcen aus, um Kultur zu produzieren. Selbst wenn Gastgemeinschaften und Gastländer Eintrittsgelder für das Zugangsrecht zu ihren kulturellen Schätzen erheben, ist der Preis gewöhnlich niedrig, nicht mehr als eine symbolische Bezahlung. In Costa Rica zum Beispiel beträgt der Eintrittspreis ins Land gerade 1,40 US-Dollar. In Kenia liegt er bei etwas über 10 US-Dollar.[40] Nur Bhutan, das Königreich zwischen Tibet, Nepal und Bangladesch, eingezwängt in eine abgelegene Bergwelt, verlangt den hohen Preis von 450 US-Dollar. Die Regierung will damit einerseits den Tourismus fördern, andererseits aber die Zahl der Besucher im Land unter Kontrolle halten.[41]

Die Menschen, deren Kultur in eine Ware verwandelt wird, sehen wenig von den Dollars der Touristen. Obwohl der Tourismus weltweit Geld in Gemeinden und Länder bringt und auch Arbeitsplätze schafft, zeigen Untersuchungen, dass nur wenig des dort ausgegebenen Geldes wirklich zu den vielen Menschen durchsickert, die im jeweiligen Land leben. Durchlauf ist der Ausdruck, der sich auf das Geld bezieht, das in ein Land hinein- und sofort wieder herausfließt. Die meisten der Hotels, Fluglinien, Ferienklubs, Reiseunternehmen und Kettenrestaurant gehören internationalen Konzernen, von denen viele ihren Hauptsitz in einer der Weltstädte in den G7-Staaten haben. Robert Burns, der ehemalige Vorsitzende der WTTC, geht davon aus, dass dieser Durchlauf noch nicht einmal 10 Prozent der Gesamtausgaben ausmache. Andere widersprechen dem. So setzt Kreg Lindberg, Experte für Tourismus in der Dritten Welt, die Rate des einfach durchlaufenden Geldes wesentlich höher an: 70 Prozent seien es in Nepal, 45 Prozent in Costa Rica und 60 Prozent in Thailand. Der Durchlauf in den meisten Drittweltländern liege gewöhnlich bei 55 Prozent.[42]

Trotzdem gewinnt der weltweite Tourismus im 21. Jahrhundert weiterhin an Boden, denn die reichen 20 Prozent der Weltbevölkerung geben einen immer größeren Teil ihres Einkommens für Kulturkonsum und gelebte Erfahrungen aus. Der WTTC, die Welthandelsorganisation und führende Institutionen wie die Weltbank unterstützen die Branche mit Forschungen und Fördermitteln, weil sie erkannt haben, dass das kapitalistische System in den Wehen eines historischen Wandels liegt, in dessen Verlauf sich die geschäftlichen Hauptaktivitäten von der industriellen auf die kulturelle Produktion verlagern. Der WTTC hat unter dem Titel »Millennium Vision« ein vierstufiges Programm aufgelegt, um Reise und Tourismus strategisch-wirtschaftliche Priorität für Entwicklung und Beschäftigung zu geben. Es sollen offene und konkurrenzfähige Märkte gefördert werden, für eine nachhaltige Entwicklung geworben und Wachstumsbarrieren abgebaut werden.[43] Der WTTC ist vor allem an der Entwicklung der Infrastruktur interessiert – von Flughäfen, Straßen, Häfen zu Grunddienstleistungen wie Telekommunikation, Hotels, Restaurants, Läden und Freizeiteinrichtungen. »Weil die Zahl der Reisenden unaufhaltsam steigt«, so der WTTC, »wird klar, dass Fehlschläge bei der Erweiterung und Modernisierung der Infrastruktur vielleicht das größte Problem der Reise- und Tourismusbranche darstellen, wenn die Branche ihr Potenzial zur Förderung von Wohlstand und Arbeitsplätzen ausschöpfen will.«[44] Können die Gastgemeinden und Gastländer dazu bewegt werden, die Modernisierung ihrer Infrastruktur zu finanzieren, sind der Reise- und Tourismusindustrie eingeplante Subventionen sicher. Dies wiederum gilt als entscheidend für deren zukünftiges Wachstum und zukünftige Entwicklung.

Eine weitere Priorität der Tourismusindustrie ist nachhaltige Entwicklung. Der Schutz der Tierwelt, der Erhalt der biologischen Vielfalt, von lokalen Ökosystemen und natürlichen Lebensräumen, der Ausbau von Naturschutzgebieten und Nationalparks gelten als ebenso wichtig wie der Ausbau der Infrastruktur. Das Interesse am Schutz der Natur wie auch des kulturellen Erbes lokaler Gemeinschaften oder ganzer Länder ist ein wesentliches Element der Neuorientierung auf den Zugang zu gelebten Erfahrungen. Nachdem über zwei Jahrhunderte lang die natürlichen Ressourcen für die industrielle Produktion ausgebeutet wurden, beginnen die Zielländer nun zu realisieren, dass zumindest die Mitglieder reicher Gesellschaften heute mehr daran interessiert sind, Naturwunder zu erleben als diese zu enteignen. Deren Interesse hat sich gewandelt: Sie wollen weniger Dinge aus natürlichen Ressourcen herstellen, als vielmehr die unverbrauchte Natur genießen.

Typisch für diesen Trend ist der geplante Bau des Yellowstone Club in Pioneer Mountain, Montana. Der Klub kümmert sich wie viele andere neue Urlaubsorte, Hotelanlagen und geplante Communities im Westen des USA auch um eine neue Spezies verpflanzter »Westler«, Menschen, die bereit sind, für den Zugang zum Big Sky Country großzügig zu bezahlen. Die Anwärter des Yellowstone Clubs müssen über ein Vermögen von wenigstens drei Millionen Dollar verfügen, um in den exklusiven Kreis der 864 möglichen Mitglieder aufgenommen zu werden: Die Aufnahmegebühr beträgt 250 000 US-Dollar, dazu kommen jährlich weitere Beiträge in Höhe von 16 000 Dollar. Dafür erhalten die Mitglieder spektakuläre Ausblicke auf die Spanish Peaks nördlich des Yellowstone National Parks und haben Zugang zu Freizeitangeboten wie Fischen, Reiten oder Golf.[45]

Die neuen Pioniere, auch als »Komfort-Migranten« bezeichnet, verändern das Gesicht der westlichen Ebenen und der Region der Rocky Mountains. Sie sind reich und bezahlen bereitwillig viele Dollars dafür, das zu erleben, was von Schönheit und Majestät der Landschaft des wilden Westens geblieben ist. Manche Menschen, wie J. Francis Stafford, der ehemalige katholische Erzbischof von Denver, sorgen sich um die demografische Veränderung im Westen. In einem Hirtenbrief warnt er: »Was wir mit der neuen Entwicklung riskieren, ist, einen Themenpark Alternative Realität für diejenigen aufzubauen, die sich den Eintritt leisten können. Um diesen Themenpark in den Rocky Mountains herum wird eine wachsende Pufferzone für die arbeitenden Armen entstehen.«[46] Der Erzbischof sieht den Westen zur »Freizeitkolonie« für die vermögenden Mitglieder der amerikanischen Gesellschaft werden.

Viele der neuen »Siedler« fechten heiße Kämpfe mit lokalen Bauern, Ranchern, Minenbesitzern und Holzfällern aus, deren eigentumsorientiertes Leben davon abhängt, dass sie die natürlichen Ressourcen weiterhin ausbeuten können. Die Neuankömmlinge möchten genau diese Ressourcen am liebsten unberührt lassen, weil sie die unverdorbene Natur der Region genießen wollen. Für die reichen Siedler ist das Landschaftserlebnis viel wichtiger, als diese nutzbar zu machen.

Die Kultur der Malls und Einkaufszentren

Ähnliche Prozesse wie in der Reise- und Tourismusbranche, die die kulturelle Landschaft fortgesetzt beschädigt, indem sie diese stückchenweise einzäunen lässt und zu eintrittspflichtigen Touristenarealen macht, finden auch im öffentlichen Raum statt. Für Hunderte von Jahren wurde der öffentliche Raum als kulturelles Gemeineigentum betrachtet, als offener Raum, in dem sich Menschen versammeln, miteinander kommunizieren, ihre Erfahrungen austauschen und auf die verschiedenste Art und Weise Kulturaustausch betreiben: mit Festivals, Festzügen, Feiern, Sportveranstaltungen, Unterhaltungsveranstaltungen und staatsbürgerlichem Engagement. Selbst wenn auf den öffentlichen Plätzen traditionell auch Geschäfte und Handel betrieben wurden, war der Markt immer eine derivative Angelegenheit. Hier ging es nicht ums Marktkapital, sondern zuallererst darum, das soziale Kapital zu schaffen und zu erhalten. Der öffentliche Platz, die Straßen, der öffentliche Raum standen allen offen, den Reichen wie den Armen. Es gab weder Pförtner noch Zugangsgebühren. Der öffentliche Raum war die von allen respektierte Arena, in der die Kultur in all ihren Formen sich selbst reproduziert und entfaltet.

Nun, in weniger als 30 Jahren, ist der öffentliche Raum – der Treffpunkt der Kultur – fast verschwunden: Geschluckt hat ihn ein radikal neues Konzept für Versammlungen von Menschen. Es wurzelt in kommerziellen Beziehungen. Nach Hunderten von Jahren, in denen Marktaktivitäten die Peripherie der kulturellen Aktivitäten markierte und von diesen abgeleitet waren, hat sich das Verhältnis umgekehrt. Heute werden öffentliche kulturelle Aktivitäten von abgeschlossenen Einkaufszentren absorbiert und damit zur Verkaufsware. Mit dem Einkaufszentrum wurde eine neue Architektur menschlicher Zusammenkünfte geschaffen, eine Architektur, die sich auf die Welt des Kommerzes eingelassen hat, in der Kultur nur als zur Ware gewordene Erfahrungen existiert. So gesehen haben Einkaufszentren viel gemeinsam mit der modernen Reise- und Tourismusindustrie.

Es gibt tatsächlich einen Fremdenführer für Einkaufszentren überall in den USA, herausgegeben vom International Council of Shopping Centers. In Alabama zum Beispiel ist die Riverside Galleria touristische Attraktion Nummer eins. In Arkansas ist die McMall das meist besuchte Touristenziel. In Illinois wird nur der Lincoln Zoo häufiger von Touristen besucht als Gurnee Mills. Potomac Mills zieht mehr Touristen an als jeder andere Ort in Virginia, und das in einem Staat, der reich ist an Wahrzeichen und historischen Zeugnissen. Die Mall of America in Minneapolis – das größte Einkaufszentrum in den Vereinigten Staaten – zieht jährlich mehr Touristen an als Disney World, Graceland und der Grand Canyon zusammen. Das Handelsministerium der USA hat ermittelt, dass 85 Prozent der internationalen Besucher während ihres Aufenthaltes in den USA das Einkaufen auf Rang eins ihrer touristischen Aktivitäten setzen.[47]

Einkaufszentren werden zu Orten, an denen man Zugang zu gelebten Erfahrungen jeglicher Art kaufen kann. Man kann Kurse besuchen, sich eine Bühnenshow ansehen, Kleinkinder bei einer Kinderbetreuungseinrichtung abgeben, sich bei einem Arzt untersuchen lassen, ein Restaurant, eine Kunstausstellung oder ein Konzert besuchen, Sport treiben, trainieren oder joggen, Gottesdienste besuchen, in einem Hotel übernachten, nette Dinge einkaufen, bei einer Parade zuschauen, ein Festival besuchen, Freunde treffen und sich mit Nachbarn verabreden.

Die Kultur der Einkaufszentren entwickelte sich mit der Ausbreitung der amerikanischen Suburbs, sie folgt der Expansion der Highway-Kultur. Zunächst auf die USA beschränkt, sind Einkaufszentren heute in der ganzen Welt zu finden. Allein in den USA gibt es über 43 000 Einkaufszentren – die 1800 abgeschlossenen Malls mitgerechnet. (Zu Beginn des Jahres 2000 waren es in Deutschland 279).[48] Mehr als die Hälfte aller Einzelhandelsgeschäfte befindet sich innerhalb solcher Zentren.[49] Noch wichtiger ist, dass dies die Orte sind, an denen die meisten Menschen einen großen Teil ihrer Freizeit verbringen. Mitte der achtziger Jahre hielten sich amerikanische Teenager, sieht man von Familienwohnung und Schule ab, in den Einkaufszentren länger auf als überall sonst.[50] In diesen Domänen verbringen die Menschen einen Großteil ihres sozialen Lebens – ob sie mit anderen ins Gespräch geraten oder nur an ihnen vorbeigehen. Was immer an Kultur reproduziert wird, es geschieht zum großen Teil innerhalb dieser abgeschlossenen Architekturen, entlang der Promenaden, in den beleuchteten Atrien und Arkaden.

Einkaufszentren sind ausgeklügelte Kommunikationsmedien, dazu geschaffen, Elemente der Kultur in kommerziell simulierten

Formen zu reproduzieren. Sie alle wären nichts ohne die neueste elektronische Technik, die Voraussetzung für das künstlich geschaffene, kulturelle Milieu. Sorgfältig angeordnete architektonische Motive, automatisierte und klimatisierte Umgebungen, raffinierte Beleuchtung und computerisierte Überwachungssysteme arbeiten Hand in Hand, um die Besonderheit eines kulturellen Orts zu »kommunizieren«, der sich von den kollektiven kulturellen Räumen radikal unterscheidet, die jenseits der Portale zum Einkaufszentrum existieren.

Der wesentlichste Unterschied zu diesen Räumen liegt natürlich darin, dass Einkaufszentren Privatgelände sind, mit Regeln und Regulierungen, die über den Zugang bestimmen. Obwohl Einkaufszentren mit ihren Wegen, Bänken und mit Bäumen bepflanzten offenen Bereichen wie öffentliche Räume wirken, sind sie es nicht. Das kulturelle Handeln, das hier stattfindet, ist niemals Selbstzweck, sondern gehört stets zur zentralen Mission, nämlich gelebte Erfahrungen zu Waren zu machen: durch Waren- und Unterhaltungsangebote gegen Bezahlung.

Country Club Plaza, 1924 von J. C. Nichols in Kansas City als erstes Einkaufszentrum in den Vereinigten Staaten gebaut, wurde zum Prototypen aller Einkaufszentren, die nach dem Zweiten Weltkrieg entstanden sind. Mit seiner mediterranen Architektur, gefliesten Springbrunnen und schmiedeeisernen Balkonen schuf es eine attraktive und fantastische Umgebung für die Kunden.[51]

Das erste abgeschlossene Einkaufszentrum – Southdale – wurde 1956 in Edina, einer Vorstadt von Minneapolis, eröffnet. Durch eine ganzjährige Klimatisierung konnte sein Planer Victor Green eine fast hermetisch abgeschlossene, simulierte Umgebung schaffen, einen Ort, an dem die Menschen die Außenwelt mit ihrem Lärm, ihren Ablenkungen, spontanen Ausbrüchen und Überraschungen vergessen können. Das Main-Taunus-Zentrum in Frankfurt, das 1964 eröffnet wurde, war das erste deutsche Einkaufszentrum dieser Art, wenngleich in erheblich kleinerem Maßstab.[52]

Einkaufszentren sind theatralische Räume, anspruchsvolle Bühnen, auf denen das Drama der Konsumtion in Szene gesetzt wird. Die Planer nehmen für den Bau dieser Umgebungen eifrig Anleihen in Hollywood. Zunächst werden die Räume so angelegt, dass die Besucher, wenn sie einmal dort sind, sich ermutigt fühlen, alle ihre Zweifel hinter sich zu lassen, nicht anders als im abgedunkelten Kino. Einkaufszentren sind zeitlos – es gibt dort wenige oder gar keine Uhren. Das Ambiente im Innern ist exotisch und komfortabel: mit Springbrunnen, kleinen gluckernden Wasserbecken, auf deren Oberfläche Seerosenblätter schwimmen, mit Palmen, die das Oberlicht filtern, und mit Ladenfassaden, die in höhlenartige Innenräume führen, in denen die verschiedensten Schätze lagern. William Kowinski, Autor von *The Malling of America*, schildert seinen Eindruck, als er vom Geländer des zweiten Stockes in den zentralen Raum eines Einkaufszentrums mit Namen Greegate hinabblickte: Er habe sich gefühlt, als stehe er auf einem Balkon, schaue auf die Bühne und warte darauf, dass das Stück beginnt.[53]

Hinter der Bühne regieren Produzenten und Regisseure, die für ihre raffinierten kulturellen Produktionen einen sehr ausgefeilten Spielplan entwickelt haben, damit die theatralische Erfahrung auch bestimmt in Verkäufe mündet. Ein Netzwerk von Spezialisten, Immobilienmaklern, Wirtschaftsexperten, Architekten, Ingenieuren, Raumplanern, Marketingexperten, Landschafts- und Innenarchitekten sowie Werbefirmen arbeiten zusammen, um das zu schaffen, was sie das »Einzelhandelsdrama« nennen – die ideale Mischung von Mietern (die Talente), Bühnenaufbau und Inszenierung, die ein Höchstmaß an theatralischer Erfahrung und maximale Verkaufszahlen garantieren sollen. Nutzungsmix ist die Formel, die regelt, welche Läden Zugang zum Einkaufszentrum bekommen. Wie beim Theater bestimmen Eigentümer über »Besetzungslisten«, sorgen also für die beste Kombination von Geschäften – Kaufhäuser, Juweliere, Sportgeschäfte, Videoläden, Buchläden, Restaurants, Boutiquen und Geschäfte mit Neuheiten in genau taxierter Mischung, um die ideale Einkaufsumgebung zu schaffen. Der jeweilige Mix wird auf Einkommensniveaus, ethnische Zusammensetzung, Geschlecht und Lebensstile der potenziellen Kunden zugeschnitten. *Value and Life Style* (VALS), ein Programm des Stanford Research Institutes, liefert Indizes, die Alter, Einkommen und Familienzusammensetzung in Bezug zu Freizeitvorlieben und kulturellem Hintergrund setzen. In solchen Modellen wird antizipiert, welche Einkaufserlebnisse die Kunden wahrscheinlich suchen. Die Käufer werden nach Lebensstilkategorien unterschieden. Die »Leistungstypen« (»hart arbeitende, materialistische, gut gebildete traditionelle Kunden; die wichtigsten Luxusartikelkunden«) werden bei Brooks Brothers, Bloomingdales oder Neiman Marcus einkaufen gehen; die »Streber« (»jüngere, statusbewusste, auffällige Kunden«) wird man bei Ann Taylor oder Ralph Lauren treffen; die »Ausdauernden« (»kämpfende Arme«) und »Besitzer« (»konservative, angepasste Käufer der Mittelklasse mit niedrigem bis bescheidenem Einkommen«) sind eher wertorientiert und werden wahrscheinlich bei K-Mart und J.C. Penney einkaufen.[54]

Der Durchschnittsamerikaner besucht alle zehn Tage ein Einkaufszentrum und verbringt mehr als eine Stunde und 15 Minuten darin. Der meist genannte Grund für diese wöchentlichen Pilgerfahrten ist Unterhaltung.[55] »Das Einkaufszentrum ist wie dreidimensionales Fernsehen«, so Kowinski.[56] Die Bilderflut und die rasch wechselnden Fassaden, endlose Werbebotschaften und dramatische Szenen sind einer Generation vertraut, die mit dem Fernsehen aufgewachsen ist. Doch im Einkaufszentrum läuft der Zuschauer selbst durch das Bild und wird zum Schauspieler im alltäglichen Drama. In beiden Medien werden raffinierte kulturelle Produktionen mit dem Ziel aufgeführt, »das Publikum« oder »die Kunden« zu unterhalten und ihnen dabei irgendeine Erfahrung zu verkaufen, irgendein Produkt, eine Dienstleistung oder eine Veranstaltung, an die sie sich als »Erlebnis« erinnern können.

Einkaufszentren sind stolz auf ihre einzigartigen Bühnenbilder. Das Borgata in Scottsdale in Arizona – ein Freilufteinkaufszentrum in der Wüste – geriert sich mit einem zentralen Platz und einem aus italienischen Ziegeln gebauten Turm als Miniaturversion von San

Gimignano, der pittoresken Bergstadt in der Toskana. Das Old Mystic Village in Connecticut ist die Reproduktion einer städtischen Hauptstraße in New England aus dem frühen 18. Jahrhundert.

Das Einkaufszentrum West Edmonton in Canada, das größte der Welt, ist auch die weltweit größte Bühne für kulturelle Produktionen. Das abgeschlossene Areal ist größer als hundert Fußballfelder und beherbergt den weltweit größten überdachten Amüsierpark, den weltweit größten überdachten Wasserpark, eine Flotte von U-Booten, den weltweit größten überdachten Golfplatz, 800 Geschäfte, elf Kaufhäuser, 110 Restaurants, eine Eisbahn, eine konfessionslose Kirche, ein Hotel mit 360 Betten, 13 Nachtklubs und 20 Kinos. Die Besucher können von einem Schauplatz zum anderen ziehen: durch Pariser Boulevards streifen oder die Bourbon Street New Orleans' entlanggehen.[57] Die inneren »Gelände« sind üppig begrünt, und die Decken sind mit einem besonderen reflektierenden Material verkleidet, das den Anschein natürlichen Sonnenlichts erweckt.[58]

Die Planer des Megazentrums West Edmonton wollten in einem riesigen Innenraum die Kultur der Welt versammeln. Als Unterhaltungshäppchen zur Ware gemacht, soll sie die Besucher erfreuen und amüsieren, natürlich auch deren Einkaufslust stimulieren. Bei der Eröffnungszeremonie erklärte Nader Ghermezion, einer der Planer: »Was wir geschaffen haben, bedeutet, dass Sie nicht nach New York oder Paris oder Disneyland oder Hawaii fahren müssen. Das alles finden Sie hier bei uns, an einem Ort, in Edmonton in Alberta in Kanada!«[59]

Dieses Einkaufszentrum ist ein alles verpackender Schauplatz. Wohin man sich wendet, man ist umgeben von kulturellen Fragmenten, Inszenierungen und jeder Art der Unterhaltung. Man kann Rikscha fahren, die in Originalgröße nachgebaute Santa Maria betreten, Nutztiere im Streichelzoo streicheln, sich mit einem lebendigen Löwen, Tiger oder Jaguar fotografieren lassen und an einem »authentischen« mongolischen Barbecue teilnehmen. Nader

Ghermezion sieht sein kommerzielles Unternehmen mehr als Ersatz von Kultur denn als deren Simulation. Das Einkaufszentrum solle »als Gemeinschafts-, soziales, Unterhaltungs- und Freizeitzentrum dienen«.[60] Allerdings wird in dieser privaten Welt Kultur gekauft und die Besitzer des Zentrums bestimmen über den Zugang. Planungsziel für Architekten und Entwickler war, so Peter Hemingway, »eine mit Zuckerguss überzogene Traumwelt, in der wir einkaufen, spielen, Gefahr und Entzücken erleben können, ohne ein einziges Mal ins Freie zu müssen; hier können wir Erfahrungen wie Fernsehkanäle wechseln, ... und die Kreditkarte ist das Sesam-öffne-dich zu jeder Erfahrung.«[61]

Das Einkaufszentrum in West Edmonton markiert die Speerspitze der großen Veränderungen, die in der globalen Ökonomie stattfinden: Hier wurde der Übergang von einem industrie- zu einem kulturzentrierten Kapitalismus tatsächlich vollzogen. In älteren Einkaufszentren waren kulturelle Produktionen und Unterhaltungsangebote der Hintergrund für den Warenverkauf; in den neuen werden Unterhaltung und gelebte Erfahrungen schnell zum zentralen kommerziellen Betätigungsfeld, und der Kauf von Waren wird, zumindest für manche Besucher, eher zur begleitenden Handlung.

Die neuen Einkaufszentren der Zukunft werden »destination entertainment centers« genannt, man reist an, weil man sich amüsieren will. Hauptattraktionen sind nicht länger große Kaufhäuser wie Bloomingdale's und Nordstrom: Zum wirtschaftlichen Kernbereich werden IMAX-Kinos, Themennachtklubs wie das Hard Rock Café und das Rainforest Café, High-Tech-Videosäle, Spiele für virtuelle Realitäten und Fahrten im Simulator.

Sonys neues Metreon in San Francisco, dessen Baukosten auf über 160 Millionen Dollar geschätzt werden, ist ein »Urban Entertainment Center« auf dem neuesten Stand der Technik. Der ungefähr 32 500 Quadratmeter große Komplex beherbergt zwölf Kinos, ein 3-D-IMAX-Kino, acht gehobene Esslokale, einen »Airtight Garage« genannten Spielsalon und eine Sony Play Station, wo man

Videospiele an der »Computer-Bar« bestellen kann. Andere Geschäfte präsentieren elektronische Geräte von Sony, Software von Microsoft und die Produktlinie von Discovery Channel. Der Komplex beherbergt auch zwei große Unterhaltungsattraktionen: »The Way Things Work« (»Wie die Dinge funktionieren«) und »Where the Wild Things Are« (»Wo die wilden Kerle leben«). Letzteres, gebaut und eingerichtet nach dem Kinderbuchklassiker von Maurice Sendak, ist ein Spielgelände von der Größe eines Footballfeldes, bewohnt von riesigen gelbäugigen Monstern mit Giftzähnen, die von der Decke herabhängen und sich in verschiedenen Landschaften verstecken. Für sieben Dollar können die Kinder in Höhlen und Tunneln herumtollen, ihre eigenen Türme bauen und an Seilen und Hebeln ziehen, sodass die Monster springen und herumflitzen. Weitere Metreons – das Wort ist abgeleitet von Metropolis und dem griechischen Suffix *eon* für Treffpunkt – sind mit dem Sony Center am Potsdamer Platz in Berlin entstanden und für Tokio geplant.[62]

Im Zeitalter des Zugangs sind die Megaeinkaufszentren und die thematisch ausgerichteten Unterhaltungsziele die wichtigsten »Pförtner« und Portale zur neuen kommerzialisierten Kultur. Wenn immer mehr gesellschaftliche und gelebte Erfahrungen der Menschen in diesen abgeschlossenen kommerziellen Räumen stattfinden, entsteht eine neue »soziale Frage«: Wer hat Zugang zu diesen Domänen?

»Nichts kommt hier herein, wenn wir es nicht hineinlassen«, warnt der Manager der Westmoreland Mall in Greenburg, Pennsylvania.[63] Schilder am Eingang von Tyson Corners in Virginia informieren die Besucher über den Ort, den sie betreten:

> Die vom Publikum genutzten Bereiche im Tyson Corner Center sind keine öffentlichen Wege, sondern nur den Mietern und dem Publikum vorbehalten, die miteinander Geschäfte machen. Die Erlaubnis, diese Bereiche zu nutzen, kann jederzeit widerrufen werden.[64]

Die hoch brisante Frage, wer die Einkaufszentren unter welchen Bedingungen betreten darf, beschäftigt mittlerweile Politik und

Gerichte. Im öffentlichen Bereich hat jeder Bürger das von der Verfassung garantierte Recht, sich zu versammeln, frei zu reden und Unterschriften zu sammeln. Diesem Grundrecht nicht nur der amerikanischen Verfassung wird in den USA viel Bedeutung beigemessen. Doch gelten die Zusatzklauseln auch für die privaten Einkaufszentren, die neuen Treffpunkte? Die Eigentümer der Einkaufszentren sind der Meinung, dass die vom First Amendment garantierten Rechte am Eingang enden. »Ich habe nichts dagegen, wenn Leute versuchen, die Wale zu retten«, sagt der Manager einer Mall in Florida, »aber ich möchte nicht, dass meine Kunden angehalten werden, damit sie eine Unterschriftenliste unterschreiben.«[65]

Die Gerichte in den USA haben mit dem Problem politische Rechte versus kommerzieller Zugang jahrelang gerungen und mehrdeutige, häufig widersprüchliche Urteile gefällt. Im kalifornischen Fall *Diamond vs. Bland* gestattete das Gericht Aktivisten gegen die Luftverschmutzung den Zugang zum San-Bernardino-Einkaufszentrum mit der Begründung: »In vielerlei Hinsicht ist ein heutiges Einkaufszentrum eine Analogie zum öffentlichen Platz in der Stadt.«[66] Ein späteres Verfahren vor dem Supreme Court, in dem Antikriegsaktivisten, die Literatur verteilt hatten, 1972 ihre verfassungsmäßigen Rechte reklamierten, ging anders aus: Das Oberste Gericht der USA stellte sich auf die Seite der Eigentümer und entschied, dass eine derartige Inanspruchnahme der Rede- und Petitionsfreiheit ein »ungerechtfertigter Verstoß« gegen die Eigentumsinteressen der Besitzer sei.[67]

Thurgood Marshall, ehemaliger Richter am Supreme Court, gehört zu der Minderheit von Richtern, die sich darum sorgen, dass die weitere kommerzielle Abschottung der kulturellen Sphäre und des öffentlichen Raums in gigantischen Megamalls den grundlegenden Schutz verfassungsmäßiger Rechte ernsthaft gefährdet. Er warnt davor, dass es in diesen neuen Domänen »für die Bürger immer schwieriger wird, Wege zu finden, um mit anderen Bürgern zu kommunizieren«.[68]

Megamalls und Unterhaltungszentren sind wie die abgeschlossenen Communities und die touristischen Räume Teil einer neuen, von Konkurrenz geprägten Umgebung. Hier wird Erfolg daran bemessen, wer Zugang zu kulturellen Produktionen und zu kommerziell angebotenen Erfahrungen hat und wer draußen vor der Tür bleiben muss. Die Frage des Zugangs wird im 21. Jahrhundert wahrscheinlich noch häufiger auf der politischen Tagesordnung stehen, weil die Gesellschaft sich entscheiden muss, wen die kulturelle Ökonomie ein- und wen sie ausschließen darf.

Von der Bildung zur Unterhaltung

Kultur ist ihrem Wesen nach eine kollektive Erfahrung – ein Zusammenfinden der Gemeinschaft auf der Grundlage gemeinsamer Werte. Die kulturindustrielle Produktion jedoch fragmentiert die Kultur und verteilt sie als handliche Elemente: als Angebote individueller, kommerziell organisierter Unterhaltung. Der Historiker und Medienkritiker Neal Gabler sieht in der Revolution der Unterhaltung die mächtigste ökonomische und soziale Kraft unserer Zeit. »Seit dem späten 20. Jahrhundert war das vorrangige Anliegen der Amerikaner nicht mehr das Geschäft, sondern die Unterhaltung.«[69] Als Amerikas Wachstumsindustrien sieht Gabler jene, »die unmittelbar mit konventioneller Unterhaltung zusammenhängen oder auf diese oder jene Weise den Menschen ermöglichten, ihr Leben zu inszenieren«.[70]

Die Statistik stützt Gablers Behauptung. Mitte der neunziger Jahre war Unterhaltung in jeglicher Form die am schnellsten wachsende Branche in den Vereinigten Staaten; die Konsumenten bescherten ihr einen Umsatz von über 480 Milliarden US-Dollar. Das ist mehr, als für alle öffentlichen und privaten Grundschulen zusammen ausgegeben wurde.[71] Nach Angaben des US-Handelsministeriums stiegen die Verbraucherausgaben für Unterhaltung und Erholung von 7,7 Prozent im Jahr 1979 auf 9,43 Prozent im Jahr

1993 (gemessen an allen Ausgaben außer denen für Gesundheitsfürsorge).[72] Die Unterhaltungs- und Freizeitindustrie in den USA beschäftigte 1993 mehr als 5 Millionen Menschen und schuf 12 Prozent aller neuen Arbeitsplätze; es wurden mehr neue Arbeitskräfte eingestellt als in der Gesundheitsindustrie des Landes im gleichen Jahr.[73] In Südkalifornien hat die Unterhaltungsindustrie die Raumfahrt vom ersten Platz der profitorientierten Industrien verdrängt. Deutlicher kann der Wandel ökonomischer Prioritäten von der Herstellung von Dingen zur Herstellung von Erfahrungen nicht gezeigt werden.[74] Die Amerikaner geben mehr Geld für Unterhaltung und Freizeit aus als für Autos, Gesundheitsfürsorge, Kleidung und Schuhe oder Wohnen und Geräte aller Art.[75] »Die Unterhaltungsindustrie ist inzwischen die führende Kraft auf dem Gebiet der neuen Technologien, sie hat damit den Verteidigungssektor abgelöst«, so Edward R. McCraken, Chairman von Silicon Graphics, Inc., spezialisiert auf Hochleistungsrechner für Bild- und Tonbearbeitung der Unterhaltungsindustrie.[76]

In Deutschland zeichnet sich ein ähnlicher Trend ab. Nach Angaben des Statistischen Bundesamtes waren 1998 522 000 aller Erwerbstätigen, das sind 1,5 Prozent, im Bereich Freizeit Kultur und Unterhaltung tätig. 1993 machten die Ausgaben in diesem Bereich in den alten Bundesländern noch 10,8 Prozent und in den neuen Bundesländern 11,7 Prozent des gesamten privaten Verbrauchs aus. Im ersten Halbjahr 1998 stiegen diese Ausgaben bereits auf 11,8 Prozent im früheren Bundesgebiet und auf 12,3 Prozent in den neuen Bundesländern. Im Jahr 1999 gaben Bundesbürger insgesamt 212 Milliarden DM für Kultur und Freizeit aus.

Viele Historiker datieren den Beginn der Unterhaltungsindustrie auf die Revolution der grafischen Techniken Mitte des 19. Jahrhunderts. Die qualitativ hochwertigen Farblithografien amerikanischer Drucker schufen erstmals einen Massenmarkt für Bilder. Originalgemälde, die lange die Wände der Reichen geschmückt und der Öffentlichkeit in öffentlichen Kunstmuseen nur begrenzt zugänglich gewesen waren, wurden nun als billige, farbenfrohe Reproduktionen für die Massen erschwinglich. Lithografien wurden in Geschäften verkauft, mit Werbepost versendet oder als Prämien verschenkt. Die Künste und die ästhetischen Vergnügungen, früher eine Angelegenheit der Wohlhabenden und der Haute Volée, wurden durch einen wachsenden Kulturmarkt demokratisiert und zu einer Form populärer Unterhaltung für Jedermann. Begeistert äußerte sich ein Sprecher der National Lithographer's Association:

Innerhalb weniger Jahrzehnte wurde der öffentliche Geschmack aus der schwerfälligen Ignoranz des Schönen herausgehoben ... und strebt nun danach, sich die dekorativen Accessoires anzueignen, die wohltätige Unternehmen so billig gemacht haben, dass sie sich jeder leisten kann.[77]

Die Demokratisierung der Bilder provozierte den Spott der Reichen, die dies als Entwürdigung der Hochkultur betrachteten. Doch den meisten Amerikanern erschienen die neuen Bilder als ein Leuchtfeuer eines zukünftig besseren Lebens, ein visueller Wechsel in den Garten Eden, der sich schon am Horizont abzeichnete.

Der ehemalige Sklave und Sozialkritiker Frederick Douglass sah in den Lithografien und ihrer Verbreitung eine befreiende Kraft, dazu angetan, die alten Barrieren von Kultur und Klasse niederzureißen und den Kunstgenuss noch den ärmsten Mitgliedern der Gesellschaft zu ermöglichen:

Bisher haben farbige Amerikaner selten daran gedacht, ihre Wohnräume mit Bildern zu schmücken. ... Bilder haben nichts zu tun mit Sklaverei und Unterdrückung und Elend, sondern mit Freiheit, Fair Play, Freizeit und Kultiviertheit. Diese Bedingungen sind nun für die farbigen amerikanischen Bürger erfüllt, und ich glaube, dass die Wände ihrer Häuser von nun an von ihren veränderten Beziehungen zu den Menschen um sie herum zeugen.[78]

Die Farblithografie hat die Grundlage für massenkulturelle Produktionen gelegt, das Aufkommen des Films aber machte die kulturelle Produktion zu einer wahrhaft bedeutenden Kraft auf dem kapitalistischen Markt und rückte die kommerzielle Unterhaltung ins Zentrum des sozialen Lebens der USA. Mit dem Film verschmolzen Hoch- und Populärkultur zur »Konsumkultur«, und der kulturelle Kapitalismus war geboren.

Für Millionen von Immigranten, die aus traditionellen Kulturen in eine Gesellschaft kamen, die so jung war, dass sie kaum Zeit gehabt hatte, eine eigene Kultur zu entwickeln, wurden die Filme zum alternativen Akkulturationsprozess. Die Filme führten Wellen von Immigranten, und insbesondere die Frauen, in eine »idealisierte« Version dessen ein, was Amerika insgesamt sein wollte. Für die Amerikaner der ersten Generation, die nach einem Schlüssel zum amerikanischen Lebensstil suchten und nicht recht wussten, wie sie ihr eigenes Leben in die neue Kultur integrieren konnten, wurden die Filme zu Schule und Inspiration zugleich. Allein in New York City zählte man im Jahr 1909 über 340 Kinos, und eine Viertelmillion Menschen bezahlte dafür an Wochentagen Eintritt, über eine halbe Million Zuschauer kamen sonntags.[79]

»Die Filme«, so Stuart und Elizabeth Ewen in *Channels of Desire*, »wurden für Immigranten eine mächtige Erfahrung der amerikanischen Kultur.«[80] Die meisten Kinogänger – über 72 Prozent – stammten nach einer Untersuchung aus dem Jahr 1911 aus der Arbeiterklasse; weniger als 3 Prozent dagegen aus den oberen Schichten – ein deutliches Zeichen dafür, dass die Filme der ersten Jahre jene Neuankömmlinge ansprachen, die noch nicht durch den American Way of Life geprägt waren.[81]

Ins Kino zu gehen, war eher eine Flucht als eine kulturelle Lernerfahrung. In den dämmrigen Kinosälen konnten Menschen jeden Alters die Langeweile des Alltags hinter sich lassen und in eine andere, glamourösere und einladendere Welt eintauchen. Ein Mal in der Woche konnten sie für einen Moment über das Gewöhnliche hinausgehen und ein idealisiertes Leben leben. Wie Cooks Reisen verpackten auch die Filme gelébte Erfahrung zu einer Ware für den Markt. Für fünf Cent Eintritt ließen sich die Menschen in den *nickel odeons* zu anderen Orten und Milieus transportieren, wo sie fantasieren und ausgelassen sein, ihre tiefsten Gefühle zeigen und ihre Hoffnungen und Träume ausleben konnten.

Cecil B. DeMille und andere Filmemacher nach ihm fügten der Rezeptur der frühen Stummfilme Sex, Geld und Romantik hinzu und schufen so »einen Wunschkanal« für die entstehende Konsumkultur, so Stuart und Elizabeth Ewens. Die Leinwand wurde zum Ersatz für das Kaufhausschaufenster. Auf der Leinwand war eine Welt schöner Menschen präsent, die in Annehmlichkeiten und Luxus jeglicher Art lebten; man sah Dinge, die man sich wünschte und in der neuen Konsumkultur hoffte kaufen zu können. Das Kino schuf, so Neal Gabler, »der ganzen Nation ein neues Gemeinschaftserlebnis, indem es jeden Zuschauer zum Bürger eines Fantasiereichs machte, das schließlich das Reich des Stofflichen entmachten und verschlingen sollte«.[82]

Heute ist die Unterhaltungsindustrie, die Wirtschaft der Fantasie und des Spiels, der intensiven und angenehmen gelebten Erfahrungen eine allgegenwärtige Kraft im Leben einer wachsenden Zahl von Menschen, die sich immer weniger für Industrieprodukte oder Dienstleistungen und immer mehr für kulturelle Produktionen interessieren. Zugang zu erwerben zu amüsanten und bedeutungsvollen Erlebnissen, gehört überall auf der Welt zum Lebensstil, vor allem für die Mittelklasse. Der kometenhafte Aufstieg der Unterhaltungswirtschaft lässt erkennen, wie eine Generation von materieller Akkumulation zur Akkumulation von Erlebnissen und Erfahrungen, von Eigentums- zu Zugangsbeziehungen übergeht. Amerikaner geben jährlich einige hundert Milliarden Dollars aus, Deutsche zweihundert Milliarden Mark, für Kino, Leihvideos, Spielzeug, Sportausrüstungen, Liveunterhaltung, Zuschauersport, Glücksspiel, Vergnügungsparks, Bücher und Zeitschriften, Musikaufnahmen und andere Unterhaltungs- und Freizeitwaren.[83]

Business ist Showbusiness

Das Wirtschaftssystem wird umgebaut: von einer großen Fabrik in ein großes Theater. Selbst die Vorstellungen und Metaphern, die die kommerzielle Welt organisieren, verändern sich. Dies zeigt den Aufstieg der kulturellen Produktion in der globalen Ökonomie. Maschinenvorstellungen wie Effizienz, Produktivität, Nützlichkeit, Verteilbarkeit und Berechenbarkeit schwinden und werden von den theatralischen Bildern der kulturellen Produktion ersetzt. Wirtschaftsgurus veröffentlichen Bücher mit Titeln wie *Management As a Performing Art: New Ideas for a World of Chaotic Change* (Management als darstellende Kunst. Neue Ideen für eine Welt im chaotischen Wandel); *Jamming: The Art and Discipline of Business Creativity*; (Improvisation. Kunst und Regeln kreativen Wirtschaftens); *The Experience Economy* (Die Erlebniswirtschaft); *Work Is Theatre and Every Business a Stage* (Die Arbeitswelt ist ein Theater und jedes Geschäft eine Bühne); *The Entertainment Economy: How Mega-Media Forces Are Transforming Our Lives* (Die Unterhaltungswirtschaft. Wie die Megamedien unser Leben verändern). John Kao erklärt in *Jamming*: »Management ist eine darstellende Kunst.«[84] Kao ist sich mit vielen Managementberatern einig: »Große Unternehmen können daraus Kapital schlagen, dass sie eine Art *Studio-Modell* übernehmen«, indem sie unabhängige Vertragspartner und kreative Künstler mit dem Ziel zusammenbringen, Kultur als Ware zu reproduzieren.[85] »Die Person an der Spitze muss wie ein Medienmogul agieren, dem jedes Werkzeug zur Verfügung steht, um die Kultur mit Relevanz zu verknüpfen.«[86]

Die Managementberater B. Joseph Pine und James Gilmore tauchen in ihrem Buch *The Experience Economy* noch tiefer in die Theatermetaphorik ein. Ihrer Meinung nach muss die gesamte Organisation des Geschäftslebens in der Ära der kulturellen Produktion nach dem Modell der darstellenden Künste neu gestaltet werden: »Theaterprinzipien auf ein Unternehmen anzuwenden, beginnt mit dem *Casting*, dem Prozess, in dem die Schauspieler für bestimmte Rollen ausgewählt werden«, die sie im Unternehmen spielen sollen. Als Produzenten sehen Pine und Gilmore die Männer und Frauen, die dem Unternehmen finanziell sichere Grundlagen verschaffen und bestimmen, welche Produktion sie aufführen wollen. Die Regisseure wiederum seien verantwortlich für die »Bearbeitung«, die Übertragung des konzeptuellen Materials in verwendbare Drehbücher und für die Aufführung der Darstellung. Die Drehbuchschreiber müssen »die Prozesse, [die] die letztendliche Darstellung hervorbringen«, bestimmen – das, was Unternehmen gewöhnlich »totales Qualitätsmanagement (TQM)« und »Neugestaltung (Reengineering) des Geschäftsprozesses« nennen. Techniker planen die Szenen, liefern die Requisiten, suchen die Kostüme aus und sind für die Überwachung der Produktionsgerätschaften verantwortlich. Schließlich bauen die Bühnenarbeiter Kulissen und Szenen auf und sorgen hinter der Bühne dafür, dass die verschiedenen Teile der Produktion glatt und reibungslos aufeinander folgen.

War die Produktionsphase des Kapitalismus durch Ausstoß gekennzeichnet, ist Inszenierung das Charakteristikum seiner kulturellen Phase. Dazu der Managementberater Tom Peters: »Es ist kaum übertrieben zu sagen, dass *jeder* in das Unterhaltungsgeschäft hineingerät.« Darum rät er seinen Kunden: »Das Entscheidende im Geschäftsleben ist die Gesamtsumme der hervorgezauberten Dramen, die unsere Kunden geschaffen haben.« Die neuen operativen Begriffe seien *Mythos, Fantasie* und *Illusion*.[88]

In der neuen Ära wird *industriell* durch *kreativ* abgelöst, und Geschäft wird weniger durch Arbeitsbegriffe als durch Spielbegriffe bestimmt. Unternehmen aller Branchen beginnen damit, ihre Organisationsfelder neu zu erfinden, um sie der Kreativität und der Kunst zu öffnen – den Ecksteinen des Kulturkommerzes. Viele Manager bezeichnen ihr Personal nicht mehr als Arbeitskräfte, sondern lieber als *Player*.

So wird aus der Arbeitsumgebung allmählich eine Spielumgebung. Dies spiegelt wider, worauf man heute den Schwerpunkt legt: auf kulturelle Darstellung und das Marketing von gelebten Erfahrungen. Einige Unternehmen haben alle möglichen Arten »spielerischer« Innovationen eingeführt, um eine entspannte Atmosphäre zu schaffen, in der künstlerische Kreativität besser gedeihen kann. Canon Inc. hat in Tokio Meditationsräume eingerichtet. Bei Kodak in Rochester, New York, gibt es einen »Humorraum« voller Spielsachen, Videos und Spiele. Mit ausgestopften Plastiken, die Wände entlang aufgereiht, will Body Shop die »Spieler« des Unternehmens amüsieren und unterhalten.[89]

Die intellektuelle Fundierung solcher Theatralisierungen des Geschäftslebens wurde zu einem Gutteil der Soziologie entliehen. In der Zeit nach dem Zweiten Weltkrieg haben Wissenschaftler wie Kenneth Burke, Erving Goffman und Robert Perinbanayagam einen vollkommen neuen Ansatz entwickelt, um das Verhalten von Menschen zu analysieren und zu verstehen, der auf Prinzipien des Dramas und des Theaters basiert. Die »dramaturgische Perspektive« stützt sich auf die Beobachtung, dass jede menschliche Interaktion ein Drama ist und nach Schemen abläuft, deren sich auch das Theater bedient. Nach Kenneth Burke gliedert sich die Interaktion zwischen Menschen nach fünf großen theatralischen Konzepten. Da gibt es zunächst den »Akt« – das, was eigentlich zwischen Menschen geschieht, wenn sie miteinander interagieren. Die »Kulisse«, zweitens, ist der Hintergrund, vor dem sich der Akt entfaltet. Die handelnden Personen sind die interagierenden »Schauspieler«. Das vierte Element, die »Handlung«, definiert Burke als die Art, wie der Akt aufgeführt wird. Fünftens schließlich ist »Absicht« der Grund, aus dem der Akt aufgeführt wird.[90]

Zwar hat Burke dieses neue Paradigma des Verhaltens begründet, doch war Erving Goffman mit seinem Grundlagenwerk *Wir alle spielen Theater* der erste, der die Metapher des Dramas bis in kleinste Details für die Beschreibung menschlichen Verhaltens angewendet hat. Jedes intentionale Verhalten sei, so Goffman, von Natur aus theatralisch: Bei jeder Aufführung, so seine Beobachtung, pendeln die Schauspieler zwischen einer Region im Hintergrund (hinter den Kulissen), wo sie ihre Rolle üben, und dem Vordergrund (der Bühne), auf der sie den Akt aufführen, hin und her.

Vor Jahren haben Marketingfachleute Goffmans Arbeiten entdeckt und seine Beobachtungen auf Dienstleistungen und immer häufiger auch dort angewendet, wo es darum ging, die Erlebnisse und Erfahrungen der Menschen zu Waren zu machen. Die Methode, die Goffmans dramaturgischer Perspektive zugrunde liegt, wurde ein genauso wichtiges Werkzeug zur Diagnose und zum Verständnis der Marketingorientierung wie es Max Webers Analyse der Bürokratie für die Beschreibung des Verhaltens in Organisationen der Fabrik- und Bürowelt war.

Stephen J. Grove, Professor am Clemson University College of Business and Public Affairs, und Raymond P. Fisk, Professor der University of Central Florida, beide Spezialisten für Marketing, sind sich einig, dass Marketing von Dienstleistungen – und Erfahrungen – grundsätzlich nur im Kontext theatralischen Verhaltens zureichend verstanden werden kann: »So wie sich Theaterschauspieler auf eine Fülle von Gesichtspunkten einlassen müssen, um eine glaubhafte Vorstellung geben zu können, so muss sich der ›Akteur‹ bei einer Dienstleistung einer Reihe von Anliegen verpflichten, damit er dem Publikum einen bestimmen Eindruck vermittelt.«[91] Kleidung, Gesten, Verhalten, Auftritt, Stil des Engagements, Wissen und kommunikative Fähigkeiten eines Dienstleisters tragen zum dramatischen Austausch und damit zum Erfolg der Darstellung vor Kunden oder Publikum bei.

Die Präsentation einer Dienstleistung ist besonders in vertraulicheren Begegnungen zwischen Dienstleistern und Kunden entscheidend – alltäglich zu beobachten bei der Interaktion zwischen Kellnern und ihren Gästen. Die britische Medizinerzeitschrift *Lancet* veröffentlichte vor einigen Jahren einen viel diskutierten Artikel mit der Behauptung, dass Ärzte jedes Mal, wenn sie ihren Patienten begegnen, – ob bewusst oder unbewusst – wie Schauspieler aufträten. Dazu die Mediziner Hillel Finestone und David Canter von der University of Western Ontario:

Wenn ein Arzt nicht die notwendigen Fähigkeiten besitzt, die emotionalen Bedürfnisse eines Patienten einzuschätzen ... und klare und effektive Antworten auf diese Bedürfnisse zu finden, dann tut er seine Arbeit nicht richtig. Folglich glauben wir, dass die medizinische Ausbildung ein schauspielerisches Curriculum beinhalten sollte, das sich auf die Vermittlung angemessener, wohltuender Antworten auf diese emotionalen Bedürfnisse konzentrieren sollte.[92]

Sowohl die Kellogg Graduate School of Management an der Northwestern University als auch die Columbia Business School haben in ihre Managementkurse für Fortgeschrittene dramaturgische Bausteine aufgenommen. Professionelle Schauspieler und Regisseure unterrichten leitende Angestellte in der Kunst der theatralischen Präsentation und machen sie in intensiven Rollenspielen mit dramatischen Techniken vertraut. Sie sollen lernen, bei Mitarbeitern und Klienten die erwünschte Reaktion hervorzurufen. Grove und Fisk sind der Meinung, dass eine dramaturgische Ausrichtung des sozialen Verhaltens in jeder Geschäftsphase und für jeden industriellen Bereich von Bedeutung ist, weil dieser Ansatz ein Vokabular und eine konzeptionelle Grundlage liefert, den »vereinheitlichenden Rahmen«, mit dessen Hilfe der Austausch auf dem Markt analysiert werden kann.[93]

Mitte der achtziger Jahre mokierten sich einige Kritiker über den amerikanischen Markt als »Micky-Maus-Wirtschaft«. Davon ist inzwischen keine Rede mehr. Die amerikanischen Exporte von Produkten aus Unterhaltung und Kultur bestimmen das Tempo der globalen Wirtschaft. Von Kim Campbell, dem ehemaligen Premierminister von Kanada, stammt die Feststellung, dass die kulturelle Produktion das Transportmittel für die Amerikanisierung der Welt gewesen ist: »Bilder von Amerika durchdringen dieses globale Dorf so tief, dass es fast so scheint, als sei nicht die Welt nach Amerika immigriert, sondern Amerika in die Welt emigriert. Heute können die Leute sogar in ihren fernen Ländern versuchen, Amerikaner zu sein.«[94]

Produktion kultureller Erlebnisse wird im 21. Jahrhundert zum Hauptspielfeld für die fortgeschrittenste Form des globalen Wirtschaftsgeschehens. Im Zeitalter des Zugangs rückt kulturelle Produktion an dessen erste Stelle, während Information und Dienstleistungen auf den zweiten Rang rutschen, die Herstellung auf den dritten und Landwirtschaft auf den vierten. In allen vier Rängen wird sich der Veränderungsprozess fortsetzen, in dem das auf Eigentumsbeziehungen basierende System zu einem wird, das auf Zugang und Zugriff basiert. Aber gleich auf welchem Rang, alle Unternehmen werden ihre Geschäfte eingebettet in ein Beziehungsnetzwerk betreiben, das zwischen der realen Welt und dem Cyberspace operiert.

KAPITEL 9

DIE AUSBEUTUNG DES KULTURELLEN LEBENS

In *Die Truman Show*, einem Film aus dem Jahr 1998 über eine fiktive Person, die in einer vollkommen simulierten, im Fernsehen übertragenen Welt lebt, ist sich der Protagonist lange Zeit seiner Gefangenschaft nicht bewusst. Als er schließlich herausfindet, wo er ist, versucht Truman verzweifelt zu entkommen, er will zurück in die »reale Welt« jenseits des Fernsehens. Die Ironie dabei ist, dass die meisten von uns anders als Truman, der vor seiner künstlichen Welt davonläuft, in die entgegengesetzte Richtung marschieren.

Wir sind von einer elektronisch simulierten Welt umgeben, und ein immer größerer Teil unserer Erfahrungen erscheint in diesen künstlichen Umgebungen wieder. Dies zeugt von einem außerordentlichen Wandel im Leben der Menschen. Auch hier ist die Wortgeschichte aufschlussreich: Noch vor hundert Jahren war das englische Wort *broadcast*, bei dem wir heute sofort an Radio und TV denken, allein ein Ausdruck aus der Landwirtschaft; es bezeichnete das Ausbringen der Saat. Heute steht der Medienkonsum für die Menschen in den Industrieländern gleich an zweiter Stelle nach der Arbeit. Ein durchschnittlicher Haushalt in Japan sieht täglich acht Stunden und 17 Minuten fern.[1] In den Haushalten der Vereinigten Staaten läuft der Fernseher täglich länger als sieben Stunden, und Erwachsene verbringen durchschnittlich viereinhalb Stunden vor der Mattscheibe[2] – in Deutschland sind es nach Angaben der AGF Fernsehforschung täglich fast dreieinhalb Stunden. Mitte der neunziger Jahre gab es mehr als eine Milliarde Fernsehgeräte auf der Welt.[3]

Elektronische Kommunikationsnetze sind medial simulierte Umgebungen, die das Reale neu schaffen sollen. Telefone, Film, Radio und Fernsehen sind darauf angelegt, unsere Sinne zu täuschen und ihnen Präsenz vorzugaukeln. Ein Telefongespräch zum Beispiel vermittelt uns den Eindruck, »da zu sein«, obwohl tausend Kilometer zwischen den Gesprächspartnern liegen können.[4]

In ähnlicher Weise spielen Filme und das Fernsehen mit unseren konventionellen Vorstellungen von Zeit, Raum und Realität. Wir stellen uns die Menschen auf Leinwand oder Bildschirm als Figuren aus dem wirklichen Leben vor und interagieren mit ihnen auf sehr vertraute und persönliche Weise. Der Fortschritt der neuen elektronischen Kommunikationstechniken hat uns in rasch aufeinander folgende, technisch vermittelte Umwelten hineingezogen, von denen jede neue noch besser in der Lage ist als die jeweils letzte, den Eindruck des »Realen« zu simulieren. Das gilt vor allem im Cyberspace.

Dieses mächtige Kommunikationsmittel destilliert die symbolische Essenz aus der kulturellen Erfahrung, transformiert sie in digitale Fantasiebilder und -gestalten, die, gerade wenn sie medial kommuniziert werden, lebendiger und realer scheinen als die originalen Phänomene: Nur darum können sie zum Erlebnis werden. Der Cyberspace ersetzt also Wirklichkeit durch eine virtuelle Realität – durch symbolische, elektronisch vermittelte Umgebungen, in die die Menschen eintauchen können, als seien sie real. Und sie werden mit jedem subjektiven Ausleben im Cyberspace tatsächlich Realität. Philosophen der Postmoderne und Medienberater favorisieren für diese simulierten Erfahrungen im Cyberspace den Begriff »hyper-real«.

Im Medienlabor des MIT und in anderen High-Tech-Forschungs- und Entwicklungszentren experimentieren Wissenschaftler sogar mit der Gestaltung ganzer Umwelten, die als elektronische Ökosysteme die gesamte natürliche Welt ersetzen können. Von Ken Karakatsios, einem ehemaligen Mitarbeiter von Apple, stammt das Aperçu: »Das einzige, was am Universum nicht stimmt, ist die Tatsache, dass es auf dem Programm eines anderen läuft.«[5] Der Cyberspace eröffnet die Möglichkeit, ein High-Tech-Ökosystem zusammenzustellen – »einen Maschinenpark«, so Mark Slouka, Englisch-Professor an der Columbia University, »der dich erkennen und deine Stimmungen fühlen kann: Computer, die dich erblicken und erkennen können, die dir so sensibel zuhören, dass sie noch die im Stottern, in Pausen, beim Schlucken oder in der Stimmlage transportierten Informationen aufnehmen können, ein personalisiertes Universum, das dem menschlichen Willen vollkommen untersteht«.[6]

Die digitale Revolution besitzt das Potenzial, einen großen Teil gelebter Erfahrung im Cyberspace als Handelswaren nutzbar zu machen, so wie das Geld den Austausch von materiellen Gütern auf dem geografischen Markt ermöglicht hat. Manuel Castells beschreibt den Einfluss, den die digitale Revolution und der elektronische Handel auf die Kultur ausüben: »Alle Botschaften, ganz gleich welche, werden im Medium eingeschlossen, weil das Medium so umfassend, so abwechslungsreich, so formbar geworden ist, dass es in demselben Multimediatext die gesamte menschliche Erfahrung, Vergangenheit, Gegenwart und Zukunft absorbiert.«[7]

Weil der Cyberspace eine derart umfassende Kommunikationsumgebung ist, verlieren andere Formen traditioneller Kommunikation, die im kollektiv geteilten kulturellen Leben direkt stattfinden – Rituale, Feiern, Festivals, Theater, die Künste, Religion, staatsbürgerliche Debatten – an Bedeutung und Einfluss auf zwischenmenschliche Beziehungen.

Die im Cyberspace simulierte Erfahrung der Menschen ist in ihrem Kern theatralisch, so die Künstlerin und Unternehmensberaterin Brenda Laurel von der Interval Research Corporation in Palo Alto, Kalifornien.[8] Mit einem wesentlichen Unterschied zu den früheren Medien: Im Cyberspace betrachtet man nicht mehr Bühne oder Bildschirm, sondern durchschreitet diesen und wird selbst zur Darstellung. Dazu der Cyberspace-Theoretiker Randall Walser:

Während der Film dem Publikum eine Realität vorführte, verleiht der Cyberspace jedem im Publikum einen virtuellen Körper und eine Rolle. Druck und Radio erzählen; Bühne und Film zeigen; der Cyberspace bettet ein. ... Während der Dramatiker und der Filmemacher versuchen, ihre Ideen als Erfahrung zu kommunizieren, versucht der Raummacher die Erfahrung selbst zu kommunizieren. Ein Raummacher schafft eine Welt für das Publikum, in der es direkt agieren kann, und so kann sich das Publikum nicht nur vorstellen, es erfahre von einer interessanten Realität, sondern es kann sie direkt erleben.[9]

Der Cyberspace ist eine neue Weltbühne, mit der zukünftig alle denkbaren kulturellen Produktionen aufgeführt werden können. Und wie zu anderen kommerziellen Inszenierungen wird man sich eine Eintrittskarte kaufen, eine Subskriptionsgebühr bezahlen oder Mitglied werden müssen, um Zugriff zu erhalten. Anders als im traditionellen Theater sind die aufgeführten Stücke jedoch die gelebte Erfahrung eines jeden, der den Eintrittspreis bezahlt hat und ein Ticket besitzt. »Bald werden wir in der Lage sein, jedes Erlebnis, jede Erfahrung zu schaffen, die wir uns wünschen«, so Autor und Kolumnist Howard Rheingold.[10] Mark Slouka stimmt dem zu:

»Je mehr Stunden pro Tag in synthetischen Umgebungen verbracht werden ... desto stärker wird das Leben insgesamt zur Ware. Irgendjemand produziert es für uns; wir kaufen es ihm ab: Und werden zu Konsumenten unseres eigenen Lebens.«[11]

Rheingold warnt davor, dass die »Realität hinter dem Bildschirm verschwindet«: In der neuen zukünftigen Welt werde »Realität selbst eine hergestellte und zugemessene Ware«.[12] Was werden die Menschen, so Rheingolds kritische Frage, über sich selbst und andere denken, wenn »wir beginnen, uns einen Großteil der Zeit, die wir wach erleben, in computergenerierten Welten aufzuhalten?«[13]

Es bleibt offen, wieviel Zeit unseres Lebens genau wir im neuen Jahrhundert im physischen Raum und wieviel davon wir im Cyberspace erleben werden. Eines können wir jedoch sicher sagen: Ein wesentlich größerer Teil unserer alltäglichen Erfahrungen wird in künstlichen elektronischen Umgebungen stattfinden. In der hyper-realen Welt der virtuellen Realität, in der alles abstrakt und immateriell ist, zu Zeichen und Symbol wurde, werden die hergebrachten Vorstellungen von Eigentum und Besitz immer bedeutungsloser. Im Cyberspace stellt die kulturelle die industrielle Produktion in den Schatten, und um Zugang dreht sich der gesamte Wettbewerb.

Kulturvermarktung

Wird die kulturelle Produktion zum Leitsektor der ökonomischen Wertkette, ist es nicht erstaunlich, dass die Bedeutung des Marketing weit über den kommerziellen Bereich hinauswachsen wird. Mit Methoden des Marketing wird der kulturelle Gemeinbesitz nach Bedeutungen durchsucht, die Wertschöpfung versprechen und darum durch die Künste in warenförmige, käufliche Erfahrungen verwandelt werden kann.

Der Übergang von der Produktorientierung zur Marketingperspektive – ein Phänomen, das wir ausführlich diskutiert haben – ist ein für die Geschichte des Kapitalismus äußerst entscheidender Prozess. Mitte der neunziger Jahre steckten allein amerikanische Unternehmen mehr als eine Billion Dollars in das Marketing ihrer Produkte – das ist jeder sechste Dollar des Bruttoinlandsproduktes der USA. Die Werbung hatte daran einen Anteil von 140 Milliarden, die Verkaufsförderung von mehr als 420 Milliarden.[14] Marketing ist die Art und Weise, in der das kapitalistische System kulturelle Normen, Praktiken und Aktivitäten in Waren transformiert. Mit Hilfe der Künste und der Kommunikationstechniken schreiben Marktingexperten Produkten, Dienstleistungen und Erfahrungen kulturelle Werte zu und verleihen unseren Käufen eine kulturelle Bedeutung. Indem sie am Hebel der neuen Informations- und

Kommunikationstechniken sitzen, durch die immer mehr Menschen miteinander kommunizieren, übernehmen Marketingleute die Rolle der Schulen, Kirchen, sozialer Interessengemeinschaften, der nachbarschaftlichen und staatsbürgerlichen Institutionen, die einst kulturelle Äußerungen interpretierten, reproduzierten und kreierten und kulturelle Bereiche aufrechterhielten.

Nirgendwo ist die neue Marketingpraxis sichtbarer als beim Verkauf von Designermarken. Wer sich ein Hemd von Zenga, eine Lampe von Bill Blass oder ein maßgeschneidertes Auto von Eddie Bauer kauft, kauft den Zugang zu einem Lebensstil – zum Bild eines Lebensstils, den er gerne führen und erfahren würde. Ralph Laurens Markenzeichen prangt auf den Wänden der Einrichtungshäuser. Der Name Giorgio Armani ziert eine Hand voll gehobener Esslokale in Beverly Hills oder New York City. Das Geschäft mit Designerlizenzen erzielte 1997 mit entsprechenden Gebühren mehr als 12,6 Milliarden Dollar, und es gibt kein Anzeichen dafür, dass dieser Umsatz stagnieren könnte.[15]

Der Kauf einer Marke versetzt den Käufer, die Käuferin in eine imaginäre Welt; sie haben den Eindruck, sie teilten die von den Designern gelieferten Werte und Bedeutungen tatsächlich mit anderen. Offenbar spielt es keine Rolle, dass dies alles nur ein Köder, ein ausgeklügelter Marketingtrick ist. Millionen von Menschen waren gerne bereit, Skepsis und Unglauben abzulegen und sich in diese stilisierten Umwelten einzukaufen. Designerkleidung, Designergeräte und was sonst in dieser Verpackung angeboten wird, werden zu Kostümen, Requisiten und Szenerien, mit deren Hilfe sich imaginierte Lebensstile und Erfahrungen ausleben lassen. Wenn jeder dieses Spiel auf dem kulturellen Markt mitspielt, wird, aus Mangel an Alternativen, der Ersatz zur Realität.

Die Funktion des Marketing hat sich mit den Jahren in einer Weise verändert, die zeigt, wie sich der Schwerpunkt vom Verkauf von Produkten auf den Verkauf von Erfahrungen verlagert hat. Im Industriezeitalter, als es um den Absatz von Waren ging, spielte das Marketing eine zwar wichtige, jedoch nur begleitende Rolle. Damals waren kulturelle Äußerungen Mittel, den Konsumenten zum Produkt zu bringen. Nun ist es die Hauptaufgabe der Kulturarbeiter in der Marketingindustrie, Bedeutungsschnipsel aus der populären Kultur auszuwählen und Produkte mit Hilfe der Künste – Musik, Film Design, Werbung – so zu verpacken, dass sie eine emotionale Reaktion im Konsumenten hervorrufen, die einen besonderen Bereich kultureller Erfahrung reproduziert. Gegenüber dem Verkauf dieser Erfahrung tritt der Verkauf des Produktes in die zweite Reihe zurück. Man betrachte Werbung von Nike aufmerksam: Das Unternehmen verkauft nicht zuerst Schuhe, sondern vor allem ein Bild dessen, wie man sich in diesen Schuhen fühlt. A. Fuat Firat, Professor für Marketing an der Arizona State University, und Alladi Venkatesh, Professor für Marketing an der Graduate School of Management, Universitiy of California in Irvine, haben darauf hingewiesen, dass in der Ära des Marketing *»nicht das Bild das Produkt, sondern das Produkt das Bild repräsentiert«*.[16]

Wird das Wirtschaftsleben immer nachhaltiger von kulturellen Produktionen bestimmt, erhalten Waren zunehmend die Qualität von Requisiten. Sie werden zu reinen Plattformen oder Szenenbildern, um die herum ausgefeilte kulturelle Bedeutungen ausagiert werden. Sie verlieren ihre materielle Bedeutung und übernehmen eine symbolische. Sie sind nicht länger Objekte, vielmehr Werkzeuge, die helfen, die Aufführung gelebter Erfahrung zu ermöglichen. Anders als das Eigentum, das allgemein als eine autonome Einheit und als Selbstzweck betrachtet wurde, gelten Requisiten eher als Instrumente, die eingesetzt werden, um ein Drama in Szene zu setzen.

Die expansive Rolle des Marketing ist die eines Impresarios für kulturelle Produktionen. Marketingleute schaffen kunstvolle Fantasien und Fiktionen, gewebt aus den Einzelteilen der Gegenwartskultur, und verkaufen sie als gelebte Erfahrungen. Das Marketing produziert das Hyper-Reale. Sein Erfolg liegt in seiner Fähigkeit, die Fälschung oder Simulation attraktiver als das Reale und damit zu dessen Ersatz zu machen. Da mögen sich einige, noch immer an realen Erfahrungen interessierte Konsumenten lieber in die reale natürliche Welt wagen, Millionen anderer Konsumenten entscheiden sich für eine Reise durch Disney Worlds Wild Kingdom, wo sie die Tiere in künstlicher Umgebung betrachten können. Sie bevorzugen das Drama auf der Bühne, das ihnen lebendiger erscheint. Schließlich warten im Wild Kingdom an jeder Ecke neue Überraschungen auf sie. In der Natur dagegen müsste man Geduld haben und auf Begegnungen warten, bisweilen ohne Erfolg. Die kulturelle Produktion bringt Aufregung in die gelebte Erfahrung. Emotionale Reaktionen sind garantiert, und wer nicht auf seine Kosten kommt, erhält sein Geld zurück.

Es ist der Job der Marketingleute, die Kultur immer weiter zu plündern, immer neue Themen zu finden, die menschliche Reaktionen hervorrufen. Sie loten die Tiefen der Kultur aus und entleihen Bilder aus den abgelegensten Quellen, um Produkte zu verkaufen. Vor einigen Jahren rief Benetton mit seinen verstörenden Plakaten, die einen sterbenden AIDS-Kranken, ölverklebte Vögel, einen Priester, der eine Nonne küsst, und einen terroristischen Bombenanschlag zeigten, einen Wirbel kontroverser Diskussionen hervor. Mit Bildern, die das Drama menschlichen Elends, menschlicher Scheinheiligkeit und menschlicher Grausamkeit mit der Marke Benetton verbanden, weckte das Unternehmen weltweit Aufmerksamkeit für seine Produkte. Kritiker nannten die Kampagne zynisch, einen Versuch, Schlagzeilen zu bekommen und mit dem Elend anderer öffentliche Aufmerksamkeit für das Unternehmen zu wecken. Benetton selbst sah die Kampagne als einen Weg, seine Marke ins Zentrum der populären Kultur zu bringen – tatsächlich hat das Unternehmen die Kultur durch künstlerische Darstellung zum Zweck kultureller Produktion ausgebeutet.[17]

Gegenkulturelle Trends sind für Marketingleute zu besonders attraktiven Objekten der Ausbeutung geworden. Umweltfragen, feministische Anliegen, die Fürsprache für Menschenrechte und Fragen sozialer Gerechtigkeit sind allesamt Themen, die ihren Weg in Marketingkampagnen gefunden haben. Indem Produkte und

Dienstleistungen mit kontroversen kulturellen Fragen identifiziert werden, wecken Unternehmen den rebellischen, sich gegen das Establishment richtenden Geist in ihren Konsumenten. So werden die Einkäufe zu symbolischen Akten, zum persönlichen Einsatz für die Angelegenheiten, auf die das Marketing sich beruft. Wenn Menschen Seifen und Parfüm im Body Shop kaufen, kaufen sie sich in Wahrheit die Überzeugung, ein Tierfreund zu sein.

In der neuen Ökonomie, so Firat und Venkatesh, »wird der Verbraucher immer mehr zum Konsumenten von Kultur, und diese wird zunehmend zur Ware, die sich vermarkten lässt.«[18] Nirgendwo ist dieser Trend deutlicher als im relativ jungen Bereich des Lifestyle- und Eventmarketing. Unternehmen binden ihre Markennamen, Produkte und Dienstleistungen immer öfter an kulturelle Aktivitäten und Veranstaltungen, manchmal sogar, indem sie die Kosten übernehmen und die Veranstaltung direkt unter ihrer Schirmherrschaft durchführen.

Die erste dieser Veranstaltungen des Lebensstilmanagements war Hands Across America, das als »größtes Mitmach-Event der Geschichte« bezeichnet wurde und große Aufmerksamkeit in den Medien und beim Publikum erntete.[19] Die Idee zu dieser Veranstaltung stammte von kulturellen Nonprofit-Organisationen, die die öffentliche Aufmerksamkeit auf den Hunger in der Welt und die Hilfe für die Armen lenken wollten. Sie planten eine 6500 Kilometer lange Menschenkette durch die USA von Küste zu Küste, bei der sich die Menschen in Solidarität mit den Armen die Hände reichen sollten.

Schon früh beteiligte sich Coca-Cola an diesem Projekt, und nationale Nonprofit-Organisationen haben sich darauf eingelassen, die Veranstaltung in ein kommerziell gesponserte und durchgeführtes, kulturelles Massenerlebnis zu verwandeln. Coca-Cola schuf für Hands Across America ein Radionetzwerk mit mehr als 2000 Radiostationen, die öffentliche Ankündigungen sendeten, um Teilnehmer für die Menschenkette zu werben. Lokale Coca-Cola-Abfüller organisierten in Baseballparks Verpflichtungskampagnen und verteilten Hunderttausende von Aufklebern. Siebzehn große Themenparks dienten als »Registrierungszentren«, in denen sich die Menschen als Teilnehmer eintragen konnten. Schulen und Hochschulen veranstalteten Schulungen und Kundgebungen im Voraus und stellten Busse für den Transport ihrer Schüler und Studierenden zur Verfügung.

Am 25. Mai 1986 reichten sich quer durch die Vereinigten Staaten mehr als vier Millionen Menschen die Hand, weitere zwei Millionen nahmen an Unterstützungsveranstaltungen in lokalen Schulen und Kirchen teil. Die Veranstaltung wurde von den großen Sendern live in die ganze Welt übertragen. Fast jede große Zeitung der USA berichtete darüber auf der ersten Seite. Und das Markenzeichen Coca-Cola war überall präsent. Das Unternehmen stellte sogar kilometerlange rot-weiße Coca-Cola-Seile her, um Teilnehmer in dünn besiedelten Gegenden des Landes miteinander zu verbinden.

Für das Unternehmen war die Veranstaltung ein unbezahlbarer Erfolg. Anthony J. Tortorici, damals als Vicepresident für die Öffentlichkeitsarbeit von Coca-Cola zuständig, nannte die Gründe, warum sein Unternehmen an diesem Event, das eigentlich als kulturelle Veranstaltung gedacht war, teilgenommen und es mit orchestriert hat:

> Hands Across America kam für Amerika und für Coca-Cola genau zum richtigen Zeitpunkt. Das amerikanische Interesse an Obdachlosigkeit und Hunger war die ganze Zeit hoch. Wir hatten gerade Pech mit der Einführung von *New Coke* und der Wiedereinführung von *Classic Coke* gehabt. Wir brauchten etwas, womit wir das Unternehmen wieder mit Amerika verbinden konnten. Es war perfekt.[20]

Alfred L. Schreiber, der Unternehmen darin berät, wie sie ihre Markennamen mit Lifestylemarketing stärken können, sieht in Hands Across America den Wendepunkt, nach dem sich die Unternehmen institutionell stärker sozialen Aktivitäten zuwandten. Diese eintägige Veranstaltung habe, so Schreiber in *Lifestyle and*

Event Marketing, »ein deutliches Signal dafür ausgesandt, dass ein neues Zeitalter der Partnerschaft von Unternehmen und Konsumenten begonnen hatte«. Mit dieser Veranstaltung hätten die Unternehmen erklärt, dass sie nicht nur an unsere Dollars heran wollen, sondern »an unserem Leben beteiligt sein ... unsere Werte teilen«.[21]

Heute geben Unternehmen weltweit mehr als drei Milliarden Dollar jährlich für das Sponsoring von Gemeinschafts- und Kulturveranstaltungen aus. Carlsberg Bier unterstützt die Fußballeuropameisterschaft, Citgo Petroleum hat den Boston-Marathon unterstützt, Beefeater Gin sponsert das Achterrennen zwischen Oxford und Cambridge, Philip Morris steuert Mittel für die Houston Grand Opera bei, und Omega sponsert den Bermuda Gold Cup und andere Segelregatten der Weltklasse. Dewars Scotch präsentierte sich sogar als Gastgeber von Literaturlesungen in New York City.

Die Unternehmenspräsenz durchdringt fast den gesamten kulturellen Bereich. Anscheinend ist keine kulturelle Ikone länger immun gegen einen Unternehmensstempel. Footballturniere der Hochschulen, einst Ausdruck von Gemeinschaftsgeist und regionalen Rivalitäten, sind im Grunde zu kommerziellen Angelegenheiten geworden. Die Fans besuchen nun die Nokia Sugar Bowl, die Outback Bowl (gesponsert von Outback Steakhouse), die Insight.Com Bowl, die Micron PC Bowl, die Tostidos Fieste Bowl, die Chick-Fil-A Peach Bowl und die Jeep Aloha Bowl.

Das Ziel des Lifestylemanagement ist es, eine lebenslange Beziehung zu Nischengemeinschaften und Interessengruppen zu knüpfen, indem es das Unternehmen als einen aktiven Partner und Mitspieler im kulturellen Alltagsgeschehen platziert. Schreiber rät seinen Klienten, sie sollten ihr Unternehmen mit der Wahl eines Lebensstils oder eines Events an eine kulturelle Aktivität oder Institution binden, die »im Leben der Menschen, die Sie erreichen wollen, bereits eine aktive Rolle spielt«.[22] Für Sponsoring und Eventmarketing bietet er ein Potpourri möglicher kultureller Bereiche an, darunter Countrymusic- oder Kunstfestivals, Krankenhäuser, Dienstleistungsorganisationen, Organisationen der darstellenden Künste, Amateursportprogramme, Stiftungen für schwere Krankheiten, Reinigung oder Wiederherstellung der Umwelt, Bewahrung von historischen Zeugnissen oder lokale Schulprogramme.

Am wichtigsten sei es, so Schreiber, »eine klare Vorstellung der eigenen Ziele zu haben – von den Dingen, die Sie mit Ihrem Sponsoring erreichen wollen«.[23] Seiner Ansicht nach ist kein Mittel besser dazu geeignet, das Produkt eines Unternehmens zu platzieren, eine neue Produktlinie herauszubringen, einen neuen Markt zu eröffnen und negativer Publicity der eigenen Produkte oder des eigenen Unternehmens entgegenzuwirken.

Marketingprognostiker erwarten, dass die nächste große Welle von Initiativen des Lifestyle- und Eventmarketing auch Veranstaltungen und Aktivitäten von Graswurzel-Vereinigungen, also lokale politische Initiativen, umfassen wird. Der International Events Group Newsletter erklärt seinen Abonnenten, »auf Gemeinschaften beruhende Veranstaltungen und Angelegenheiten sind der Ort, an dem die Unternehmen Amerikas präsent sein müssen«, dort nämlich seien sie näher dran am Leben ihrer potenziellen Konsumenten. Festivals von Nachbarschaften und Gemeinschaften zum Beispiel haben in den letzten fünf Jahren um 10 Prozent jährlich zugenommen, und Unternehmen haben dafür gesorgt, dass sie mit Finanzierung und Orchestrierung dieser Veranstaltungen präsent sind.[24]

Die finanziellen und technischen Ressourcen, die transnationalen, an der kulturellen Produktion beteiligten Unternehmen zur Verfügung stehen, sind atemberaubend. »Jeden Tag in unseren Leben«, so Ronald Collins in der *Columbia Journalism Review*, »werden 12 Milliarden Displayanzeigen, 2,5 Millionen Radiowerbespots und mehr als 300 000 Fernsehwerbespots auf unserem kollektiven Bewusstsein abgeladen«.[25] Der durchschnittliche Amerikaner wird täglich mit mehr als 3 500 Werbebotschaften bombardiert – das ist mehr als das Doppelte als vor 30 Jahren. Im gleichen Zeitraum wuchsen die Werbeausgaben in allen Medien um das Zehnfache. Die Fernsehnetzwerke in den USA senden wöchentlich 6000 Werbespots, das sind 50 Prozent mehr als 1983. Zusätzlich erhält jeder Amerikaner über 600 Werbeträger im Jahr. *Business Week* bringt das auf den Punkt: »Das kaufende Publikum ist praktisch lebendig unter Werbung begraben.« Die Unternehmen drückten »ihre Botschaften allem auf, das still steht«. Sie werben in jedem denkbaren Raum, an Urinalen ebenso wie an den Wänden von Klassenzimmern. Allein in den USA investieren die Unternehmen jährlich mehr als 555 Dollar pro Einwohner in die Werbung; in Europa und Japan wachsen die Werbebudgets noch schneller als in den USA.[26]

Die Werbefachleute haben realisiert, dass die Menschen zuallererst Konsumenten von Symbolen und weniger der Produkte selbst sind. Die Werbung übernimmt die Rolle eines Vermittlers und Interpreten von kulturellen Bedeutungen. Sie dient als Brücke, die unablässig die Lebensgeschichte einer Person mit den großen Erzählungen verbindet, welche die Kultur ausmachen. Durch die vielen Werbebotschaften, die an sie gerichtet sind, erhalten die Konsumenten fragmentierten Zugang zur Kultur und ihren verschiedenen Bedeutungen. Über die Werbung werden die Konsumenten darüber informiert, was sich kulturell abspielt, man zeigt ihnen, mit welchen Käufen sie dabei sein und zeigen können, dass sie die Botschaften verstanden und zum Teil ihrer gelebten Erfahrung gemacht haben. Der fortgeschrittene Kapitalismus dreht sich also nicht mehr länger nur um die Herstellung von Gütern oder das Angebot von Dienstleistungen, auch nicht vor allem um den Austausch von Informationen, sondern um die Schaffung von raffinierten kulturellen Produkten.

Die neuen Pförtner

Die Macht gehört in der kommenden Ära den Pförtnern, die den Zugang zur populären Kultur ebenso wie zu den geografischen und Cyberspace-Netzwerken kontrollieren, die Kultur in Form bezahlter persönlicher Unterhaltung und Erfahrung enteignen, neu verpacken und zur Ware machen. *Gateways* und *Gatekeepers*, *Portale* und *Pförtner* sind Begriffe, die in privat und öffentlich geführten Diskursen immer öfter zu hören sind; vor nur wenigen Jahrzehnten wurden sie nur sehr selten benutzt. *Gateway* beschwört die Vorstellung einer geografischen Durchfahrt – so wie sich St. Louis, als »das Tor zum Westen« preist. Unter *Gatekeepern* stellt man sich Leute vor, die auf Autobahnen Maut kassieren. Das Wort *Portal* wird inzwischen benutzt, um die verschiedenen Durchfahrten und Routen in Netzwerke, Parallelwelten und virtuellen Realitäten jeglicher Art zu bezeichnen. Und als *Pförtner* fungieren die Institutionen und Individuen, die Regeln und Bedingungen des Zutritts bestimmen und kontrollieren, wer Zugang zur Netzwerkgesellschaft erhält und wer aus ihr ausgeschlossen bleibt.

Wie Eigentumsbeziehungen sind auch Zugangsbeziehungen darauf angelegt, soziale Differenzierungen zu schaffen. Eigentum setzt den Unterschied zwischen denen, die besitzen, und denen, die mittellos sind; Zugang zwischen denen, die vernetzt sind, und denen, die abgeschnitten bleiben. Eigentums- und Zugangsbeziehungen handeln also von Teilnahme und Ausschluss. Die Differenz zwischen denen, die haben, und denen, die nicht haben, wird quantitativ daran gemessen, wieviel das Eigentum, das jemand besitzt, wert ist, und qualitativ daran, wie groß die Macht und die Kontrolle sind, die jemand kraft seines Reichtums über die Arbeit anderer ausüben kann. Die Differenz zwischen denen, die drinnen stehen, und denen, die vor dem Tor bleiben, wird quantitativ daran gemessen, an wieviel Netzwerken jemand teilnimmt, und qualitativ daran, wie sehr jemandes Beziehungen und Verbindungen zu anderen eingebettet sind. In einer Gesellschaft, die um Privateigentum herum strukturiert ist, kann derjenige den Erfolg anderer bestimmen, der das Sachkapital besitzt und die Produktionsmittel kontrolliert. In einer um Zugangsbeziehungen herum organisierten Gesellschaft bestimmt derjenige, der über Kommunikationskanäle verfügt und den Zugang zu den Netzwerken kontrolliert, wer mitspielen darf und wer ausgeschlossen bleibt.

Die Worte *Gatekeeper* oder *Pförtner* wurden mit dem weit verbreiteten Gebrauch des Internets populär. Um Zugang zum World Wide Web zu bekommen, abonnieren Nutzer die Dienste von Internetanbietern wie America Online und CompuServe. Für den Zugang zu besonderen Informations-Sites im World Wide Web verlassen sich die Nutzer auf Suchmaschinen wie Excite, Infoseek und Lycos. Die Unternehmen sind sowohl Portal wie auch Pförtner zu den vielen Welten, die den Cyberspace bevölkern. Millionen von Cyberspace-Reisenden haben sich daran gewöhnt, diese Pförtnerunternehmen für den Eintritt in und die Führung durch die labyrinthischen Gänge des elektronischen Reichs zu bezahlen. Diese Pförtnerunternehmen werden immer mächtiger, weil sich Menschen überall auf der Welt einloggen und immer größere Teile ihrer Geschäfte und ihres sozialen Lebens im Cyberspace stattfinden lassen. Yahoo zum Beispiel zählt jeden Monat mehr als 31 Millionen verschiedene Besucher.[27]

Die weltweit führenden Unternehmen im Bereich Unterhaltung, Software und Telekommunikation, die sich des kommerziellen Potenzials solcher Pförtnerpositionen bewusst sind, haben sich am Eingang zur neuen Welt des elektronischen Handels postiert und kaufen die erfolgreicheren Zugangsanbieter und Suchmaschinenfirmen auf. Sie wissen, dass nur der, der die Portale zum Cyberspace kontrolliert, Kontrolle über das alltägliche Leben der Menschen im 21. Jahrhundert ausüben kann. So schnappte sich Disney im Jahr 1998 Infoseek für 473 Millionen US-Dollar.[28] Im Januar 1999 übernahm At Home Network, ein Hochgeschwindigkeits-Internetdienst für Abonnenten des Kabelfernsehens, Excite Inc. für 6 Milliarden US-Dollar.[29]

Die riesigen Medienunternehmen sehen in der Kontrolle der Portale eine Menge von Vorteilen. Zunächst sind Menschen, die Zugangsanbieter und Suchmaschinen nutzen, sobald sie sich einloggen, ein unfreiwilliges Publikum für Werbung. Die Internetwerbung, die derzeit noch in den Kinderschuhen steckt, erzielte bereits 1997 mehr als 500 Millionen US-Dollar Gewinn und wird im Jahr 2001 vermutlich mehr als 6,5 Milliarden einbringen.[30] Zugangsanbieter und Suchmaschinen bekommen auch einen »Teil vom Kuchen« ab, wenn sie die Net-Nutzer zu den Unternehmen führen, die Dinge und Dienstleistungen über das Internet verkaufen. Die Gewinnmöglichkeiten für die, die am Eingang stehen, sind enorm.

Weil es um so viel Geld geht, warnt Jeff Mallette von Yahoo davor, dass die Mediengiganten in wenigen Jahren wahrscheinlich die wichtigsten Portale kontrollieren und als Pförtner zum gesamten Cyberspace fungieren werden. Damit besäßen sie die Macht, die Bedingungen zu diktieren, unter denen den Nutzern Zugang zur neuen Welt des elektronischen Handels gewährt wird. »Sie schalten den Computer ein und werden drei große Netzwerke finden«, so Malletts Prognose.[31]

»Die Portale zu bewachen«, so Elihu Katz von der Annenberg School of Communication und der Soziologe Paul L. Lazarsfeld, »heißt, einen strategischen Abschnitt eines Kanals zu kontrollieren – ob dieser Kanal nun für den Fluss von Waren, von Nachrichten oder von Menschen da ist – und darüber zu entscheiden, ob das, was als Inhalt durch diesen Kanal fließt, eine Gruppe erreicht oder nicht.«[32]

Wenn die gesamte Gesellschaft sich selbst in geografischen und elektronischen Netzwerken verschiedener Art reorganisiert, wird die Pförtnerfunktion zum wesentlichen Faktor. Sie schafft die Zugangsbedingungen zu den Netzwerkwelten. In der Ära der Eigentumsbeziehungen war Besitz die Vorbedingung dafür, dass jemand seinen Willen in der Welt durchsetzen konnte; für lange Zeit ist Wohlstand die einzige Garantie für politische Teilhabe und das Stimmrecht gewesen. In einer verkabelten Welt jedoch garantiert der Zugang zu Netzwerken die entsprechende Teilhabe an der Gesellschaft. Alle Netzwerke agieren als Pförtner, so Manuel Castells: »Innerhalb der Netzwerke werden unablässig neue Möglichkeiten geschaffen. Außerhalb der Netzwerke wird das Überleben zunehmend schwieriger.«[33]

Der Sozialpsychologe Kurt Lewin hat in einem wegweisenden, 1947 veröffentlichten Artikel als Erster das soziale Phänomen der Zugangskontrolle oder des Pförtnerns entwickelt. Lewin interessierte sich dafür, wie Entscheidungsprozesse an einem Portal ablaufen. Er verfolgte, wie in einem Haushalt die Kaufentscheidungen für Lebensmittel getroffen werden, und achtete vor allem darauf, wer in der Familie ein Portal kontrolliert – zum Beispiel in Hinblick darauf, welche Nahrungsmittel eingekauft, wie sie zubereitet und verbraucht werden. Lewin interessierte sich für die soziale Dynamik des Prozesses einschließlich dessen, wie die Pförtner ausgewählt wurden, wie sie die Entscheidungen beeinflussten, welche psychologischen Prädispositionen sie hatten und wie ihre eigenen Motivationen die Entscheidungen am Portal bestimmten und beeinflussten. Er sah im Pförtnern einen für gesellschaftliche Beziehungen grundlegenden Prozess; insofern sollte das Verständnis von Wesen und Dynamik des Pförtnerns darüber Aufschluss geben, wie Menschen ihr Leben und ihre Institutionen strukturieren. Lewin nannte die institutionellen Diskriminierungsprobleme, mit denen die Gesellschaft konfrontiert war, als ein Beispiel für die mächtige, aber unzureichend erforschte Rolle, die das Pförtnern für den gesellschaftlichen Differenzierungsprozess spielt:

Die Diskriminierung von Minoritäten wird sich so lange nicht ändern, wie sich die Kräfte, die die Entscheidungen der Pförtner bestimmen, nicht ändern. Ihre Entscheidungen hängen teilweise von ihrer Ideologie ab – das heißt, von ihrem Wertesystem und ihren Glaubensgrundsätzen, die bestimmen, was sie als »gut« oder »böse« betrachten. ... Wenn wir versuchen wollen, die Diskriminierung in einer Fabrik, in einem Schulsystem oder in jeder anderen *organisierten Institution* zu reduzieren, sehen wir also ... dass es hier Ausführende in einem Gremium gibt, die entscheiden, wer in die Organisation aufgenommen oder wer aus ihr ausgeschlossen wird, wer gefördert wird und so weiter. Die Techniken der Diskriminierung in diesen Organisationen hängt eng mit den Mechanismen zusammen, die das Leben der Mitglieder einer Organisation in bestimmten Kanälen fließen lassen. Also hängt Diskriminierung grundsätzlich mit Managementproblemen zusammen, mit den Handlungen der Pförtner, die bestimmen, was getan wurde und was nicht getan wurde.[34]

Pamela J. Shoemaker, Professorin für Kommunikation an der S I. Newhouse School of Public Communications an der Syracuse University, stellt fest, dass jeden Tag Millionen von Pförtnerentscheidungen – bedeutungsvolle und triviale – gefällt werden und das persönlichste Leben eines jeden und das öffentliche Leben tief beeinflussen. Pförtner fungieren als Mediatoren und Gebieter über unser Leben und unsere Zeit. Sie kontrollieren, was in den gesellschaftlichen Prozess hinein darf und was draußen bleiben muss. »Letztlich«, so Shoemaker, »ist die Art und Weise, in der wir unser Leben und die Welt um uns herum definieren, weitgehend das Produkt eines Pförtnerprozesses.«[35]

Die meisten Amerikaner haben sich an die Macht der Pförtnerfunktion gewöhnt, die zum Beispiel ihre Gesundheitsorganisationen ausüben. Im Zentrum von deren Praxis steht der Hauptarzt, der als der Pförtner für die Mitglieder betrachtet wird. Er ist das »exklusive Portal für den Zugang zu Gesundheitsdienstleistungen«. Er bestimmt, ob ein Mitglied an andere Spezialisten überwiesen wird, sich verschiedenen Therapien unterziehen, medizinische Tests durchlaufen muss, ins Krankenhaus zu Operationen überwiesen wird, Rezepte bekommt, Pflegedienste oder andere medizinische Dienstleistungen in Anspruch nehmen kann oder nicht. Der Pförtner kontrolliert das Zugangsportal zur medizinischen Versorgung und ist eine Art Zentralstelle im gesamten Verfahren der Gesundheitsfürsorge.

Die Pförtnerfunktion ist für das Verständnis der Zugangsdynamiken ebenso wesentlich, wie es die »unsichtbare Hand des Marktes« für das Verständnis der Regeln gewesen ist, die den Austausch von Waren und Eigentum regierten. Es kann also nicht überraschen, dass die wissenschaftliche Untersuchung des Pförtnerns in den verschiedenen akademischen Disziplinen an Bedeutung gewinnt; schließlich befindet sich die gesamte Gesellschaft im Übergang zum Zeitalter des Zugangs.

Studierende und Wissenschaftler des Journalismus untersuchen die Pförtnerfunktion, um besser zu verstehen, wie Informationen in eine Nachrichtenredaktion hinein- und wieder aus ihr herausfließen, wie redaktionelle Entscheidungen fallen, ob eine Story veröffentlicht, welche dagegen ignoriert und beiseite gelassen werden.[36] Radioforscher analysieren, wie die Pförtnerfunktion bei der Musikauswahl und Bestimmung dessen wirkt, was die Leute hören werden. Ähnlich sorgen sich Fernsehkritiker um das Wesen des von Pförtnern bestimmten Entscheidungsprozesses, der die Fernsehgebühren für Millionen von Menschen festlegt.

Das Pförtnern ist oft ein vielschichtiger Prozess, der eine ganze Hierarchie von Pförtnern beschäftigt. Zum Beispiel besetzt ein Literaturagent das erste Portal zur Buchindustrie. Ohne wirkungsvolle Repräsentation durch einen anerkannten Agenten haben Autoren häufig keinen Zugang zu Herausgebern und Verlagen. Diese übernehmen die Pförtnerfunktion auf der nächsten Stufe des Prozesses: Sie entscheiden, welche von den durch die Agenten vermittelten Manuskripte durchgelassen und veröffentlicht werden. Rezensenten sind häufig die letzten Pförtner. Einige Studien haben belegt, welchen Einfluss gute oder schlechte Besprechungen in der *New York Times Book Review* darauf haben können, ob Buchläden, Bibliotheken oder das Publikum die Bücher tatsächlich kaufen werden. Dieselben Studien haben auch gezeigt, dass Bücher, die in Verlagen erschienen, die intensiv in der *New York Times Book Review* werben, mehr Platz für Rezensionen bekommen. So steht also die *Times* an einem strategischen Pförtnerpunkt und kann mitbestimmen, welchen Zugang ein Autor gewährt bekommt.[37]

In ähnlicher Weise zeigt eine Untersuchung über Kunstgalerien in New York, dass sich im Lauf der Jahre rund 36 Galerien als Pförtner etabliert haben: Sie bestimmen, welche Stile und Künstler vorgestellt werden, womit sie den Kunstmarkt entscheidend beeinflussen.[38]

Kulturelle Vermittler

Im Industriezeitalter hat die Bourgeoisie mit Unternehmensbesitz die politische Sphäre dominiert und die sozialen Werte und Normen der Gesellschaft diktiert. Weil der Kapitalismus zu kultureller Produktion übergeht und gelebte Erfahrungen zu Waren macht, gewinnt nun eine neue Elite zunehmenden Einfluss auf politische Arena und Öffentlichkeit. Die tatsächliche Macht der neuen Klasse von »kulturellen Vermittlern« basiert auf den immateriellen Werten, über die sie verfügen – auf ihrem Wissen und ihrer Kreativität, ihrer künstlerischen Empfindsamkeit und ihren Fähigkeiten als Impresarios, auf professioneller Sachkenntnis und Gespür für das richtige Marketing. Diese Elite wird aus Künstlern und Intellektuellen, Marketinggenies und Kommunikatoren, Stars und Berühmtheiten gebildet, die von internationalen und einheimischen Unternehmen beschäftigt werden, um das Publikum und die kulturellen Produktionen in einem Netz gelebter Erfahrung zusammenzubringen. Sie sind halbunabhängige Spieler im kulturellen Bereich geblieben, gleichwohl aber in die kommerzielle Sphäre eingetreten, wo sie als Instrumente der Marketingfunktion agieren.

»Die neuen Trendsetter«, so Mike Featherstone, »die ständig auf der Suche nach neuen kulturellen Gütern und Erfahrungen sind, produzieren den Geschmack und nebenbei auch populäre Pädagogiken und Leitfäden für Leben und Lebensstil.«[39] Was sie als soziale Gruppe eint, ist die »unablässige Suche nach neuen Erfahrungen«, die sie der populären Kultur entnehmen und dann, warenförmig und verkäuflich gemacht, der Konsumption zuführen.[40]

Mitte der neunziger Jahre wurde eine neue Art kultureller Vermittler kreiert. Als sogenannte »cool hunters«, Trendscouts, streifen die meist jungen Frauen und Männer durch die Randgebiete der Jugendkultur und suchen nach neuen kulturellen Trends, die neu verpackt, zur Ware gemacht und auf dem kommerziellen Markt verkauft werden konnten. Unternehmen wie Trendology, Brain Reserve, Cool Works, Lambesis, Youth Intelligence, Bureau de Style, Icono Culture, Sputnik und Agent X schickten ihre Vertreter auf die Basketballfelder in Harlem, in die Skateboardparks von Denver und die Klubs in San Francisco: stets auf der Suche nach interessanten kulturellen Ressourcen, die ausgebeutet und in Werbegold und Einzelhandelsgewinne verwandelt werden können. Ihre Zielgruppe sind die 104 Millionen Konsumenten – vier von zehn US-Amerikanern –, die den Jugendmarkt ausmachen und mehr als 300 Milliarden Dollar jährlich ausgeben.[41] Unternehmen wie Nike, Coca-Cola, Disney, Chanel, Polo, McDonald's, Sony, IBM und Calvin Klein bezahlen Trendscout-Firmen, um einen Fuß in die Jugendkultur zu bekommen und den schnellsten Weg hinein in die neuesten Modewellen zu erwischen. Auch die Modemacher Deutschlands, wie zum Beispiel C&A, verschließen sich dieser Entwicklung nicht und senden ihre »cool hunters« aus. Wer kulturelle Trends vorhersagen und schnell in Geschäftsgewinne transformieren kann, kann mit zusätzlichen Gewinnen in Millionenhöhe rechnen.

DeeDee Gordon war der Trendscout, der die Sandalenmode aufspürte. Er arbeitete in den Straßen von Los Angeles und sah, dass weibliche Teenager weiße tank tops, genannt »wife beater«, Schlauchstrümpfe und Badesandalen trugen. Überzeugt davon, dass Badesandalen der nächste große Hit werden würden, traf sich Gordon mit einem Designer, der nach altem Vorbild eine bequeme Sandale entwarf, die dem in den siebziger Jahren populären Converse-All-Star-Schuh ähnlich war. Die Mode schlug ein und brachte Converse Millionenumsätze.[42]

Der Trendscout Baysie Wightman, Vicepresident von Mullen Advertising, bemerkte bei jüngsten Streifzügen durch die Jugendsubkultur, dass immer mehr Jugendliche in Flanellschlafanzügen in die Schule kamen. Für diesen Trend interessierte sich der Hersteller von Flanellkleidung L. L. Bean, einer ihrer Kunden.[43] So wurde der »Pyjamalook« Teil des neuesten Trends in der Jugendkultur – nämlich des Phänomens des Zu-Hause-Bleibens, das in der Generation Y (Jugendliche zwischen 12 und 21 Jahren) angesagt ist. »Junge Leute interessieren sich weniger dafür, einfach in den nächsten Klub zu gehen, sondern mehr dafür, mit ihren Freuden rumzuhängen und sich zu unterhalten«, so Trendscout Greg Chapman.[44] Heute sind Dinnerparties in.

Jane Rinzler Buckingham, President von Youth Intelligence, geht davon aus, dass Spiritualität die nächste große Sache für die Klub-Generation auf beiden Seiten des Atlantik werden wird. »Dass Madonna einen Hindipunkt trägt, ist an sich nicht wichtig, doch diese Masche zeigt, dass die Leute nach mehr Spiritualität in ihrem Leben suchen.«[45] Trendscouts wie Buckingham stellen ihren Kunden Erkenntnisse über das kulturelle Geschehen zur Verfügung, mit denen sich ein Trend vermarkten lässt, indem man zum Beispiel »Produkte wie hinduistisch inspirierten Körperschmuck oder chinesische Talismanarmbänder« herstellen lässt und verkauft.[46] Weil sie wissen, dass die Jugendkultur von der Sehnsucht nach Spiritualität bestimmt ist, können die Unternehmen spirituelle Symbole, Bilder und Themen in ihre Werbe- und Marketingkampagnen aufnehmen, »um der Zielgruppe zu zeigen, dass das Unternehmen ihre Sprache spricht«.[47]

Die neuen kulturellen Vermittler werden von solchen Künstlern, Intellektuellen und Wissenschaftlern heftig attackiert, die sich als überzeugte Vertreter einer halbunabhängigen kulturellen Sphäre verstehen. Die Kritiker sorgen sich um die Gefahren, die aus der vom Gewinnstreben motivierten, vollkommenen Enteignung der Kultur resultiert. Norman Denzin verurteilt »diese kulturellen Vermittler, die der marktorientierten Konsumkultur in die Hände spielen«. Er warnt vor diesen neuen Pförtnern, die »eine hegemoniale Kontrolle über die populäre Kultur« aufrechterhalten und »immer aufs Neue saubere Bilder des amerikanischen Traums festschreiben«.[48]

Der Einfluss der neuen kulturellen Vermittler dehnt sich im Zeitalter des Cyberspace-Kommerzes über alle Grenzen hinweg aus. Indem sie einen großen Teil der kulturellen Inhalte gestalten, die gefilmt, im Fernsehen übertragen und über das Internet verbreitet werden, können sie die gelebte Erfahrung von Menschen auf der ganzen Welt beeinflussen. Weil viele der kulturellen Vermittler für weltweit agierende, transnationale Unternehmen mit Sitz in den USA oder Japan arbeiten, die über weltumspannende

Kommunikationsverbindungen und Verteilungskanäle verfügen, ist die Sorge der Kritiker legitim. Sie befürchten, dass lokale Kulturen entweder kommerziell geplündert und in heillosem Chaos zurückgelassen werden, oder, schlimmer noch, vollkommen übergangen und ignoriert, der Atrophie und dem Untergang überlassen werden. Welche Folgen wird es für unser kollektives Bewusstsein haben, fragt Michel Colonna d'Istria in der Zeitung *Le Monde*, wenn eine Hand voll amerikanischer und japanischer Giganten im Informations-, Unterhaltungs- und Telekommunikationsbereich fast den gesamten globalen Medienmarkt kontrollieren?[49]

Die Statistik zeigt, dass diese Besorgnis mehr als gerechtfertigt ist. Amerikanische Filme besetzen über 70 Prozent des europäischen Filmmarktes – 1987 waren es noch 56 Prozent – und 83 Prozent des Filmmarktes in Lateinamerika. Hollywood, das 1997 weltweit mehr als 30 Milliarden Dollar Gewinn machte, erzielt mehr als die Hälfte seiner Einnahmen in Übersee – gegenüber 1983 ein Anstieg von 30 Prozent. Ein großer Teil der Fernsehprogramme, die überall auf der Welt verfolgt werden, wurden in den Vereinigten Staaten produziert; in Lateinamerika, so eine UNESCO-Studie aus dem Jahr 1998, sind 62 Prozent der ausgestrahlten Fernsehprogramme US-amerikanischen Ursprungs.[50]

Weil sich der Handel mit Kulturwaren aller Art im letzten Jahrzehnt mehr als verdreifacht hat, wird immer häufiger vor der Ausbreitung einer *homogenisierten* Weltkultur gewarnt.[51] Der Prozess weltweiter Angleichung hat längst begonnen und zeigt sich darin, dass viele Sprachen der Welt vollkommen ausgelöscht und durch Englisch als *lingua franca* des neuen Kulturkommerzes ersetzt werden. Gegenwärtig gibt es weltweit noch 6000 lebendige Sprachen, doch etwa 300 von ihnen werden gerade von 1 Million Menschen gesprochen und fast die Hälfte dieser Sprachen wird es am Ende des 21. Jahrhunderts nicht mehr geben. Unterdessen erlebt Englisch, die häufigste Sprache der Film- und Fernsehkost und auch die Sprache, die im Cyberspace am meisten benutzt wird, einen Aufstieg. Über 20 Prozent der Weltbevölkerung spricht heute englisch, hauptsächlich wegen der weltweiten Marktbeherrschung, die US-amerikanische Medienunternehmen im Kulturkommerz errungen haben. In einem Jahrhundert wird Englisch wahrscheinlich alles durchdringen.

»Wenn wir eine Sprache verlieren, ist das, als ob man eine Bombe auf den Louvre wirft«, so Ken Hale, Professor für Linguistik am MIT.[52] Das liegt daran, dass Sprache die gemeinsamen Bedeutungen, Äußerungen, Werte und das kollektive Verständnis einer Kultur kommuniziert, wie im vorhergehenden Kapitel beschrieben. »Wenn Sprachen verschwinden, stirbt die Kultur«, schreibt Wade Davis in *National Geographic*, das sich in einer kürzlich erschienenen Ausgabe mit der globalen Kultur befasst. Die Welt wird, jedes Mal, wenn wir eine Sprache verlieren, »uninteressanter, aber wir opfern auch schieres Wissen, die intellektuellen Errungenschaften aus Jahrtausenden«, so Davis.[53] Die französische Regierung sorgte sich sehr darum, dass ihre eigene Sprache und Kultur dem Einfluss und der Macht erliegen könnte, die amerikanische Kulturvermittler und Unternehmen ausüben. Deshalb haben sie bei der Europäischen Union in Brüssel eine Regelung vorgeschlagen, nach der mindestens 51 Prozent aller kulturellen Inhalte, die im europäischen Fernsehen und in europäischen Kinos gezeigt werden, in Europa produziert werden sollten.[54]

Im Industriezeitalter konzentrierte sich die geopolitische Konkurrenz auf die Frage kolonialer, später neokolonialer Kontrolle über natürliche Ressourcen und Arbeitskräfte. Die Frage des Eigentums und der Eigentumsrechte prägte diesen Wettkampf zwischen Menschen und Ländern. In der neuen Ära wird die geopolitische Konkurrenz, wie wir gesehen haben, zunehmend entlang der Frage des Zugangs zu lokaler und globaler Kultur und über die Kommunikationskanäle ausgetragen, die kulturelle Inhalte in kommerzieller Form verbreiten. Die neuen Kulturvermittler, die für die transnationalen Unternehmen arbeiten, spielen in einer Welt, in der Zugang über die gelebte Erfahrung vieler Millionen Menschen bestimmt, die alles entscheidende Pförtnerrolle.

KAPITEL 10
DIE WELT DER POSTMODERNE

Ein neuer menschlicher Archetyp wird gerade geboren. Einen Teil des Lebens bequem in virtuellen Welten des Cyberspace verbringend, vertraut mit den Funktionsweisen einer vernetzten Wirtschaft, weniger daran interessiert, Dinge zu sammeln als daran, aufregende und unterhaltsame Erfahrungen zu machen, fähig, simultan in parallelen Welten zu interagieren, rasch dabei, die eigene Persönlichkeit zu ändern, um sie irgendeiner neuen Realität, die ihnen – ob simuliert oder echt – begegnet, anzupassen, sind die neuen Frauen und Männer des 21. Jahrhunderts eine Generation, die sich von ihren bourgeoisen Eltern und Großeltern des Industriezeitalters deutlich unterscheidet.

Der Psychologe Robert J. Lifton nennt diese neue Generation »proteische« Menschen. Sie sind in geschlossenen Communities aufgewachsen; ihre Gesundheit wird von den Gesundheitsfürsorgeorganisationen verwaltet; sie leasen ihre Autos; kaufen online ein, erwarten, ihre Software umsonst zu bekommen, sind aber bereit, für Dienstleistungen und Updates zu bezahlen. Sie leben in einer Welt siebensekündiger Soundtracks, sind an schnellen Zugang zu Informationen, an deren Herunterladen gewöhnt, haben kurze Aufmerksamkeitsspannen, denken weniger nach und verhalten sich spontaner. Sie sehen sich selbst eher als Spieler denn als Arbeiter und möchten vor anderen lieber als kreativ denn als arbeitsam erscheinen. Aufgewachsen in einer Welt der Beschäftigung auf Abruf, sind sie an Arbeitsverträge auf Zeit gewöhnt. Tatsächlich leben sie in viel kürzeren Zeitspannen, sind mobiler und weniger bodenständig als ihre Eltern. Sie gehen die Dinge eher therapeutisch als ideologisch an, denken eher in Bildern als in Worten, sind weniger analytisch, dafür aber gefühlsbetont. Sie mögen Schwierigkeiten haben, einen Satz aufs Papier zu bringen, mit der Verarbeitung elektronischer Daten haben sie keine Probleme. Disney World und Club Med sind ihnen wirkliche Welten, sie betrachten das Einkaufszentrum als öffentlichen Raum und setzen die Souveränität des Konsumenten mit demokratischer Freiheit gleich. Sie verbringen genauso viel Zeit mit fiktiven Personen in Fernsehen, Film und Cyberspace wie mit Freunden in »Echtzeit«, integrieren sogar die fiktionalen Personen und deren Erfahrungen in ihre Gespräche und machen sie zu einem Teil ihrer eigenen Lebensgeschichten. Ihre Lebenswelten sind unbegrenzter und flüssiger. Mit Hypertexten, Web-Site-Verbindungen und Feedback-Schleifen aufgewachsen, ist ihre Realitätswahrnehmung eher systemisch und von der Idee der Teilnahme geprägt als linear und objektiv. Sie können e-Mails an die virtuelle Adressen verschicken, ohne die geografische Adresse ihrer Kontaktpartner zu kennen oder sich gar um diese kümmern zu müssen. Ihnen gilt die Welt als Bühne und ihr eigenes Leben als Folge von Auftritten. Indem sie in jeder Lebensphase neue Lebensstile ausprobieren, erfinden sie sich fortwährend neu. Die proteischen Frauen und Männer interessieren sich weniger für Geschichte, sind aber besessen von Stil und Mode. Sie verhalten sich experimentierend und rennen jeder Innovation hinterher. So etwas wie Sitten, Gebräuche, Konventionen und Traditionen existiert in ihrer schnellen, sich permanent ändernden Welt praktisch nicht.

Diese Frauen und Männer beginnen gerade damit, die Bindung an Eigentum hinter sich zu lassen. Ihre Welt besteht zunehmend aus hyperrealen Ereignissen und augenblicklicher Erfahrung – es ist eine Welt der Netzwerke, der Pförtner und Portale, des Vernetzt-Seins. Für sie zählt allein der Zugang. Nicht vernetzt zu sein, bedeutet das Ende der sozialen Existenz. Sie sind die ersten, die in dem Zeitalter leben, das der britische Historiker Arnold Toynbee das postmoderne genannt hat.[1] Dieses Zeitalter steht in scharfem Kontrast zu Moderne und Neuzeit, in der die Verhältnisse des Privateigentums und des Besitzes praktisch jede ökonomische Transaktion durchdrungen und die meisten sozialen Interaktionen gefärbt haben. Unterschiede werden im Zeitalter der Postmoderne zunehmend durch Zugang, seltener durch Eigentums gesetzt.

Was unterscheidet das Zeitalter der Postmoderne so grundsätzlich von der Moderne? Die einfache und doch komplexe Antwort: Das Zeitalter der Postmoderne ist an ein neues Stadium des Kapitalismus gebunden, das auf Zeit, Kultur und gelebten Erfahrungen basiert, die warenförmig gemacht wurden. Dagegen repräsentiert das vorangegangene Zeitalter ein Stadium des Kapitalismus, das auf dem Handel mit Grundeigentum und Ressourcen, dem Einsatz von Lohnarbeit, der Herstellung von Waren und Grunddienstleistungen beruhte.

Moderne

Die Moderne – eine Periode, die grob gesagt von der europäischen Aufklärung im 18. Jahrhundert bis zum Ende des Zweiten Weltkrieges reichte – erlebte sowohl den Aufstieg des Privateigentums, das zur Grundlage für die Struktur zwischenmenschlicher Beziehungen wurde, als auch den Aufstieg des Rationalismus, der Wissenschaftlichkeit, des Materialismus und der Ideologie. Die lineare Vorstellung von Geschichte und Fortschritt stand als umfassender philosophischer Überbau an der Spitze der Herrschaft des Privateigentums. Die Vorstellungen der Aufklärung über die Natur, die Gesellschaft und das menschliche Bewusstsein stärkten, mit all ihren Einzelheiten, die Entwicklung des kapitalistischen Systems, das auf dem Privateigentum und dem Tausch von Eigentum und der Akkumulation von Kapital beruhte.

Neuzeit und Moderne waren durchdrungen von der Überzeugung – manche werden auch von Vertrauen sprechen –, dass die Welt durch unveränderliche Gesetze regiert wird, die man erkennen und nutzen kann, um den Fortschritt der Menschheit zu ermöglichen. Die Menschen ersetzten das religiöse Vertrauen durch Ideologie, waren überzeugt davon, dass der menschliche Geist fähig ist, die stetig wachsende Menge an verfügbarem Wissen zu überprüfbaren Theorien zu synthetisieren, die den Ursprung, die Entwicklung und die Funktionsweise der natürlichen Welt erklären können. Francis Bacon, auch als Vater der neuzeitlichen Wissenschaft bezeichnet, entwickelte eine allgemeine Methode für die exakte Erklärung der Natur und ihrer Geheimnisse. Er ging davon aus, dass der menschliche Geist fähig sei, sich aus der Natur zu lösen und sie als neutraler Beobachter zu studieren. Bacon betrachtete die Natur als »gemeine Hure«, deren Wildheit gequetscht, geformt und gestaltet werden könne, um die menschliche Herrschaft auf sämtliche Dinge auszudehnen. Bewaffnet mit dieser wissenschaftlichen, auf lange Zeit gültigen Methode, gewinnen die Menschen, davon war Bacon überzeugt, die Macht zur »Eroberung und Unterwerfung« der Natur und können sie »bis in ihre Grundlagen« umwälzen.[2]

Der Philosoph und Mathematiker der Aufklärung René Descartes wiederum ersetzte die große Kette des Seins, die Thomas von Aquin gelehrt hatte, durch eine mechanische Vision eines wie ein Uhrwerk arbeitenden Universums, dessen Funktionieren genauso automatisch und vorhersagbar sei, wie die Zeiger der großen Uhr in Straßburg. Descartes sprach der Natur alle bleibenden und wesentlichen Qualitäten ab und reduzierte sie auf ein abstraktes Substrat, das mit mathematischen und quantitativen Methoden zu erfassen sei. Sein aus diesen Elementen zusammengesetztes Universum ist fest, regelmäßig und teilbar. Es ist eine Welt, in der die Geometrie einen alles überspannenden Rahmen bildet, in dem jeder Punkt sich nach Ort und Geschwindigkeit bestimmen lässt.

Die neuzeitlichen Philosophen, die sich – im Gegensatz zur scholastischen Dogmatik die Modernen nannten – formulierten die

Idee des Fortschritts. Das Goldene Zeitalter, behaupteten sie, liege nicht in einer fernen Vergangenheit, sondern in einer erreichbaren Zukunft. Menschlicher Geist und menschlicher Wille, nicht die göttliche Intervention, werden die Menschheit zu einem neuen irdischen Paradies führen – eine Utopie materiellen Reichtums. So war Marquis de Condorcet, einer der ersten »Geschichtsphilosophen«, überzeugt, »dass die Fähigkeit des Menschen zur Vervollkommnung tatsächlich unabsehbar ist; dass die Fortschritte dieser Fähigkeit zur Vervollkommnung, die inskünftig von keiner Macht, die sie aufhalten wollte, mehr abhängig sind, ihre Grenze allein im zeitlichen Bestand des Planeten haben, auf den die Natur uns hat angewiesen sein lassen.«[3]

Diese neue Weltsicht der Aufklärer lieferte eine große Meta-Erzählung – eine allumfassende Theorie –, mit der sich die Funktionsweise der neuen sozialen Ordnung erklären ließ, die auf Eigentumsverhältnissen fußte und von der kapitalistischen Entwicklung vorangetrieben wurde. Philosophen und Intellektuelle jener Zeit waren davon überzeugt, mit rationellem Denken und strikt mathematischer Berechnung die Geheimnisse des Universums entschlüsseln zu können, was der Menschheit gottgleiche Macht zur Beherrschung der Natur, die menschliche Natur eingeschlossen, verleihen würde. Noch im 20. Jahrhundert war der große britische Philosoph und Mathematiker Bertrand Russell davon überzeugt, dass die Wissenschaft schließlich eine Mathematik des menschlichen Verhaltens hervorbringen würde, die genauso präzise sein werde wie die Mathematik der Maschinen.[4]

Im Hintergrund dieser neuen Überzeugungen stand die leidenschaftlich vertretene Vorstellung, dass es tatsächlich eine Realität gibt, die sich objektiv erkennen lässt. Wurde die Wissenschaft dazu genutzt, deren Funktionsweisen zu erforschen, und die Technik dazu, aus diesem Wissen nützliche Produkte zu schaffen, dann war das Privateigentum die Institution, mit der sich der Ertrag dieses Eroberungszugs aufteilen ließ.

Die modernen, in ihrer Erkenntnis auf Objektivität gerichteten

Philosophen begannen zu erfassen, was schließlich Isaac Newton am bündigsten beschrieben hat. Der Wissenschaftler und Mathematiker betrachtete die Welt als von autonomen materiellen Dingen besiedelt – zugleich unbeweglich und lebendig –, die, den Gesetzen der Schwerkraft folgend, miteinander in vorhersagbarer Art und Weise interagieren. Newtons Universum wurde mit einem Feld voller Billardkugeln verglichen – harte, diskrete Objekte, die einander nach den Gesetzen der Physik anziehen und abstoßen.

Die Erkenntnisse der neuzeitlichen Denker harmonisierten gut mit der Vorstellung, dass sich die gesellschaftlichen Beziehungen der Menschen über das Privateigentum regelten. Wenn man in der Lage war, die natürliche Welt zu erkennen und auszubeuten, dann sollte denjenigen, die kraft ihres Geistes und ihrer Arbeit die Natur in künstliche Dinge und Waren transformierten, auch der Lohn dafür zustehen: Die Früchte ihrer Arbeit galten als ihr Eigentum. Eben das hat John Locke in seiner Theorie des Eigentums ausgeführt. Und wenn tatsächlich alles auf der Welt – ob unbeweglich oder lebendig – autonom und abgegrenzt und ohne weiteres als diskretes Objekt zu definieren ist, dann musste es ebenso einfach sein, jedes Ding zu Eigentum zu machen.

Die neuzeitlichen Philosophen setzten sich rücksichtslos über Denken und Geist des Mittelalters hinweg. Sie schufen eine völlig neue Vorstellung von der menschlichen Wahrnehmung und setzten Subjekt und Objekt in ihrer Interaktion an die Stelle der mittelalterlichen Vorstellung eines statischen, hierarchisch organisierten Universums. Dass man sich die Welt auf diese Weise vorstellen konnte, verdankt sich auch der Entwicklung der Perspektive in der Renaissancemalerei. Zwar war Perspektive mittelalterlichen Künstlern nicht unbekannt, doch sie hatte in ihrem Weltbild wenig Bedeutung. In einer Welt, die als nahtloses Netz hierarchischer Beziehungen gesehen wurde und sich in einer großen Kette des Seins vom Höllenfeuer bis zu den Toren des Himmels erstreckte, ordnen sich die Hierarchien übereinander – eine Realität, deren Struktur in den meisten mittelalterlichen Gemälden dargestellt wurde.

In der neuen horizontalen Welt eingezäunter Landschaften, kolonialer Territorien und kapitalistischer Märkte wird der Blick vom Himmel zurück auf den Horizont gelenkt, und die Perspektive wird zum Mittel, mit dem das Subjekt die Umgebung erfasst und konstruiert. Die Perspektive setzt ihrem Wesen entsprechend den Künstler ins Zentrum des Universums und seiner Wahrnehmung. Worauf sein Blick fällt, wird zum Objekt im Raum; derart reduziert lässt es sich ungehindert ausbeuten. Bacons wissenschaftliche Methode und viele der Naturvorstellungen der ihm nachfolgenden Aufklärer sind zentriert auf die Vorstellung einer in Subjekt und Objekt zweigeteilten Welt. In Bacons Welt läuft jegliches Handeln auf einen Kampf um Leben und Tod zwischen Subjekten hinaus, die alle wertvollen Objekte erbeuten und besitzen wollen, deren sie habhaft werden können. Am Ende dieser Epoche spricht Friedrich Nietzsche davon, dass es letztlich, als einzig Reales, nur den subjektiven Willen gebe. Alles andere war zum Objekt geworden, das den Willen nährt und erhöht. Ein System des Privateigentums, das auf dem ausschließlichen Besitz und der ausschließlichen Kontrolle von »Dingen« beruht, lässt eine Vorstellungswelt entstehen, in der alles entweder aktives Subjekt oder passives Objekt ist.

Postmoderne

Das Zeitalter der Postmoderne basiert auf völlig anderen Annahmen über die Realität und ihre Natur – Annahmen, die letztlich die neuzeitlich-modernen Ideen von Eigentum aushöhlen und die Neustrukturierung der zwischenmenschlichen Beziehungen um Zugangsprinzipien herum fördert.

Zunächst weisen postmoderne Wissenschaftler die Idee einer festen, objektiven Realität zurück, die sich vollständig erfassen ließe. Der erste Riss in der Rüstung der Aufklärung zeigte sich nach der Jahrhundertwende, als der deutsche Wissenschaftler Werner Heisenberg die Idee der notwendigen Unschärfe (natur)wissenschaftlicher Erkenntnis in die Debatte warf. Entsprechend Heisenbergs Prinzip ist die Vorstellung eines losgelösten unteilbaren Beobachters – die zentrale Annahme von Bacons wissenschaftlicher Methode –, der die Geheimnisse der Natur objektiv enthüllt, nicht zu halten. Denn jeder Akt des Beobachtens macht den Beobachter direkt zum Teil der Forschung, anders gesagt: durch seinen methodischen Eingriff in das Naturgeschehen, produziert er das Ergebnis; es besteht nicht unabhängig davon oder »objektiv«. Mit der Frage, dem Experiment, bestimmen wir die Antwort. Alles, was wir tun – sogar unsere Beobachtungen –, beeinflusst, was wir erkennen. Weit entfernt davon, unbeteiligter Beobachter zu sein, sind die Menschen Spieler und Teilnehmer zugleich, beeinflussen die Welt und werden stets von der Welt beeinflusst, die sie manipulieren und beeinflussen wollen. Nach Heisenberg wurde es schwierig, Bacons Vorstellung aufrechtzuerhalten, dass die Welt nur aus erkennenden Subjekten besteht, die auf passive Objekte einwirken. Auch Newtons Vorstellung von autonomen Agenten, die durch das Universum streifen, wurde erschüttert. Wenn bereits der Akt der Beobachtung den Beobachtenden zum Teil der Dinge macht, die er beobachtet, dann ist Autonomie eher Fiktion als Realität.

Neue Theorien über Materie und Energie beschädigten auch die große Erzählung der Aufklärung vom Fortschritt in der Geschichte. Die klassische Physik hat Materie als eine undurchdringliche körperliche Substanz definiert. Newtons Gesetze beruhen auf der Annahme, dass zwei Partikel unmöglich gleichzeitig denselben Ort einnehmen können, weil jedes eine physikalische Einheit für sich ist, die eine bestimmte Menge Raum einnimmt. Diese Vorstellung der klassischen Physik wurde in den ersten Jahren des 20. Jahrhunderts durch eine vollkommen neue Konzeption abgelöst. Als die Physiker tiefer in die Welt der Atome eindrangen, erkannten sie, dass ihre früheren Ideen über die feste Materie, die an einem diskreten Ort existiert, naiv war. Was wir als diskrete körperliche Objekte bezeichnen, so die neue Physik, sind in Wirklichkeit nur

Energiemuster. Die scheinbare Körperlichkeit der Dinge – ihre feste Gestalt und Existenz – ist eine unangemessene Wahrnehmung.

Zu ihrer großen Überraschung stellten die Physiker fest, dass ein Atom alles andere als in sich ruhende Materie ist. Tatsächlich wurde deutlich, dass es kein Ding im konventionellen materiellen Sinn ist, sondern eine Reihe von Kräften, die in Beziehungen zu anderen wirken. Diese Beziehungen jedoch bestehen nicht unabhängig von der Zeit. Wie der an der Oxford University tätige Historiker und Philosoph Robin G. Collingwood schreibt, wirken diese Beziehungen nur in »einem Zeitraum, der für den Rhythmus der Bewegung ausreicht, sodass er sich selbst schaffen kann«.[5] Der Nobelpreisträger Henri Bergson bemerkte einmal zur Musik: »Eine augenblicklich ertönende Musiknote ist nichts«[6] – sie braucht ihr vorangehende und folgende Noten. Wenn entsprechend jedes Atom eine Folge von Zuständen in der Zeit ist, dann heißt dies: In einem diskreten Augenblick besitzt ein Atom diese Qualitäten gar nicht.[7]

Damit war die alte Idee der Struktur, die von der Funktion unabhängig ist, erledigt. Nach der neuen Physik ist es unmöglich, das, was etwas ist, von dem zu trennen, was es tut. Nichts ist statisch. Deshalb existieren Dinge nicht länger unabhängig von der Zeit, sondern durch die Zeit.

Nach den Erkenntnissen der neuen Physik ist Materie eine Form von Energie, und Energie ist reine Aktivität. Die quantitative Vorstellung von harten Substanzen, die in einem statischen Rahmen räumlicher Beziehungen existieren, ist damit aufgegeben. Der Naturwissenschaftler und Philosoph Alfred North Whitehead erschütterte die Vorstellung vom Raum als dominantem Muster in der Natur endgültig: »Die Vorstellung von Raum mit seinen passiven, systematischen, geometrischen Verhältnissen ist vollkommen unangemessen. ... Es gibt keine Natur unabhängig von Wandel, und es gibt keinen Wandel unabhängig von zeitlicher Dauer.«[8]

Welche Folgen hat dies für die Vorstellung von Eigentum? Die

Physiker haben die Dekonstruktion der harten physischen Realität der modernen Welt eingeleitet. Wie kann man eine Kraft, ein Aktivitätsmuster, eine Beziehung in der Zeit »besitzen«? Wie kann man in einer Welt, in der Grenzen reine gesellschaftliche Fiktionen sind, zwischen Mein und Dein unterscheiden? Es ist interessant festzustellen, dass für Menschen, die ihr Augenlicht in früher Kindheit verloren und später wiedergewonnen haben, diese Erfahrung häufig traumatisch sein kann. Weil ihr Gehirn nie darauf trainiert wurde, einzelne Objekte voneinander zu isolieren und zu unterscheiden, sehen sie die Welt als ein verschwommenes Feld von Farben und Schatten und als ein Kaleidoskop sich ständig ändernder Muster. Alles ist Prozess und Bewegung. Diskrete Formen mit Grenzen sind nicht ohne weiteres zu unterscheiden, was nahelegt, dass sogar unsere anerkannte Wahrnehmung von abgegrenzten Objekten, die für sich existieren, eine erlernte Erfahrung und Teil unserer kognitiven Entwicklung ist.

Während die meisten Menschen sich weiterhin so verhielten, als bestehe die Welt aus Subjekten und Objekten und festen, ausbeutbaren Dingen, schuf die Physik im Stillen, aber doch unausweichlich einen neuen philosophischen Rahmen, innerhalb dessen die Realität neu zu denken war. Heute spiegeln die Chaostheorie, die Katastrophentheorie, die Komplexitätstheorie und die Theorie der Fraktale den neuen naturwissenschaftlichen Schwerpunkt wider, der Kontingenz, Unbestimmbarkeit, Einbettung und Vielfalt in der natürlichen Welt betont. Wo die neuzeitliche Wissenschaft nach letzten Wahrheiten und grundlegenden Partikeln gesucht hat, sucht die neue (»postmoderne«) Wissenschaft nach unerwarteten Möglichkeiten und zufällig entstehenden Mustern. Die Natur wird eher als eine Folge ständig kreativer Akte betrachtet denn als eine Entfaltung der Realität, die auf unveränderlichen Gesetzen beruht. Natur ist zu jedem Zeitpunkt voll von Überraschungen und schafft sich dabei ihre eigene Realität.

Nirgendwo hatten die neuen Ideen der Physik, der Chemie und der Mathematik tiefere Wirkung als in den Geisteswissenschaften.

Wenn es keine feste Realität gibt, die man kennen kann, sondern nur die individuellen Realitäten, die wir schaffen, indem jeder von uns an der Welt um uns herum teilnimmt und in ihr Erfahrungen macht, dann hat die Vorstellung, es gäbe eine alles überspannende Meta-Erzählung – eine allumfassende Sicht der Realität – weder Grund noch Bestand. Die Welt ist den Postmodernisten zufolge ein menschliches Konstrukt. Wir schaffen sie, so behaupten die Semiotiker, in den Geschichten, die wir uns ausdenken, um sie zu erklären, und durch die Art und Weise, wie wir in ihr leben. Diese neue Welt ist nicht objektiv, sondern weitgehend kontingent, sie besteht nicht aus Wahrheiten, sondern aus Optionen und Szenarien. Es ist eine Welt, die durch Sprache geschaffen wurde und von Metaphern und akzeptierten gemeinsamen Bedeutungen zusammengehalten wird, von denen sich jede in der Zeit ändern kann. Realität ist nichts, was uns »gegeben« ist, sondern eher etwas, was wir von Anfang bis Ende erschaffen, indem wir es in seine Existenz kommunizieren.

Der spanische Philosoph José Ortega y Gasset hat einmal bemerkt, dass es so viele Welten wie Ansichten gebe. Seine Theorie des Perspektivismus stellte die neuzeitlich-moderne Vorstellung einer einfachen, erkennbaren, objektiven Realität in Frage, indem er ihr die Idee von multiplen Realitäten entgegensetzte, die jede die einzigartige Lebensgeschichte eines Menschen auf der Erde repräsentiert. Er fasste das neue postmoderne Denken über die Realität mit dem Diktum zusammen: »Ich bin ich und mein Lebensumstand.«[9] Auch die Wissenschaft begreifen die Postmodernisten als eine kompliziert konstruierte Reihe von Texten oder Geschichten, deren Autorität letztlich auf ihrer Fähigkeit beruht, ihre Leser von ihrem Wert zu überzeugen und sie umzustimmen. Der Physiker Werner Heisenberg kam für die wissenschaftliche Forschung zu der Feststellung, »dass das, was wir beobachten, nicht die Natur selbst ist, sondern Natur, die unserer Art der Fragestellung ausgesetzt ist. Unsere wissenschaftliche Arbeit in der Physik besteht darin, Fragen über die Natur zu stellen in der Sprache, die wir besitzen«.[10] Realität ist damit also eine Funktion der Sprache, die wir zu ihrer Erklärung, Beschreibung und zur Interaktion mit ihr benutzen, oder, um mit Hamlet zu sprechen: »Worte, Worte, Worte.«

In der postmodernen Welt werden Geschichten und Inszenierungen mindestens genauso wichtig wie Fakten und Zahlen. Die neue Ära hat ihre Freude an der Semiotik – der Untersuchung von Zeichen und Bedeutungsträgern – und interessiert sich genauso für die Gesetze der Sprache und für die Semantik wie sich die Moderne für die Gesetze der Physik interessierte. Die wissenschaftliche Beschäftigung mit »Wahrheit« interessiert die Wissenschaftler immer weniger, es geht ihnen um die individuelle und kollektive Suche nach Bedeutung. Die Sprache ist der Schlüssel zur Erklärung von Bedeutungen, weil sie das Mittel ist, mit dem wir unsere Gedanken und Gefühle anderen mitteilen. Sprache, so der Psychologe William Bergquist, ist »selbst die wichtigste Realität in unserem täglichen Erleben«.[11]

Wie die Menschen der Moderne nach Zweck und Ziel der Geschichte suchten, so suchen die der Postmoderne nach dem Spiel und seinen Folgen. Ordnung jeglicher Art wird als unterdrückend, ja als erstickend betrachtet. Kreative Anarchie wird toleriert und sogar gesucht. In der postmodernern Umgebung wird nichts wirklich ernst genommen. Spontaneität steht auf der Tagesordnung. Ironie, Paradox und Skeptizismus wuchern. Es bringt weniger Spaß, Geschichte zu machen, als gute Geschichten zu erzählen, nach denen es sich leben lässt. Weil es keinen alles umspannenden historischen Rahmen gibt, der das Geschehen in Natur oder Gesellschaft regeln würde, schwindet das Interesse an Geschichte per se. Geschichte gilt nicht länger als eine Referenz, mit der sich die Vergangenheit verstehen ließe und wir uns in die Zukunft projizieren könnten, sondern man begreift sie als eine Fülle von losen Fragmenten, die recycelt und zu Passagen aktueller sozialer Texte werden können.

Die große Geschwindigkeit einer hyperrealen, sich in Nanosekunden bewegenden Kultur verkürzt den individuellen und kollektiven Zeithorizont auf den unmittelbaren Augenblick. Die Bedeutungen von Traditionen und Erbschaften verblassen. Was zählt, ist das »Jetzt«, und wichtig ist es, den Augenblick fühlen und erleben zu können. Im persönlichen und sozialen Leben ersetzen Klimax und Katharsis Effizienz und Produktivität. Es ist eine Welt voller Spektakel und Unterhaltung und höchst raffinierten Präsentationen, die auf komplizierten Bühnen aufgeführt werden. In dieser neuen Ära wurde das »Realitätsprinzip«, das das menschliche Verhalten von der Reformation bis zur industriellen Revolution regiert hat, entthront; genauer gesagt: aufgegeben. Das »Fun-Prinzip« regiert.

Alle suchen nach Spiel und Vergnügen. Nehmen wir zum Beispiel die Architektur. Im Gegensatz zur Ernsthaftigkeit der Architektur von Neuzeit und Moderne, die Regelmäßigkeit und Funktionalität betonte, akzentuieren postmoderne Architekten Ironie und Amüsement. Postmoderne Gebäude sind Collagen historischer Stile, die kombiniert wurden, um zu schockieren, zu erregen und zu unterhalten. Klassische, griechische oder römische Säulen und Gesimse können neben neobarockem Nippes stehen. Die Fassaden eines alten rötlichbraunen Sandsteingebäudes werden vielleicht beibehalten, damit die Struktur des Raumzeitalters zu sehen ist. Eine Kiste im Stil von Rube Goldberg kann ein Atrium schmücken, während Kunst im Stil des Trompe-d'oeil an der benachbarten Lobbywand ein französisches Dorf dreidimensional darstellt. Die architektonische Orthodoxie wurde vom Ikonoklasmus und der Haltung des »Alles ist möglich« abgelöst. Es geht darum, Aufmerksamkeit zu erhaschen und Gegenstand von Gesprächen und Debatten zu sein.

Sozialwissenschaftler argumentieren, der moderne Versuch, eine einheitliche Theorie des menschlichen Verhaltens zu schaffen, habe nur zu Ideologien, zu Klassendenken, Rassismus und Kolonialismus geführt. Die postmoderne Soziologie hebt Pluralismus und Ambivalenz hervor und lehrt, die vielen verschiedenen Geschichten zu tolerieren, die die menschliche Erfahrung ausmachen. Es gibt kein ideales soziales Regime, nach dem sich streben ließe, sondern eher eine Vielfalt kultureller Experimente, die alle gleich viel wert sind. Die Idee eines unausweichlichen linearen Fortschritts, der sich in Richtung auf ein zukünftiges, von allen geteiltes, utopisches Ideal bewegt, wird verworfen. Die Postmodernisten feiern die Verschiedenheit lokaler Erfahrungen, die zusammen eine Ökologie der menschlichen Existenz ausmachen.

Die neue Ära ist vieldeutig und verschiedenartig, unterhaltend und humorvoll, tolerant und chaotisch. Sie ist eklektisch und äußerst respektlos. Ideologie, unveränderliche Wahrheiten und eherne Gesetze wirft man über Bord, um Aufführungen jeglicher Art Raum zu geben.

Kennzeichen der Postmoderne ist also Verspieltheit, während die Moderne durch Fleiß geprägt war. In einem System, in dessen Zentrum die Arbeit stand, ist Produktion das operationale Paradigma, und das Eigentum repräsentiert deren Früchte. In einer Welt, die sich um das Spiel herum ordnet, regiert die Aufführung, und der Zugang zu kulturellen Erfahrungen wird zum Ziel menschlichen Handelns. Im Zeitalter des Zugangs, in dem Szenarios geschrieben, Geschichten erzählt und Fantasien ausagiert werden, ist es nebensächlich, Dinge herzustellen und auszutauschen und Eigentum zu akkumulieren.

Verschwunden sind die harten Konturen eines Zeitalters, in dem man sich auf die Nutzung und Verarbeitung physischer Ressourcen konzentrierte. Die postmoderne Ära ist weicher und leichter, es zählen auch Gefühle und Einstellungen, nicht nur der ordnende Verstand. Es ist eine Welt, die – von der alten her betrachtet – auf dem Kopf steht. Das Bewusste am rationalen und analytischen Denken wird suspekt, während das Unbewusste der sexuellen Wünsche, Illusionen und Traumzustände in den Vordergrund tritt und tatsächlich zur Realität, besser gesagt zur Hyperrealität wird. Die Unterwelt der Fantasie wird verherrlicht und manifestiert.

Jean Baudrillard, Frederic Jameson und andere postmoderne Wissenschaftler schreiben diese historische Wende – den Triumph des Unbewussten – den schnellen Veränderungen der Kommunikationstechnik und der Geschäftswelt zu; diese hätten die ganze Welt zu einer Bühne und alle Erfahrungen zu einer Simulation gemacht. Ein Kind beobachtend, das seine Zeit vor einem Bildschirm verbringt, kam ein französischer Autor der Postmoderne zu dem Schluss, dass die virtuelle Realität, in die sich das Kind vertiefe, nach einer Weile nicht länger virtuell sei: Sie werde zur Realität des Kindes. Das Fernsehen interpretiert und dramatisiert die Welt nicht länger – das Fernsehen ist die Welt.[12]

In einer Studie ermittelte die Kaiser Family Foundation 1999, dass amerikanische Kinder im Durchschnitt fünfeinhalb Stunden ihrer täglichen Freizeit mit elektronischen Medien verbringen. Kindern über acht Jahren beschäftigen sich sogar sechs Stunden und 45 Minuten mit Fernsehen, Computern, Videospielen und Internetsurfen. Den meisten Teil der Zeit sind sie dabei allein. Die älteren Kinder etwa sitzen 95 Prozent der Zeit allein vor dem Fernseher, die zwischen zwei und sieben Jahren immer noch mehr als 81 Prozent.[13]

Besser als jeder andere Fernsehsender vereinigt MTV die verschiedenen Muster des neuen postmodernen Ethos in seinem Programm. Millionen von Jugendlichen auf der ganzen Welt verbringen Stunden vor dem Bildschirm und schauen Musikvideos. MTV verwischt all die vielen Unterschiede, die in der Moderne so sorgfältig aufgebaut wurden. In diesem Sinn präsentiert es eine revolutionäre Kunstform. Natürlich ist es auch, und das darf nicht vergessen werden, ein Marketingmechanismus. Ziel ist der Verkauf von Musik-CDs. Stephen Levry, Journalist beim *Rolling Stone*, meint: »Die größte Errungenschaft von MTV war es, Rock‘n‘Roll in die Videoarena zu bringen, wo du nicht zwischen Unterhaltung und der Verkaufstaktik unterscheiden kannst.«[14]

MTV verwischt sämtliche Grenzen, nivelliert all die vielfältigen Abstufungen der menschlichen Erfahrung zu einer einzigen, flach spielenden Oberfläche, auf der alle Phänomene als reine Bilder existieren, die mit Blitzgeschwindigkeit aufeinander folgen, ohne erkennbaren Kontext oder erkennbare Kohärenz. Das gesamte Arsenal menschlicher Kultur wird nach Bildern durchwühlt, die dann durcheinander geworfen werden, um einen Dauerbeschuss evokativer, »heißer« visueller Stimuli zu schaffen, die entwickelt wurden, um den Blick des Betrachters zu desorientieren und zu fixieren. Kategorien sind dazu da, neu gemischt zu werden, Grenzen dazu, zerstört zu werden. Die Getrenntheit der Dinge in Zeit und Raum – das, was sie einzigartig macht – wird aufgehoben. Dazu Ann Kaplan, Direktorin des Humanities Institute an der State University of New York in Stony Brook:

> MTV verweigert jede klare Anerkennung ehemals heiliger ästhetischer Abgrenzungen: Bilder aus dem deutschen Expressionismus, dem französischen Surrealismus und dem Dadaismus ... werden mit solchen, die aus dem Film Noir, aus Gangster- und Horrorfilmen geplündert wurden, so zusammengemischt, dass sich alle Unterschiede auslöschen.[15]

MTV ist weniger Parodie als ein Pastiche. Hier gibt es nichts zu beurteilen oder zu kritisieren. Tatsächlich gibt es nicht einmal einen Bezugspunkt, von dem aus kommentiert werden könnte – nur eine endlose Prozession kultureller Fragmente, die das erzeugen, was Jean Baudrillard die Ekstase der Kommunikation genannt hat.

MTV ist Erfahrung ohne Kontext. Das Programm vermittelt das Unbewusste – ein zeitloses Reich, in dem Fantasien jeglicher Art auf den Bildschirm sprudeln, nur um in der nächsten und übernächsten wieder zu verschwinden. MTV ist traumähnliche Unterhaltung, unbelastet von Geschichte oder Geografie. MTV verpackt Kulturschnipsel und macht aus ihnen simulierte Fantasien, die Millionen von jungen Leuten unterhalten, begeistern und ihnen den Eindruck gelebter Erfahrung vermitteln. MTV ist das ideale Zeichen der postmodernen Welt.

Fernsehen und Cyberspace wurden die Orte, an denen wir viel Zeit verbringen und einen großen Teil unserer individuellen und kollektiven Erzählungen kreieren. Die heutige Generation vergleicht vermutlich die »reale« Welt und die »realen« Ereignisse, die in dieser Welt stattfinden, mit dem, was sie im Fernsehen gesehen oder erlebt haben. Dazu der Kulturkritiker O. B. Hardison: »Viele Menschen heute halten ein Ereignis nicht für echt. Nichts ist für sie ›real‹ – solange es nicht im Fernsehen stattgefunden hat.«[16] Stellt sich also die Frage: Was ist echt und was Illusion? Die Antwort der Postmoderne: Das Reale ist das Ereignis, das am mächtigsten ist – und für immer mehr junger Leute ist dies die Simulation. »Heute leben wir im Imaginären des Bildschirms, des Interface und der ... Vernetzung«, sagt der französische Kulturtheoretiker Jean Baudrillard. »Alle unsere Maschinen sind Bildschirme, wir selbst sind Bildschirme geworden, und das Verhältnis der Menschen zueinander ist das von Bildschirmen geworden.«[17] So leben wir bereits »in der ›ästhetischen‹ Halluzination der Realität«.[18]

Die Formen des Bewusstseins verändern sich

Postmoderne Wissenschaftler und Sozialkritiker sprechen gerne von der »Dot-Com-Generation« – eine Anspielung auf das Format der Webadressen. Es ist die erste Generation, die in einer simulierten kommerziellen Welt aufwächst. Doch wie sehr unterscheiden sich heutige Jugendliche von den Bürgerkindern des späten neunzehnten und frühen 20. Jahrhunderts? Trotz vieler Ähnlichkeiten gibt es grundlegende Unterschiede. Das legt die Vermutung nahe, dass ein neuer Mensch im Entstehen ist – Individuen, deren Selbstwahrnehmung weniger dadurch geprägt wird, wieviel sie produzieren oder wie viele Dinge sie akkumulieren, als dadurch, auf wie viele lebendige Erfahrungen und Beziehungen sie zugreifen können.

Die letzte große Veränderung des menschlichen Bewusstseins fand zu Beginn der Neuzeit mit dem Aufstieg des Bürgertums statt. Die Bürger waren ein Geschöpf der neuen Städte, die das Zentrum eines beginnenden Kapitalismus darstellten, – Kaufleute, Fabrikbesitzer, Ladeninhaber, Akademiker und Fachleute, die den industriellen Lebensstil einführten und durchsetzten. In einer Welt, die von einem Kasten- in ein Klassensystem überging, war das Bürgertum die nach oben strebende Mitte zwischen einer absterbenden feudalen Aristokratie an der Spitze und einem unterdrückten und unbeständigen Proletariat am unteren Ende, das sich aus Arbeitern und Bauern ohne Bürgerrechte zusammensetzte. Das Bürgertum stellte die Unternehmer und Kapitalakkumulatoren, die Meister der nationalen Einheit und ausgedehnter Märkte, die Realisten, die daran glaubten, dass die menschliche Vernunft alle Geheimnisse der Natur entschlüsseln und die Wahrheiten einer objektiven Realität kodifizieren könne. Es war die Klasse, die die Theologie durch Ideologie ersetzte und himmlische Erlösung durch irdische Utopien. Sie verbreiteten den Lobgesang des Materialismus und rühmten die Tugend des Privateigentums.

Anders als im Mittelalter, in dem offen und öffentlich gelebt wurde, lebte das Bürgertum meist hinter verschlossenen Türen. Sein Leben war ein inneres, das in kleinen Läden und Salons stattfand. Die Bourgeoisie organisierte ihr Leben nicht anders als ihr Eigentum. Jeder Aspekt ihres Lebens war privatisiert, kontrolliert, abgegrenzt, kategorisiert, geschützt, gehortet und den öffentlichen Blicken entzogen. Alles in dieser privaten Welt war beherrscht und organisiert. Nichts war in Unordnung.

Die Verinnerlichung des physischen Lebens wurde begleitet durch eine Internalisierung des Bewusstseins. Es war die bürgerliche Periode, in der sich die Menschen ihrem Selbst zuzuwenden begannen. Während sich das Konzept des Selbst in der abendländischen Geschichte langsam und unausweichlich entwickelte, wurde es für die Bourgeoisie zum Objekt fast leidenschaftlicher Aufmerksamkeit. In allen bürgerlichen Häusern hingen Spiegel. Selbstbetrachtung und Selbstreflektion wurden zu Passion und Zeitvertreib. Worte wie *Selbstvertrauen, Selbstliebe, Selbstmitleid, Selbstachtung, Selbstwert, Charakter, Ego* und *Bewusstsein* wurden zu den Bezugspunkten für persönliche Entwicklung und den sozialen Diskurs, Selbstportraits und Autobiografien zu populären Kulturformen.

Während der spätviktorianischen Ära schließlich bestimmte materieller Wohlstand das Leben der Bourgeoisie. Wer »Bürger« hört, denkt an überladene Einrichtungen, schwere Vorhänge und übereinandergelegte Teppiche – an ein Gefühl von Komfort und Sicherheit, von ruhigem Anstand, an ein Leben abgeschirmt von Trubel und Launen der Außenwelt. Donald M. Lowe schreibt in *History of Bourgeois Perception*:

Die Bourgeoisie unterlag dem Zwang, den sichtbaren Raum des Hauses mit teuren Möbeln und komplizierten Dekorationen zu füllen. Sie stopften jeden Raum im Haus voller Objekte. Das Auge schien jeden leer erscheinenden Raum zu verabscheuen.[19]

In einem Zeitalter, das um das Privateigentum herum organisiert war, inszenierte das Bürgertum sein eigenes Leben in einer Weise, die dieses Ideal glorifizierte. Sie umgaben sich mit Besitztümern und schufen jede denkbare Art von Grenzen, um Mein und Dein zu trennen. Sie integrierten das Konzept des Eigentums sogar in ihr eigenes Bewusstsein. »Selbstbeherrscht« zu sein, war ein sehr erstrebenswertes persönliches Ziel eines jeden Bürgers.

Im Mittelalter, als die individuelle Aufmerksamkeit eher darauf gerichtet war, sich einen Platz in der nächsten Welt zu sichern, war es die Tugend, die jeder gute Christ anstrebte. Ein tugendhaftes Leben und Dasein sicherte ewiges Heil. In der Moderne wurde, als die Gesellschaft sich immer mehr an der Produktion orientierte, die Tugend an den Rand gedrängt. Die Bourgeoisie ersetzte sie durch Charakter. Im 19. Jahrhundert wurde *Character* zu einem der wichtigsten beschreibenden Worte. Er oder sie habe einen guten Charakter, war das größte Kompliment, das man einer bürgerlichen Frau oder einem bürgerlichen Mann machen konnte. Charakter beschwor mehr als alles andere die Vorstellung von Selbstzucht und Selbstbeherrschung herauf. Eine Person mit *Charakter* wurde mit Staatsbürgerschaft, harter Arbeit, Fleiß, Bestimmung, Sparsamkeit, Integrität und vor allem Erwachsen-Sein assoziiert. Das Wort repräsentierte die Säkularisierung der protestantischen Arbeitsethik und ihrer Werte; zugleich eine weitere Bestätigung jener Werte der Produzenten, die darum für wichtig erachtet wurden, weil man ihrer Hilfe den Kapitalismus und die Herrschaft des Eigentums voran bringen wollte.

Anfang der zwanziger Jahre kam es auf Charakter immer weniger an. Ein neues Konzept des Selbst entstand, zunächst in Broschüren und Büchern zur Selbstverwirklichung und später in der populären Kultur. Zeitgenössische Kommentatoren forderten die Amerikaner auf, etwas für ihre Persönlichkeit zu tun. Orison Swett Marden, der nur eine Generation zuvor die Qualitäten eines guten Charakters beschrieben hatte, brachte 1921 ein neues Buch mit dem Titel *The Masterful Personality* heraus, in dem er seine Leser dazu drängte, persönlichen Charme aufzubauen. Marden erinnerte seine Leser daran, wieviel »unseres Erfolges davon abhängt, was andere über uns denken«. Manieren, saubere Kleidung, flüssige Konversation (»zu wissen, was gesagt werden muss und wie man es tut«), Energie, Lebenstüchtigkeit und Haltung seien Qualitäten, die jeder nutzen könne, »um große Massen zu bewegen«.[20]

Die Kategorien, mit denen »Persönlichkeit« beschrieben wurde, unterschieden sich sehr von denen, mit denen Charakter gefasst wurde. Persönlichkeit wird jemandem zugeschrieben, wenn er oder sie attraktiv, kreativ, faszinierend, kräftig, magnetisch, verpflichtend, lebhaft, demonstrativ und warm ist. Persönlichkeit zu haben, heißt, aus einer Menge hervorzustechen, bemerkt zu werden, Aufmerksamkeit auf sich zu ziehen, andere zu beeinflussen. »Sei du selbst!«, »Zeige deine Individualität!«, »Habe Selbstbewusstsein!« – das wurden Sammlungsrufe einer ganzen Generation. Diese Qualitäten wiederum konnten umstandslos zum psychologischen Rohmaterial für die Techniken des Massenmarketings und nationaler Werbekampagnen gemacht werden, die eine Nation aus Sparern und Produzenten in eine Nation von freigiebigen Konsumenten verwandeln sollten.

Während das Bürgertum des 19. Jahrhunderts Eigentum und Reichtum sammelte, vertrat es dem Leben gegenüber eine asketische Haltung, die der allzu großen Freude eines Konsumierens um seiner selbst Willen entgegenstand. In den zwanziger Jahren wurden die USA von Waren überspült, und die Hersteller brauchten einen neuen Menschen, der offener für einen konsumorientierten Lebensstil war – jemand, der weniger ernst und spielerischer war, weniger kontrolliert, dafür abenteuerlustig, jemand, der »Eindruck machen« wollte.

Die Marketingexperten waren mehr als froh, einen entsprechenden Rat geben zu können. Mit der Mode Schritt halten zu können – elegant, modern und avantgardistisch zu sein –, auf diesem Weg konnte ein Mensch sich darstellen, seine einzigartige Persönlichkeit sichtbar ausdrücken. Das moderne Marketing und der »Persönlichkeitskult« arbeiteten Hand in Hand, um einen neuen Menschen zu schaffen, für den Selbsterfüllung genauso wichtig war wie Selbstbeherrschung. War das Privateigentum der zentrale gesellschaftliche Wert auf dem langen Weg vom Charakter zur Persönlichkeit, so wurde es immer unwichtiger. Das zeigt, dass sich der Schwerpunkt der Alltagskultur von der Produktion auf Konsumwerte verlagerte.

Die proteische Persönlichkeit

Auch heute passen sich die Menschen wieder an die veränderten Lebensbedingungen an. Die proteischen Frauen und Männer erleben sich und ihre Welt anders als ihre Eltern und Großeltern. Frühere Generationen sahen sich selbst als Menschen »mit gutem Charakter« oder mit einer »starken Persönlichkeit« – übereinstimmend zunächst mit den Werten der Produzenten und später mit denen der Konsumenten. Die neue Generation beginnt nun, sich als »kreative Persönlichkeiten« zu betrachten; die Menschen bewegen sich sicher zwischen unterschiedlichen Inszenierungen des kulturellen Marktes.

Das neue proteische Selbst hat der wachsenden Dichte menschlicher Interaktionen, die durch moderne Transport- und Kommunikationsmittel und das Großstadtleben ermöglicht wurde, viel zu verdanken. Das 20. Jahrhundert war das Jahrhundert der Urbanisierung. Dörfer wurden zu Städten und Städte zu Großstädten, die die Möglichkeiten des zwischenmenschlichen Verkehrs zum ersten Mal in der Geschichte in einem Maßstabssprung intensivierten. Eisenbahn, Dampfschiffe, Autos, Flugzeuge, Telegrafen, Telefone und später Radio und Fernsehen komprimierten Zeit und Raum immer weiter. War der Bekanntenkreis eines Menschen vor 100 Jahren in seinem ganzen Leben vielleicht nie größer als einige Hundert Personen, so war es im 20. Jahrhundert möglich, dieselbe Anzahl Menschen in weniger als einer Woche kennen zu lernen. Der quantitative Wandel der menschlichen Interaktionen verlangt einen flexibleren Menschen, der sich ständig an sich verändernde Umwelten, neue Umstände und verschiedene Erwartungen anpassen kann. In einer kleinen Gemeinschaft, in der jeder jeden kennt, bildet sich der Kern einer Person in einem frühen Alter heraus und bleibt ihr ganzes Leben lang berechenbar. In der anonymeren und fordernden städtischen Umgebung muss sich ein Mensch, einem Chamäleon gleich, auf die Vielfalt der sich darbietenden Gelegenheiten einstellen.

Der Soziologe Georg Simmel schrieb über die Rastlosigkeit und »Steigerung des Nervenlebens«, die er an den neuen Menschen, den Geschöpfen der beschleunigten urbanen Welt des 20. Jahrhunderts, bemerkte.[21] Die zunehmende Geschwindigkeit der menschlichen Aktivitäten führe zu einer »allenthalben sich steigernden ›Formlosigkeit‹ des modernen Lebens«. Menschen handelten so schnell und ihr Bewusssein sei so flüchtig, »dass das Leben ... gegen seine festgewordenen Erzeugnisse, die mit ihm nicht mitkommen, dauernd ankämpft«.[22]

Im 19. Jahrhundert sah man sich selbst wesentlich statischer. Es war durchaus üblich, sich das eigene Leben als ein Produkt vorzustellen, dessen Wert mit der Zeit zunimmt. Im 20. Jahrhundert erlebten sich die Menschen selbst zunehmend als nicht abgeschlossen, als *works in progress*. An die Stelle des »Seins« trat in der stromlinienförmig gewordenen Welt das »Werden«.

Die Veränderungen im Begriff des Selbst finden ihren Gegenpart in der Schwächung des Eigentums als der allumfassenden Metapher, mit der individuelle und soziale Beziehungen definiert werden. In *The Development of a Postmodern Self* beschreiben die Soziologen Micheal R. Wood vom Hunter College und Louis A. Zurcher Jr. von der University of Texas diese Transformation »von einem Selbst, das man sich als ein Objekt vorstellt, das durch gehäufte Anstrengung aufgebaut wurde, zu einem Selbst, das an der Gegenwart orientiert ist, das in einem kontinuierlichen Prozess realisiert, entdeckt und aktualisiert wird«.[23] Statt eines Selbst, das man sich als verdinglichtes Eigentum vorstellen könnte – man sprach davon, »etwas aus sich zu machen« –, erlebt man nun ein Selbst, das eher als eine sich entfaltende Geschichte betrachtet werden könnte, die ständig um- und neugeschrieben wird.

Weitere Auflösung erfuhr die Eigentumsmetapher durch das, was Wissenschaftler als den Niedergang des historischen und den Aufstieg des therapeutischen Bewusstseins beschreiben. Das Bürgertum fasste sich selbst seit der Aufklärung in historischen Begriffen. Die Menschen erlebten sich als Mitwirkende in einem sich entfaltenden historischen Drama, dessen Ergebnis eine materielle Utopie sein würde. Die Kapitalisten sahen Ziel und Ende der Geschichte in einer endgültige Einfriedung der gewaltigen Vorkommen der Erde und die breite Verteilung von Eigentum. Für die Marxisten lief die historische Entwicklung darauf hinaus, dass die durch Privateigentum vermittelte Gesellschaftsform aufgelöst und durch eine Gesellschaft ersetzt werden würde, deren materielle Ressourcen und Produktionsmittel in Kollektivbesitz übergangen sind. Beide, Kapitalisten und Sozialisten, betrachteten die Eigentumsbeziehungen als den Motor der Geschichte und jeden Menschen als einen kleinen Mitspieler in der sich entfaltenden Großen Erzählung. Dies Zeitalter war durch die Ideologie und die sichere Überzeugung geprägt, dass die produktiven Anstrengungen eines jeden Menschen unausweichlich zu einer zukünftigen Fülle führen würden.

Um die Mitte des 20. Jahrhunderts wurde das historische vom therapeutischen Bewusstsein abgelöst. Die Menschen dachten weniger darüber nach, wo ihr eigener Platz in der Geschichte sein könnte, und vielmehr daran, ihre eigene persönliche Geschichte zu leben. In der posthistorischen Ära, so beobachtete Philip Reif, »fühlen sich die Menschen freier, ihr Leben mit keinem höheren Anspruch als dem zu leben, sich die Zeit zu versüßen«.[24] Die therapeutisch denkenden Frauen und Männer, so Reif, »können ihr Leben genießen, ohne hohe symbolische Mauern um sich herum zu errichten.«[25] Produktiv zu sein und etwas aus sich zu machen – den Werten zu folgen, die zu einem produktionsorientierten historischen Bewusstsein passten – erschien nun als eine einzige Mühe. Das Leben gilt als zu kurz, um sich selbst der Geschichte und irgend einem zukünftigen Wohlergehen zu opfern – besonders, wenn Selbsterfüllung und Wohlergehen hier und jetzt erreichbar scheinen. Während der »historische Mensch« in der Gegenwart Opfer bringt und für die Zukunft lebt, lebt der »therapeutische Mensch« für die Gegenwart und gibt sämtliche Ansprüche auf eine große historische Mission auf. Der Sozialphilosoph Christopher Lasch beschrieb diese therapeutische Empfindsamkeit:

> Heute hungern die Menschen nicht nach persönlicher Heilung oder gar nach der Wiederherstellung eines früheren Goldenen Zeitalters, sondern nach dem Gefühl, nach der momentanen Illusion persönlichen Wohlergehens, nach Gesundheit und psychischer Sicherheit. ... Für den Augenblick zu leben ist die vorherrschende Leidenschaft – ein Leben für sich selbst, nicht für die Vorfahren oder Nachkommen.[26]

Wir verlieren rasch den Sinn für historische Kontinuität, den Sinn für die Zugehörigkeit zu einer Kette von Generationen, die ihren Ursprung in der Vergangenheit haben und sich in die Zukunft fortsetzen. Das Gefühl für die historische Dimension der Zeit verblasst.[27] Der Zweck des Selbstinteresses, das früher mit dem rationalen Streben nach Gewinn und der Akkumulation von Reichtum identifiziert wurde, besteht nun in der Suche nach Vergnügen und individuellem psychischen Überleben.[28]

Das therapeutische Bewusstsein hat die Vorarbeit für neue Frauen und Männer geleistet – für einen postmodernen Menschen.

Geist und Bewusstsein werden neu programmiert

Es gibt unzählige Faktoren, die zu den Veränderungen des menschlichen Bewusstseins beigetragen haben, doch keiner war vermutlich so bedeutsam wie der Wandel der Kommunikationstechnik. Stets wurden Veränderungen der Kommunikationsmittel, mit denen die Menschen ihre sozialen Beziehungen schufen, von deutlichen Veränderungen im menschlichen Bewusstsein begleitet. Der Wandel von einer oralen und handschriftlichen Kultur zu einer Kultur des gedruckten Wortes etwa fand am Vorabend der Neuzeit statt und veränderte das menschliche Bewusstsein nachhaltig. Der Buchdruck war eine echte Revolution. Er half den mentalen Rahmen für eine Gesellschaft vorzubereiten, die sich um die Vorstellung von privaten Eigentumsbeziehungen und Tausch herum organisierte.

Zunächst einmal definierte die neue Drucktechnik die Art und Weise neu, in der die Menschen ihr Wissen organisierten. Die mnemotechnische Redundanz der oralen Kommunikation und die subjektiven Exzentriken mittelalterlichen Schreibens wurden durch eine rationalere, kalkulierende und analytische Annäherung an Wissen abgelöst. Der Druck bot dem Gedächtnis Inhaltsverzeichnisse, Paginierung, Fußnoten und Indizes: Mittel, die den menschlichen Geist davon befreiten, sich ständig an die Vergangenheit erinnern zu müssen, damit diese sich an Gegenwart und Zukunft anbinden ließ. Die Veränderung des Bewusstseins bereitete den Weg für die kommerzielle Idee unbegrenzten materiellen Gewinns und menschlichen Fortschritts.

Mit Hilfe der Drucktechnik konnten Tabellen, Listen, Grafiken und andere visuelle Hilfen vervielfältigt werden, die sich für eine akkuratere Beschreibung der Welt als außerordentlich wichtig erwiesen. Es gab nun standardisierte, leicht reproduzierbare Karten, die die Navigation auf dem Wasser und das Reisen über Land planbar und erträglicher machten. Das Erschließen neuer Wege über Land und Meer erweiterte kommerzielle Märkte und Handel. Gedruckte Fahrpläne, die ständig erneuert, in großen Mengen hergestellt und weit verbreitet wurden, erleichterten Eisenbahn- und Seereisen.

Der Druck förderte auch eine auf Verträgen basierende kommerzielle Kultur, denn im Austausch gedruckter, standardisierter Unterlagen konnten die Händler und Kapitalisten zunehmend komplexere Märkte koordinieren und weit ausgedehnte kommerzielle Transaktionen planen und steuern. Moderne Buchhaltung, Fahrpläne, Seefrachtbriefe, Lieferscheine, Schecks und Schuldscheine waren wesentliche Elemente für die Organisation des Marktkapitalismus. Der Druck ermöglichte auch ein einheitliches Preissystem, ohne das sich moderne Vorstellungen des Tauschs nicht hätten entwickeln können.

Der Druck führte die Idee der Montage ein, eine Schlüsselkomponente des industriellen Lebensstils. Indem das Alphabet in standardisierte Typen zerlegt wurde, die gleichartig, austauschbar und wiederverwendbar waren, wurde der Druck zum ersten modernen Industrieverfahren. Der Druck machte die Idee strenger Anordnung von Dingen im Raum sinnfällig. Beim Setzen wurden Objekte gleich spatiiert, indem die Typen mit dem Winkelhaken auf das Satzschiff gesetzt werden und dieses in eine Presse montiert wurde. Der so montierte Text kann beliebig oft vervielfältigt werden, und jeder Abzug ist mit dem Original identisch und nicht von ihm zu unterscheiden. Die Montage, identische und austauschbare Teile, die vorhersagbare Positionierung von Dingen im Raum und die Massenproduktion bildeten eine Grundlage für den industriellen Lebensstil. Mit dem Druck entstand eine archetypische Technik für diese neue Art, die Natur zu organisieren.

Infolge der Möglichkeiten zur Vervielfältigung erlangte die Idee des Nationalismus Auftrieb und gab Anstöße zur Schaffung von Nationalstaaten. Die durch Druck vervielfältigten, zugleich standardisierten nationalen Schriftsprachen schufen einen größeren Fokus für kollektive Identitäten. Die Menschen begannen sich als Franzosen, Engländer, Deutsche und Schweden zu betrachten. Der Druck ermöglichte zudem detaillierte Aufzeichnungen, die für die Entstehung moderner Regierungsbürokratien unerlässlich waren.

Die Revolution des Drucks trug dazu bei, dass eine neue Art des Denkens und mit ihr ein neues Bewusstsein dafür entstand, wie man in der Welt zu handeln und mit ihr zu interagieren habe. Der Druck organisiert Phänomene in einer ordentlichen, rationalen und objektiven Art und Weise und befördert so lineares, sequentielles und kausales Denken. Die bloße Vorstellung, jemandes Gedanken »zusammenzusetzen«, legt die Vorstellung nahe, dass es mit gut durchdachten Ideen, die logisch aufeinander folgen, auch ein Fortschritt zu erreichen sein müsse. Das ist eine Denkweise, die sich sehr von der oraler Kulturen unterscheidet, in denen Redundanz und Diskontinuität in der Kommunikation die Regel waren.

Indem er die Redundanzen der gesprochenen Sprache auslöschte und präzises Messen und präzise Beschreibung ermöglichte, legte der Druck die Grundlage für die moderne wissenschaftliche Weltsicht. Phänomene konnten genau untersucht, beobachtet und beschrieben werden, und Experimente konnten unter anspruchsvollen Standards und mit genauen Protokollen ständig wiederholt werden. Auch das war in einer handschriftlichen oder oralen Kultur viel schwieriger.

Durch den Druck wurde auch die Vorstellung der Autorenschaft bedeutsam. Auch früher wurden einzelne Autoren anerkannt, doch waren es nur wenige. Handschriften entstanden oft anonym und waren häufig das Erzeugnis vieler Schreiber, die über lange Zeit hinweg kollektiv an ihnen gearbeitet hatten. Die Vorstellung, »Autor« zu sein, gab dem Individuum einen einzigartigen Status, der es von der kollektiven Stimme der Gemeinschaft trennte.

Die Vorstellung der Autorenschaft ging Hand in Hand mit der Vorstellung, man sei Besitzer der eigenen Äußerungen. Urheberrechte machten die menschliche Kommunikation erstmals zu einer Ware. Die Idee, dass jemand Gedanken und Worte besitzen könne und andere dafür bezahlen müssen, um sie zu hören, markierte einen ertragreichen Wendepunkt in der Geschichte menschlicher Beziehungen.

Vor dem Buchdruck teilten die Menschen ihre Gedanken mündlich mit, im direkten Dialog und Austausch. Manuskripte wurden laut vorgelesen und sollten eher gehört als angeschaut werden. Die Revolution des Druckes trug dazu bei, die meditative Umgebung des Lesens zu fördern. Bücher wurden im Stillen und allein gelesen, woraus ein neues Gefühl für Privatheit und mit ihm Vorstellungen von Selbstbetrachtung und Selbstbeobachtung erwuchsen. Daraus entwickelte sich allmählich ein therapeutisches Nachdenken über sich selbst und die Welt.

Der Druck ermöglichte auch erstmals eine allgemeine Alphabetisierung, indem er folgende Generationen mit den Kommunikationsmitteln ausstattete, die sie brauchten, um die Komplexitäten des modernen Marktes und die neue Form des Arbeitens und der Gestaltung des sozialen Lebens bewältigen zu können. Kurz, der Druck schuf das passende Gedankengebäude und die passende Weltsicht für einen »arbeitsamen« Lebensstil und ein »arbeitsames« Dasein in der Welt.[29]

Heute organisiert der Computer die Kommunikation auf revolutionäre Weise. Er ist ein ideales Werkzeug, mit dem ein Wirtschaftsleben gemanagt werden kann, das um Zugangsbeziehungen und die Vermarktung kultureller Ressourcen und gelebter Erfahrungen herum aufgebaut wurde. So verändert der Computer langsam das menschliche Bewusstsein.

Die elektronische Kommunikation ist kybernetisch und nicht linear organisiert. Die Vorstellungen von regelmäßigen Folgen und von Kausalität werden von einem Gesamtfeld ständiger integrierter Aktivitäten abgelöst. In einer elektronischen Kommunikationswelt werden Subjekte und Objekte von Knoten und Netzwerken abgelöst, Struktur und Funktion werden dem Prozess untergeordnet. Die Art, in der ein Computer etwas organisiert – besonders das Parallelrechnen –, spiegelt das Funktionieren von kulturellen Systemen wider, in denen jeder Teil ein Knoten in einem dynamischen Netzwerk von Beziehungen ist, das ständig angepasst wird und sich selbst auf jeder Stufe seiner Existenz erneuert.

Die elektronische Kommunikation ermöglicht auch eine andere Organisation des Wissens als die Drucktechnik. Der Hypertext ersetzt die begrenztere und enge Art und Weise, in der Druckwerke Bezüge herstellen. An die Stelle eines einzelnes Buchs mit einer bestimmten Anzahl von Fakten und Referenzen tritt ein unbegrenztes Feld von Informationen, weil Fußnoten und Referenzen unendlich ausgedehnt werden können, wodurch neue Sub- und Metatexte entstehen.

Ein gedrucktes Buch ist linear, gebunden und fest, der Hypertext dagegen assoziativ und potenziell grenzenlos. Ein gedrucktes Buch ist von Natur aus exklusiv und autonom in seiner Form, ein Hypertext hingegen seinem Wesen nach inklusiv und in seiner Form relational. Mit anderen Worten, gedruckte Bücher haben einen Anfang und ein Ende und sind vollständig. Ein Hypertext hat keinen klaren Anfang und kein eindeutiges Ende, sondern nur einen Anfangspunkt, von dem aus Nutzer Verbindungen zu zusammenhängenden Materialien herstellen. Er verändert sich ständig und ist niemals komplett. Das gedruckte Buch ist ein Produkt, Hypertext dagegen ein Prozess. Das erste eignet sich als langfristiges Eigentum, den zweiten nutzt man am besten durch momentanen Zugang.

Hypertext unterminiert auch eines der zentralen Grundmuster des Bewusstseins, das eng mit dem Druck zusammenhängt – die Idee des individuellen Autors, der seine Ideen und Worte als geistiges Eigentum besitzt. Hypertexte verwischen die traditionelle Vorstellung von Autorenschaft. Weil das Medium auf Inklusivität und Verbundenheit beruht, anstatt auf Exklusivität und Autonomie, gibt es oft keine klare Grenze, die die Beiträge verschiedener Menschen von einander trennen könnte. Die Menschen nehmen Materialien aus verschiedenen Quellen, zu denen sie Zugang haben, zerschnippeln und bearbeiten sie, picken dies und das heraus und kombinieren ihre Fundstücke neu. Bevor sie »ihren Text« an andere Knoten in den verschiedenen Netzwerken schicken, haben sie ihn mit unzähligen anderen verbunden. Wenn Materialien jeglicher Art Teil einer ständigen Bearbeitung mit offenem Ende werden, die verschiedene, in Zeit und Raum verteilte Parteien einbezieht und kein fertiges Produkt mehr liefert, das aus den kreativen Anstrengungen einer einzelnen Person hervorgegangen ist, dann wird man das Eigentum an solchen Materialien kaum noch exklusiv einem Einzelnen zuschreiben können.

Der Hypertext führt zu dem, was der französische Literaturtheoretiker Roland Barthes den »Tod des Autors« genannt hat, und damit auch zum Tod der Konzepte von Exklusivität und Autonomie, die so wichtig waren, um den modernen Geist und eine auf Eigentum basierende Welt zu formen.[30] Michael Heim von der Fakultät für Kommunikation und neue Medien am Arts Center College of Design in Pasadena, Kalifornien, behauptet, dass die digitale Kommunikation »die private Einsamkeit und das reflektierende Lesen und Schreiben in ein öffentliches Netzwerk verwandelt, in dem der individuelle symbolische Rahmen, auf den ursprüngliche Autorenschaft angewiesen ist, von der Verbindung mit der gesamten Textualität menschlichen Ausdrucks bedroht wird«.[31] Im Netzwerk befindet man sich inmitten von Texten in Texten und in ständiger Zusammenarbeit mit anderen. Das macht eine Grenzziehung zwischen Selbstdarstellung und gemeinsamer Darstellung schwierig, wenn nicht unmöglich. »Wenn man einen Text immer seltener genau bestimmen kann«, so Heim, »dann kann man auch das individuelle Selbst des kreativen Autors immer seltener wiedererkennen.«[32] In der neuen Welt der Computer, des Hypertexts, der Knoten, der Verbindungen und Netzwerke wird die aus dem 19. Jahrhundert stammende Vorstellung des Selbst als einer »Insel« – eines autonomen Wesens, fest und abgegrenzt wie das gedruckte Buch und physische Güter, die auf dem industriellen Markt ge- und verkauft werden – von einem neuen relationalen Selbst abgelöst. Der Philosoph Jean-François Lyotard schreibt über das Individuum in den elektronischen Netzwerken des Cyberspace: »Das *Selbst* ist wenig, aber es ist nicht isoliert, es in einem Gefüge von Relationen gefangen ... Jung oder alt, Mann oder Frau, reich oder arm, ist es immer auf ›Knoten‹ des Kommunikationskreislaufes gesetzt.«[33] Zugang zu verschiedenen Zirkeln zu haben – das heißt, vernetzt zu sein – ist ebenso wichtig, wie autonom und vermögend zu sein.

Der Computer trägt dazu bei, dass eine neue Art relationalen Bewusstseins entstehen kann, genauso wie der Druck dazu beitrug, die Vorstellung eines autonomen Wesens zu fördern. Eine Generation, die in Hypertext und verschiedene Netzwerke vertieft aufwächst, erhält genau die adäquate Prägung für eine kommerzielle Welt, die in Verbunden-Sein und Zugangsbeziehungen verankert ist. Das neue Computer-Bewusstsein und die neue Art, Handel zu treiben, laufen aufeinander zu. Mit der Zeit werden sie ein fast nahtloses Netz knüpfen.

Die dramatische Persönlichkeit

Die langfristige Veränderung im Konzept des Selbst, das von einem im Raum existierenden autonomen Wesen zu einer relationalen und sich ständig verändernden individuellen Geschichte wird, die sich in der Zeit entfaltet, beginnt im Übergang zum 21. Jahrhundert gerade erst. Die ältere Vorstellung des autonomen Selbst passte zu einer Welt der Grenzen, in der Menschen durch große Entfernungen getrennt waren und in relativer Isolation von einander lebten. Selbstständig, selbstbeherrscht und vermögend zu sein, war in früheren Zeiten eine Überlebensstrategie. In dieser älteren Welt sind Mein und Dein klar definiert. Das autonome, abgegrenzte, bürgerliche Selbst ist die Bewusstseinsform, die am besten geeignet ist, um mit einer Welt großer physischer Ausdehnungen und ungenutzter natürlicher Ressourcen fertig zu werden.

Die heutige Generation jedoch lebt stärker in der Zeit als im Raum. Sie ist eingebettet und gefangen in einer komplexen und temporalen Welt wechselseitiger Abhängigkeiten, die sich aus fließenden Beziehungsnetzen und vernetzten Aktivitäten neu strukturiert. Wo immer wir uns hinwenden, geraten wir in irgendeine Art potenzieller Verbindung mit anderen Menschen. Kenneth Gergen, Professor für Psychologie am Swarthmore College, sieht die Menschen heute »an viel mehr Beziehungen in viel größerer Vielfalt und mit größerer Intensität beteiligt als jemals zuvor«.[34] Wir sind von Beziehungen umhüllt, manche davon virtuell, andere real. Handys, Voice-Mail, Faxe und e-Mail halten uns in ständigem Kontakt zu Menschen überall auf der Welt. Unsere Netzwerke – ökonomische wie gesellschaftliche – betten uns in noch mehr verschiedene Beziehungen ein. Werbebotschaften, Postwurfsendungen, Radio, Fernsehen und Cyberspace sorgen für noch mehr Interaktion. Es gibt praktisch keine eigene Zeit mehr; jeder freie Augenblick wird zu einer Gelegenheit, eine andere Verbindung zu knüpfen. Wir leben in einer Welt, in der es vor allem darum geht, die Aufmerksamkeit anderer zu erringen und zu halten; Beziehungen jeglicher Art werden entscheidend für unsere Existenz. Das epochemachende Diktum des Descartes: »Ich denke, also bin ich«, wird durch ein anderes ersetzt: »Ich bin verbunden, also existiere ich«. Die alte Idee der individuellen Autonomie wird von der neuen Idee zahlreicher Beziehungen abgelöst. Dies löst die Vorstellung diskreter Grenzen, die Mein und Dein voneinander trennen, weiter auf. Dazu Gergen:

> Mit der Vervielfältigung der Beziehungen geht auch eine Transformation der sozialen Kapazitäten eines Individuums einher. ... Das relativ kohärente und vereinheitlichte Gefühl des Selbst, das einer traditionellen Kultur innewohnt, wird von vielfältigen und miteinander konkurrierenden Potenzialen abgelöst. Ein multiphrenischer Zustand entsteht, in dem man

in sich ständig ändernden, verkettenden und widerstreitenden Strömungen des Seins schwimmt.[35]

Die bevorstehende Explosion sozialer Interaktionen zieht und zerrt an jedem individuellen Bewusstsein und zwingt, das zentrierte Selbst aufzugeben. Gefangen in den Wellen miteinander konkurrierender und oft widersprüchlicher sozialer Diskurse, die uns überfluten, verteilen wir verzweifelt unsere begrenzte Aufmerksamkeit, indem wir Bereiche unseres Bewusstseins allem widmen, das uns begegnet und Anspruch auf unsere Zeit erbebt. In diesem Prozess riskieren wir, uns selbst im labyrinthischen Netzwerk kurzlebiger und sich ständig ändernder Verbindungen zu verlieren, in die wir eingebettet sind. Gergen schreibt:

> Diese Fragmentierung der Selbstbilder korrespondiert mit einer Vielzahl von inkohärenten und gegeneinander isolierten Beziehungen. Diese ziehen uns in diverse Richtungen und laden uns ein, so viele verschiedene Rollen zu spielen, dass das eigentliche Konzept eines authentischen Selbst mit erkennbaren Charakteristika aus dem Blick gerät. Das vollkommen gesättigte Selbst wird zu gar keinem Selbst mehr.[36]

Diesen Zustand bezeichnen Gergen und andere als das »postmoderne Bewusstsein«.[37]

In dieser postmodernen Welt, die aus Netzwerken und warenförmigen Beziehungen besteht, in der Grenzen verschwimmen und das Handeln zunehmend vernetzt wird, wird das alte unabhängige, autonome Bewusstsein langsam zu einem Anachronismus. Auf tritt ein neuer Mensch, der eher wie ein Knoten ist, in unzähligen Beziehungen aktiv. Die letzte Stufe in diesem Übergang zur Postmoderne sieht Gergen erreicht, »wenn das Selbst in einem Zustand des Zusammenhängens vollkommen verschwindet«. In dieser neuen Welt, »glaubt man nicht länger an ein Selbst, das unabhängig von Beziehungen existiert, in das jemand eingebettet ist..., sodass die Beziehungen ihrerseits die zentrale Position besetzen, die das individuelle Selbst in der westlichen Geschichte für mehrere Hundert Jahre innehatte«.[38]

Bei immer mehr jungen Leuten in den reicheren Wohngegenden und Vorstädten der Industrieländer ist ein eigenartiges Phänomen zu beobachten. Teenager beenden ihre Sätze immer häufiger eher zögerlich und mit einer leichten Hebung der Stimme. Das vermittelt den Eindruck, als sei alles, was sie sagen, eher eine Frage als eine Aussage. Psychologen und Soziologen waren fasziniert von dieser weit verbreiteten Praxis und fragen nun, ob das nicht symptomatisch sei für den Wandel von einem autonomen zu einem relationalen Selbst. Diese neue offene und vorbehaltliche Art zu sprechen deutet darauf hin, dass ein Denkender seine Gedanken ständig an andere rückkoppeln muss, um deren Sinn und Bestätigung zu finden. Der erklärende Satz, der so charakteristisch für ein autonomes Wesen war, scheint vom Fragesatz des eher relationalen Selbst abgelöst zu werden.

Auch wenn das mit anderen zusammenhängende Selbst bis jetzt noch keine überall verbreitete Conditio ist, wie Gergen einräumt, so strebe das menschliche Bewusstsein gleichwohl in diese Richtung, je weiter wir in die Welt des Cyberspace eindringen. Jean Baudrillard teilt Gergens Analyse. Sehr pessimistisch, was die Konsequenzen dieser Reise betrifft, beobachtet Baudrillard: »Unsere Privatsphäre selbst ist kein Schauplatz mehr, auf der sich eine Dramaturgie des Subjekts abspielt, das sich mit seinen Objekten herumschlägt«. Wir existieren nicht länger als Subjekte, so Baudrillard, sondern eher »als Terminal, in dem zahlreiche Netze zusammenlaufen«.[39]

Die relationale Persönlichkeit ist fließend und transitorisch wie die Netzwerke, an denen die Menschen teilhaben. Die Professorin Sherry Turkle vom MIT hat eine ausführliche Studie über die jungen Frauen und Männer durchgeführt, die einen großen Teil ihrer Zeit in den virtuellen Welten des Cyberspace verbringen. Zumindest einige der ersten postmodernen Generation begännen auszubilden, was Psychologen »multiple Persönlichkeiten« nennen. Im Cyberspace entwickeln, so Turkle, »Hunderttausende, vielleicht sogar schon Millionen von Nutzern eine Online-Persönlichkeit, die in verschiedenen Gruppen virtueller Gemeinschaften lebt, in denen die routinemäßige Formierung multipler Identitäten jegliche Vorstellung eines realen und einheitlichen Selbst untergräbt«.[40]

Turkle stellt ihre Erfahrungen mit jungen Leuten in den virtuellen Welten des Cyberspace dar. Domänen für Mehrfachnutzer (multiple-user domains oder MUDs) sind virtuelle Welten, die die Teilnehmer via Computer und Internet aufbauen. In diesen Welten erschaffen sie Online-Versionen jedes beliebigen Spielers oder Charakters, der sie sein wollen, und präsentieren ihre neuen Identitäten anschließend in den Beziehungen zu den anderen MUD-Spielern. Wegen der Anonymität der MUDs können die Teilnehmer mit multiplen Identitäten experimentieren. Nach einer Weile, sagen einige der engagiertesten Mitspieler, fühlen sie sich selbst als die Figuren, die sie so lange im Cyberspace spielen – zumindest als einige der vielen Persönlichkeiten, die sie selbst zu sein glauben. Einer der Spieler habe gesagt: »Du bist, wer du vorgibst zu sein.« Ein anderer Jugendlicher, der die meiste Zeit im Cyberspace verbrachte, habe berichtet: »Ein Teil von mir, ein sehr wichtiger Teil, existiert nur im PernMUD.«[41] Einige der jungen Leute, so Turkle, besuchen jeden Tag mehrere virtuelle Welten und verlassen sie wieder, wobei sie jeweils die Persönlichkeit annehmen, die die jeweilige Cyberwelt bewohnt.

Für viele Computernutzer seien Fenster »eine machtvolle Metapher für die Vorstellung von sich selbst als ein multiples, verteiltes System« geworden.[42] In den neuen Welten des Cyberspace spielt eine Person verschiedene Rollen häufig parallel. Jedes Fenster öffnet sich in eine andere virtuelle Realität, in der man dann eine seiner verschiedenen Persönlichkeiten spielt. Das Leben wird immer dezentrierter, in je mehr Beziehungsnetzen wir miteinander verbunden sind.

Robert J. Lifton ist angesichts des neuen proteischen Archetyps wesentlich optimistischer als Baudrillard und andere Kritiker der Postmoderne. Lifton sieht es als eine Art Schutzmechanismus, wenn man mehrere Persönlichkeiten ausbildet: Die Psyche kann sich auf diesem Weg den zunehmenden Forderungen anpassen, sich in der kommenden hyperrealen, postmodernen Gesellschaft zu platzieren. Multiple Persönlichkeiten repräsentierten eben nicht das Verschwinden des Selbst, sie zeigten vielmehr eine plastischere und reifere Bewusstseinsstufe – eine, auf der ein Mensch mit Vieldeutigkeiten und komplexen, einander häufig widerstreitenden Prioritäten leben kann. Lifton behauptet, dass heute jeder, der es sich leisten kann, »Zugang zu jedem Bild oder jeder Idee, die irgendwo in der heutigen Welt entstehen oder aus irgendeinem kulturellen Augenblick der gesamten Menschheitsgeschichte stammen«, haben könne.[43] Dieser »unheimliche Multizugang« hat seiner Meinung nach keinen Vorläufer in der Menschheitsgeschichte. In so vielen potenziellen Realitäten wie möglich zu leben oder diese erleben zu können, häufig sogar gleichzeitig, verlangt ein proteisches Bewusstsein.

Der neue postmoderne Mensch sucht genauso nach neuen gelebten Erfahrungen wie seine bürgerlichen Eltern und Großeltern ständig nach neuen Errungenschaften suchten. Die neuen Kulturindustrien wiederum schreiben eine fast unbegrenzte Zahl von Drehbüchern, nach denen man die eigenen gelebten Erfahrungen ausleben kann, so wie die Produktionsindustrien eine ungeheure Menge an Konsumgütern zum Verkauf anboten.

Während der Kauf von Dingen eine lineare Angelegenheit ist, bei der eine Transaktion auf eine andere folgt, ist gelebte Erfahrung ihrem Wesen nach polymorph und kybernetisch. Wenn jemand von kommerziell vermittelten kulturellen Erfahrungen umgeben ist – von denen manche in virtuellen Welten, andere in Realzeit und Realraum stattfinden –, muss der Geist überall zugleich sein und sich dabei ständig Zugang verschaffen, experimentelle Ergebnisse bewerten, neue Kommunikationskanäle öffnen, Beziehungen neu formieren und neue Welten für potenzielle Teilnahme miteinander vernetzen. »Wandelbarkeit«, so Lifton, »ist ein Balanceakt zwischen wiederholter Gestaltveränderung einerseits und Versuchen andererseits, sich zu festigen und eine Einheit zu bilden.«[44]

Doch wenn Lifton Recht hat, wird das neue proteische Bewusstsein mit Notwendigkeit in eine warenförmige Zukunft führen, in der das gesamte Leben eine Serie bezahlter Inszenierungen, Unterhaltungen und Fantasien ist? Manche sehen eine Befreiung des Bewusstseins darin, dass der Fokus in Zukunft auf Verbundenheit, Einbettung und Zusammenhängen liegt. Das Bewusstsein könne so in eine vollkommen andere Sphäre wandern – in eine Sphäre, die durch ein neu gefundenes Gefühl von Einheit und gemeinsamer Teilnahme bestimmt ist. Schließlich hat das ältere autonome Bewusstsein des Industriezeitalters, das in Unterscheidungen zwischen Mein und Dein, großer räumlicher Ausdehnung und einem Verlangen nach Akkumulation von Eigentum und Besitztümern wurzelte, uns eine geteilte Welt beschert: Reiche gegen Arme, Menschheit gegen alle anderen Wesen sowie einen in großem Umfang ausgeplünderten und erschöpften Planeten.

Solange die Menschen die Erde weiterhin als ein auszubeutendes Objekt und sich gegenseitig als Kämpfer in einem Kampf um Leben oder Tod betrachten, um sich alles anzueignen, statt es den anderen zu überlassen, ist ein dauerhafter Kriegszustand unausweichlich. Dies ist das große drückende Erbe, das die von Eigentum und Tausch bestimmte Moderne hinterlassen hat.

Ist es denkbar, dass das relationalere Bewusstsein der Postmoderne die Unterscheidung von Mein und Dein aufbrechen und so den langen Kampf jeder gegen jeden beenden könnte, der ja darum geführt wird, sich so viele Güter dieser Erde wie möglich als Privateigentum zu sichern? Es gibt gewiss Anzeichen dafür, dass zumindest einige Menschen der heutigen jüngeren Generation weniger wettbewerbsorientiert sind als ihre Altersgenossen in früheren Generationen, die an Marktbeziehungen und Eigentumsethik angepasst waren. Systemdenken, Teamwork und Konsensbildung sind Elemente des Netzwerkethos. Außerdem könnte die Parallelverarbeitung – das Multitasking –, das unter Jugendlichen immer üblicher wird, dazu beitragen, dass sich ein tieferer Sinn für den Zusammenhang aller Phänomene und ein mehr an Teilnahme als an Ausschluss orientiertes Denken und Handeln entwickeln.

Das Experimentieren mit multiplen Persönlichkeiten könnte auch zu einem besseren Verständnis für Unterschiede, zu Toleranz unter den Menschen sowie zu einer Bereitschaft führen, bei allem, was wir tun, anderen offener gegenüber zu sein. Es ist vielleicht kein Zufall, dass Theaterleute lange Zeit, und auch mit einigem Recht, in ihren Ansichten und Empfindungen als offener und toleranter galten. Wer eine andere Persönlichkeit annehmen kann – sich selbst in die Lage eines anderen versetzen und sich vorstellen, wie es wäre, diese Person zu sein –, verfügt über ein machtvolles konzeptionelles Werkzeug, um die Teilung in Mein und Dein zu überwinden. Ein proteisches Bewusstsein kann, wovor manche Psychologen warnen, zu einem fragmentierten Gefühl der Existenz führen; doch es ist ebenso möglich, dass das Experimentieren mit multiplen Persönlichkeiten einen neuen Sinn für Empathie mit anderen erzeugen und damit dazu beitragen könnte, eine Grundlage für eine Erneuerung der Kultur zu legen.

Die Kritiker bleiben skeptisch. Viele neigen wie Frederic Jameson dazu, die neue plastischere Psyche mit einigem Zynismus zu betrachten. In einer Wirtschaft, die damit beschäftigt ist, kulturelle Waren und gelebte Erfahrungen zu verkaufen, so könnten Jameson und andere argumentieren, könne die Fragmentierung jeder Psyche in multiple Persönlichkeiten nur die Zahl der potenziellen Kulturmärkte erhöhen. Der Markt für kulturelle Produktionen ist das in der Lebenszeit einer jeden Person liegende Potenzial, gelebte Erfahrung zu kaufen: Je mehr Persönlichkeiten ein Mensch also ausbildet, desto mehr Märkte stehen der Ausbeutung offen.

Die ganze Welt eine Bühne

Wenn wir das Zeitalter des Zugangs in seinen vielen Aspekte betrachten, ist offensichtlich, wie theatralisch das gesamte Geschehen ist. Die auf Netzwerken aufbauende Organisation, das Beziehungsmarketing, die geschlossenen Communities, Unterhaltungszentren, Themenparks, Tourismus, die kulturelle Produktion insgesamt und die virtuellen Welten leben von ihrer Theatralik. Im Industriezeitalter, das um den Produktionsprozess, die Transformation von Ressourcen in Produkte, herum strukturiert war, akzeptierten die Menschen bereitwillig Charles Darwins Vorstellung von der Natur als einem Schlachtfeld und vom Leben als einem Kampf um knappe Ressourcen. Wiederhergestellte Fragmente der Natur als exklusives Privateigentum zu besitzen, war der Gipfel der Evolution des Daseins. In einem Zeitalter, das um die kulturelle Produktion und die Konsumtion gelebter Erfahrung herum strukturiert ist, wird die Natur als ein riesiger Schauplatz potenzieller Darbietungen betrachtet. Je vielseitiger man ist, desto mehr Zugänge hat man, um eigene Drehbücher zu schreiben.

In der Metamorphose der Menschen von produktiven Arbeitern und informierten Konsumenten zu kreativen Darstellern steckt eine große Chance für die gesellschaftlichen Beziehungen der Menschen. Das heißt nicht, dass frühere Epochen übersehen hätte, wie bestimmend das theatralische Element für das Leben gewesen wäre. Stets haben die Menschen mit Hilfe dramatischer Künste die Natur nachgeahmt und symbolische Welten geschaffen. Als primitive Frauen und Männer ihre Gesichter bemalt, ihre Haut tätowiert, ihre Körper verstümmelt, sich selbst mit Federn und Häuten anderer Tiere geschmückt, komplizierte Rituale befolgt und Tänze geschaffen haben, um die Jagd zu organisieren, sich der Wiedergeburt der Natur zu versichern, oder wenn sie die Toten mit Pomp und Prunk bestatteten, dann haben sie damit ihr Leben ritualisiert und inszeniert. »Die Geburt eines Kindes, seine Erziehung, Jagd, Heirat, Krieg, Rechtssprechung, religiöse Zeremonien und Begräbnisrituale – jedes wesentliche Ereignis im Leben wurde vom primitiven Menschen ... als Gelegenheit zu einem theatralischen Spektakel genutzt«, so der russische Dramatiker Nicolas Evreinoff.[45] Das gesamte Leben eines primitiven Menschen sei »eine Folge solcher Inszenierungen« gewesen.[46]

Menschen sind ständig mit dem Prozess der Transformation beschäftigt – damit, ihren Seinszustand zu verändern, etwas Anderes oder jemand anderer zu werden. In kulturellen Versammlungen, gesellschaftlichen Situationen und Geschäftswelten geben die Menschen den Unglauben auf und schlüpfen in eine Rolle. Das Wort *Person* stammt vom lateinischen *persona* und bedeutet, eine Maske zu tragen.

Die theatralische Metapher ist nur eine von vielen Perspektiven, aus denen man menschliches Verhalten betrachten kann. Was den postmodernen Sinn für Theatralik zu etwas ganz Eigenem macht, ist letztendlich, dass die reicheren Mitglieder der Gesellschaft die Aufführung weit selbstbewusster vollziehen können und dass sie ihrem Wesen nach viel kommerzieller geworden ist. Immer mehr Menschen, besonders junge, sehen sich selbst als Performancekünstler und ihr Leben als Kunstwerk. Die Kulturindustrien kreieren das neue Bewusstsein und beuten es aus. Daran erinnert Neal Gabler:

> Ein immer größer werdender Teil der amerikanischen Wirtschaft widmet nun dem Entwerfen, dem Bauen und der Ausstaffierung der Inszenierungen, in denen wir leben, arbeiten, einkaufen und spielen; er stellt unsere Kleider her, pflegt unsere Haare, die glänzen, und unsere Gesichter, die strahlen sollen, er verschlankt unsere Körper und stellt uns die Requisiten zur Verfügung.[47]

»Imagemacher« wie Ralph Lauren und Martha Stewart stellen die Kostüme und Szenen her, die die Menschen für ihre Aufführungen brauchen. Man kann sich mit Lauren wie ein Cowboy aus dem Westen kleiden, wie ein erfolgreicher New Yorker Broker oder wie ein kalifornischer Surfer auftreten. Jedes Kostüm wurde entworfen, um einen visuellen Ausdruck zu schaffen, der genau zu der dargestellten Persönlichkeit passt. Martha Stewart ist vielleicht die erfolgreichste unter den neuen Designern persönlicher Szenerien. Sie rät ihren Kunden, wie sie ihre Requisiten zusammenstellen sollten, um einen möglichst hohen theatralischen Effekt zu erzielen. Wie in traditionellen Bühnenaufführungen dürfe nichts dem Zufall überlassen, sondern müsse alles sorgfältig bedacht werden. Wer »beim Schneeschippen auf dem Fußweg fünf Zentimeter Schnee liegen lässt, damit alles schön weiß aussieht«, habe begriffen, dass Ästhetik »beim Schneeschaufeln sehr wichtig ist«.[48]

Die Dramatisierung eines so großen Teils gelebter Erfahrung und deren beinahe völliges Aufgehen in der kommerziellen Sphäre ist ein machtvolles soziales Phänomen – so mächtig, dass der Historiker Daniel J. Boorstin vermutet: »Wir riskieren es, die ersten Menschen in der Geschichte zu sein, die ihre Illusionen so lebendig darstellen konnten, so durchdringend, so »realistisch«, dass sie in ihnen leben konnten.«[49] Boorstin schrieb dies, bevor es den Cyberspace gab. Die neuen virtuellen Welten, in denen Menschen arbeiten und leben, sind ihrem Wesen nach simulierte Umwelten, elektronische Bühnen für Millionen individueller Aufführungen.

Es ist also kein Wunder, dass die in Kapitel 9 erklärte dramaturgische Perspektive, die so wirkungsvoll eingesetzt wurde, um Marketingtechniken neu zu konzeptionieren, eine genauso populäre Methode zum Verständnis und zur Modellierung menschlichen Verhaltens geworden ist. Wenn das Leben die Darstellung von einer Reihe von individuellen und kollektiven Dramen ist, dann sind die ökonomischen und sozialen Netzwerke, in die eine Person eingebettet ist, um so komplexer, je mehr verschiedene Rollen jede Person verwirklicht.

Aus der dramaturgischen Perspektive auf menschliches Verhalten betrachtet, ist das Selbst kein privater Besitz eines Individuums mehr, wie John Locke uns glauben machen würde, sondern, so Erving Goffman, der Sinn, der einer Person »von genau den Menschen verliehen wird, mit denen sie ihn teilen will«. Das Selbst ist keine Einheit, wie Dennis Brissett, Professor für Verhaltenswissenschaft an der University of Minnesota, und Charles Edgley, Soziologieprofessor an der Oklahoma State University festgestellt haben, sondern eher »eine Art fiktionaler, konstruierter, einvernehmlich bestätigter Qualität«, die in der Interaktion und Kommunikation zwischen Menschen entstanden ist.[50] Dann aber hängt die Existenz eines Menschen in der Welt davon ab, Zugang zu anderen zu haben, Teil von Beziehungsnetzwerken zu sein, von denen jedes einen Teil des Selbst dieses Menschen bestätigt. Diese Ansicht unterscheidet sich sehr von Hegels Vorstellung, dass das einzigartige Selbst in die Besitztümer eingeschrieben ist, die ein Mensch in seinem Leben erringt, und sich zugleich in ihnen manifestiert. Eigentum ist, wie wir gesehen haben, in der Postmoderne nicht länger das einzige Maß eines Menschen.

Natürlich betrachten die Dramaturgen ihre Methode nicht als eine reine Metapher zur Erklärung der Soziologie menschlichen Verhaltens. Vielmehr glauben sie, dass das Leben selbst tatsächlich zutiefst dramatisch ist. Dazu Robert Perinbanayagam: »Es ist nicht so, dass die Realität theatralisch oder dramatisch ist; eher wird das, was die Gesellschaft als Realität betrachtet, oder zumindest ein Teil davon, theatralisch realisiert oder konstruiert«.[51] Das liege daran,

> dass das dramatisierte Handeln von der Voraussetzung ausgeht, dass die Menschen einerseits gar nicht anders können, als mit Symbolen zu kommunizieren, und sich andererseits immer bewusst sind, dass die anderen um uns herum die Welt um sie herum interpretieren. ... Die Welt besteht aus sozialen Fakten oder sozialen Objekten, die der Kommunikation wert sind, sich dramatisch entwickeln und ein Thema darstellen. ... Das Theater ist also nichts, das außerhalb der Gesellschaft steht. ... Vielmehr ist es eine Kristallisation und Typologisierung dessen, was in der Gesellschaft die ganze Zeit geschieht – oder genauer, dessen, was eine soziale Beziehung tatsächlich ist.[52]

Selbst Eigentum, so Perinbnayagam, wird Teil der größeren, von uns aufgeführten Dramen. Wir umgeben uns mit materiellen Objekten und arrangieren sie ständig neu, »verwandeln sie in Symbole, um bestimmte Reaktionen bei anderen hervorzurufen«. Sie werden Elemente dessen, was Goffman »Präsentation des Selbst« nennt.[53]

In einer Zeit, in der sich das gesamte Geschäftsleben umstrukturiert, indem es den Zugriff zu warenförmigen Beziehungen, kulturellen Produktionen und gelebten Erfahrungen kommerzialisiert, liefert die dramaturgische Perspektive genau die richtige Methode, dieser neuen Art, Geschäfte zu machen, Sinn zu verleihen. Sie rückt die Kommunikationsmittel ins Zentrum menschlichen Handelns, definiert das Selbst in relationalen Begriffen neu, macht Erlebnisse und Erfahrungen selbst zu einer theatralischen Angelegenheit und transformiert Eigentum in Symbole, die den Menschen helfen, ihre vielen dramatischen Rollen zu spielen, wenn sie in Netzwerke gelebter Erfahrung hinein und wieder aus ihnen heraus flitzen, deren jedes einen anderen Aspekt der Lebensgeschichte repräsentiert. Die dramaturgische Perspektive ist letztlich eine lebendige Beschreibung des Geisteszustandes, der die neueste Stufe des globalen Kapitalismus begleitet. Unsere Wahrnehmungen des menschlichen Verhaltens verändern sich – dieses Mal, um sie den Requisiten der kulturellen Produktion und der Objektifizierung gelebter Erfahrungen anzupassen.

Den jungen Leuten, die vor dem Bildschirm und in virtuellen Welten aufgewachsen sind, kommen, bei den vielen anspruchsvollen Rollen, die sie auf der elektronischen Bühne spielen müssen, ihr proteisches Wesen und ihr theatralisches Bewusstsein zugute. Wir können sicher sein, dass die Martekingexperten, Berater und kulturellen Vermittler an den Portalen bereit stehen und gegen Gebühr Zugang zu sämtlichen bedeutsamen neuen kulturellen Waren und gelebten Erfahrungen anbieten. Sie werden lokale Kulturen nach unverbrauchten Fragmenten kultureller Erfahrung durchsuchen, die ausgebeutet werden können. Sie werden in die Geschichte zurückgehen und nach Geschichten suchen, um neue, aufregende und unterhaltsame Erfahrungen zu schaffen. Sie werden die Vorstellung preisen, dass die persönliche Geschichte eines jeden Menschen die bedeutsamste Realität ist, und simulierte Welten aufbauen, in die sich jedes Individuum einkaufen kann. Es gibt Millionen von individuellen Dramen, die als Drehbuch geschrieben und aufgeführt werden müssen. Jede bietet einen lebenslangen Markt mit einem enormen kommerziellen Potenzial. In diesen neuen Welten bleiben als Reste persönlichen Eigentums wahrscheinlich nur die Requisiten, die den Kontext für die laufenden Aufführungen bilden. Die theatralischen Frauen und Männer des neuen Zeitalters, die ihre multiplen Persönlichkeiten pflegen wollen, können gar nicht anders: Sie müssen sich ständig Zugang zu Drehbüchern, Bühnen, anderen Autoren und zum Publikum erwerben, die der kommerzielle Bereich anbietet. Auftreten und sich immer wieder verwandeln zu können, wird zur *conditio sine qua non* ihrer Existenz.

KAPITEL 11

DIE VERNETZTEN UND DIE UNVERNETZTEN

Über die Frage der Zugriffsrechte und -möglichkeiten wird im kommenden Jahrhundert wohl ebenso leidenschaftlich diskutiert werden wie über die Eigentumsrechte während der gesamten Neuzeit. Dies umso mehr, als »Zugang« ein umfassendes Phänomen ist. Hatte Eigentum mit der engeren materiellen Frage von Mein und Dein zu tun, so geht es beim Zugang um die Kontrolle der gesamten gelebten Erfahrung. Er betrifft insofern das gesamte kulturelle Leben.

Der Übergang von geografisch verorteten Märkten zum Cyberspace, den die digitalen Kommunikationsmittel ermöglicht haben, eröffnet der Organisation menschlicher Beziehungen neue Wege. Weil Computer, Telekommunikationsmittel, Kabelfernsehen, Unterhaltungselektronik, Rundfunk, Verlagswesen und Unterhaltungsindustrie in einem integrierten Kommunikationsnetz zusammengeführt werden, können kommerzielle Unternehmen in einem historisch beispiellosen Ausmaß kontrollieren, wie die Menschen miteinander verkehren und kommunizieren.

Schon vor mehr als 20 Jahren glaubte Daniel Bell zu wissen, dass die »Kontrolle über Kommunikationsdienstleistungen eine Quelle der Macht und der Zugang zu Kommunikation eine Bedingung der Freiheit« sein würden.[1] Der französische Philosoph Jean-François Lyotard spitzt Bells Beobachtung zu: Das zentrale Problem in der neuen postmodernen Welt werde »zunehmend in der Verfügung über die Information liegen«.[2]

Die neuen Tycoons

Heute liefert sich eine Hand voll Medienunternehmen einen gigantischen Kampf um die Kontrolle der Kommunikationskanäle und kulturellen Ressourcen, die zusammen einen großen Teil der kommerziellen Sphäre im 21. Jahrhundert ausmachen. Haben im 20. Jahrhundert Unternehmen wie Standard Oil, Dupont, Fort Motor, U.S. Steel und Sears im Zentrum des Marktes gestanden, auf dem es um Produktion und Verkauf materieller Güter ging, werden im 21. Jahrhundert Unternehmen wie Disney, Time Warner, Bertelsmann, Viacom, Sony, News Corporation, TCI, General Electric, PolyGRam und Seagram den globalen Medienmarkt dominieren und die Bedingungen festlegen, unter denen das Publikum Zugang zu kulturellen Ressourcen und warenförmig gemachten Erfahrungen bekommen kann. Diese zehn Unternehmen allein erreichten im Jahr 1997 ein Umsatzvolumen zwischen 10 und 25 Milliarden US-Dollar. Eine zweite Gruppe von ungefähr 40 regionalen Mediengiganten aus Westeuropa, den Vereinigten Staaten, Asien und Lateinamerika kontrollieren einen großen Teil der verbleibenden Kommunikationskanäle und Inhalte und erzielen jährliche Umsätze in Höhe zwischen 1 und 5 Milliarden Dollar.[3]

Amerikanische Medienunternehmen sind weltweit führend; sie bestimmen die Grundregeln für den globalen Wettbewerb um die Kontrolle über Kommunikationsmittel und kulturelle Ressourcen. Die Herausgeber von *Vanity Fair* haben sich kürzlich mit der historischen Bedeutung des Übergangs von industrieller zu kultureller Produktion seit dem Ende des Kalten Krieges beschäftigt:

> Die Macht Amerikas ... liegt nicht mehr im militärisch-industriellen Komplex, es übernahm eine neue Vormachtstellung als die Unterhaltungs- und Informations-Supermacht der Welt.[4]

Das Disney-Imperium ist das beste Beispiel für die neuen kommerziellen Kräfte, die ihre Kontrolle über große Bereiche der Medien- und Kulturmärkte festigen. Disney fusionierte 1995 mit Capital

Cities/ABC. Durch das 19 Milliarden Dollar schwere Geschäft entstand ein globales Unternehmen der Unterhaltungsproduktion und -distribution mit einem Gesamtgewinn von 16,5 Milliarden Dollar. Disney hält auch Anteile an America Online, am Verlag Hyperion and Chilton, an vier Zeitschriftenverlagen, 631 Disney-Einzelhandelsgeschäften und an diversen Fernseh- und Kabelnetzen. Für Disney startet auch ein Team der National Hockey League, dem Konzern gehören eine Lizenz der wichtigsten Baseball-Liga, elf Zeitungen und vier Musikfirmen.[6]

Andere Unternehmen tätigten ähnliche Riesengeschäfte, um einen großen Teil des Kulturgeschehens kontrollieren zu können. Die Fusion von Paramount und Viacom brachte das mit 50 000 Filmen bestückte Archiv von Paramount, die 300 000 Buchtitel der Backlist von Simon & Shuster, die 500 Musikgeschäfte von Blockbuster Entertainment, Nickelodeon und MTV sowie verschiedene Themenparks, Fernseh- und Radiostationen unter einem Dach zusammen. Dadurch erhielt ein einziger Konzern eine ungeheure Macht in der Kulturindustrie.[7] Zusätzlich zu diesem Schlag fusionierte Viacom 1999 weiter, dieses Mal mit CBS, und wurde damit zum Branchenführer im Medien- und Unterhaltungsbereich. Diese 36-Milliarden-Dollar-Transaktion schuf ein globales Unternehmen im Wert von insgesamt 80 Milliarden Dollar, das Jahreserträge von über 20 Milliarden Dollar erwirtschaftet.

Die Transformation zum kulturellen Kapitalismus wurde in den USA 1996 mit der Verabschiedung des Telecommunications Act befördert, einem wegweisenden Gesetzeswerk, das den Medienbereich für neue Mitbewerber öffnete, darunter auch für die großen regionalen Telefon- und Kabelgesellschaften. Seither können Telefongesellschaften, Hollywood-Studios, Fernsehgesellschaften, Kabelgesellschaften und Software-Unternehmen Netze aus strategischen Allianzen und Megafusionen knüpfen, um so den Kommunikationsmarkt so umfassend wie möglich zu kontrollieren. Alle wollen dasselbe: Privat- und Geschäftskunden möglichst als Alleinanbieter mit der gesamten Palette an Kommunikations- und Kulturdienstleistungen versorgen. Kaum war der Telecommunications Act in Kraft getreten, erwarb U.S. West, eine der größten Telefongesellschaften, Continental Cablevision, das drittgrößte Kabelnetz des Landes. Die auf Ferngespräche spezialisierte Telefongesellschaft Sprint hatte es eilig, im Wettkampf mitzuhalten, und schloss ein Joint Venture mit den Kabelgesellschaften TCI, Comcast und Cox.[8]

Unterdessen beginnen lokale Telefon- und Kabelgesellschaften den großen strategischen Vorteil zu verstehen, der darin liegt, dass sie vor allem den »letzten Kilometer« Kabel kontrollieren, der in die Wohnungen und Geschäftsräume ihrer Kunden führt. Dass sie den Zugang zum Kunden direkt überwachen, verschafft den regionalen Telefongesellschaften eine besonders günstige Position, um von der Datenlieferung bis hin zur Unterhaltung ein ganzes Paket von Dienstleistungen zu vermarkten. Vor ein paar Jahren schlossen Pacifc Telesis, Bell Atlantic und Nynex ein Joint Venture mit der damaligen Michael Ovitz's Creative Artists Agency, um ein Videounterhaltungsunternehmen aufzubauen, dessen Vertrieb über ihre VDT-Leitungen läuft. Die lokalen Telefongesellschaften mussten feststellen, dass Erfolg auch von der Kontrolle der Inhalte abhängt. Mit dem Kabelanschluss erhalten sie Zugriff auf den Kunden, mit den Inhalten wird Gewinn erwirtschaftet. Der Analyst Paris Burstyn fasst diese Erkenntnis in Worte: »Lieferung ist eine Ware. Inhalt ist eine Zusatzleistung, und bei einer Zusatzleistung sind die Profite höher.«[9]

In der Arena der globalen Märkte kaufen Mediengiganten einander entweder direkt auf oder schließen zumindest Joint Ventures, um Marktgelegenheiten gemeinsam zu nutzen. Alle zehn größten globalen Medienkonzerne betreiben Joint Ventures irgend einer Art mit durchschnittlich sechs oder mehr anderen Unternehmen. Sie unterhalten auf Regionalmärkten auch andere strategische Partnerschaften mit kleineren Medienfirmen. Seagram zum Beispiel, Eigentümer von Universal, besitzt gleichzeitig 15 Prozent von Time Warner. Andererseits ist auch TCI einer der Hauptanteilseigner von Time Warner.[10] In einer Wirtschaft der Netzwerke, die auf kurzfristigen Allianzen basiert, »kann es sich niemand wirklich leisten, Konkurrenten zu verärgern«, sagt John Malone, Chairman von TCI, »weil sie auf einem Gebiet Partner und auf einem anderen Konkurrenten sind«.[11]

Bis 1997 war es für globale Konzerne schwer, Joint Ventures abzuschließen oder zu fusionieren, weil die Telekommunikationsindustrie in jedem Land reguliert wurde. In manchen Ländern waren die Telekommunikationsmittel staatseigene Einrichtungen. In anderen befanden sich die Unternehmen zwar in Privatbesitz, waren aber zugleich öffentlich regulierte Monopole. 1997 jedoch unterzeichneten Regierungsvertreter aus 60 Ländern unter der Schirmherrschaft der Welthandelsorganisation (WTO) eine Vereinbarung, die den Staatsmonopolen ein Ende setzen und den Telekommunikationsmarkt mit einem Gesamtvolumen von 600 Milliarden Dollar dem freien Wettbewerb und die inländischen Märkte für ausländische Investitionen öffnen sollte.[12] Renato Ruggiero, damals Generaldirektor der WTO, kündigte die Vereinbarung wie folgt an:

> Das ist eine gute Nachricht für die internationale Wirtschaft, es ist eine gute Nachricht für Unternehmen und es ist eine gute Nachricht für die Menschen überall auf der Welt, die Telefone benutzen oder dies tun wollen.[13]

Voller Enthusiasmus erklärte US-Präsident Clinton, der Beschluss werde »den Bürgern überall auf der Welt die Wohltaten der technologischen Revolution bringen«.[14] Während einige Kritiker bezweifelten, dass die Deregulierung der staatlichen Telefonmonopole und ihr Eintritt in einen ungehinderten Weltmarkt den ärmsten Bevölkerungsgruppen der Welt, besonders in den Entwicklungsländern, spürbar nützen würden, waren sich alle darüber einig, dass sie zumindest Fusionen beschleunigen würde.

Unter den Bedingungen des Global Telecommunications Agreement kann ein ausländischer Unternehmer zum Beispiel 100 Prozent einer amerikanischen Telefongesellschaft besitzen, wenn sein eigenes Land ähnlichen Zugang zu seinen inländischen Märkten gewährt. (Manche Länder, wie Japan und Kanada, formulieren restriktivere Bedingungen).[15] Während der ersten Zeit der Deregulierung wurde viel Mühe darauf verwendet, sich den Zugang zu den lukrativen globalen Business-to-Business-Märkten zu sichern, auf denen über 90 Milliarden Dollar jährlich für komplexe Telekommunikationsdienste dafür ausgegeben werden, die kommerziellen Netzwerke und Verfahren zu unterhalten.[16] Typisch für die mächtigen Joint Ventures, die in Folge des WTO-Abkommens geschlossen wurden, ist die im Juli vereinbarte Partnerschaft zwischen AT&T und British Telecom, zwei der größten Telefongesellschaften der Welt. Sie schufen ein Unternehmen in gemeinsamem Besitz, dessen Dienste im Bereich Telefon, Internet und Datenübertragung für 6500 multinationale Unternehmen in rund 100 Ländern jährlich 10 Milliarden US-Dollar erwirtschaften.[17]

Noch bevor das WTO-Abkommen unterzeichnet wurde, sagte Gerald H. Taylor, President von MCI, voraus: »Es werden in den nächsten fünf Jahren wahrscheinlich gerade vier bis sechs globale Gruppen entstehen, weil sich der gesamte Markt neu ordnet.«[18] Die *Financial Times* stimmt Taylors Vorhersage zu: Es werde schließlich wohl nur »eine Hand voll Giganten«, geben, »die die Märkte dominieren«.[19] Die Gewinne sind enorm. Der Telekommunikationsmarkt steht heute weltweit nach dem Gesundheits- und Bankenwesen an dritter Stelle und wächst doppelt so schnell wie die gesamte globale Wirtschaft.[20] Bei Gewinnen, die für das Jahr 2010 auf mehr als eine Billion Dollar geschätzt werden, wird der Kampf um Marktanteile hart und intensiv sein.[21]

Die Telekommunikationsunternehmen konzentrieren einen großen Teil ihrer Anstrengungen darauf, die Portale zu Internet und Cyberspace zu besetzen. Sie hoffen darauf, die elektronischen Welten kontrollieren zu können, in denen im kommenden Jahrhundert Hunderte von Millionen Menschen einen Großteil ihrer privaten und beruflichen Zeit verbringen werden. Wie die Telekommunikationsindustrie wurde der Cyberspace 1995 dereguliert, als das staatlich geförderte NSFnet seine Betriebsfunktionen kommerziellen Anbietern übergab. Heute regeln kommerzielle Netzwerkprovider den Zugang zum Cyberspace. Morgen werden hier die »globalen Gruppen« der Telekommunikationsgiganten, Rundfunkstationen und Computerunternehmen herrschen. Auch sie verfolgen das Ziel, in jeder Region und auf jedem Markt der Erde die »digitale Stimme«, Daten- und Videoübertragungen und Produkte zu kontrollieren. Die meisten der führenden US-Fernsehanstalten wie CNN, NBC, ABC und Fox haben Online-Dienste eingerichtet. Inzwischen hat Microsoft seine Internet-Browser in das Windows-Betriebssystem integriert und damit begonnen, Unternehmen aufzukaufen, die Inhalte produzieren.

Der Enthusiasmus, der dem Internet anfänglich entgegengebracht wurde, weil man eine partizipatorische öffentliche Sphäre entstehen sah, erhielt durch die Eile, mit der das Medium kommerzialisiert wurde, einen deutlichen Dämpfer. Kommerzielle Werbung wuchert im Netz. Weil die Konsumenten nicht bereit sind, höhere Zugangsgebühren zu bezahlen, bleibt den Unternehmen gar nichts anderes übrig, als sich mit kommerziellen Werbeunternehmen zu verbinden, um ihren Betrieb zu finanzieren. Kaum haben sie sich eingeloggt, sind die Kunden einem Bombardement von Werbebotschaften ausgesetzt, ein Teil des Preises, den sie für den Zugang zum Cyberspace bezahlen müssen.

Die Kommunikationsinfrastruktur und den Zugang zu den Portalen kontrollieren zu können, aber auch die Kontrolle über einen großen Teil des kulturellen Inhalts, der durch die Kabel strömt, verleiht den globalen Medienkonzernen eine einzigartige Macht. Dazu der Medienhistoriker und Kritiker Ben Bagdikian:

Die Macht der Unternehmen, die das gesamte gesellschaftliche Leben durchdringen können, hat kein Beispiel in früheren Epochen. Indem sie die alte und die neue Technik nutzen, wechselseitig Anteile aneinander besitzen, in Joint Ventures als Partner agieren und durch andere Formen der Kooperation hat diese Hand voll Giganten geschaffen, was nur als ein neues Kommunikationskartell zu betrachten ist. ... Es geht hier nicht nur um Unternehmenskennzahlen wie Produktionsziffern, auch nicht um gewöhnliche Industrieprodukte wie Kühlschränke oder Textilien. Es geht hier um den Besitz von Macht, nahezu jeden Mann, jede Frau und jedes Kind ... mit kontrollierten Bildern und Worten zu umzingeln, jede neue Generation von Amerikanern zu sozialisieren, die politische Tagesordnung des Landes zu verändern. Und mit dieser Macht geht die Fähigkeit einher, einen Einfluss auszuüben, der größer ist als der von Schulen, Religionen, Eltern und sogar des Staates.[22]

Das Ende des Nationalstaats

Die Deregulierung und Kommerzialisierung der Telekommunikations- und Rundfunksysteme beraubt die nationalen Regierungen der Möglichkeit, die Kommunikationsmittel innerhalb ihrer Grenzen zu überwachen und zu kontrollieren. Globale Medienkonzerne knüpfen ein weltweites Kommunikationsnetzwerk, das alle politischen Grenzen umgeht und damit das politische Leben weltweit von Grund auf umkrempelt.

Beim Anbruch des globalen Medienzeitalters vor mehr als 20 Jahren erklärte die US-Regierung offiziell: »Handel richtet sich nicht mehr nach der Flagge; er folgt den Kommunikationssystemen.«[23] Private Kommunikationsnetzwerke schmieden neue Interessengemeinschaften, die immer weniger geografisch gebunden sind. Viele Fachleute verbringen heute mehr Zeit im Cyberspace als im geografischen Raum und identifizieren sich mehr mit ihren virtuellen Adressen als mit ihren geografischen. Die größeren multinationalen Unternehmen verlassen sich auf ausgefeilte Kommunikationstechniken, um ihre weltweit bestehenden Netzwerke zu unterhalten. Ihre globale Reichweite ist enorm. Weniger als 500 transnationale Unternehmen stehen hinter einem Drittel aller Produktexporte, einem Viertel des Weltwarenhandels, und vier Fünftel von allen stehen hinter drei Vierteln der technischen und Managementdienstleistungen.[24] Die Partnerschaft zwischen globalen Medienkonzernen und den weltgrößten Unternehmen im Produktions- und Dienstleistungsbereich ist äußerst effektiv. Die kombinierten Fähigkeiten, den Fluss von Kommunikation, Waren und Dienstleistungen zu kontrollieren, stellen die traditionelle politische Macht vor eine gewaltige Herausforderung.

Marktliberalisten behaupten, die Deregulierung von Telekommunikation, Rundfunkanstalten und anderen Mediendiensten sei der effektivste Weg, Barrieren für den Eintritt in Märkte zu reduzieren und Innovationen anzuregen; Förderung des Wettbewerbs sichere Geschäftschancen und den Zugang zu den vielen neu entstehenden Netzwerken. Dazu Esther Dyson, George Gilder, George Keyworth und Alvin Toffler, vier der führenden Proselyten der Cyberspace-Revolution:

> Der technische Fortschritt verwandelt den Telekommunikationsmarkt von einem, der durch ›Großunternehmen‹ und ›natürliche Monopole‹ gekennzeichnet war, in einen prototypischen Wettbewerbsmarkt. ... Die Aufgabe der Regierung ist es, diesen Wandel zu unterstützen –, um jene Bedingungen zu schaffen, unter denen neue Wettstreiter und neue Techniken die natürlichen Monopole der Vergangenheit herausfordern.[25]

Kreditinstitute wie die Weltbank haben die Deregulierung zum Quidproquo der Kreditvergabe an Entwicklungsländer gemacht, weil sie glauben, dass die Entwicklung dann am besten vorangetrieben werden könne, wenn die Medien auf dem Markt aktiv werden. Andere halten dagegen, eine solche Politik sei nur eine neue Form des Kolonialismus, die die schwächeren Länder weiter verarmen lasse.[26] »Wenn ein Drittweltland seine Telekommunikationsnetzwerke einem ausländischen Marktteilnehmer überlässt«, so Jill Hills, Professorin für internationale politische Ökonomie an der University of London, dann führe dies häufig zum »Verlust fortgesetzter Netzwerkgewinne und zu einem Kapitalabfluss der Gewinne an ausländische Muttergesellschaften«.[27] Darin sehen die Kritiker den entscheidenden Punkt: »Während private Unternehmen die einheimische Infrastruktur und internationale Verbindungen besitzen, werden Entwicklungsländer auf den Vorkriegszustand kolonialer Anhängsel zurückgeworfen werden.«[28]

Das Abkommen über die internationale Telekommunikation von 1997 hat viel zur Schwächung nationaler Regierungen beigetragen, indem es ihnen die wichtigste regulatorische Macht entzogen hat, über die sie verfügten: das Recht, die Bedingungen zu bestimmen, nach denen Kommunikation strukturiert wird und innerhalb der Landesgrenzen zugänglich ist. Nun droht ein neuer Vorschlag, der in politischen Kreisen der USA diskutiert wird, den Prozess der Deregulierung endgültig zu vervollständigen. Sollte die Initiative Erfolg haben, werden Staaten und Regierungen weltweit den letzten Rest ihrer Macht über die Kommunikationsmittel innerhalb ihrer Grenzen verlieren.

Das elektromagnetische Frequenzband ist die Gesamtheit aller Radiofrequenzen innerhalb der Erdatmosphäre, mit denen Radio, Fernsehen und andere Funkmedien verbreitet werden. In jedem Land wird dieses Band als »der Allgemeinheit gehörig« betrachtet und durch die Regierung für ihre Bürger kontrolliert und verwaltet. 1927, mit der Gründung der Federal Communications Commission (FCC), hat die Regierung der Vereinigten Staaten als eine der ersten dieses Band in Besitz genommen. Seitdem vergab die FCC einzelne Frequenzen für Radio, Fernsehen, Mobiltelefone, Pager und Nachrichtenübertragung, Satellitendienste, Mikrowellenanlagen, Taxisender und andere Medien und in Lizenz an Rundfunkstationen für eine befristete Dauer. Im ihre Lizenzen behalten beziehungsweise erneuern zu können, müssen lokale Rundfunksender die Bedingungen erfüllen, mit denen der Staat das »öffentliche Interesse« schützen will. Nun hat eine Koalition aus einigen der mächtigsten öffentlichen Expertenkommissionen vorgeschlagen, die FCC solle ihre langjährige Kontrolle über alle Frequenzen des Spektrums aufgeben und einen einmaligen Verkauf des gesamten Frequenzbereichs an private Sender einleiten. Diese sollten Frequenzen auf dem offenen Markt als private »elektronische Immobilien« weiterverkaufen dürfen.

Den Vorschlag, die Sendefrequenzen als Privateigentum in Beschlag zu nehmen, hat in den fünfziger Jahren als erster der Jurist Leo Herzel in einem Artikel der *University of Chicago Law Review* gemacht.[29] In den neunziger Jahren ließ die Progress and Freedom Foundation, eine Expertenkommission aus Washington, die in enger Verbindung zu Newt Gingrich, dem ehemaligen Sprecher der Republikaner im Repräsentantenhaus, steht, diese Idee wieder aufleben. Nach Ansicht der Stiftung werde die globale Informationsindustrie Anfang des 21. Jahrhunderts wahrscheinlich ein Marktvolumen von drei Milliarden US-Dollar erreichen. Die staatlichen Statuten und Regulierungssysteme jedoch stammten aus den dreißiger Jahren und seien so antiquiert und altmodisch, dass sie als Innovationshemmnis wirkten. Das Zögern und das endlose Verschleppen bei der Zuteilung von Frequenzen und der Vergabe von Lizenzen untergrabe den Unternehmergeist.

Die Autoren des Stiftungsberichts – überschrieben mit *The Telecom Revolution. An American Opportunity* – sehen die Lösung darin, das gesamte elektromagnetische Spektrum in Privateigentum zu überführen, das frei genutzt, verkauft, verpachtet oder auf andere Weise erschlossen werden kann.[30] Die FCC solle aufgelöst und durch ein Office of Communications, eine kleine Regierungsbehörde, ersetzt werden. Ihre Verantwortlichkeiten sollten auf den Verkauf der Frequenzen und bestimmte Verwaltungsaufgaben beschränkt bleiben. Nach diesem Plan wäre den Stationen, die schon Lizenzen besitzen, der Rechtsanspruch auf die Frequenzen, die sie bereits nutzen, garantiert; sie könnten frei darüber verfügen, sie nutzen, transferieren und erschließen, wie sie es für nötig halten. Als nächste sollten die Bewerber, die bereits Lizenzanträge bei der FCC eingereicht haben, Rechtsansprüche erhalten. Nicht zugewiesene Frequenzen könnten schließlich an private Bieter verkauft werden. Den Schlüssel sieht der Bericht darin, »dass Rechtsansprüche als Eigentum verkauft und nicht als reine Lizenz vergeben werden«. Die Autoren stellen klar, dass die Frequenzen wie jedes andere Eigentum behandelt werden sollten, Eigentümer also das exklusive Recht erhalten müßten, dessen Nutzung frei zu bestimmen, andere von der Nutzung auszuschließen und die Bedingungen zu definieren, unter denen das Nutzungsrecht an andere verkauft werden kann.[31] Die Stiftung schließt mit dem Appell, »Amerikas unternehmerischen, innovativen, privaten Sektor das Eigentum am gesamten elektromagnetischen Spektrums« wiederzugeben; in dessen Händen könne es »das Wohlstandspotenzial der Informationsrevolution« entfaltet werden.[32]

Der Kongress der USA hat schon Anhörungen zu diesem Vorschlag des Ausverkaufs von Sendefrequenzen veranstaltet. Beobachter, die der Kommunikationsindustrie nahe stehen, glauben, es sei nur eine Frage der Zeit, bis das Frequenzspektrum in privaten elektronischen Immobilienbesitz umgewandelt wird. Sollte es dazu kommen, dann würden andere Nationen zur Nachahmung ermutigt, sodass möglicherweise das gesamte Spektrum rund um den Erdball in privat gehandelte elektronische Sachwerte überführt wird. Im Zeitalter des Zugangs werden diese privat gehandelten Frequenzen zum wahrscheinlich bedeutsamsten Vermögenswert der Welt werden. Als Eigentümer der globalen Frequenzen können die Unternehmen den Zugang zu Kommunikationskanälen, in denen Millionen von Menschen ihren Alltag erleben, ungehindert kontrollieren.

Die Übereignung des Frequenzspektrums in privates Eigentum globaler Mediengiganten wird die Beziehung zwischen den Menschen und den global agierenden Unternehmen grundlegend verändern. Besteht kein öffentliches Eigentum am Frequenzspektrum mehr, sind die Bürger, die in einer höchst komplexen, auf Netzwerken basierenden Gesellschaft Zugang zu Kommunikationsmitteln benötigen, abhängig von einer kleinen Gruppe von Medienkonzernen.

Welche Folgen wird dies im neuen Zeitalter für den Staat und nationale Regierungen haben? Bis jetzt wurzelten Staaten in der Geografie; Staaten sind Institutionen, die zur Kontrolle und Verwaltung von Land geschaffen wurden. Doch wenn große Teile des kommerziellen und gesellschaftlichen Lebens der Menschen in die nichtmaterielle Welt des Cyberspace wandern, müssen dann politische Institutionen, die so stark an die Geografie gekoppelt sind, nicht immer bedeutungs- und wertloser werden?

Immer mehr der entscheidenden Aktivitäten von Wirtschaft und Gesellschaft finden, als kulturelle Erfahrungen warenförmig gemacht, im Cyberspace statt. In dieser Welt verlieren die Regierungen fortschreitend an Spielraum und Einfluss. Dieser Prozess wird sich fortsetzen, wenn Regierungen ihre Kontrollbefugnis über die Frequenzen und Kommunikationskanäle aufgeben, die in den Cyberspace führen. Radiofrequenzen, Glasfaserkabel, Nachrichtensatelliten, Hard- und Softwaretechniken, die die Kommunikationskanäle ausmachen, und der Inhalt, der durch die Leitungen fließt, sind die einzigen wertvollen Besitztümer der Cyberspace-Wirtschaft. Mit diesen Eigentumsformen, die in den Händen weniger globaler Kommunikationsnetzwerke liegen, werden andere Eigentumsformen immer bedeutungsloser. Privateigentum und Unternehmensbesitz wird es weiterhin geben, doch werden sie neben den Requisiten zweitrangig, die den Zugang zu den Kommunikationskanälen und Inhalten sichern, die die Menschen in Netzwerken einer geteilten Kultur verbinden.

Im Bereich des Handels zeigt sich der Niedergang des Nationalstaates besonders deutlich. Global operierende Unternehmen haben bei den nationalen Regierungen große Zugeständnisse durchgesetzt, die traditionelle Souveränitätsrechte effektiv schwächen. Internationale Abkommen und Vereinbarungen wie NAFTA und GATT nehmen den Staaten das Recht, zum Beispiel gegen ungerechte Arbeitsvereinbarungen oder Umweltverschmutzungen im Inland vorzugehen, wenn solche Maßnahmen in die freie Ausübung des globalen Handels eingreifen. Institutionen wie die WTO, deren Vertreter keiner bestimmten Regierung angehören, können Ländern, die Handelsvereinbarungen und -rechte verletzen, Sanktionen auferlegen.

Nirgendwo ist der verminderte Spielraum der Nationalstaaten

problematischer als bei der Frage der Steuereinnahmen. Da immer mehr private Angelegenheiten und kommerzielle Geschäfte im Cyberspace vollzogen werden, wird es auch immer schwerer, Steuern zu erheben und einzuziehen. In einer vernetzten Wirtschaft, in der das kommerzielle Handeln weitgehend »in kleine Informationspakete aufgeteilt sind, die nichts bedeuten, solange sie nicht wieder zusammengesetzt sind«, so Diane Coyle, Wirtschaftsredakteurin des Londoner *Independent*, »wird es den Steuerbehörden unmöglich, alle Transaktionen zu überwachen.«[33] Es lasse sich unmöglich feststellen, »wo diese Transaktionen stattgefunden haben, selbst wenn sie überwacht werden könnten, und es ist deshalb verzwickt zu entscheiden, welcher Staat sie besteuern dürfte.«[34] Wenn so viele Produkte und Dienstleistungen das Ergebnis kleiner, wertschöpfender Leistungen vieler Spieler sind, die in Zeit und Raum verteilt und dennoch in gemeinsam genutzten Netzwerken und Joint Ventures zusammen arbeiten, wie kann dann irgendein Staat genau bestimmen, wieviel besteuerbarer Mehrwert innerhalb seiner Grenzen entstanden ist? In einer Marktwirtschaft, in der Dinge hergestellt werden, lässt sich relativ einfach bestimmen, wieviel Arbeit in der Produktion steckt und wie hoch die Wertschöpfung auf jeder Stufe von Produktion und Handel ist. Doch wie soll eine Steuerbehörde in einer vernetzten Wirtschaft, die über warenförmig gemachte Verbindungen funktioniert, die Wertschöpfung bestimmen?

Solange menschliches Handeln an die geografischen Räume gebunden war, waren Staaten sinnvolle Institutionen. Wenn das wirtschaftliche und soziale Leben immer unabhängiger vom Raum wird, welche Bedeutung sollte den Staaten noch zufallen? Gemeinschaften bilden sich nicht länger in geografischen Räumen, sondern aufgrund von Interessen, die Menschen in virtuellen Welten interagierend, zeitlich begrenzt miteinander teilen. Wie lassen sich unter diesen Bedingungen Vorstellungen von kollektiver Solidarität und Loyalität zu Ort und Land bewahren, die lange als Bedingung für ein Gefühl des nationalen Zusammenhangs galten? In *Das Ende der Demokratie* schreibt Jean-Marie Guéhenno:

Im Zeitalter der Vernetzung steht die Beziehung der Bürger zum politischen Gemeinwesen in Konkurrenz zu unendlich vielen Verbindungen, die sie außerhalb desselben knüpfen. Die Politik ist daher keineswegs das Ordnungsprinzip der in der Gesellschaft lebenden Menschen, sondern erscheint vielmehr als eine sekundäre Tätigkeit, wenn nicht sogar als eine künstliche Konstruktion, die zur Lösung der praktischen Probleme unserer Gegenwart ungeeignet ist.[35]

Das Leben außerhalb der elektronischen Zugänge

Die Nationalstaaten beugen sich unter dem Druck einer neuen globalen Ökonomie und einer sozialen Ordnung, die aus riesigen Netzwerken gemeinsamer Interessen bestehen, nationale Grenzen umgehen und unabhängig von geografischen Gegebenheiten im Cyberspace existieren. Zugleich müssen wir uns klar machen, dass die meisten Menschen dieser Erde nicht an diese neuen Welten angeschlossen sind. Sie existieren außerhalb der elektronischen Zugänge in einer Welt der Armut und Verzweiflung, wo der Zwang zu überleben sämtliche Alltagsbedingungen diktiert. Für diese Menschen ist das Leben mühselig und eine Plackerei, bestimmt von dem Wenigen, was sie tun können, um sich durchzuschlagen. Während das reiche Fünftel der Bevölkerung auf der Suche nach kulturellen Erfahrungen und individuellen Veränderungen das Eigentum aufgibt, haben die anderen vier Fünftel wenig und wünschen sich nichts mehr als sicheren Besitz.

Trotz aller Euphorie angesichts der Revolution der Kommunikationsmittel, trotz der kühnen Erwartungen einer verkabelten Zukunft, die Realität ist eine andere: 65 Prozent der Erdbevölkerung haben noch nie telefoniert und 40 Prozent leben ohne elektrischen Strom.[36] Allein in Manhattan gibt es mehr Telefonleitungen als in ganz Afrika südlich der Sahara.[37]

Der Zugang zu Elektrizität, Telefon, Radio, Fernsehen und Internet wurde verständlicherweise zum Lackmustest für die Vernetzheit in der verkabelten Welt. In den 24 OECD-Staaten – den reichsten

Nationen der Erde – leben weniger als 15 Prozent der Erdbevölkerung, doch hier liegen 71 Prozent aller Telefonleitungen.[38] In Europa und Nordamerika befinden sich zwei Drittel aller Radios und Fernsehapparate, obwohl hier nur 20 Prozent der Erdbevölkerung leben.[39] Im pazifischen Raum ist Hong Kong am dichtesten verkabelt. Hier kommen 59 Telefone auf 100 Einwohner, gleich gefolgt von Singapur mit 49 Telefonen pro 100 Einwohner. In Taiwan und Südkorea gibt es 35 Telefone pro 100 Einwohner, in Thailand nur drei; in Indonesien sechs und in China ganze neun pro 1000 Einwohner.[40] Der am dichtesten verkabelte Ort der Welt ist die Insel Bermuda. Mit seinen ausländischen Versicherungsunternehmen, Investmentmaklern und Accounting-Dienstleistern wurde es zu einem prototypischen Markt im Zeichen der elektronischen Kommunikationsmittel.[41] Das andere Extrem ist Afrika – ein Kontinent, der aus der globalen Wirtschaft der Netzwerke praktisch ausgeschlossen ist. In Afrika gibt es durchschnittlich 37 Fernseher und 172 Radios für 1000 Einwohner, ein starker Kontrast zu Nordamerika mit seinen 798 Fernsehern und 2017 Radios pro 1000 Einwohner.[42]

Unterdessen zählen die hochindustrialisierten Länder mehr als 88 Prozent Internet-Nutzer, obwohl hier nur 15 Prozent der Weltbevölkerung leben. Allein Nordamerika mit weniger als 5 Prozent der Weltbevölkerung rühmt sich, mehr als die Hälfte der Internet-Nutzer zu beherbergen. 20 Prozent der Weltbevölkerung leben in Südasien, aber nur ein Prozent der Internet-Nutzer.[43]

Die Kommunikationskluft zwischen den entwickelten und den Entwicklungsländern ist groß, und viele Beobachter glauben, die Welt teile sich rasant in informationell Reiche und informationell Arme. Dazu im High-Tech-Magazin *Hot Wired* der Kolumnist David Kline:

> Die Zukunft könnte zum Wunderland der Möglichkeiten nur für die Minderheit von uns werden, die reich, mobil und gut gebildet ist. Und sie kann zugleich die digitale Dunkelheit für die Mehrheit der Menschen bedeuten – für die Armen, die Menschen ohne Hochschulbildung und die so genannten Überflüssigen.[44]

Indem Staaten weltweit deregulieren und ihre Infrastrukturen für Telekommunikationsmittel und Rundfunk verkaufen, wird die kommerzielle Sphäre zum Herrscher darüber, wer an die verkabelte globale Wirtschaft angeschlossen ist. Wer sich den Zugang zum Cyberspace und den gemeinsamen Netzwerken und virtuellen Welten, der neuen ätherischen Sphäre der menschlichen Existenz, leisten kann, ist angeschlossen, und alle anderen werden außerhalb der elektronischen Zugänge bleiben.

Der Unterschied zwischen Einkommen und Reichtum des oberen Fünftels der Weltbevölkerung – die bereits in simulierten Welten zu leben beginnen – und allen anderen wächst so schnell, dass jedes Reden über einen garantierten allgemeinen Zugang bei den meisten Beobachtern nur auf tiefes Misstrauen stoßen kann. Nach einer Studie des United Nations Development Program verfügen die 358 Milliardäre der Welt heute über eine Geldmenge, die größer ist, als das jährliche Einkommen der knappen Hälfte der Weltbevölkerung.[45] Ein Bill Gates ist reicher als alle Amerikaner zusammen, gleichzeitig hat, nach einem Bericht der International Labor Organization, eine der drei Milliarden Arbeitskräfte auf der Welt keinen Arbeitsplatz oder ist unterbeschäftigt.[46] Während also die reichsten Menschen der Erde kaum noch andere Sorgen haben, als sich unterhalten zu lassen, kreativ zu leben und ihr Leben zu inszenieren, lebt fast eine Milliarde Menschen in Armut und viele Millionen andere finden kaum ihr Auskommen.[47] Und die Aussichten für die nahe Zukunft sind sogar noch düsterer. Mehr als 100 Länder mit insgesamt 1,6 Milliarden Einwohnern – einem Viertel der Weltbevölkerung – erleben weiterhin einen ökonomischen Niedergang. In 98 Ländern sind die Einkommen heute niedriger als vor zehn Jahren, und in 35 ist das Pro-Kopf-Einkommen stärker gesunken als auf dem Höhepunkt der Großen Depression der dreißiger Jahre.[48] In Afrika konsumiert ein durchschnittlicher Haushalt heute 20 Prozent weniger als vor 25 Jahren.[49]

Weltweit sind über 600 Millionen Menschen obdachlos oder leben in unsicheren und gesundheitsabträglichen Wohnungen. Die

Weltbank schätzt, dass im Jahr 2010 mehr als 1,4 Milliarden Menschen ohne sauberes Wasser und sanitäre Anlagen leben werden.[50] Inzwischen fallen weltweit 86 Prozent der Konsumtion auf 20 Prozent der Reichen, während das ärmste Fünftel der Weltbevölkerung gerade mal 1,3 Prozent der globalen ökonomischen Produktion konsumieren.[51] Tatsächlich geben die Amerikaner mehr für Kosmetik aus, nämlich 8 Milliarden Dollar jährlich, und Europäer mehr für Eiskrem, nämlich 11 Milliarden Dollar, als es kosten würde, den 2 Milliarden Menschen auf der Erde Grundschulbildung, sauberes Wasser und sanitäre Anlagen zu garantieren, die gegenwärtig ohne Schulen oder Toiletten leben müssen.[52]

Die Schere zwischen Reichen und Armen öffnet sich auch in den Industrieländern immer weiter. In Deutschland zum Beispiel mussten im ersten Halbjahr 1998 12,8 Prozent aller westdeutschen und 17,8 Prozent aller ostdeutschen Haushalte von einem Nettoeinkommen von unter 2000 DM leben. Auf der anderen Seite der Einkommensskala standen mit einem Nettoeinkommen zwischen 8000 und 35 000 DM 17 Prozent der westdeutschen und 5 Prozent der ostdeutschen Haushalte.[53] In Großbritannien sind die Einkommensunterschiede in den letzen 20 Jahren schneller gewachsen als in jedem anderen Industrieland.[54] In den USA berichtet die Behörde für Volkszählung, dass die Ungleichheit der Einkommen zwischen Armen und Reichen heute höher ist als in irgendeiner Zeit nach dem Zweiten Weltkrieg.[55] Heute beziehen die oberen 20 Prozent der Amerikaner die Hälfte des gesamten Einkommens in den Vereinigten Staaten, während 50 Prozent der Familien weniger als 1000 US-Dollar besitzen.[56] Mittel- und Unterschichtsfamilien sind besonders stark betroffen. Das mittlere Haushaltseinkommen lag 1996 vier Prozent niedriger als im Jahr 1989.[57]

Gleichzeitig öffnen sich dem reichsten Teil der Bevölkerung die elektronischen Zugänge, während viele der Ärmsten des Landes und die am schlechtesten ausgebildeten Bürger hinter Gittern verschwinden. Über 1,5 Millionen Amerikaner sitzen derzeit im Gefängnis, die

USA sind das Land mit den meisten Gefangenen. Die Legislative Kaliforniens stellte 1980 nur 2 Prozent ihres Budgets für Gefängnisse ein, 1995 waren es 9 Prozent, und bis 2002 wird eine Steigerung auf 18 Prozent erwartet. Kalifornien verbraucht heute mehr öffentliche Gelder für Gefängnisse als für höhere Bildung.[58]

All das Gerede über den Zugang zu globalen Netzwerken, kultureller Produktion, Cyberspace und simulierte gelebte Erfahrungen trifft bei den Amerikanern auf taube Ohren, die bis heute noch nicht die bescheidensten Erfahrungen mit den Wohltaten des Eigentums und einem besseren Lebensstil gemacht haben. So ist Bill Gates' Vision einer verkabelten Welt für mehr als 7 Millionen amerikanischer Familien bedeutungslos, weil sie nicht einmal die grundlegendsten Telefondienstleistungen in Anspruch nehmen können.[59] Millionen anderen Familien der Unter- und der unteren Mittelschicht fehlen die finanziellen Mittel, die Bildung und die Zeit, um aktive Mitspieler in den neuen elektronisch vermittelten Netzwerkwelten werden zu können. Sie riskieren, noch weiter zurückzubleiben, weil die Reicheren sich miteinander vernetzen, auf der Basis gemeinsamer Interessen kommerzielle und soziale Netzwerke bilden und alle anderen isoliert und allein zurücklassen, dazu gezwungen, sich durch eine zunehmend ungastliche und ärmere Welt zu kämpfen.

Die Recht- und Besitzlosen werden im Zeitalter des Zugangs auch noch zu Ausgeschlossenen. Die Zeitschrift *Time* warf in einem Sonderheft zum Cyberspace einen Blick auf ihr Elend. Der Zugang zu elektronisch vermittelten Welten, so der Schluss der Redakteure, wird zur entscheidenden Frage »für die Funktionsfähigkeit einer demokratischen Welt«.[60]

Überall Zugang

Die Frage des Zugangs ist im Bereich der Kommunikationsmittel nicht neu. Schon als das Telefon und später Radio und Fernsehen aufkamen, hat man um Zugang gestritten. Immer wieder entbrannten im 20. Jahrhundert gesellschaftliche Kontroversen darüber, wie ein allgemeiner Zugang zu Telefonleitungen und Rundfunktechniken am besten zu garantieren sei. In den USA wurden Gesetze verabschiedet, die den Haushalten auf dem Land billige und erschwingliche Telefonanschlüsse sicherten. Als die FCC damit begann, das Radio zu regulieren, wurden gesetzliche Vorkehrungen getroffen, damit die Lizenznehmer den lokalen Bedürfnissen der Allgemeinheit auch tatsächlich dienten. Doch kapitulierte das öffentliche Interesse schnell vor den kommerziellen Interessen. Der Communications Act aus dem Jahr 1934 überließ die Kontrolle über die Radiowellen weitgehend Kommunikationsunternehmen wie RCA, General Electric und Westinghouse, die das neue Medium in ein Werbeforum für kommerzielle Sponsoren verwandelten. Lee de Forest, der Erfinder der Vakuumröhre, die den Rundfunk Realität werden ließ, war darüber, wie das neue Medium genutzt wurde, dermaßen verärgert, dass er die Branche 1946 in einem Brief an die National Association of Broadcasters öffentlich verurteilte:

> Sie haben daraus eine Witzfigur der Information gemacht. ... Sie haben Zeit in kleine Teile zerrissen, die Spots genannt werden (richtiger wäre Flecken), so dass das gelegentlich gute Programm durch unverschämtes Drängen zum Kauf und Ausprobieren versaut wird.[61]

Das Aufkommen des Fernsehens in den vierziger Jahren sorgte für ähnliche Aufrufe, Bildung und Gemeinschaftsinteressen zu fördern. Fernsehanstalten waren gesetzlich verpflichtet, öffentliche Durchsagen, Programme zu lokalen Angelegenheiten und Kinderprogramme zu senden. Auch mussten sie den Menschen und Gruppen in der Gemeinde jeweils die gleiche Sendezeit zur Verfügung stellen, damit sie ihre verschiedenen Ansichten zu Themen des Senders äußern konnten. Zusätzlich verlangte die Fairness Doctrine von jedem Sender, Programme zu kontroversen Themen zu senden und sicherzustellen, dass kontroverse Meinungen ausgewogen repräsentiert wurden. In den achtziger Jahren jedoch wurde die Fairness Doctrine durch die Deregulierungsleidenschaft, von der die Reagan-Administration getrieben war, weitgehend abgebaut. Wie einst beim Radio konnten kommerzielle Interessen jeden Versuch vereiteln, das Fernsehen zu einem Instrument der öffentlichen Bildung und Gemeinschaftsinteressen zu machen. Zwar versuchte das öffentlich-rechtliche Fernsehen diese Rolle zu erfüllen, doch es musste ebenfalls Kompromisse schließen. Es sollte theoretisch werbefrei bleiben, doch dies ist in der Praxis ohne die Unterstützung von Sponsoren des privaten Sektors schwer. Es ist auf weiten Strecken dem Druck des Marktes erlegen und hat seine Unterhaltungsprogramme oft auf Kosten seiner auf allgemeine Bildung zielenden Inhalte in den Vordergrund gespielt.

Mit dem Aufkommen des Kabelfernsehens wurde die Frage des öffentlichen Zugangs nochmals virulent – dieses Mal stritt man in den Hallen des Kongresses, in professionellen und sozialen Organisationen. Viele lobten das neue Medium als ein machtvolles Instrument im Dienst der Gemeinschaft. Der Bericht der National Science Foundation zur Zukunft des Kabelfernsehens sah dessen Möglichkeiten äußerst positiv. Die Stiftung schreibt:

> Öffentlich zugängliche Kanäle können für einzelne Bürger und Gruppen offen gehalten werden. ... Kirchen, Pfadfinder, Minderheitengruppen, Oberschulklassen, Vertreter bestimmter Angelegenheiten – können ihre eigenen Programme machen und ausstrahlen. Mit öffentlichem Zugang kann das Kabel zu einem Medium für lokale Aktionen werden und muss nicht nur vorverpackte Programme für ein passives Massenpublikum verteilen.[62]

Die NSF erwartete, das Kabelfernsehen werde eine breite erzieherische Mission erfüllen und auch »Anleitungen für Privatpersonen und in Institutionen aktive Menschen, Beiträge zur Vorschulerziehung, Oberschulkurse und Kurse für Schulabgänger zu Hause, Berufbildungs- und berufsbegleitende Schulungsprogramme und Programme mit Gemeindeinformationen« anbieten.[63] Obwohl man in den Kabelprogrammen hin und wieder Überbleibsel solcher an die Gemeinschaft gerichteten Sendungen findet, wird der Großteil der Programme im Wesentlichen kommerziell, also von der Werbung bestimmt.

Heute ist die Frage des Zugangs noch viel brisanter geworden. Die digitale Revolution führt alle wichtigen Formen technisch vermittelter Kommunikation – Stimme, Daten, Video – in einem integrierten Netz zusammen. Immer mehr persönliche und kommerzielle Kommunikation findet in elektronischen Netzwerken statt und macht diese unentbehrlich fürs Überleben in einer verkabelten Welt. Es geht nicht mehr nur um die Frage des Zugangs zu den Medien selbst, sondern vielmehr um den – medienvermittelten – Zugang zur Kultur. Unsere Möglichkeiten, uns mit anderen Menschen zu verbinden, Handel zu treiben, Interessengemeinschaften zu bilden und unserem Leben Bedeutung zu verleihen, hängen zunehmend von diesen machtvollen neuen elektronischen Kommunikationsmitteln ab. Selbst wenn der Cyberspace kein Ort im traditionellen Sinne sein mag, er ist eine soziale Arena, in der Millionen von Menschen mit anderen in einen Diskurs treten. Ein großer Teil des kulturellen und öffentlichen Lebens wird zukünftig in elektronischen Welten stattfinden. Die Frage des Zugangs wird im kommenden Zeitalter zur wichtigsten überhaupt.

KAPITEL 12

EINE NEUE BALANCE ZWISCHEN KULTUR UND KAPITALISMUS

Die mit dem Zugang zum Cyberspace zusammenhängenden Fragen wurden durchaus und auch detailliert analysiert. So wurde danach gefragt, wer sich die Hard- und Software leisten kann, wem welche Dienstleistungen verfügbar sind oder wie es um die Computerkenntnisse, das First Amendment der amerikanischen Verfassung, um Datenschutz und Kontrolle der Datenflüsse bestellt ist. Diese Fragen sind wichtig, aber doch eher oberflächlich. Hinter diesen eher technischen Fragen stehen ungelöst grundlegendere Probleme – dabei geht es um Kernfragen der Zivilisation, die wir für das 21. Jahrhundert aufbauen.

Wie soll man sich das Leben in einer Welt vorstellen, in der Markttransaktionen durch komplexe kommerzielle Netzwerke ersetzt werden? In der Zugang an die Stelle des Eigentums tritt? In der immer größere Bereiche unseres ökonomischen und sozialen Lebens im Cyberspace stattfinden? In der die Kultur als letztes der sozialen Phänomene zur Ware wird? In der man für zwischenmenschliche Beziehungen in der Regel zahlen muss, in der Erlebnisse und gelebte Erfahrungen gekauft werden müssen? In der das autonome Selbst von multiplen Persönlichkeiten und einem theatralischen Bewusstsein abgelöst wird? In der die Gesellschaft als Theater und das Leben einer jeden Person als etwas betrachtet wird, das nach unzähligen Drehbüchern und Texten auf realen und virtuellen Bühnen inszeniert wird?

Das Zeitalter des Zugangs bringt nicht nur neue Mittel hervor, mit der die menschliche Existenz strukturiert wird, sondern auch neue Definitionen der *conditio humana*. Die für den Weg in das neue Zeitalter zentrale Frage ist, was genau wir mit »Zugang« meinen – die engere Vorstellung von Zugang zu Technik und Daten oder den Begriff in seinem weiteren, teleologischen Sinn. Das Zeitalter des Eigentums legt eine aufschlussreiche Analogie nahe. Zunächst ging es in den Diskussionen darüber, wie die gesellschaftlichen Beziehungen der Menschen strukturiert sein sollten, um rechtliche und ökonomische Fragen von Mein und Dein. Die tiefere philosophische Frage dagegen richtet sich auf Sinn und Zweck des Eigentums, auf seine Bedeutung für das Selbstverständnis des Menschen und seines Wesens, auf die Gesellschaft und ihr Funktionieren; die Antworten schufen einen übergeordneten Rahmen für eine neuzeitlich-philosophische Erklärung der menschlichen Existenz. Die Philosophen, die die Ära des Eigentums und des Tausches begleitet haben, haben dazu beigetragen, dieses Zeitalter zu definieren. Ganz ähnlich sind die neuen Kommunikationstechniken und die Netzwerke, die wir aus ihnen aufbauen, nicht wirklich das, zu dem wir eigentlich Zugang suchen, sondern nur die Portale zu neuen Visionen für unsere Reise in das kommende Zeitalter. Die sozialen, kulturellen und politischen Auswirkungen der Zugangsbeziehungen zu bestimmen, ist eine noch offene Aufgabe.

Eine neue alte Theorie des Eigentums

Es kann nicht überraschen, dass sich im Zuge der in diesem Buch beschriebenen Paradigmenwechsel auch die Theorien über Eigentumsbeziehungen ändern. Eine wachsende Zahl von Intellektuellen, Juristen und Wirtschaftsexperten rücken bei ihren Betrachtungen der neuen Realitäten einer vernetzten Wirtschaft und einer verkabelten Welt erneut die Eigentumsbeziehungen in ihr Blickfeld. Obwohl der Neoliberalismus, der die konventionelle Herrschaft des Privateigentums anstrebt, in den politischen Kreisen der USA und Englands – anders als in Kontinentaleuropa und Asien – weiterhin propagiert wird, weisen mittlerweile immer mehr Wissenschaftler darauf hin, zumindest in akademischen Kreisen, dass die hergebrachten Vorstellungen von Eigentum überholt sind. In der Literatur sind bereits Ansätze zu einer neuen Theorie der Zugangsbeziehungen wahrnehmbar, im öffentlichen Diskurs ist davon noch nichts zu spüren. Noch gibt es keine ausgearbeitete Theorie der Zugangsbeziehungen, doch die Diskussion ist weit fortgeschritten. Und es zeichnet sich ab, dass die gesellschaftlichen Beziehungen in den kommenden Jahrzehnten, wenn die globale Ökonomie den quantitativen Sprung von Märkten zu Netzwerken, von Geografie zum Cyberspace und von industriellem zu kulturellem Kapitalismus vollzogen hat, zu überdenken sein werden.

Am weitesten schaut Crawford MacPherson, Professor an der University of Toronto, voraus. Zwar hat er nicht alle der vielen spezifischen Veränderungen antizipiert, die sich gegenwärtig in der globalen Ökonomie abzeichnen, aber doch erkannt, dass sich die gesellschaftlichen Spielregeln mit den postindustriellen Techniken zu verändern beginnen. Damit hat er großen Weitblick bewiesen, immerhin entstanden seine Überlegungen Mitte der siebziger Jahre, in den allerersten Tagen einer technischen Revolution, deren Wucht und Auswirkung erst jetzt überall auf der Welt spürbar sind.

MacPhersons Ausgangspunkt ist die Feststellung, dass unser gegenwärtiger Begriff des Eigentums eine Erfindung des 17. und 18. Jahrhunderts ist. Das entscheidende Charakteristikum modernen Eigentums sieht er in dem Recht, andere auszuschließen. Dies sei uns so selbstverständlich geworden, dass wir uns gar nicht mehr vorstellen könnten, dass dies in früheren Geschichtsepochen anders gewesen sein könnte. Doch war Eigentum historisch auch als das Recht definiert, vom Gebrauch oder dem Genuss von bestimmten Dingen *nicht* ausgeschlossen werden zu können. Deshalb gab es eine zweite Kategorie des Eigentums, das öffentliche oder Gemeineigentum, das solche Dinge wie Parks, Straßen, Gemeindeland und Wasserwege umfasst hat. Jede Person hatte das verbriefte Recht, dieses öffentliche Eigentum zu nutzen. Niemand konnte davon ausgeschlossen werden. Beide Formen des Eigentums, privates und öffentliches, machten das Spektrum individueller Eigentumsrechte aus, über die jedes Gesellschaftsmitglied verfügte: Das erste garantiert jeder Person das Recht, anderen die Nutzung und die Vorteile von etwas zu verwehren, und das zweite garantiert jeder Person das Recht, nicht von der Nutzung und den Vorteilen von etwas ausgeschlossen zu werden.

Im Übergang zur Neuzeit, so MacPherson, rückte das Gemeineigentum »praktisch aus dem Blick«.[1] Die Regierungen hielten an der Vorstellung von kommunalem Besitz fest, auch hatten die meisten Menschen noch eine vage Idee von öffentlichem Eigentum. Der Gedanke jedoch, dass jedes Individuum in einem doppelten Eigentumssystem lebt – mit dem Recht der Inklusion wie dem der Exklusion – ging mehr oder weniger verloren. Der Siegeszug von Marktwirtschaft und Industriekapitalismus katapultierte die exklusive Form des Eigentum an die Spitze aller wirtschaftlichen und gesellschaftlichen Beziehungen.

Ein individuelles Recht, andere von Nutzen oder Vorteilen von etwas auszuschließen, so die These von MacPherson, ist nicht länger geeignet, die Bedingungen zu definieren, nach denen die wirtschaftlichen Beziehungen zwischen Menschen strukturiert werden sollen. In einer komplexen Welt mit vielfältigen und wechselseitigen Abhängigkeiten gewinnt die inklusive Form des Eigentums zentrale Bedeutung – das »persönliche Recht, nicht von Gebrauch oder Vorteilen der akkumulierten produktiven Ressourcen der ganzen Gesellschaft ausgeschlossen zu werden«.[2] MacPherson plädiert dafür, auf die ältere Definition des Eigentum zurückzugreifen, die vor dem industriellen Kapitalismus galt. Der Begriff des Eigentum müsse um das »Recht, nicht vom Zugang ausgeschlossen zu werden«, erweitert werden.[3]

Das inklusive Recht hat mit der Entstehung der Bürgerrechts-, Frauen- und Umweltbewegungen an Bedeutung gewonnen. Schwarze Amerikaner kämpften in den sechziger Jahren im Süden der USA um ihr Recht, im Wirtshaus an der Theke zu sitzen. Die Besitzer argumentierten, ihre Geschäfte seien Privateigentum, deshalb hätten sie das Recht, jedem beliebigen Menschen den Zutritt zu verweigern. Der Civil Rights Act und auf ihm aufbauende Statuten setzten das Prinzip fest, dass das Recht der schwarzen Amerikaner, nicht vom Zugang ausgeschlossen zu werden, fundamentaler sei als das Recht des Eigentümers auf Ausschluss. Feministinnen prozessierten in den siebziger und achtziger Jahren gegen exklusive Männervereine und argumentierten, wenn ihnen das Zugangsrecht zu solchen Gruppen verwehrt würde, seien sie ausgeschlossen von sozialen Interaktionen: Diese aber seien entscheidend dafür, im beruflichen Konkurrenzkampf mithalten zu können. Auch sie konnten sich schließlich vor Gericht durchsetzen. Ganz ähnlich, so MacPherson, werde auch das Recht auf saubere Luft und eine gesunde Umwelt »als ein Eigentum betrachtet werden, von dem niemand ausgeschlossen werden darf«.[4]

MacPherson verweist darauf, dass in einer Welt des Mangels Eigentum stets ein Mittel zur Strukturierung menschlicher Beziehungen gewesen sei. Eigentumsbeziehungen begründeten legale Mittel, mit denen man sich das Recht auf materiellen Gewinn gegen Mitbewerber sichern konnte. Wenn aber für das obere Fünftel der Weltbevölkerung der materielle Mangel überwunden ist, müsse Eigentum wieder zu »einem Recht auf *immateriellen* Gewinn werden, auf Gewinn an Genuss und Lebensqualität«.[5] Solch ein Gewinn könne »nur als Recht der Partizipation an einer befriedigenden Menge von sozialen Beziehungen betrachtet werden«.[6] Ironischerweise stünde diese Idee den traditionellen Vorstellungen von Eigentum, die vor dem 17. Jahrhundert gehegt wurden, näher als aktuellen. Eigentum, und damit verweist MacPherson auf die politischen Schriftsteller jener Zeit, beinhalte nicht nur die Rechte des Menschen »auf materielle Dinge und Gewinne, sondern auch die Rechte an seinem Leben, seiner Person, seinen Fähigkeiten, seiner Freiheit, seiner Gattenliebe, seiner Ehre und so weiter; materielles Eigentum konnte niedriger als manches andere bewertet werden, wie es insbesondere Hobbes ausgeführt hat.«[7]

In einer reichen Gesellschaft verliert das Eigentum – als Recht, andere auszuschließen – an Bedeutung. Wenn genügend materielle Güter im Umlauf sind, um die materiellen Bedürfnisse und Wünsche zu befriedigen, dann macht es praktisch keinen Sinn mehr, materielle Beziehungen nach dem Muster des Ausschlusses anderer zu strukturieren. In einer Gesellschaft, die den materiellen Mangel überwunden hat, bekommen immaterielle Werte Priorität: Die Suche nach Selbsterfüllung und persönlicher Veränderung wird zum wichtigsten Ziel. In einer solchen Gesellschaft wird das Recht, nicht aus einem »vollen Leben« ausgeschlossen zu sein, zum wichtigsten Eigentumswert, über den eine Person verfügen kann. Darum, so schließt MacPherson, muss Eigentum »zum Recht werden, an einem System der Machtbeziehungen zu partizipieren, die es dem Individuum ermöglichen, ein erfülltes Leben zu führen«.[8]

Im neuen System also wird Zugang zum gesamten System sozialer Beziehungen, die dem Leben Qualität verleihen, zum Prüfstein dafür, wie gerecht die Handlungsmöglichkeiten der Menschen organisiert sind. Natürlich dürfen wir nicht vergessen, dass 80 Prozent der Weltbevölkerung noch immer darum kämpft, sich materiell durch Eigentum zu sichern. In einer Welt, in der Reichtum für alle zumindest vorstellbar ist, ist die Idee, dass jeder Mensch ein Recht darauf hat, nicht von sämtlichen Ressourcen und menschlichen Aktivitäten ausgeschlossen zu werden, die ein erfülltes Leben ermöglichen, immer noch eine mächtige soziale Vision. Dieser Vision steht jedoch die ernüchternde Beobachtung entgegen, dass wir wegen vieler ungelöster Probleme von dieser neuen Stufe menschlicher Entwicklung noch weit entfernt sind. Eine stetig wachsende Weltbevölkerung, die die natürlichen Ressourcen vermindert, der Verlust der Artenvielfalt und zunehmende, von Menschen verursachte Umweltverschmutzung bedrohen die Biosphäre, die unser gesamtes Leben erhält. Bis diese Probleme gelöst werden können, wird jede Diskussion über jene gesellschaftliche Vision, die auf materiellem Reichtum und persönlicher Transformation beruht, für die meisten Menschen eher um Utopien als um wirkliche Verhältnisse geführt.

Gleichwohl wird das Recht, nicht ausgeschlossen zu werden – das Recht auf Zugang –, in einer Welt, die zunehmend aus elektronisch vermittelten kommerziellen und gesellschaftlichen Netzwerken aufgebaut wird, praktisch immer bedeutsamer. Wenn die alltägliche Kommunikation der Menschen und ebenso ein großer Teil gelebter Erfahrungen immer mehr in den virtuellen Welten des Cyberspace stattfinden, dann rücken Fragen des Zugangs in den Mittelpunkt.

Sogar unsere zentralen Vorstellungen von persönlicher Freiheit und unser Verhältnis zum Staat verändern sich in dieser neuen Ära unwiderruflich. Solange exklusive Eigentumsrechte das herrschende und strukturierende Paradigma für die Organisation menschlichen Handelns waren, wurde Freiheit mit Autonomie gleichgesetzt und Autonomie mit Eigentum. Frei zu sein, bedeutete, nicht abhängig zu sein von anderen oder ihnen gegenüber auch nicht verpflichtet. Voraussetzung dieser Autonomie war das Eigentum. Je mehr Dinge eine Person als Eigentum reklamieren und nutzen konnte, desto autonomer und unabhängiger konnte sie sich verhalten. Die Rolle des Staates war im Grunde auf eine Funktion eingeschränkt: Er sollte vor allem das Privateigentum nach innen und außen schützen und damit die individuelle Freiheit des Einzelnen garantieren.

In einer Wirtschaft der Netzwerke mit Anbietern und Nutzern, in der eingebettete Beziehungen das axiale Prinzip sind, nach dem das Handeln strukturiert wird, wird Freiheit etwas ganz anderes bedeuten. Nicht mehr Autonomie und Eigentum, sondern Inklusion und Zugang werden zu Prüfsteinen für das Maß der persönlichen Freiheit. Diese zeigt sich in den Möglichkeiten eines Menschen, Beziehungen aufzubauen, Allianzen zu schließen und an Netzwerken gemeinsamer Interessen teilzunehmen. Verbunden zu sein, macht frei. Autonomie, einst gleichgesetzt mit persönlicher

Freiheit, schlägt in ihr Gegenteil um. Wer in der vernetzten Welt »autonom« ist, ist isoliert und nicht verbunden. Das Recht, nicht ausgeschlossen zu werden, das Recht auf Zugang also, muss zu der Grundlage werden, an der persönliche Freiheit zu messen ist. Die Rolle des Staates in diesem neuen System wird es sein, das Recht jeder Person auf Zugang zu den vielen Netzwerken zu schützen, in denen Menschen kommunizieren, interagieren, Geschäfte machen und Kultur schaffen – im geografischen Raum ebenso wie im Cyberspace. Ob Staaten und Regierungen tatsächlich die Kraft haben, in einer zunehmend verkabelten und globalen Wirtschaft das Recht auf Zugang zu sichern, ist jedoch mehr als zweifelhaft.

Zwei Arten des Zugangs

Die Frage des Zugangs wird immer bedeutender. In den emphatischen Diskussionen über die digitale Revolution, die vernetzte globale Wirtschaft und den Cyberspace findet sich oft die implizite Annahme, der einzige Zugang von wirklichem Wert sei derjenige, der durch die kommerziellen Portale zur kommerziellen Sphäre führt. Wir vergessen leicht, dass ein großer Teil dessen, was wir uns durch Kauf zugänglich machen, noch vor kurzer Zeit frei verfügbare kulturelle Güter gewesen sind. Unterdessen beginnen wir tatsächlich unsere eigenen gelebten Erfahrungen zu kaufen, mit allem Drum und Dran, das sie begleitet. Unser Alltagsleben wird unausweichlich vom kommerziellen Leben aufgesogen. Das hat nachhaltige Folgen für die Zukunft der menschlichen Zivilisation.

Insofern haben wir weiterhin grundlegende Probleme zu lösen, die mit der Transformation zu einer postmodernen Gesellschaft entstehen. Sind zum Beispiel kommerzielle Beziehungen ein angemessener Ersatz für kulturelle Beziehungen? Sind Phrasen wie »Kundennähe« und »simulierte Realitäten« Oxymora? Welche kollektive Auswirkungen hat es, wenn die kulturelle Sphäre in die kommerzielle hineingezogen wird? Wenn menschliches Leben weniger ideologisch, vielmehr dramatisch ist, weniger an große Erzählungen und Kosmologien gebunden und vielmehr der Ausdruck von Milliarden individuell inszenierter Dramen, die in kommerziellen Netzwerken und im Cyberspace geschrieben und aufgeführt werden – was folgt daraus für die geistige und seelische Verfassung der Menschen? Gibt es irgendwelche Überlegungen im Hinblick auf einen Sinn des menschlichen Lebens, oder bleibt uns nichts anderes als die unzähligen kommerziellen Angebote, die von einem gelegentlich geflüsterten »It's show time« unterbrochen werden?

Wenn es im neuen Zeitalter einen echten Schwachpunkt gibt, dann ist dies das Missverständnis, kommerziell geregelte Beziehungen und elektronisch vermittelte Netzwerke könnten traditionelle Beziehungen und Gemeinschaften ersetzen. Diese Unterstellung ist zutiefst falsch. Die beiden Weisen, menschliches Handeln zu organisieren, beziehen sich auf zwei sehr unterschiedlichen Sets von Annahmen und Werten, die sie eher unvereinbar als analog machen. Traditionelle Beziehungen entstehen aus Verhältnissen wie Verwandtschaft, Ethnizität, Geografie und gemeinsamen Visionen. Zusammengehalten werden sie durch Vorstellungen reziproker Verpflichtungen und Visionen gemeinsamer Bestimmungen. Sie werden von Gemeinschaften aufrechterhalten. Deren Aufgabe ist es, die Bedeutungen, die die gemeinsame Kultur ausmachen, ständig zu reproduzieren und abzusichern. Hier gelten die Beziehungen und die Gemeinschaften als höchste Ziele.

Warenförmige Beziehungen sind dagegen von Natur aus instrumentell. Das einzige, was die Partner zusammenhält, ist der vereinbarte Transaktionspreis. Die Beziehungen sind eher vertraglich begründet als von Natur aus reziprok. Sie werden durch Netzwerke gemeinsamer Interessen so lange aufrecht erhalten, wie die beteiligten Parteien ihre vertraglichen Verpflichtungen erfüllen.

Es gibt einen entscheidenden Unterschied zwischen einem Gesellschaftsvertrag und Geschäftsverträgen. Der erste hat eine zeitlich langfristige Perspektive und beruht auf der einen Seite auf Gewohnheit, am anderen Ende auf Erfüllung. Soziale Verträge wurzeln in der Überzeugung, den Vorfahren, noch nicht geborenen Nachkommen, der Erde und ihren Kreaturen und etwa einem gütigen Gott verpflichtet zu sein. Die Mitgliedschaft in traditionellen Gemeinschaften bedeutet Einschränkungen für individuelles Handeln. Verpflichtungen anderen gegenüber haben den Vorrang vor persönlichen Launen, und Sicherheit gewinnt der Einzelne dadurch, dass er in einen größeren sozialen Organismus eingebettet ist.

Kommerzielle Verträge dagegen sind im Allgemeinen von kurzer Dauer. Sie beruhen weder auf Geschichte noch auf Traditionen, sondern allein auf Leistung und Ergebnis. Die Verpflichtungen zwischen den Parteien sind explizit, im Allgemeinen quantifizierbar und in vertraglichen Regelungen festgeschrieben.

Nur Teile der eigenen Person gehen finanzielle Beziehungen ein. Der Rest bleibt frei von jeglichen zusätzlichen Verpflichtungen und Beschränkungen. Sicherheit erwächst daraus, dass vielfältige Optionen ausgenützt werden und dass man in der Lage ist, Beziehungen schnell und ohne große Umstände einzugehen und wieder zu lösen. Kommerzielle Netzwerke, in denen sich warenförmige Beziehungen realisieren, sollen den Interessen des Klienten und Kunden dienen, wogegen die Mitglieder traditioneller Gemeinschaften vor allem den Interessen der ganzen Gruppe dienen sollen.

Warenförmige Beziehungen sind so aufgebaut, dass sie eine Distanz zwischen den Beteiligten aufrechterhalten. Von vornherein ist klar, dass die Beziehung auf nichts anderem als auf dem Austausch von Geld basiert. Welche gemeinsame Erfahrung die Parteien im Verlauf ihrer Beziehung auch immer machen, sie können, um effektiv zu sein, nur oberflächlich, zweckdienlich und kurzfristig sein. Damit dieser Prozess funktioniert, muss man an ihn glauben: Dies ist das Modell der Simulation oder simulierter Erfahrung. Wenn ein Anbieter zum Beispiel mit einem Klienten Nettigkeiten austauscht, ihn unterhält, sich für sein Wohlergehen interessiert, ihm Hilfe bei Problemen anbietet und ihn in seinen Zielen unterstützt, wissen beide Seiten, dass die damit geknüpfte Beziehung vorgetäuscht ist. Zumindest ein Gutteil der zwischen den Beteiligten fließenden Gefühle ist gespielt. Sie werden nicht frei als ein Geschenk gegeben, sondern kommerziell – als *Dienst*leistung – erbeten und im Voraus bezahlt.

Die entscheidende Frage ist also, wozu genau wir Zugang suchen. Weil der Markt und nun der Cyberspace immer weitere Bereiche der gemeinsamen Kultur durch kulturelle Produktionen und Kulturwaren kolonisieren, bleiben immer weniger Zeit und Raum für den Ausdruck traditioneller Beziehungen und die Pflege konventioneller Gemeinschaften. Zwar gibt es – ökonomisch und geistig – viel zu gewinnen, wenn menschliches Handeln in Netzwerken organisiert wird und sich die Menschen im Cyberspace aufeinander einlassen. Aber wir haben auch allerhand zu verlieren, wenn fast der gesamte Bereich menschlichen Handelns in die kommerzielle Sphäre wandert. Wenn es dazu kommt, wird Zugang tatsächlich nur noch sehr eng, nämlich als Aufnahme in die kommerzielle Sphäre, definiert werden. Damit aber würde das Ziel der Selbsterfüllung, das sich die Postmoderne doch gerade auf ihre Fahnen geschrieben hat, gefährdet, wahrscheinlich unwiderruflich. Um zu verstehen, warum das so ist, müssen wir die sehr verschiedenen Funktionen betrachten, die Gemeinschaften und Märkte haben, und auch die historische Beziehungen, die die eine Sphäre mit der anderen verbinden.

Zunächst gehen, wie in Kapitel 1 kurz dargestellt, soziale Gemeinschaften – das heißt das kulturelle Leben – dem Handel voraus. Im Verlauf der Geschichte haben Menschen immer zuerst soziale Gemeinschaften aufgebaut. Sie entwickeln Regeln für den gesellschaftlichen Austausch, betten ihre Mitglieder in komplexe reziproke Beziehungen ein und bauen Vertrauen in die Gemeinschaft auf. Nur wenn diese Beziehungen und das Vertrauen, das aus ihnen hervorgeht, gefestigt sind, können Gemeinschaften beginnen, auch kommerziell zu handeln und Märkte für den Austausch schaffen. Das ist so, weil Märkte, so wie sie funktionieren, das grundsätzlich gegebene Vertrauen verringern. Das alte Sprichwort *caveat emptor* ist heute noch genauso wahr wie zu Zeiten der römischen Märkte vor mehr als 2000 Jahren. Der entscheidende Punkt also ist der, dass Märkte eher sekundäre als primäre Institutionen sind. Sie sind im Wesentlichen abgeleitet und existieren nur so lange, wie es genug soziales Vertrauen gibt, um die Handelsbedingungen abzusichern.

Westeuropäische und amerikanische Unternehmen haben diese Lektion nach dem Fall des sowjetischen Imperiums deutlich zu spüren bekommen. Unternehmen drängten nach Mittel- und Osteuropa, um Geschäfte zu eröffnen, und wollten den Handel im ehemaligen kommunistischen Territorium aufbauen. Viele der Unternehmen scheiterten, weil es nicht genug soziales Vertauen – von manchen auch »soziales Kapital« genannt – gab, um die Geschäftsbeziehungen abzusichern. Die Kommunisten hatten den dritten Sektor größtenteils abgeschafft: genau die kulturellen Institutionen, die soziales Vertrauen schaffen und funktionierende Märkte ermöglichen. Die Folge war, dass Geschäftsvereinbarungen schwierig und manchmal sogar überhaupt nicht abzuschließen waren, und Geschäftsverträge ließen sich häufig nicht erfüllen.

Jedes Land konzentriert einen großen Teil seiner öffentlichen Politik auf den ersten Sektor – den Markt – und auf den zweiten – Staat und Regierung. Der dritte Sektor – Kultur und kulturelles Leben – wird häufig als gegeben betrachtet, wobei man übersieht, welche entscheidende Rolle er spielt, wenn es darum geht, soziales Vertrauen aufzubauen und Märkte und Handel zu ermöglichen. Die kulturellen Institutionen einer Gesellschaft – ihre Kirchen, ihre säkularen Institutionen, Bürgervereinigungen, Verbände, Sportvereine, Künstlergruppen und Nichtregierungs-Organisationen – sie alle sorgen für soziales Vertrauen. Weil sie existieren, sind Märkte möglich. In Gemeinschaften und Ländern mit einem starken, gut entwickelten dritten Sektor blühen kapitalistische Märkte. Wo der dritte Sektor schwach ist, sind kapitalistische Märkte im Allgemeinen wenig erfolgreich. Würde der dritte Sektor in den Vereinigten

Staaten zum Beispiel über Nacht verschwinden, würde der kapitalistische Markt wahrscheinlich keine zwei Wochen überleben, ebenso wenig wie Staat und Regierung. Auch wenn Neoliberale und Neokonservative und die meisten Libertären weiterhin glauben, dass gesunde Ökonomien lebendige Gemeinschaften schaffen, ist oft das Gegenteil der Fall. Eine starke Gemeinschaft ist die Vorbedingung für eine gesunde Wirtschaft, weil sie allein soziales Vertrauen schafft.

In den Vereinigten Staaten gibt es über 1,14 Millionen Nonprofit-Organisationen im dritten Sektor, die Einkünfte von 621 Milliarden US-Dollar jährlich erwirtschaften. Fast 7 Prozent der amerikanischen Arbeitskräfte sind heute im dritten Sektor beschäftigt. Außerdem leisteten im Jahr 1995 93 Millionen Amerikaner durchschnittlich 4,2 Stunden pro Woche freiwilliger Arbeit im dritten Sektor. Der Wert dieser ehrenamtlich investierten Zeit wird auf 201 Milliarden Dollar geschätzt. In Deutschland sind 25 Millionen Menschen ehrenamtlich tätig, also fast jeder Dritte. Im Durchschnitt wenden sie monatlich 20 Stunden für ihre unbezahlte Tätigkeit auf.[9]

Der dritte Sektor ist in den Vereinigten Staaten gut entwickelt und auch in anderen Ländern der Erde eine beeindruckende Kraft. In einer Studie, die das Center for Civil Society Studies an der John Hopkins University 1998 in 22 Ländern durchgeführt hat, war der dritte Sektor ein Wirtschaftszweig mit einem Volumen von 1,1 Billionen Dollar und mehr als 19 Millionen Vollzeitbeschäftigten. Ausgaben im Nonprofit-Bereich betrugen in diesen 22 Ländern durchschnittlich 4,6 Prozent des Bruttoinlandsprodukts, und es arbeiteten dort 10 Prozent aller Beschäftigten des Dienstleistungsbereichs. Wäre der dritte Sektor in diesen 22 Ländern eine eigene Volkswirtschaft, wäre sie das achtgrößte Land der Erde.[10]

Die Organisationen im dritten Sektor dienen in Nachbarschaften und Gemeinschaften weltweit Millionen von Menschen. Sie tragen wesentlich dazu bei, lokale Kulturen in ihren verschiedenen Dimensionen zu bewahren und auszubauen. Die Reichweite und die Breite ihrer Aktivitäten überschreiten oft die des jeweiligen Staates und des kommerziellen Sektors. Sie erfüllen die meisten der Funktionen, die für den Erhalt demokratischer Gesellschaften notwendig und wichtig sind. Sie sind die Blitzableiter für gefährlichen institutionellen Machtmissbrauch und für Äußerungen gesellschaftlicher Unzufriedenheit. Sie sind die helfende Hand für ankommende Immigranten und die Armen eines Landes. Nonprofit-Organisationen bewahren mit ihren Museen und Bibliotheken die Geschichte und die kulturellen Traditionen eines Volkes. Sie sind die Institutionen, in denen Menschen erleben und lernen, wie bürgerliche Werte gelebt und demokratische Fähigkeiten angewandt werden. Die religiösen und therapeutischen Organisationen des dritten Sektors bieten eine Zuflucht, in der Menschen die spirituellen Dimensionen ihres Lebens erkunden können, unabhängig von den Zwängen des Marktes und des Staates. Ebenso wichtig ist der dritte Sektor dort, wo Menschen sich erholen und spielen, nach Begleitung suchen, Freundschaften schließen und die Freuden des Lebens und der Natur genießen. Kurz, der dritte Sektor ist der Bereich, in dem Menschen die gemeinsamen Werte, nach denen sie leben möchten, schaffen und erhalten; er ist das Spielfeld, auf dem die Kultur mit all ihrem Reichtum aufrechterhalten wird.

Interessanterweise beginnen international führende Institutionen wie die Weltbank erst jetzt, das Verhältnis zwischen Kultur und Kommerz zu verstehen. Jahrzehnte hindurch haben diese Institutionen kostspielige Projekte zur ökonomischen Entwicklung in Entwicklungsländern finanziert: in dem Glauben, dass sie die gesellschaftliche Entwicklung stärken könnten, indem sie eine starke Wirtschaft aufbauen. Nach Jahren nur bedingter Erfolge und vieler gescheiterter Versuche haben sie nun ihre Prioritäten verschoben; nun werden zuerst soziale Entwicklungsprojekte finanziert. Man hat erkannt, dass starke Gemeinschaften – eine widerstandsfähige Kultur – die Vorbedingung für wirtschaftliche Entwicklung ist und nicht deren Folge und Ergebnis.

Wenn das kapitalistische System weiterhin große Bereiche der

Kultur in seine Sphäre saugt, indem sie aus diesen warenartige Produkte, Produktionsweisen und Erfahrungen macht, besteht die Gefahr, dass das kulturelle Leben soweit verkümmert, dass es nicht mehr genug soziales Kapital hervorbringen und somit auch das wirtschaftliche Leben nicht mehr stützen kann. Die empfindliche Balance zwischen Kultur und Kommerz wird erschüttert, weil der Zustrom dieses Kapitals, das ausschließlich aus dem kulturellen Leben entsteht, aber als das »Schmiermittel« für kommerzielle Operationen dienen muss, versiegen wird.

Die Kultur ist der Nährboden für noch einen zweiten Wert, ohne den die menschliche Zivilisation nicht funktionieren kann. Dazu Robert Jay Lifton: »Wir sichern unsere Gemeinschaftlichkeit durch unsere Fähigkeit zur Empathie, zum Hineindenken und Hineinfühlen in das Denken der anderen.«[11] Empathie ist das Gefühl, auf dem soziales Vertrauen aufbaut. Sie erfordert, dass »jemand die Menschlichkeit des anderen in die eigene Vorstellung aufnimmt«.[12] Sie gehört zu den tiefsten menschlichen Gefühlen, und in ihr wurzeln die Bande der Intimität und Zivilität. Um empathisch sein zu können, muss man die Grenzen des Selbst überschreiten, emotional im Sein des anderen wohnen und dessen Gefühle wahrnehmen, als wären es die eigenen. Wenn wir uns in jemand anderen hineinfühlen, erfahren wir unsere gemeinsamen Hoffnungen und Leiden. Empathie ist das Gefühl, durch das wir etwas über den anderen erfahren und füreinander da sind.

Empathie entsteht in der Realzeit und in unmittelbarer Nähe zu anderen. Je weiter man von der gelebten Erfahrung eines anderen Menschen entfernt ist, desto weniger wird man sich in sie hineinversetzen können. Man kann sich zum Beispiel den Horror der Massaker im Kosovo im Fernsehen ansehen oder einer Familie in Somalia beim Verhungern zuschauen und davon berührt sein. Das reicht aber nicht aus, um eine wirklich empathische Erfahrung zu machen. Wäre man vor Ort, dann wäre die Reaktion eine ganz andere: Die Situation der Menschen würde plötzlich unausweichlich real, und man könnte sich in deren Elend hineinversetzen.

Was aber geschieht mit dem Gefühl der Empathie, wenn immer mehr gelebte Erfahrungen – besonders der Jugend – in die simulierten Welten des Cyberspace wandern, wo sie zunehmend als Kulturwaren gehandelt werden? Wie wahrscheinlich ist es, dass die Mitglieder einer Generation, die vor dem Bildschirm oder in virtuellen Welten aufwächst – deren Kommunikation mit anderen von dicken Schichten der Technik und der Symbole vermittelt wird –, sich ausreichend in andere Menschen oder Geschöpfe hineinversetzen können? Kann es in simulierten Welten überhaupt Empathie geben?

Man darf nicht übersehen, dass die gelebte Erfahrung zur Ware wurde und dass sie, je weiter sie in die kommerzielle Sphäre gedrängt wird, für den Aufbau empathischer Beziehungen keinen Raum mehr bietet. Eine Beziehung zwischen Kunde und Anbieter ist stets instrumentell, aber selten empathisch. Wenn wir unsere gelebten Erfahrungen kaufen, investieren wir etwas und erwarten eine »Rendite«. In warenförmigen Beziehungen sind die Personen der Gegenseite vor allem dazu da, uns im Gegenzug zu unserer Zahlung zu »dienen« und eine angemessene Kompensation zu »leisten« – das ist wohl kaum der geeignete Nährboden für Empathie.

Eine Reihe von Psychologen und Soziologen sorgen sich zunehmend darum, dass der Generation, die in simulierten Welten aufwächst und die damit vertraut ist, sich Zugang zu Kulturwaren und gelebten Erfahrungen zu kaufen, die ausreichende emotionale Erfahrung fehlt, um sich in andere hineinzuversetzen. Was für sie von Bedeutung ist, lebt in dem, was Psychologen und Soziologen bei den Mitgliedern der Dot-com-Generation als wachsende Fragmentierung des individuellen Bewusstseins – und entsprechend multiple Persönlichkeit – beobachten, ein Phänomen, das ausführlich in Kapitel 10 diskutiert wurde. Selbst Lifton, der das neue proteische Bewusstsein begrüßt und als notwendige Voraussetzung dafür betrachtet, dass Menschen mit den Komplexitäten und fließenden Realitäten der postmodernen Welt fertig werden können, warnt vor den möglicherweise alles lähmenden Folgen für das menschliche Verhalten: Eine Generation, die nicht mit anderen mitfühlen kann, kann auch kein soziales Vertrauen aufbauen. Ohne dieses jedoch lässt sich kein kultureller Zusammenhang aufrechterhalten.

Der Preis, den wir dafür zahlen, dass kulturelle Erfahrungen zu Waren gemacht und vermarktet werden, ist wahrscheinlich sehr hoch. Wenn die Kultur verkümmert, was wird dann aus dem sozialen Vertrauen und der Empathie, ihren beiden grundlegenden Erzeugnissen? Wenn wir, um uns Zugang zu einer Wirtschaft der Netzwerke und zum Cyberspace zu sichern, den Zugang zu sozialem Kapital verlieren – was hätte die Menschheit am Ende gewonnen? Direkt gefragt: Wie lassen sich Kommerz und Handel überhaupt aufrechterhalten, wenn es kein soziales Vertrauen und keine Empathie mehr gibt?

Die kommerzielle Sphäre bietet etwas an, was sie letztlich gar nicht liefern kann: Zugang zu einem Leben in tiefer Verbundenheit und mit Möglichkeiten individueller Entwicklung. Die Wirtschaft kann viele wertvolle Dinge anbieten: materiellen Wohlstand, leibliches Wohl, bestimmte Formen des Wissens, Unterhaltung und Vergnügen, die alle unerlässlich für ein erfülltes Leben sind. Was die kommerzielle Sphäre jedoch weitaus weniger kann, ist das Entscheidende, nämlich soziales Vertrauen und Empathie, zu schaffen: die Werte und Gefühle, aus denen unsere Kultur besteht und mit denen wir uns als Menschen bilden. So lange die Geschäftswelt versucht, Zugang zu den Fragmenten der menschlichen Kultur und zu gelebten Erfahrungen in Form von Bricolagen und Persiflagen zu verkaufen, läuft sie Gefahr, die Quelle zu vergiften, aus der wir diese wesentlichsten menschlichen Werte und Gefühle schöpfen.

Die Wiederbelebung der Kultur

Hat die neueste Stufe des Kapitalismus Erfolg, dann könnte darin auch der Keim seiner Zerstörung liegen. Wären die Kräfte des

Kommerzes, indem sie das nahezu gesamte menschliche Handeln zu warenartiger Erfahrung machen, in der Lage, das zu dekonstruieren, neu zu bearbeiten, in eigener Regie zu verpacken und zu verkaufen, was von der kulturellen Sphäre übriggeblieben ist, so wäre deren Triumph aus all den oben genannten Gründen kurzfristig. Märkte und Netzwerke haben aus sich heraus keinen Bestand. Sie sind, um dies noch einmal zu betonen, abgeleitete Institutionen, deren Funktionieren von der vorgängigen Existenz gefestigter sozialer Gemeinschaften abhängt, die in sozialem Vertrauen wurzeln und durch ein bestimmtes Maß an Empathie möglich werden.

Die Wirtschaft ist noch in einem anderen Sinn eine abgeleitete Institution. Kulturelle Produktionen sind stets der kulturellen Sphäre entliehen. Sie haben ihren Ursprung niemals in der kommerziellen Sphäre; sie sind vielmehr von den »Rohmaterialien« der kulturellen Sphäre abhängig, so wie die industrielle Produktion die natürlichen Ressourcen als notwendige Voraussetzungen hat. Beide Produktionsformen eignen sich etwas an. Das kulturelle Leben kann wie die Natur bis zur Erschöpfung ausgebeutet werden. Wird sie jedoch übermäßig ausgebeutet und verschwendet, droht der Markt die Henne zu verlieren, die ihm die goldenen Eier legt. Mit der kulturellen Diversität verhält es sich nicht anders als mit der Artenvielfalt. Wenn die reiche Vielfalt kultureller Erfahrungen überall auf der Welt im Interesse kurzfristiger Gewinne in der kommerziellen Sphäre geplündert wird, ohne dass sie Zeit bekommt, sich zu erneuern und wieder aufzufüllen, dann verliert die Wirtschaft das große Reservoir menschlicher Erfahrungen, die den Stoff der kulturellen Produktionen darstellen.

Das lässt sich am neuen Genre der Weltmusik illustrieren. Heute kontrollieren sechs transnationale Konzerne über 80 Prozent der Musikindustrie mit einem Gesamtwert von 40 Milliarden US-Dollar: Sony (Japan), Polygram (Niederlande), Warner (Vereinigte Staaten), BMG (Deutschland), Thorm-EMI (Vereinigtes Königreich) und MCA (Japan).[13] Stets auf der Suche nach neuen Sounds, haben die Musikfirmen damit begonnen, indigene Musikformen zu durchforsten, die dann durch elektronische Verstärkung und Synthesizer aktualisiert werden. Oft wird Originalmusik mit anderer, moderner Musik kombiniert, um das zu erzeugen, was die Branche »Fusion« oder »hybride Musik« nennt. Weltmusik hat in den letzten zehn Jahren stetig Marktanteile erobert. Die großen Läden in den Vereinigten Staaten wie Borders Books and Music haben immer 300 bis 400 Titel vorrätig. Die Gypsy Kings, Ricky Martin aus Puerto Rico, Nusrat Fetah Ali Khan aus Pakistan, Ravi Shankar, die kapverdische Sängerin Cesaria Evora und unzählige andere veröffentlichen ständig populäre CDs mit ihrer eklektizistischen Mischung aus originaler und moderner Musik. 1997 und 1998 wurde durch die Soundtracks von Riverdance und Lord of the Dance keltische Musik populär. Auch kubanische Salsa, Zouk von den französischen Antillen, Rembetiko aus Griechenland, Raï aus Algerien und Qawwali aus Indien gehören zu den vielen, populär gewordenen Varianten der Weltmusik.

In seiner ursprünglichen Gestalt ist ein Großteil dieser Musik eine Form von kulturellem Kapital – ein Medium, mit dem gemeinsame Werte und das historische Erbe eines Volkes kommuniziert werden. Indigene Musik drückt oft das Elend und die Lebensumstände einer Gruppe aus oder handelt von ihren spirituellen Sehnsüchten und politischen Zielen. In dieser Funktion ist Musik ein starkes Beförderungsmittel für soziale Bedeutungen. Sie mobilisiert tiefe Gefühle. Wird sie jedoch aus ihrem Zusammenhang gerissen, verpackt zur Ware gemacht und als Weltmusik verkauft, wird die zentrale Botschaft verwässert oder geht ganz verloren. So haben Kritiker zum Beispiel dargestellt, dass Salsa, eine Musikrichtung, die in den verarmten städtischen Vierteln in Kuba und Puerto Rico entstanden ist und ursprünglich die harten Alltagsrealitäten in den Barrios und die Solidarität der Latinos vermittelte, abgemildert und sentimentalisiert wurde, um sie für das Publikum in der ersten Welt unterhaltsamer und schmackhafter zu machen. Ein ähnliches Schicksal erlitt die Raï-Musik, die ursprünglich aus den Kabaretts in Oran, der zweitgrößten Stadt Algeriens stammt. Sie entwickelte sich mit der ökonomischen und politischen Unruhe, die das Land erschütterte. Wie Salsa wurde der Raï von der Musikindustrie in eine Ware transformiert, wodurch seine politischen Botschaften entschärft wurden. Dazu der Ökonom David Throsby im *World Culture Report* der UNESCO aus dem Jahr 1998:

Weil Raï-Musik in den internationalen Kontext transformiert wurde, wurde ihre Fähigkeit, als Ausdrucksmittel für die Belange einer gegen das Establishment eingestellten Bewegung in Algerien (der Jugend, der Arbeiterklasse, der Arbeitslosen, der Analphabeten, der Armen, all derer, die »die Nase voll haben«) dienen zu können, bedroht.[14]

Befürworter der Weltmusik behaupten – mit einigem Recht –, dass es Verständnis und Toleranz unter den Menschen befördere, wenn indigene Musik einem globalen Publikum nahe gebracht werde. Sie beharren darauf, in einer multikulturellen Welt zu leben. In dieser könne die gegenseitige Bereicherung verschiedener Musikrichtungen dazu beitragen, neue musikalische Formen zu schaffen, die die postmoderne Generation, die zunehmend mit einer einzigen globalen Gemeinschaft verbunden ist, ansprechen. Andere jedoch sehen die tatsächliche Wirkung der Weltmusik darin, lokale Kulturen ernsthaft zu schwächen. Wenn ein Hauptkanal zur Kommunikation gemeinsamer Bedeutungen installiert wurde, werden Bedeutungen als verpackte Massenunterhaltung verbreitet, die zwar die ursprüngliche Form beibehält, dafür aber die Substanz und den Kontext aufgibt, die die Musik zu einem bewegenden Ausdrucksmittel für menschliche Gefühle machen.

Auch die Gamelan-Musik aus Bali und Java wurde auf den Märkten der Welt populär und ist heute in den meisten großen Plattengeschäften zu finden. Gamelan-Musik wird auf gestimmten Perkussionsinstrumenten wie Gongs, Metallophonen und Trommeln sowie mit Flöten und Zithern gespielt. Amerikanische Komponisten kombinierten die Gamelan-Instrumente mit westlichen wie Klarinetten und elektrischen Gitarren und schufen eine Hybridform, die eine bedeutende Anhängerschaft gewann. Die neue hybride Musik wurde sogar in Indonesien enthusiastisch aufgenommen, wo sie oft in Pop-Songs integriert wird. Die Fürsprecher dieser Musik behaupten, dass die Fusion der Gamelan-Musik mit heutigen Sounds der traditionellen Musik neuen Aufschwung gegeben habe: Damit habe sie diese den Gefühlen der heutigen Jugend näher gebracht. Traditionalisten halten dagegen, dass die Instrumente der Gamelan-Musik mit spirituellen und magischen Qualitäten verbunden und ein integraler Teil von Ritualen seien, die die gemeinsamen Werte, das Erbe des balinesischen und javanischen Volkes ausdrückten. Was geschieht, so fragen die Kritiker, wenn diese heiligen Instrumente aus dem Kontext gerissen und ihre Klänge mit Rock'n'Roll-Sounds gemischt und zur Massenunterhaltung werden, die jeglichen kulturellen Kontext verloren hat? Und was bedeutet es, wenn sogar die balinesischen und javanischen Jugendlichen, wie andere Jugendliche auf der ganzen Welt auch, diese hybride Form der Weltmusik annehmen und sie als reine Unterhaltung konsumieren: ohne jeden Sinn für die historischen Bedeutungen oder die kulturellen Werte, die früher in ihr lebendig wurden?

Diese Fragen gewinnen ihre Bedeutung durch den Umstand, dass traditionelle Musik ja die Aufgabe hatte, die lokale Kultur und die gemeinsamen Werte der Gemeinschaft zu reproduzieren. Darum wurde sie bewahrt und weiter gespielt, während kommerzielle Musik reine Unterhaltung ist und Moden und Launen folgt. Die kommerzielle Sphäre sucht ständig nach Neuheiten. Wenn indigene Musik als Weltmusik verpackt wird, dann ist ihre Lebensdauer vermutlich auf die kurze Phase beschränkt, in der das Publikum aufmerksam bleibt. Geht dabei die ursprüngliche Form dieser Musik verloren und wird der kulturelle Kontext, aus dem sie entstanden ist, entwertet, dann ist die lokale Kultur ernsthaft gefährdet.

Weil die kommerzielle von der kulturellen Sphäre existenziell abhängt, wird zuletzt auch sie geschwächt, wenn indigene Musik absorbiert und schließlich durch die kommerziellen Kräfte erschöpft wird. Die Wirtschaft wird ihre Ressourcen verzehren – die Gefühle, Werte, gemeinsamen Erfahrungen und Bedeutungen, die Menschen auf dem Boden der Kultur pflegen und die die Rohmaterialien für Gestaltung und Tausch in der kommerziellen Sphäre darstellen.

Weltmusik ist symptomatisch für die Veränderungen, die im Übergang der globalen Ökonomie vom Handel mit Waren und Dienstleistungen zur kulturellen Produktion stattfinden. Der mexikanische Anthropologe Néstor Garcia Canclini trifft mit seiner Bemerkung den Kern des Problems:

Ein wachsender Sektor der kulturellen Produktion nimmt industrielle Gestalt an, zirkuliert in transnationalen Kommunikationsnetzwerken, wird von den konsumierenden Massen aufgenommen, die zum Publikum der deterritorialisierten Botschaften werden. ... Gerade die jüngere Generation lebt ihre kulturellen Praktiken entsprechend der homogenisierten Informationen und Stile aus, die verschiedenen Gesellschaften unabhängig von ihrem politischen, religiösen oder nationalen Kontext entnommen wurden.[15]

Auch der World Culture Report der UNESCO von 1998 kritisiert die wachsende Spannung zwischen Kultur und Kommerz mit scharfen Worten:

Die kulturellen Werte, die lokale, regionale oder nationale Gemeinschaften bestimmen und verbinden, laufen Gefahr, von den erbarmungslosen Kräften des globalen Marktes überwältigt zu werden. Unter diesen Umständen entsteht ... die Frage, wie Gesellschaften mit den Einflüssen der Globalisierung fertig werden können, sodass lokale oder nationale Kulturen und die Kreativität, die sie erhält, nicht geschädigt, sondern erhalten oder verbessert werden können.[16]

Die wachsende Animosität zwischen globalem Kommerz und lokaler Kultur zeigt sich besonders ausgeprägt in den aktuellen Debatten über Gastronomie und nationale Küche. Transnationale Franchise-Unternehmen wie McDonald's, Burger King, Pizza Hut und Dunkin Donuts verbreiten ihr Geschäftskonzept schnell in

Europa, Asien und Lateinamerika. In Europa sind nur 16 Prozent der gastronomischen Betriebe Franchise-Unternehmen, in den Vereinigten Staaten dagegen sind es 50 Prozent. Weil der Nordamerikanische Markt bald gesättigt sein wird, suchen amerikanische Franchise-Unternehmen expansiv nach Geschäftschancen in anderen Teilen der Welt. In Italien zum Beispiel gibt es ungefähr 180 000 kleine unabhängige Cafés, von denen sich einige in einer prekären finanziellen Lage befinden und durch den Ansturm von Starbucks und anderen amerikanischen Café-Ketten leicht verletzbar sind.[17] Amerikanische Touristen waren überrascht, als sie im Sommer 1999 nur wenige Meter vom berühmten Trevibrunnen in Rom Dunkin Donuts entdeckten. Die Kette drängt wie andere transnationale Franchise-Unternehmen mit Macht auf den europäischen Markt; sie wollen in den nächsten Jahren weitere 110 Geschäfte in Italien und Deutschland eröffnen.[18]

Besonders in Europa, wo Küche und Kultur eng miteinander verbunden sind, begegnet man Lizenzunternehmen von globalen Fast-Food-Ketten und in jüngster Zeit auch den genetisch veränderten Lebensmitteln aus den USA mit großem Widerstand. Vor kurzer Zeit wurde eine Niederlassung von McDonald's in Südfrankreich überfallen; in England wurden 1999 die von Monsanto genetisch hergestellten Nahrungsmittelpflanzen ausgerissen und zerstört. Der französische Politikanalyst Alain Duhamel sieht »hinter solchen Aktionen den Widerstand gegen kulturelle und kulinarische Enteignung«.[19]

Lebensmittelproduktion und Gastronomie sind gegenwärtig die Gebiete, in denen der Kampf zwischen Kultur und Kommerz sichtbar und immer heftiger ausgetragen wird. Europäische und andere Länder überall auf der Welt befürchten das, was sie die »Amerikanisierung« von Essen und Küche nennen, den Versuch, einen global homogenisierten Standard bei Nutzpflanzen, der Lebensmittelherstellung für die Supermärkte und dem Restaurantangebot einzuführen. »Kulinarische Souveränität ist unbedingt nötig«, warnt Patrice Vidieu, der Generalsekretär des französischen

Bauernverbandes. Immer mehr Europäer lehnten es ab, »dass in allen Gesellschaften der Markt zur dominierenden Kraft wird und ... multinationale Unternehmen wie McDonald's und Monsanto über die Lebensmittel, die wir zu uns nehmen, und die Saaten, die wir ausbringen, bestimmen«.[20]

Nicht nur auf diesem Feld ist es eine der wichtigsten politischen Aufgaben für das kommende Zeitalter, Kultur und Kommerz wieder in eine ausbalancierte Ökologie zu bringen. Zur Sicherung dieser Balance müssen wir der Wiederbelebung lokaler Kulturen genauso viel Aufmerksamkeit schenken wie der Regelung des Zugangs zu Kulturwaren und kulturellen Produktionen.

Es müssen kommerzielle Netzwerke mit kulturellen Netzwerken, virtuellen Erfahrungen mit Erfahrungen im realen Leben, kommerzielle Vergnügungen mit kulturellen Ritualen ausbalanciert werden. Wobei wir vor allem darauf achten müssen, dass Zeit und Aufmerksamkeit der Menschen gleichmäßiger zwischen den Sphären von Kultur und Kommerz aufgeteilt werden, um eine mittlere Basis zwischen den beiden sich ergänzenden, aber oft widerstreitenden Weisen zu finden, in denen das Handeln und die Beziehungen der Menschen in der Gesellschaft organisiert werden.

Diese Ebene zu finden erscheint umso wichtiger, wenn man bedenkt, dass die Menschen, je besser sie in einer Vielzahl verschiedenartiger globaler Netzwerke miteinander verbunden sind, umso weniger Zeit für die direkten sozialen Beziehungen haben, die nur in Realzeit und in direkten Begegnungen stattfinden können. Im neuen Jahrhundert, das von elektronisch vermittelten Umgebungen dominiert sein wird, hängt sehr viel davon ab, dass es gelingt, in jedem Land Gelegenheiten für die direkte Teilnahme am Leben räumlich gebundener Gemeinschaften zu schaffen. Andernfalls droht die Fähigkeit der Menschen endgültig zu degenerieren, sich mit ihren Mitmenschen auf einer wirklich tiefen Ebene der individuellen Erfahrung zu verbinden, und das könnte uns in unserem Mensch-Sein beschädigen.

Das kulturelle Leben muss also nicht nur darum wiederbelebt

werden, weil es die Rohmaterialien für kulturelle Produktionen liefert und soziales Vertrauen und Empathie schafft, ohne welche die Märkte nicht funktionieren können. Es muss auch um seiner selbst willen und nach seinen immanenten Bedingungen verjüngt werden, weil es die einzige Quelle menschlicher Werte ist. Eine wieder lebendig gewordene Kultur würde zweifellos dem Markt nützen, doch darf sie diesem nicht einfach nur als Rohmaterial dienen. Das würde die gemeinsamen Bedeutungen entwerten, die aus dem kulturellen Leben entspringen und uns in unserem Mensch-Sein erst schaffen. Als Rohmaterial wäre Kultur nur Mittel zu einem eingeschränkten Zweck, ein Mittel dafür, dass gelebte Erfahrungen als individuelle Unterhaltung und Therapie weiterhin kommerzialisiert würden.

In einer verkabelten Welt des bloßen Verarbeitens und nur zeitlich bestimmten Beziehungen ist der räumlich-geografische Bezug wichtiger denn je. Verbindung zwischen Menschen braucht mehr als elektronisches Übermitteln/Empfangen und Computerschnittstellen. Die tiefsten menschlichen Verbindungen entstehen immer im konkreten Raum. Kulturelle Erfahrungen können in den Rundfunkmedien und im Cyberspace reproduziert und an andere Orte geleitet werden, aber je weiter sie sich von ihren Entstehungsorten entfernen, desto weniger können sie tief empfundene gemeinsame Bedeutungen ausdrücken. Wenn zum Beispiel ein traditioneller Volkstanz in einem irischen Dorf getanzt wird, dann verbindet er die Teilnehmer in der Empfindung, dass sie die im Tanz ausgedrückten Bedeutungen gemeinsam erfassen. Wird er stattdessen auf einer Bühne oder im Fernsehen 8000 Kilometer entfernt vor einem beliebigen Publikum aufgeführt, dann ist dieser Tanz kaum mehr als Unterhaltung. Aus ihrem räumlich-geografischen Kontext gerissen, wird eine kulturelle Äußerung zum Schatten der gelebten Erfahrung. Das Publikum mag genießen und sogar schätzen, was es vorgeführt bekommt, das Erlebte wird nicht die tiefen Gefühle für den Ort hervorrufen, um den es in dem Tanz gerade geht.

Alles wirkliche kulturelle Leben existiert in einem bestimmten

Raum, nur hier wird es so etwas geben wie Intimität, und ohne diese ist es unmöglich, Bande sozialen Vertrauens zu knüpfen und Empathie zu erzeugen. Die Kultur in ihrem Raum wiederherzustellen und wiederzubeleben heißt also, dem geografischen Ort die gleiche Aufmerksamkeit zu schenken wie dem Cyberspace, die tiefe und enge Teilnahme an realen Gemeinschaften ebenso ernst zu nehmen wie Computerschnittstellen und elektronische Chat-Rooms.

Ein neuer Stil in Bildung und Erziehung

Die Schulen in den Vereinigten Staaten beginnen sich mit der Frage herumzuschlagen, wie sie ihre Schüler auf die vernetzte Wirtschaft und die virtuellen Welten des Cyberspace vorbereiten sollen, ohne dafür die Teilnahme an der breiteren lokalen Kultur zu opfern. Jedes Klassenzimmer – und das geschieht nicht nur in den USA – wird mit Nachdruck an das Internet angeschlossen und mit Computern und Software ausgerüstet, um den jungen Leuten die Fähigkeiten zu vermitteln, die sie brauchen, um ihren Weg durch die elektronischen Domänen zu finden, aus denen die Welt des E-Commerce zusammengesetzt ist. Doch immer mehr Eltern sorgen sich darum, dass die Kinder, wenn sie ihre Bildungserfahrungen hauptsächlich am Bildschirm oder in virtuellen Welten machen, nicht die notwendigen sozialen Fähigkeiten entwickeln können, die sie brauchen, um in der Gesellschaft zurecht zu kommen und ganze Menschen zu werden.

Im Bildungsbereich der Vereinigten Staaten hat in den letzen Jahren eine stille Graswurzelrevolution stattgefunden, die junge Leute auf ihre Verantwortlichkeiten in der zivilen Gesellschaft sowie ihrer kulturellen Bereiche vorbereiten will. Sie firmiert unter vielen Motti: Charakterbildung, demokratische Bildungsreform, Dienen Lernen und zivile Erziehung. Meist unter letzterem Titel geht diese Bewegung davon aus, dass Schüler aller Altersstufen dann am besten lernen, wenn die Methode experimentell ist und der Unterricht direkt in den Wohnvierteln und Gemeinschaften stattfindet, in denen sie leben. Wenn Schüler zum Beispiel die Prinzipien der Zoologie oder Ökologie kennen lernen, können sie von einem praktischen Unterricht in einem Wildgehege, Arboretum, Tierheim oder Wildreservat profitieren. Zivile Erziehung bringt Schüler, Lehrer, Eltern und Organisationen der Gemeinschaft in einer Partnerschaft zusammen, in der sie kollektiv Lehrpläne erstellen und Lernerfahrungen sammeln. Die Idee dabei ist, eine Beziehung zwischen dem Klassenzimmer und der Gemeinschaft zu knüpfen; das Lernen soll sich mit dem gesamten Leben der Schüler verbinden. Zivile Erziehung ist eine durchdachte Mischung aus traditionellen, wissensvermittelnden Lernformen, praxisnahem Unterricht und ganzheitlichen, systematischen Problembearbeitungen, etwa in Projekten. Diese pädagogische Revolution hat viele Schulbezirke und Hunderte von Universitäten überall in den Vereinigten Staaten erfasst. Sollte sie Erfolg haben, dann wäre dies die bedeutendste Reformbewegung im Erziehungsbereich seit der reformpädagogischen Ära kurz vor dem Ersten Weltkrieg.

Der Idee der zivilen Erziehung setzt voraus, dass Zugang zu dem Wissen im Cyberspace und in virtuellen Welten wichtig und notwendig ist, dass er jedoch in das kollektive Wissen und die kollektive Weisheit der gegebenen Gesellschaft eingebettet sein muss. Lernen bedeutet mehr, als zu wissen, wo im World Wide Web die entsprechende Informationsquelle zu finden ist und diese anzuklicken. Lernen erfordert direktes und gemeinsames Handeln mit anderen in realen Räumen und in Echtzeit. Nur der Zugang zu beiden Arten von Erfahrung kann sicherstellen, dass junge Menschen über genügend Wissen verfügen, sich ihrer Möglichkeiten bewusst werden und auf ihre sozialen Verpflichtungen der Gemeinschaft als Ganzes gegenüber ebenso gut vorbereitet sind wie auf die beruflich-kommerziellen Möglichkeiten, die im Cyberspace liegen.

Zivile Erziehung sieht es als vordringliche Aufgabe, den Schülern den Zugang zu ihrer gemeinsamen Kultur zu öffnen, auf dass sie aktiv an ihr teilnehmen können. Sie setzt darauf, dass die akademische Leistung steigen wird, wenn man diesem ganzheitlichen Ansatz nur konsequent folgt und Schüler, Eltern und die Organisationen der Gemeinschaft aktiv in die Lernerfahrung einbindet: Dann nämlich werden die Lernenden ihren Unterricht wichtiger, vergnüglicher und schließlich für ihr Leben bedeutungsvoller finden.

Marktorientierte Qualifikationen zu vermitteln, lange die zentrale Aufgabe vieler Schulsysteme, heißt für die Vertreter der zivilen Erziehung, das Pferd vom Schwanz aufzuzäumen. Sie sehen darin ein für das 21. Jahrhundert zu enges Erziehungskonzept; es genüge nicht, den Schülern beizubringen, wie sie ihre Arbeitskraft auf dem Markt verkaufen können. Das produziert Erwachsene, die sich und ihre Fähigkeiten eher als verkäufliches Gut betrachten denn als vollständige Menschen und verantwortliche Mitglieder der Gesellschaft. Zivile Erziehung heißt, die Identität der Schüler zu vertiefen, damit sie eine Beziehung zur Kultur entwickeln können. Erziehung sollte soziales Vertrauen und Empathie pflegen und Nähe zu anderen fördern – zu nahen Mitmenschen wie zu Fremden – und den Lernenden die wichtige Rolle bewusst machen, die die Kultur für die Erhaltung des zivilen Lebens spielt. Marktfähige Fähigkeiten sind ebenso von den grundlegenden sozialen Fähigkeiten abgeleitet wie die Märkte aus dem kulturellen Leben. Solche Qualifikationen sind unbestritten wichtig, doch dürfen sie nicht auf Kosten der zivilen Erziehung an erster Stelle stehen und sollten als notwendige Begleitung betrachtet werden.

Den dritten Sektor politisieren

Zivile Erziehung ist ein wesentliches Werkzeug, um wieder eine ausbalancierte Ökologie von Kultur und Kommerz herzustellen. Es bedarf allerdings grundlegender Veränderungen, damit die Kultur wieder ihren früheren hohen Rang in den menschlichen Beziehungen einnehmen kann. Heute existiert der kulturelle Sektor in einer Art neokolonialem Zwischenstadium zwischen Markt- und staatlichem Sektor, obwohl er die Quelle der beiden anderen Sphären ist. Der Kultur wurde viel ihrer eigenen Identität genommen, und ihr Überleben wurde von den anderen Bereichen abhängig gemacht. Kulturelle Institutionen haben viel ihrer früheren Selbstständigkeit verloren; um Überleben zu können, mussten sie sich von politischen und kommerziellen Institutionen abhängig machen. Dies zeigt sich auf vielerlei Weise, so etwa darin, dass mit Staatsverträgen und Zuwendungen dafür gesorgt wird, dass sie Dienstleistungen erbringen; so entsteht eine Art kommerzieller Philanthropie, die häufig mit der Erwartung konfrontiert wird, dass schließlich doch ein Verkaufs- oder Werbegewinn herausspringt.

Soziales Denken vollzieht sich im Allgemeinen in einem polaren Spektrum, an dessen einem Ende die Wirtschaft, an dessen anderem der Staat steht. Die Kultur, oder der dritte Sektor, wird, wenn überhaupt, als etwas Zusätzliches betrachtet. Mit wenigen Ausnahmen wird sie an den Rand gedrängt, wo sie für die selten gründlich durchdachten Entscheidungen, die das Leben der Gemeinschaft betreffen, eine bestenfalls marginale Rolle spielt. Das kann nicht so bleiben. Zunächst ist festzuhalten, dass der Staat auf jeder Ebene seine historische Rolle einbüßt. Viele seiner Funktionen wurden dereguliert und dem Markt übertragen. Andere Funktionen wurden zugeschnitten – auch wenn einige behaupten, dass sie nur neu geordnet und rationalisiert worden seien. Wie auch immer, Staat und Regierung spielen bei der Bewältigung der täglichen gesellschaftlichen Angelegenheiten überall eine schwindende Rolle. Zugleich werden die Aktionen und Operationen von Unternehmen immer globaler. Viele von ihnen wandern aus dem geografischen Raum in den Cyberspace und verlieren oder lösen ihre traditionellen, lokal verorteten Bindungen. Wie Staat und Regierung auch sind sie immer seltener an regionalen Angelegenheiten beteiligt. Die stetige Loslösung des staatlichen und des kommerziellen Sektors von den Gemeinschaften hinterlässt überall auf der Welt ein sich ausbreitendes institutionelles Vakuum. Dieses wird in manchen Fällen von einem verjüngten dritten Sektor gefüllt, manchmal auch von einem dadurch ermutigten vierten Sektor, nämlich von der informellen Wirtschaft, von Schwarzmarkt und krimineller Kultur. In den kommenden Jahren werden in jeder geografischen Region der Welt Wettrennen zwischen den Institutionen des dritten und des vierten Sektors ausgetragen werden, die um die Kontrolle der realen Sphäre kämpfen, die der Staat und der Kommerz teilweise verlassen haben. Damit der dritte Sektor erhalten bleiben kann, muss er sich selbst politisieren, muss seine verschiedenen Institutionen, Aktivitäten und Interessen in einem breiten Verständnis eines gemeinsamen Auftrags zusammenbringen. Dazu muss noch deutlicher werden, welche entscheidende Bedeutung die geografischen Räume für die Schaffung einer gemeinsamen, kulturellen Lebensgrundlage haben.

Sind die Arbeitsweisen der globalen Netzwerke, des Handels im Cyberspace und der kulturellen Produktion eine Seite der neuen Machtpolitik im kommenden Jahrhundert, dann repräsentieren die Wiederherstellung eines basisbezogenen sozialen Austauschs, des sozialen Vertrauens und des sozialen Kapitals, kurz die Wiederherstellung starker Gemeinschaften in ihren konkreten Umfeldern die andere Seite. In einer Ära, die sich zunehmend den losen kurzfristigen Verbindungen, virtuellen Realitäten und warenartigen Erfahrungen verschrieben hat, kann der Sammlungsruf der Gegenbewegung nur sein: Der Raum zählt! Auf das kulturelle Leben kommt es an!

Der Kampf zwischen den Kräften des globalen Handels und den Interessen lokaler Kulturen führt zu einer neuen Orientierung der Politik. Im Industriezeitalter erstreckte sich die Bandbreite politischer Richtungen von rechts bis links, wobei das gesamte Spektrum im Wesentlichen an Fragen des Eigentums und seiner Verteilung interessiert war. Der Kampf um die Parameter für Mein und Dein, beschäftigte die politische Leidenschaft vieler Generationen. Die

Politik war mehr als alles andere Klassenkampf, in dem die Oberklasse, Mittelklasse, Arbeiterklasse und die Armen ständig miteinander darum rangen, wie das materielle Kapital am besten genutzt, Waren und Dienstleistungen am besten produziert und Eigentum am besten verteilt werden könnte. Die quälende Frage, wer die Produktionsmittel kontrollieren und darüber bestimmen sollte, wie die Früchte der menschlichen Arbeit verteilt werden sollten, stand für mehr als 300 Jahre auf der politischen Tagesordnung.

Im Zeitalter des Zugangs wird die Rechts-Links-Politik stetig unter einer neuen sozialen Dynamik zusammengefasst, die im politischen Bereich den immanenten Wert gegen den Nutz- oder Tauschwert setzt. Kulturelle Identität hat im tiefsten Sinn mit immanenten Werten zu tun. Die gemeinsame Kultur ist niemals ein Mittel, sondern immer ein Ziel. Kulturelle Ressourcen, Rituale und Aktivitäten werden in und an sich selbst gemessen. Sie sind keine Dinge, die auf quantifizierbare Standards reduziert und auf dem Markt gekauft und verkauft werden können. Man kann kein Preisschild an gemeinsame kulturelle Erfahrungen heften, ohne die reziproken Beziehungen zu schädigen, die jene erst entstehen lassen. Wenn die Kultur ihre Verankerungen in der Gemeinschaft verliert und auf kommerzielle Unterhaltung reduziert wird, dann »versiegt« der immanente Wert. Auf dem Markt regiert der Nutzen.

Auf einer tieferliegenden Ebene ist also der Kampf zwischen Kultur und Kommerz ein Kampf zwischen immanenten und Nutzwerten. Während beide in den letzen Hunderten von Jahren im gesellschaftlichen Diskurs eine wichtige Rolle gespielt haben, sind erst in den letzten Jahren die immanenten Werte gegenüber den Nutzwerten in allen menschlichen Angelegenheiten sekundär geworden. Die Neigung, Nützlichkeit zum Referenzrahmen zu erklären, zeugt von der wachsenden Dominanz der kommerziellen Sphäre und vom langsamen Niedergang des kulturellen Bereichs.

Nur wenn lokale Kultur zu einer kohärenten, selbstbewussten politischen Kraft gemacht wird, kann ihre wichtige Rolle im Gesamt der Gesellschaft wieder hergestellt werden. Zehntausende starker, räumlich-geografisch gebundener Gemeinschaften, die im Inneren durch soziale Beziehungen zusammengehalten werden und nach außen durch einen gemeinsamen Sinn dafür verbunden sind, wie wichtig es ist, kulturelle Unterschiede zu erhalten – das wäre eine mächtige soziale Vision, ein Gegenmittel gegen die Politik globaler kommerzieller Netzwerke, die im Cyberspace operieren.

Der Kampf um Artenvielfalt und kulturelle Vielfalt sind die beiden großen sozialen Bewegungen des 21. Jahrhunderts. Beide Kräfte sind eng miteinander verbunden. Alle Kulturen haben gemeinsame Wurzeln in der Natur, weil alle Kulturen aus einer engen Verbindung mit der Erde entstehen. Musik, Lied, Tanz, das Geschichtenerzählen, die Kunst, Rituale und Festivals sind eng an die Rhythmen und Realitäten der natürlichen Welt geknüpft. Pflanzen, Tiere, Landschaften, der zirkadiane Bezug und die wechselnden Jahreszeiten lieferten Inspiration und Metapher für die Gestaltung kultureller Formen und Äußerungen. Kulturen entstanden aus einem unvergänglichen Respekt und einer unvergänglichen Verehrung für die Quellen des Lebens, aus denen die natürliche Welt besteht. Viele unserer kulturellen Äußerungen heute gehen alle auf unsere ersten und ursprünglichen kulturellen Bindungen an die Erde selbst zurück. Kulturelle Praktiken und Institutionen sind weitgehend lebensbejahend. Sie sprechen unsere Beziehung zur und Verpflichtung gegenüber der Natur an und verbinden uns mit den umfassenderen Kräften des Lebens, deren Teil wir sind. Die Bestätigung des Lebens steht im Zentrum dessen, was den immanenten Wert ausmacht. Kultur existiert also in scharfem Kontrast zur kommerziellen Sphäre, in der alle Phänomene auf ihren Nutzen reduziert sind, in der Enteignung und Zweckdenken zu akzeptierten Verhaltensnormen wurden.

Die Bewegungen, die sich für Artenvielfalt und kulturelle Vielfalt einsetzen, beginnen Seite an Seite an einer langen Liste von Themen zu arbeiten: Sie leisten Widerstand gegen die genetisch hergestellten Nahrungsmittelpflanzen, gegen regionale und globale

Handelsabkommen, sofern diese die Umwelt und die kulturelle Identität bedrohen, sie unterstützen indigene Kulturen, versuchen nachhaltige Methoden in der Landwirtschaft zu etablieren, um die lokalen Ökosysteme zu erhalten. Der Zusammenschluss dieser beiden mächtigen Bewegungen ist eine Anerkennung der Wurzeln unseres sozialen Lebens in der natürlichen Welt. Je nachdem, wie weit es den beiden starken Bewegungen gelingt, sich zu verbünden werden sie einen großen Teil des politischen Handelns im neuen Jahrhundert mit gestalten.

Es ist interessant, dass politisierte lokale Kulturen eine aufklärerische Kraft entfalten, die gegen eine Wirtschaft der Netzwerke wirkt und zugleich eine notwendige Voraussetzung für deren fortgesetzte Existenz sind. Denn wenn die kulturelle Vielfalt geschwächt oder ausgelöscht wird, dann werden kapitalistische Märkte schließlich zusammenbrechen, weil, wie oben beschrieben, soziales Vertrauen und soziales Kapital schwinden und keine Grundlage für den Aufbau und den Erhalt von Kommerz und Handel mehr liefern können. In diesem Fall würde das kapitalistische System, wie gegenwärtig in Russland zu beobachten, dem vierten Sektor in die Hände fallen, es würde zum größten Teil als informelle oder Schwarzmarktwirtschaft in einer gesetzlosen Kultur enden. Die Voraussetzungen für sicheren Zugang zu einer globalen Cyberspace-Wirtschaft sind also der Erhalt der vielfältigen lokalen Kulturen und die Sicherung des Zugangs zu ihnen.

Gleichwohl ein Wort der Vorsicht und Warnung. Erhalt und Wiederherstellung lokaler Kultur muss nicht notwendig zur Belebung kultureller Vielfalt führen, sie kann genauso gut in einem neuen und virulenten Fundamentalismus enden. Weltweit entstehen heute politische und religiöse fundamentalistische Bewegungen. Ultranationalistische politische Parteien, separatistische Gruppen, Bewegungen zur ethnischen Säuberung und religiöse Wiederbelebungen zeigen eine extreme Gegenreaktion auf die Kräfte von Globalisierung und Postmoderne. Fundamentalistische Bewegungen versuchen, die Kommunikation mit einer Welt zu unterbrechen, die sie für krank und sündig halten. Sie versuchen, lokale Kulturen von den schädlichen Einflüssen der Außenwelt zu reinigen. Im Zentrum des Fundamentalismus steht eine Belagerungsmentalität, die den irrwitzigen Versuch unternimmt, den »wahren Glauben« – sei er ideologisch, theologisch oder ethnisch – gegen Verräter, Ungläubige oder andere vergiftende Einflüsse zu verteidigen.

Auch fundamentalistische Bewegungen haben stets eine starke Bindung an Geografie; »Lebensraum« war und ist ihr Kampfbegriff. Tatsächlich ist die Verteidigung des Territoriums der gemeinsame rote Faden, der sich durch so gut wie jedes fundamentalistische Credo zieht. Den Boden der Vorväter, das Heilige Land oder das Vaterland zu verteidigen, einigt Menschen in einem Kampf auf Leben und Tod, gerichtet gegen »teuflische« Kräfte von außen. Hinter jeder dieser Bewegungen steht die Vorstellung, man könne das Aufrichten von Grenzen die Ordnung in einer chaotischen Welt wiederherstellen – eine letzte Reaktion auf eine grenzenlose Welt, die aus globalen Netzwerken und dem Fluss der Kommunikation besteht. Fundamentalisten suchen Konstanz in einer Welt ständigen Wandels, sie wollen die Welt durch die Resakralisierung des Territoriums unbedingt in Schach zu halten. In einer zunehmend zeitlich bedingten Welt bleiben sie dem Ort gegenüber glühend loyal. Solche Bewegungen sind ihrem Wesen nach exklusiv und befürchten in jeder Form des Zugangs zu anderen Welten schlechten Einfluss.

Diese Orientierung bringt die fundamentalistischen Bewegungen in Gegensatz zu den meisten Nichtregierungsorganisationen (NGOs), die ebenfalls für Erhalt beziehungsweise Wiederherstellung lokaler Kultur eintreten, aber offen und respektvoll gegenüber der Existenzberechtigung anderer Kulturen in einer kulturell vielfältigen Welt sind. Das Motto »global denken, lokal handeln«, nach vielen Jahren inflationären Gebrauchs fast zum Klischee erstarrt, spiegelt noch immer das Denken der Organisationen im dritten Sektor überall auf der Welt wider. Wie die Fundamentalisten beziehen sich auch die NGOs auf ihre Wurzeln im geografischen Raum und sind mit der lokalen Kultur verbunden. Doch gehen sie auch davon aus, dass alle verschiedenen Kulturen zusammen eine gemeinsame Ökologie der menschlichen Existenz ausmachen. Eine bestimmte kulturelle Identität zu erhalten und zugleich eine kulturell vielfältige Welt zu propagieren, wird zur bestimmenden Charakteristik der wachsenden Bewegung der NGOs.

Mahatma Gandhi hat ausgedrückt, was viele NGOs auch heute noch bewegt:

> Ich möchte nicht, dass mein Haus auf allen Seiten von einer Mauer umgeben ist und die Fenster verstopft sind. Ich möchte, dass die Kulturen der ganzen Welt über mein Haus so frei wie möglich hinwegwehen. Aber ich wehre mich dagegen, mich von einer von ihnen wegblasen zu lassen.[21]

Darin, dass sie den Zugang zu anderen Kulturen sichern und zugleich die einzigartigen Merkmale und Qualitäten der eigenen bewahren wollen, unterscheiden sich die NGOs grundsätzlich von den verschiedenen fundamentalistischen Bewegungen. Welche dieser Kräfte sich bei der Mobilisierung und Politisierung der lokalen Kultur weltweit durchsetzen kann, wird bestimmen, wohin sich Politik und Geopolitik im kommenden Zeitalter entwickeln werden.

Die Dialektik des Spielethos

Der Kampf zwischen den Kräften des globalen Kommerzes und den Verteidigern des dritten Sektors kreist um die Frage, wer den Zugang zu den vielen Bereichen des kulturellen Lebens kontrollieren wird, die den Spielethos des kommenden Jahrhunderts ausmachen. Wie wir gesehen haben, war Politik im Industriezeitalter der Kampf der widerstreitenden Parteien um die Kontrolle der Arbeit. Der Arbeitsethos ist eng mit Eigentumsverhältnissen verbunden. Arbeit hat mit der Nutzung der Natur, dem Ressourcengewinn und der Herstellung von Waren zu tun. Eigentum ist die Gestalt, welche die natürliche Welt annimmt, wenn sie aufgeteilt, bearbeitet und zu Waren gemacht wird. Eigentum steht für die Art, in der die Natur reproduziert und nach den Kategorien von Mein und Dein verteilt wird. Wer den Arbeitsethos bestimmen konnte, bestimmte auch über die Verteilung von Eigentum und war der entscheidende Faktor für die Entstehung der Klassenunterschiede im Industriezeitalter.

Nun, da wir uns vom industriellen auf den kulturellen Kapitalismus zu bewegen, wird der Arbeitsethos allmählich vom Spielethos abgelöst. Spielen ist das, was Menschen tun, wenn sie Kultur schaffen. Es ist die Freisetzung der menschlichen Vorstellungskraft, um gemeinsame Bedeutungen zu schaffen. Spiel ist eine fundamentale Kategorie menschlichen Verhaltens, ohne die es keine Zivilisation geben würde.

Den Wandel von Arbeits- zu Spielmetaphern im Bereich von Geschäft und Kommerz haben wir bereits dargestellt. Die neue Ära des Kapitalismus rückt das Spiel in den Vordergrund des globalen Handels. Kulturelle Erfahrungen zu kommerzialisieren, ist vor allem ein Versuch, das Spiel in all seinen verschiedenen Dimensionen zu kolonisieren und es in eine handelbare Form zu transformieren. Wer den Zugang kontrolliert, bestimmt, wer teilnehmen – mitspielen – darf und wer nicht.

Der niederländische Historiker Johan Huizinga hat als einer der ersten die Bedeutung des Spiels für die Entstehung der Gesellschaft erkannt. Dem *homo ludens* (dem spielenden Menschen) müsse, wenn man begreifen möchte, was den Menschen und sein Wesen ausmacht, der gleiche Rang eingeräumt werden wie dem *homo sapiens* (dem vernünftigen Menschen) und dem *homo faber* (dem produktiv tätigen Menschen). Auch andere Lebewesen spielen, die Menschen jedoch zeichnen sich durch die spielerischen Künste aus.[22]

Alle Kulturen sind aus dem Spiel entstanden: »In diesem Spielen bringt die Gemeinschaft ihre Deutung des Lebens und der Welt zum Ausdruck.«[23] Alle wichtigen Handlungen der menschlichen

Gesellschaft – Sprache, Mythos, Ritual, Folklore, Philosophie, Tanz, Musik, Theater, Gesetze, sogar die Regeln der Kriegführung – wurden aus dem Spiel geboren. Huizinga sieht das gesellschaftliche Leben als »den Rausch eines riesigen Spiels«.[24]

Vielen konventionellen Wissenschaftlern – besonders im Bereich der Wirtschaftswissenschaften – wird es unbehaglich bei der Vorstellung, dem Spiel eine derart zentrale Rolle einzuräumen: Sie sehen Arbeit als grundlegendere Kategorie menschlichen Handelns. Anthropologen jedoch haben gezeigt, dass seit Beginn der Menschengeschichte und bis ins Industriezeitalter hinein Menschen mehr Zeit mit Spielen als beim Arbeiten verbracht haben. Im Mittelalter waren zum Beispiel fast die Hälfte aller Tage im christlichen Kalender Feiertage, Festtage oder freie Tage. Als die Französische Republik den christlichen Kalender per Dekret durch einen säkularen ersetzte, der viel weniger Feiertage vorsah, revoltierten die Bauern und zwangen die Regierung, ihre Anordnung zu widerrufen. Erst im Industriezeitalter schließlich dominierte die Arbeit die anderen menschlichen Angelegenheiten, und das Spiel rückte in den Hintergrund.

Die Annahmen und Regeln des Spiels unterschieden sich sehr von denen, die traditionell die Arbeit beherrschen. Erstens ist Spiel unterhaltsam, es dient dem Vergnügen. Sicher gibt es auch Arbeiten, die unterhaltsam sind, doch ist die meiste Arbeit – 75 Prozent oder mehr aller Tätigkeiten in der Industriegesellschaft – ihrem Wesen nach einfach und monoton, darum langweilig und mühselig. Zweitens ist Spiel eine freiwillige Tätigkeit. Man kann Menschen nicht zum Spielen nötigen oder zwingen. An einem Spiel kann man nur in freier Entscheidung teilnehmen. Für wenige Glückliche mag Arbeit ebenfalls eine Sache der Wahl sein – für die oberen 20 Prozent der Arbeitskräfte weltweit, deren Ausbildung ihnen eine Menge Mobilität im Beruf erlaubt –, aber für die meisten Menschen ist Arbeit eine Frage des Überlebens. Sie haben keine Wahl, als zu akzeptieren, was ihnen der Arbeitsmarkt bietet. Auch Arbeitsbedingungen sind oft hart und erniedrigend.

Spiel hat seinem Wesen nach viel mit Teilname zu tun; gespielt wird im Allgemeinen in direkten Begegnungen, in abgeschlossenen Umgebungen. Spiel ist spontan. Zwar gibt es Regeln – manche implizit, andere explizit –, und das Spiel ist oft ernst, wird oft geleitet und ist zielorientiert, aber es ist im Allgemeinen weniger rigide als traditionelle Arbeitspläne in der Fabrikhalle oder den Büros. Das Spielen ist in der Regel auch intimer als Arbeit; es bezieht den Körper auf eine Weise mit ein, dass es das ganze Spektrum menschlicher Sensibilitäten blühen lässt. Man erlebt das Spiel als gemeinsame Unterhaltung und weniger als einsames Vergnügen. Anders als die Arbeit ist es nicht wirklich zweckgerichtet und utilitaristisch. Es findet seine Belohnung in sich selbst. Und spontanes Spiel – im Unterschied zu organisierten Spielen oder organisiertem Sport – kann nicht so leicht quantifiziert werden wie Arbeit. Es widersteht dem cartesischen Stempel. Die Aufmerksamkeit ist nicht auf die Produktion konzentriert, sondern darauf, Vergnügen zu finden.

Offenheit und Akzeptanz sind Kennzeichen spielerischer Umgebungen. Obwohl Handlungen Folgen haben, fühlen sich alle Spieler frei, sich selbst zu äußern, man kann sich im Spiel verletzlich zeigen, weil es tentativ ist und mit Vergeben zu tun hat. »Ich habe nur so getan«, ist eine Standardantwort, die jedes Kind beim Spielen schon immer verstanden hat.

Schließlich unterscheiden die zeitlichen und räumlichen Dimensionen das Spiel von Handlungen, die mit Arbeit zu tun haben. Im Spiel wird die normale Zeit ausgesetzt. Die Spielwelt existiert in einem zeitlosen Reich, wie jeder weiß, der jemals in ein Spiel eingetaucht war und jeglichen Sinn für das Vergehen der Zeit verloren hat.

Spiel findet auch in besonderen Umgebungen statt, die sich von Orten des Alltagslebens unterscheiden. An diesen geweihten Orten sind die Spieler an andere Regeln gebunden und sie verhalten sich auch anders. Orte des Spiels sind sichere Häfen, an denen sich die Teilnehmer versammeln können, ohne Vergeltung befürchten zu müssen. Doch diese Orte sind ihrem Wesen nach immer temporal. Wenn das Spiel beendet wird, verliert der Ort des Spiels seinen immanenten Wert. Dieser Ort ist kein Territorium, das jemand besitzen könnte, sondern eine erfundene Umgebung, an der die Menschen temporär teilhaben. Spiel findet also in einer zeitlichen und räumlichen Dimension statt, wird aber oft als zeit- und raumlos empfunden. Es besitzt eine weltliche und eine außerweltliche Dimension. Es ist geerdet und zugleich leicht und flüchtig. Die Spieler geben sich frei »der Liebe zum Spiel« hin. Das Ziel ist Vergnügen und eine Bestätigung des Lebensgefühls. Also steht Spiel in scharfem Kontrast zur Arbeit, deren Ziel es ist zu enteignen, abzutöten, zu verarbeiten und zu produzieren. Produktion dreht sich stets um die Verwertung von Dingen.

In der Moderne hat die Menschheit die Gewichtung von Spiel und Arbeit umgekehrt. Arbeit wurde zum wichtigsten Gebieter über das menschliche Handeln, das Spiel dagegen zu einer unwesentlichen Handlung zwischen Arbeit und Schlaf. Dieser Übergang spiegelt wider, wie sich das Verhältnis von kulturellem Leben und Markt verschoben hat. Weil der Markt die Vorherrschaft auch über den sozialen Austausch gewonnen hat und das Marktkapital das soziale Kapital dominiert, hat Arbeit an Status gewonnen, während das Spiel zu einer Freizeitaktivität trivialisiert wurde.

Heute jedoch beginnt Arbeit wieder an Bedeutung zu verlieren. Die Automation der Produktionsprozesse und der zunehmende Ersatz menschlicher Arbeit durch intelligente Techniken – durch Software und Wetware – befreit die Menschen langsam von der Plage des Marktes. Man kann sich durchaus eine Zukunft vorstellen, in der Waren und Dienstleistungen aller Art in ausreichender Menge produziert werden, um die Bedürfnisse jedes Menschen auf der Welt zu befriedigen, und doch nur ein Teil der gesamten vorhandenen menschlichen Arbeitskraft dafür genutzt werden muss. An der modernen Landwirtschaft lässt sich zeigen, dass dies möglich ist. Tatsächlich verfügen die Vereinigten Staaten über die technischen Möglichkeiten, Hunderte von Millionen Menschen auf der ganzen Welt zu ernähren, obwohl doch weniger als zweieinhalb Prozent der amerikanischen Arbeitskräfte in der Landwirtschaft beschäftigt sind. Und auch die wenigen Arbeiter, die im Agrarsektor tätig sind – in Deutschland wie in den USA sind es circa zweieinhalb Prozent aller Beschäftigten – produzieren einen enormen Überschuss. Unglücklicherweise verdienen Millionen von Menschen zu wenig und haben zu wenig Kaufkraft, um die Nahrungsmittel zu kaufen, die produziert werden können, weil es uns bis jetzt nicht gelungen ist, die Früchte der kommerziellen Arbeit gleichmäßiger zu verteilen. Deshalb bezahlen die USA und andere Länder den Bauern Prämien dafür, ihre Felder brachliegen zu lassen.

Ähnliche technische Fortschritte haben Herstellung, Dienstleistungsbereich und Wissensindustrien zu verzeichnen. Sie erhöhen die produktive Kapazität in praktisch jedem kommerziellen Bereich und reduzieren dabei den Bedarf an menschlicher Arbeit. Die Arbeitswoche, zu Beginn des Industriezeitalters noch 70 Stunden oder länger, wurde im letzten Jahrhundert auf 40 Stunden reduziert – in Frankreich und Italien sogar auf 35. Wahrscheinlich wird die Arbeitswoche durch den technischen Fortschritt und den dramatischen Produktivitätszuwachs im kommenden Jahrhundert ihren historischen Schwund auf 30, 25 und sogar 20 Stunden fortsetzen. Im Alltag wird die menschliche Arbeit immer stärker an Bedeutung verlieren.

Zugleich führen die ständige Expansion der Produktion und die genauso stetig fortschreitende Reduktion von Kosten und Preisen schon fast zu einer Übersättigung bei den oberen 20 Prozent der Menschen, die relativ gut verdienen und sich alles kaufen können, was sie brauchen oder möchten. Für diese Menschen, die sich die Früchte der Arbeit in Form von akkumuliertem Eigentum aneignen können, ist schnell der Punkt erreicht, an dem sie psychisch nicht mehr auf ihre Kosten kommen. Sinkende Arbeitszeiten und das nachlassende Interesse am Besitz materieller Güter, die nicht mehr als einzige und befriedigende Ziele verstanden werden, bringen das Spiel wieder als grundlegende Kraft in die menschliche Gleichung zurück.

Spiel wird in der kulturellen Wirtschaft genauso wichtig, wie es die Arbeit in der industriellen Wirtschaft gewesen war. Die Art des Spiels, die hier entsteht, ist jedoch nur ein Schatten des Spielens, das in der kulturellen Sphäre wurzelt. Wenn Spiel zur Ware wurde und gehandelt wird, ist es kein gemeinsames, sondern eher ein vertraglich vereinbartes Erlebnis. Die Teilnahme als wesentliches Merkmal reinen Spiels wird durch eine vom Geld bestimmte Beziehung ersetzt. Auf dem Markt wird Vergnügen zu Spaß, zu einer eher passiven, individuellen als zu einer aktiven, kollektiven Erfahrung. Die Enteignung des Spiels durch die Marktkräfte drohen, die kulturelle Bedeutung des Spiels vollkommen zu entwerten. Damit droht auch der Verlust der kulturellen Sphäre, die aus spielerischem Handeln hervorgegangen ist und von diesem erhalten wurde.

Spiel um seiner selbst willen ist der höchste Ausdruck menschlicher Freiheit – und Freiheit ist nichts, was man kaufen kann. Im 15. Brief *Über die ästhetische Erziehung des Menschen* aus dem Jahr 1795 bemerkt Friedrich Schiller: »... der Mensch spielt nur, wo er in voller Bedeutung des Worts Mensch ist, und *er ist nur da ganz Mensch, wo er spielt.*«[25] Das ist so, weil reines Spiel im Bereich der Kultur der wichtigste Ausdruck menschlicher Bindung ist. Wir spielen miteinander aus Liebe zur Begegnung mit anderen Menschen. Es ist der intensivste Akt gemeinsamer Teilnahme und wird durch gegenseitiges Vertrauen ermöglicht – das Gefühl, dass jeder Spielende seine Abwehrmaßnahmen niederlegen und sich selbst für einen Augenblick der Fürsorge anderer überlassen kann, um die Freude zu erleben, die im freien Verkehr der Menschen miteinander entsteht. Aus diesem Grund kann man auch nicht wirklich alleine spielen, in der Isolation von den anderen entsteht keine wirkliche Freude. Selbst wenn man alleine in einem Wald spazieren geht, erwächst die kontemplative Freude aus dem Gefühl tiefer, fester Verbindung mit der Lebenskraft, die uns umgibt.

Freiheit und Spiel haben also einiges gemeinsam. Man lernt durch das Erleben reinen Spiels in der kulturellen Sphäre, offen zu werden für andere Menschen und mit diesen etwas gemeinsam zu tun. Wir werden zu Menschen, wenn wir gemeinsam feiern. Wir werden niemals wirklich frei sein, wenn wir uns nicht vollkommen dem reinen Spiel hingeben können.

Erinnern wir uns daran, dass wir fast die ganze Neuzeit und Moderne hindurch Freiheit mit Autonomie gleichgesetzt haben und Autonomie mit der Fähigkeit, die eigene Arbeitskraft auf dem Markt zu verkaufen. Die Früchte dieser Arbeit – Eigentum – galten als Zeichen unserer Freiheit. Das Recht, andere von dem auszuschließen, was wir besitzen, wurde als die beste Möglichkeit betrachtet, unsere Autonomie und unsere individuelle Freiheit zu schützen. Wahre Freiheit jedoch entspringt aus dem Teilen und nicht aus ausschließendem Besitz. Niemand kann wirklich frei sein, wenn er nicht teilen, sich in andere einfühlen und sich ihrer annehmen kann.

Reifes Spiel – im Gegensatz zur passiven Unterhaltung – entsteht nur im kulturellen Bereich. Wenn Menschen einander verpflichten, dann sind sie an einem sehr reifen Spiel beteiligt: Das geschieht in Vereinigungen, die sich der Solidarität, dem zivilen oder kirchlichen Leben widmen, geschieht in der Kunst, im Sport oder in Organisationen, die für soziale Gerechtigkeit oder Schutz der Umwelt eintreten. Sozialer Austausch in solchen Gruppen schafft Inseln sozialen Vertrauens und eine Menge sozialen Kapitals, auf das sie sich stützen können. Reifes Spiel ist immer eine Gemeinschaft vieler. Es bringt Menschen in einer Gemeinschaft zusammen und ist die intimste und raffinierteste Form menschlicher Kommunikation, die es gibt. Reifes Spiel ist auch das Gegenmittel gegen die ungehemmte Ausübung institutioneller Macht, ob in der politischen oder der kommerziellen Sphäre.

Die Rede von der Macht des Spiels wird bei einigen Analytikern von Machtbeziehungen vermutlich ein höhnisches, zumindest skeptisches Gelächter hervorrufen. Aber es sollte betont werden, dass sogar das kapitalistische System das Spiel als die »new frontier« des Kommerzes betrachtet. Themenstädte, geschlossene Communities, Unterhaltungszentren, Einkaufszentren, globaler Tourismus, Mode, Küche, professioneller Sport und professionelle

Spiele, Film, Fernsehen, virtuelle Welten und simulierte Erfahrungen jeglicher Art: Hier wittert die kapitalistische Entwicklung Neuland und zu eroberndes Terrain. Es ist zwar nichts grundsätzlich Falsches daran, für das Spiel, das zur Unterhaltung in der kommerziellen Arena wurde, zu bezahlen. Doch wenn bezahltes Spiel im kulturellen Bereich zum fast vollständigen Ersatz des reifen Spiels wird, dann riskiert die Zivilisation ihre Zerstörung.

Es genügt also nicht, die Fragen des Zugangs im kommerziellen Bereich zu diskutieren. Zwar ist es wichtig, Bildungsmöglichkeiten zu schaffen, sodass jeder mit dem Computer umgehen und seinen Weg durch den Cyberspace finden kann, doch dies reicht nicht aus, um die tieferen Probleme des Zugangs anzugehen, die sich im neuen Zeitalter stellen werden. Auch hat die Frage des Zugangs nicht nur damit zu tun, den Menschen ein angemessenes Einkommen und einen bestimmten Lebensstandard zu garantieren, damit sie sich die Zugangsgebühren für die neuen elektronisch vermittelten Welten des 21. Jahrhunderts leisten können. Wären dies die einzigen wichtigen Angelegenheiten, müsste man sich über den Zustand der Zivilisation keine Gedanken machen.

Aber es geht nicht nur um den garantierten Zugang zur neuen vernetzten Weltwirtschaft, bedeutsamer ist der garantierte ständige Zugang zu lebendigen und vielfältigen lokalen Kulturen. Die Marktkräfte haben das Bestreben, das kulturelle Leben in warenförmige Fragmente kommerzieller Unterhaltung, gelebter Erfahrungen, bezahlter Vergnügungen und gehandelter Beziehungen zu verwandeln. Können sie darin nicht gezähmt werden, werden sie die kulturelle Sphäre verschlingen. Würden wir den Zugang zur reichen kulturellen Vielfalt verlieren, zu Tausenden von Jahren gelebter Erfahrung, dann wäre dies nicht weniger verheerend für unsere Fähigkeit, in Zukunft zu überleben und uns weiterzuentwickeln, wie der Verlust der noch bestehenden Artenvielfalt. Kultur und Kommerz wieder auszubalancieren, ist die alles entscheidende Aufgabe für das kommende Zeitalter – und eine, die nachfolgende Generationen mit derselben Leidenschaft und Überzeugung angehen müssen, wie sie die heutige Generation in ihrem Bemühen, zu einer nachhaltigen Balance zwischen dem Haushalt Ökonomie der Natur und der des Menschen zu gelangen, gezeigt hat.

Das Zeitalter des Zugangs wird jeden von uns vor die grundsätzliche Frage stellen, wie wir unsere elementarsten Beziehungen zueinander neu gestalten wollen. Zugang hat vor allem damit zu tun, welche Ebenen und Arten der Teilnahme wir wollen: Es geht nicht nur darum, wer Zugang bekommt, sondern auch welche Erfahrungen und Welten der Beteiligung des Zugangs wert sind. Mit der Antwort auf diese Frage entscheiden wir über die Gesellschaft, in der wir im 21. Jahrhundert leben werden.

DANKSAGUNG

Ich möchte Jon Akland danken, der mir mit Recherchearbeiten für dieses Buch behilflich war. Es gelang Jon durch das gesamte Projekt hindurch, genau die Forschungsergebnisse zu finden, die wir brauchten. Ich bin dankbar für seine Aufmerksamkeit auf die vielen Details, die in die Vorbereitung des Manuskripts einflossen. Schon allein die Menge an Informationen, die im Laufe dieses Projekts zusammenkam, zu kontrollieren und zu organisieren war eine ungeheure Aufgabe. Jon nahm sich dieser Mühen mit großer Sorgfalt und Effizienz an.

Ich möchte außerdem Jerry Rosenbloom, Sheldon Rovin und Scott Koerwer von der Wharton School danken, sowie David Noble und Steve Samuel für ihre vielen hilfreichen Kommentare zu frühen Entwürfen des Manuskripts. Besonders meinem alten Freund und Kollegen Ted Howard möchte ich danken, der sich viele Tage mit verschiedenen Versionen des Manuskripts abkämpfte und mich kenntnisreich mit wertvollen Rückmeldungen versorgte.

Weiterhin möchte ich meinem Schwiegervater Ted Grunewald für seine vielen konstruktiven Ideen danken, sowie für seine Hilfe bei der Suche nach wichtigen Informationen, die in dieses Buchs eingeflossen sind.

Laura Martino hat durch ihre Recherchen und Überprüfungen ebenfalls viel zu dem Buch beigetragen. Ein Dankeschön geht auch an Clara Mack, Joyce Wooten, Eric Schoenfield und Anna Awimbo für all ihre gewissenhafte Mühe bei der Vorbereitung des Manuskripts.

Meiner Frau, Carol Grunewald, möchte ich für die langen fruchtbaren Gespräche danken, die zur Pointierung mancher Ideen beitrugen.

Außerdem möchte ich meinem guten Freund und Verleger Jeremy Tarcher für seine wichtige Kritik am ersten Entwurf des Manuskripts danken, die dazu beitrug, dem Projekt die richtige Richtung zu geben. Und Dank an Joel Fotinos, meinen Verleger, dafür, dass er an dieses Projekt vom ersten Tag an glaubte und den Prozess der Fertigstellung bei Putnam begleitete. Ich möchte Cathy Fox von Putnam in meinen Dank einschließen – sie sorgte dafür, dass das Buch eine große Leserschaft überall auf der Welt erhält. Dank auch an meinen Agenten, Jim Stein, der immer der Erste ist, der sich für ein neues Buchprojekt engagiert und dafür sorgt, dass es Wirklichkeit wird.

Schließlich möchte ich meinem Lektor Mitch Horowitz danken. Dies ist das zweite Buch, bei dem wir zusammengearbeitet haben. Seine Präsenz ist praktisch auf jeder Seite des Buchs spürbar. Ich habe es sehr genossen, in jeder Phase dieses Projekts Ideen auszutauschen und schätze seinen scharfen Verstand, seine sprachliche Eleganz und seinen Witz.

ANMERKUNGEN

Kapitel 1

1 Jean-Christophe Agnew, *Worlds Apart. The Market and the Theater in Anglo-American Thought, 1550-1750*, Cambridge 1986, S. 41 f., 52f., 56.

Kapitel 2

1 Nathaniel Hawthorne, *Das Haus der sieben Giebel*, Reinbek 1988, S. 326 f.

2 Steven E. Miller, *Civilizing Cyberspace. Policy, Power, and the Information Superhighway*, New York 1996, S. 44 f.

3 A.a.O., S. 46.

4 James Gleick, in: *New York Times Magazine*, zitiert nach Miller, *Civilizing Cyberspace*, S. 47.

5 Kevin Kelly, *New Rules for the New Economy. 10 Radical Strategies for a Connected World*, New York 1998, S. 73; »The Global Internet«, in: *Internet Economy Indicators*, 1999, http://www.internetindicators.com/index.html.

6 Beth Belton, »Internet Generated $301 Billion in Last Year«, in: *USA Today*, 11. Juni 1999, S. 1; »Indicators Report«, in: *Internet Economy Indicators* 1999.

7 Miller, *Civilizing Cyberspace*, S. 38 f.

8 A.a.O., S. 39.

9 Steven Bell u.a., »Resizing Online Business Trade«, in: *The Forrester Report*, November 1998, S. 1 f.

10 Kevin Kelly, *Out of Control. The Rise of the Neo-Biological Civilization*, Reading 1994, S. 201.
11 Adam Smith, *Der Wohlstand der Nationen. Eine Untersuchung seiner Natur und seiner Ursachen*, Ausg. nach 5. Aufl. 1789, München 1993, *An Inquiry into the Nature and Causes of the Wealth of Nations*, Band 1, hg. v. Edwin Cannon, London 1961, S. 475.
12 Manuel Castells, *The Information Age. Economy, Society, and Culture*, Band 1: *The Rise of the Network Society*, Cambridge (Mass.) 1996, S. 191.
13 Larry Downes / Chunka Mui, *Unleashing the Killer App. Digital Strategies for Market Dominance*, Boston 1998, S. 5, 21, 23.
14 A.a.O., S. 21 f.
15 A.a.O., S. 21, 23.
16 Rashi Glazer, »Marketing in an Information-Intensive Environment. Strategic Implications of Knowledge as an Asset«, in: *Journal of Marketing*, 55, Oktober 1991, S. 7.
17 A.a.O.
18 A.a.O.,; William Greider, *One World, Ready or Not. The Manic Logic of Global Capitalism*, New York 1997, S. 47; Don Tapscott, *The Digital Economy. Promise and Peril in the Age of Networked Intelligence*, New York 1996, S. 81, 152.
19 George B. Rathman, »Biotechnology Case Study«, in: Mitchel B. Wallerstein / Mary Ellen Mogee / Roberta A. Schoen (Hg.), *Global Dimensions of Intellectual Property Rights in Science and Technology*, Washington 1993, S. 325; T. Michael Nevens / Gregory L. Summe / Bro Uttal, »Commercializing Technology. What the Best Companies Do«, in: *Harvard Business Review*, Mai/Juni 1990, S. 155.
20 Michael Borrus, »Global Intellectual Property Rights Issues in Perspective. A Concluding Panel Discussion«, in: Wallerstein u.a. (Hg.), *Global Dimensions of Intellectual Property Rights*, S. 373 f.
21 Tapscott, *The Digital Economy*, S. 60.
22 A.a.O.
23 Steven L. Goldman / Roger N. Nagel / Kenneth Preiss, *Agile Competitors and Virtual Organizations. Strategies for Enriching the Customer*, New York 1995, S. 19.
24 Preston G. Smith / Donald G. Reinertsen, *Developing Products in Half the Time*, New York 1995, S. 12.
25 John Markoff, »A Quicker Pace Means No Peace in the Valley« in: *New York Times*, 3. Juni 1996, S. D6.

26 Tapscott, *The Digital Economy*, S. 63.
27 A.a.O., S. 60.
28 Alvin und Heidi Toffler, *Creating a New Civilization. The Politics of the Third Wave*, Washington 1994, S. 29 f.
29 Walter W. Powell, »Neither Market Nor Hierarchy. Network Forms of Organization«, in: *Research in Organizational Behavior*, 12, 1990, S. 296-326; Cristiano Antonelli, *The Economics of Information Networks*, New York 1992, S. 55 f., 60.
30 Benjamin B. Hampton, *History of the American Film Industry. From Its Beginnings to 1931*, New York 1970.
31 Michael Storper, »The Transition to Flexible Specialization in the U.S. Film Industry. External Economies, the Division of Labor and the Crossing of Industrial Divides«, in: *Cambridge Journal of Economics*, 13, 1989, S. 278.
32 A.a.O., S. 278 f.
33 Michael Storper / Susan Christopherson, »The Effects of Flexible Specialization on Industrial Politics and the Labor Market. The Motion Picture Industry«, in: *Industrial and Labor Relations Review*, April 1989, S. 334; Michael Storper, »The Transition to Flexible Specialization«, S. 279.
34 Joel Kotlin / David Friedman, »Why Every Business Will Be Like Show Business«, in: *Inc.*, März 1995, S. 66.
35 Storper, »The Transition to Flexible Specialization«, S. 286.
36 Asu Aksoy / Kevin Robins, »Hollywood for the 21st Century. Global Competition for Critical Mass in Image Markets«, in: *Cambridge Journal of Economics*, 16, 1992, S. 9.
37 A.a.O.
38 Kotlin / Friedman, »Why Every Business Will Be Like Show Business«, S. 66.
39 Geoffrey Owen / Louise Kehoe, »A Hotbed of High-Tech«, in: *Financial Times*, 28. Juni 1992.
40 John Kao, *Jamming. The Art and Discipline of Business Creativity*, New York 1996, S. 124.
41 Tom Peters, *Liberation Management. Necessary Disorganization for the Nanosecond Nineties*, New York 1992, S. 12.
42 Powell, »Neither Market Nor Hierarchy«, S. 308.

Kapitel 3

1 Alan Greenspan, Vorsitzender der US-amerikanischen Notenbank, anlässlich der Preisverleihung am 80. Jahrestag des Conference Board, New York, 16. Oktober 1996, http://www.bog.frb.fed.us/boarddocs/speeches/1996/1996101 6.htm.
2 Diane Coyle, *The Weightless World. Strategies for Managing the Digital Economy*, Cambridge (Mass.) 1997, S. VIII.
3 Thomas A. Stewart, *Intellectual Capital. New Wealth of Organizations*, New York 1997, S. 12.
4 George Gilder, *Microcosm. The Quantum Revolution in Economics and Technology*, New York 1989, S. 354.
5 Fallon McElligott, »The New Workplace. Walls Are Falling as the ›Office of the Future‹ Finally Takes Shape«, in: *Business Week*, 29. April 1996, S. 112.
6 A.a.O., S. 113.
7 A.a.O.
8 Paul Taylor, »As the Information Revolution Gathers Pace, the ›Virtual Office‹ will Become the Norm in Many Industries«, in: *Financial Times*, 23. September 1998.
9 A.a.O.
10 Stewart, *Intellectual Capital*, S. 26.
11 Stephen P. Bradley / Jerry A. Hausman / Richard L. Nolan (Hg.), *Globalization, Technology and Competition. The Fusion of Computers and Telecommunications in the 1990s*, Cambridge (Mass.) 1993, S. 129.
12 Matt Richtel, »Sony Plans to Distribute Music On-Line This Summer«, in: *New York Times*, 12. Mai 1999; Alice Rawsthorn, »Global Internet Music Sales to Reach $4 Billion in Five Years«, in: *The Financial Times*, 12. Mai 1999, S. C2
13 Heather Green / Seanna Browder, »Cyberspace Winners. How They Did It«, in: *Business Week*, http://www.businessweek.com/1998/25/b3583023.htm.
14 A.a.O.
15 Laura Zimm / Gail DeGeorge / Rochelle Shoretz, »Retailing Will Never Be the Same«, in: *Business Week*, 26. Juli 1993, S. 56; Gretchen Morgenson, »The Fall of the Mall«, in: *Forbes*, 24. Mai 1993, S. 107.
16 Nanette Byrnes / Paul C. Judge, »Internet Anxiety«, in: *Business Week*, 28. Juli 1999, S. 78-83.

17 Fernand Braudel, *The Structures of Everyday Life. The Limits of the Possible*, New York 1981, S. 442 f.

18 Joel Kurtzman, *The Death of Money. How the Electronic Economy Has Destabilized the World's Markets and Created Financial Chaos*, New York 1993, S. 17.

19 A.a.O., S. 15 f.

20 A.a.O., S. 16.

21 A.a.O., S. 60 f.

22 James Gleick, »Dead as a Dollar«, in: *New York Times Magazine*, 16. Juni 1996, S. 26.

23 William J. Mitchell, *City of Bits. Space, Place and the Infobahn*, Cambridge (Mass.) 1995, S. 81; Robert S. Borone, »The Bank and Its Customer. Tomorrow's Virtual Reality Bank«, in: *Vital Speeches of the Day*, Nr. 59, 15. Februar 1993, S. 284.

24 Gleick, »Dead as a Dollar«, S. 26; Deutsche Bundesbank.

25 William Leach, *Land of Desire. Merchants, Power, and the Rise of a New American Culture*, New York 1993, S. 124, 127.

26 George Fitch, »Charge It«, in: *Credit World*, 5, April 1915, S. 30.

27 »A Big Store's Advertising«, in: *Merchants Record & Show Window*, 47, November 1920, S. 5, 48; *Merchants Record & Show Window*, 79, November 1936, S. 3.

28 Rolf Nugent, *Consumer Credit and Economic Stability*, New York 1939, S. 96.

29 Winifred Wandersee, *Women's Work and Family Values, 1920-1940*, Cambridge (Mass.) 1981, S. 16 f.

30 Geoffrey Moore, »Changes in the Quality of Credit«, in: *Journal of Finance*, Mai 1956, S. 288-300.

31 Roland Vaile, *Research Memorandum on Social Aspects of Consumption in the Depression*, New York 1937, S. 19, 28.

32 James Grant, *Money of the Mind. Borrowing and Lending in America – From the Civil War to Michael Milkin*, New York 1992, S. 300, 306 f.

33 James Medoff / Andrew Harless, *The Indebted Society*, Boston 1996, S. 11.

34 Stephen Brobeck, »The Consumer Impacts of Expanding Credit Card Debt«, in: *Consumer Federation of America*, Februar 1997, S. 1.

35 Sylvia Nasar, »The Economists Simply Shrug as Savings Rate Declines«, in: *New York Times*, 21. Dezember 1998, S. A14.

36 Alfred L. Malabre, *Beyond Our Means. How Reckless Borrowing Now*

Threatens to Overwhelm Us, New York 1987, S. 4, 21, 27; Robert Kuttner, »Booming on Borrowed Cash«, in: *Washington Post*, 1. Januar 1999, S. A25; Stephen S. Roach, »Spending Ourselves Into Oblivion«, in: *New York Times*, 11. Dezember 1998, S. A31.

37 Brobeck, »The Consumer Impacts of Expanding Credit Card Debt«, S. 2.

38 Saul Hansell, »Personal Bankruptcies Surging as Economy Hums«, in: *New York Times*, 25. August 1996, S. 1, 38.

39 Matt Murray, »Percentage of Credit-Card Accounts That Are Past Due Rose a Bit in Quarter«, in: *Wall Street Journal*, 17. Juni 1998, S. A9.

40 Lester C. Thurow, »The Boom That Wasn't«, in: *New York Times*, 18. Januar 1999, S. A19.

41 A.a.O.

42 Kathy Bergen, »Bankruptcy Becoming Prosperity's Partner. Largely a Declaration of the Middle Class«, in: *Chicago Tribune*, 5. Juli 1998.

43 Jacob M. Schlesinger, »As Bankruptcies Surge, Creditors Lobby Hard to Get Tougher Laws. But Whether Many People Shirk Bills They Can Pay Remains Open to Debate, Changing the Lenders Image«, in: *Wall Street Journal*, 17. Juni 1998; Bergen, »Bankruptcy Becoming Prosperity's Partner«, S. A1, A9.

44 Stanley M. Davis / Christopher Meyer, *Blur. The Speed of Change in the Connected Economy*, Oxford 1998, S. 182.

45 A.a.O., S. 183.

46 A.a.O.

47 A.a.O., S. 191.

48 Thomas A. Stewart, »The Coins in the Knowledge Bank. Accounting for Intangible Intellectual Assets of a Firm«, in: *Fortune*, 133, Nr. 3, 19. Februar 1996, S. 101.

49 Equipment Leasing Association, »Professor Lessor«, http://elaonline.com/proflesr.htm; Equipment Leasing Association, »Facts About the Equipment Leasing and Finance Industry«, http://www.elaonline.com/indfacts.htm; Bundesverband Deutsche Leasing Gesellschaft e.V.

50 »Significance & Growth of Leasing. Advantages & Disadvantages of Leasing«, in: *Leasing in Industry – Studies in Business Policy, Nr. 127, A Research Report from the Conference Board.*

51 Elnora M. Uzzelle, »American Equipment Companies Should Consi-

der the International Arena«, in: *Business America*, 28. Juni 1993, S. 11 f.; Equipment Leasing Association, »Professor Lessor«.

52 Kundapur V. Kamath / Sanjiv A. Kerkar / Tumu Viswanath, *The Principles & Practices of Leasing*, Croydon 1990, S. 3.

53 A.a.O., S. 4.

54 A.a.O., S. 8 f.

55 Michael Berke, *Selling Equipment Leasing*, New York 1994, S. 5.

56 A.a.O., S. 9 f.

57 Equipment Leasing Association, »Facts About the Equipment Leasing and Finance Industry«.

58 Peggy Wallace, »Leasing Allows Swapping Up Before Value Drops«, in: *Infoworld*, 9. Mai 1994, S. 71.

59 David S. Glick, »The Leasing Generation. Leasing Enters the Nineties with a Record of Strong Growth Based on the Benefits It Offers to a Wide Range of Businesses«, besondere Werbebeilage in: *Forbes*, 19. Februar 1990, S. A10.

60 David J. Porter, »World Leasing Motors On. Europe Still in the Pits«, in: *World Leasing Yearbook 1995*, hg. v. Adrian Hornbrook, Sussex 1995, S. 3.

61 A.a.O.

62 Sallye Salter, »Today's Topic: Commercial Real Estate«, in: *Atlanta Journal and Constitution*, 16. April 1998, S. 2F.

63 David Dabby / Rick Smith, »Retail Properties Hot Commodities in Broward County«, in: *Sun-Sentinel*, 12. August 1996, S. 12.

64 Donna Harris, »Real Estate Trusts Give Dealers a New Path; Potamkin Joins«, in: *Automotive News*, Nr. 5739, 10. November 1997, S. 1.

65 Jeremy Kahn, »Disownership Is Everything. Dumping Corporate Real Estate – for Profit«, in: *Fortune*, 137, Nr. 6, März 1998, S. 44.

66 Richard Whiteley / Dianne Hessan, *Customer Centered Growth. Five Proven Strategies for Building Competitive Advantage*, New York 1996, S. 37.

67 Outsourcing Institute, »Three Major Areas Companies Outsource«, http://www.outsourcing.com/howandwhy/areas.main.htm.

68 Everest Software Corporation, »Industry IS Spending. An Informational Study on IS Spending in Various Industries«, http://www.outsourcing-mgmt/com.industry/who-2.html#start.

69 Jo Ann Davy, »Outsourcing Human Resources Headaches«, in: *Managing Office Technology*, 43, Nr. 7, September 1998, S. 6; »Outsour-

cing Can Boost Profitability«, in: *USA Today*, 127, Nr. 2639, August 1998, S. 3.

70 Everest Software Corporation, »Industry IS Spending«.

71 Whiteley / Hessan, *Customer Centered Growth*, S. 37.

72 Joe Vales, »BPO Solutions. New Landmark Survey Demonstrates BPO Growth«, in: *InfoServer: The Journal for Strategic Outsourcing Information*, Mai 1998, http://www.infoserver.com/may 1998/htm/bpo4.html.

73 Michael J. Mandel u.a., »The 21st Century Economy. Volatility Is Here to Stay, But Technology and Globalization Will Spur Robust Growth«, in: *Business Week*, 24.-31. August 1998, S. 110.

74 Saul Hansell, »Is This the Factory of the Future?«, in: *New York Times*, 26. Juli 1998, Teil 3, S. 1.

75 James Brian Quinn, *Intelligent Enterprise. A Knowledge and Service Based Paradigm for Industry*, New York 1992, S. 39, 43, 45 f., 60-64; Larry Downes / Chunka Mui, *Unleashing the Killer App. Digital Strategies for Market Dominance*, Boston 1998, S. 201.

76 Jo-Ann Mort, »Sweated Shopping«, in: *Guardian*, 8. September 1997, S. 11; Bob Egelko, »Nike Sued Under California False-Advertising Law«, in: *Associated Press*, 20. April 1998; Dion V. Haynes, »Nike Hit with Suit on Labor Practices«, in: *Chicago Tribune*, 12. April 1998, Wirtschaftsteil, S. 1; Tammara Porter, »Teens Find Alleged Nike Labor Practices Unfair, But Wait to Act«, in: *Minneapolis Star Tribune*, 7. Juli 1997, S. 6B; David Meggyesy, »Superrich Superstars in Sports, Moral Jellyfish in Life«, in: *Los Angeles Times*, 17. Oktober 1997, S. 9.

77 Paul Klebnikov, »Focus, Focus«, in: *Forbes*, 11. September 1995, S. 42 f.; Julia King, »Outsourcer. No Money Down«, in: *Computerworld*, 32, Nr. 27, Juli 1998, S. 2 f.

78 King, »Outsourcer«, S. 2.

79 Zitiert nach: William H. Davidow / Michael S. Malone, *The Virtual Corporation. Structuring and Revitalizing the Corporation for the 21st Century*, New York 1992, S. 6.

80 Davidow / Malone, *The Virtual Corporation*, S. 7.

81 Stewart, *Intellectual Capital*, S. 33; John Plender, »Unbearable Lightness of Being. Never Has So Much Stock Value Been Supported by So Few Tangible Assets«, in: *Financial Times*, 8. Dezember 1998.

82 Fred Moody, »Mr. Software«, in: *New York Times Magazine*, 25. August 1991, S. 56.

83 Margaret M. Blair, *Ownership and Control. Rethinking Corporate Governance for the Twenty-First Century*, Washington 1995, S. 234.
84 Stewart, *Intellectual Capital*, S. 63.
85 Plender, »Unbearable Lightness of Being«; Jeffrey M. Laderman, »Are Stocks Overpriced – Or the Yardstick Flawed?«, in: *Business Week*, 15. Juli 1996, S. 82.
86 Davis / Meyer, *Blur*, S. 102.
87 George Gilder, »The Fiber Baron«, in: *Wall Street Journal*, 3. Oktober 1997, S. A22.
88 Stewart, *Intellectual Capital*, S. 36.
89 Thomas A. Stewart, »Intellectual Capital«, *Fortune*, 3. Oktober 1994, S. 68.
90 Mandel u.a., »The 21st Century Economy«, S. 63.
91 William H. Davidow, »Why Profits Don't Matter. Until We Measure Intangible Assets Like Goodwill & Management Savvy, Bottom Lines Won't Mean Much«, in: *Forbes* 157, Nr. 7, April 1996, S. S24; Michael Malone, »New Metrics for a New Age«, in: *Forbes* 159, Nr. 7, April 1997, S. S40.
92 Malone, »New Metrics for a New Age«, S. S40; Baruch Lev, »The Old Rules No Longer Apply. Accounting Needs New Standards for Capitalizing Intangibles«, in: *Forbes* 159, Nr. 7, April 1997, S. S34.

Kapitel 4

1 Thomas S. Dicke, *Franchising in America. The Development of a Business Method, 1840-1980*, Chapel Hill 1992, S. 3.
2 David Segal, »Franchisees Unite to Fight for Their Lives. Judgments Against Parent Companies Tip Balance of Power«, in: *Washington Post*, 17. April 1997, S. A1, A20.
3 Info Franchise News Inc., »What Is Franchising?«, http://www.vaxxine.com/franchise/what.html; »Hot Franchising Trends«, in: *The Info Franchise Newsletter* 22, Nr. 1, Januar 1998, http://www.vaxxine.com/franchise/newsletter/jan98.html; John Stanworth / Brian Smith, *The Barclays Guide to Franchising for the Small Business*, Oxford 1991, S. 26.
4 Gespräch mit Katrina Schymic, Vorstandsvorsitzende des Franchise Business Network und des Franchise World Resource Center, Interna-

tional Franchise Association, am 20. Mai 1998; William B. Cherkasky, »Introduction to Franchising and the International Franchise Association«, in: *The Franchising Handbook*, hg. v. Andrew J. Sherman, New York 1993, S. 4.

5 Segal, »Franchisees Unite to Fight for Their Lives«; Cherkasky, »Introduction to Franchising«, S. 6.

6 Cherkasky, »Introduction to Franchising«, S. 4, 6; Segal, »Franchisees Unite to Fight for Their Lives«, S. A1; Deutscher Franchise Verband.

7 Leonard N. Swartz, »Franchising World. Exploring Global Franchise Trends«, in: *International Franchise Association News*, April 1997, http://www.franchise.org/news/fw/marapr97b.asp.

8 E. O. Wright, »Class Boundaries in Advanced Capitalist Societies«, in: *New Left Review*, Nr. 98, Juli/August 1976, S. 37 f.

9 Jan Kirkham / Timothy McGowan, »Strengthening and Supporting the Franchising System«, in: *The Franchising Handbook*, hg. v. Andrew J. Sherman, New York 1993, S. 11.

10 A.a.O.

11 A.a.O., S. 12.

12 A.a.O., S. 12; Dicke, *Franchising in America*, S. 3; Alan Felstead, *The Corporate Paradox. Power and Control in the Business Franchise*, New York 1993, S. 111.

13 John F. Love, *McDonald's. Behind the Arches*, London 1987, S. 156 f.

14 Felstead, *The Corporate Paradox*, S. 112.

15 A.a.O., S. 112 f.

16 Theodore Levitt, »Production-Line Approach to Service«, in: *Harvard Business Review*, 5, Nr. 5, September/Oktober 1972, S. 41-52; Love, *McDonald's*, Kapitel 14; Felstead, *The Corporate Paradox*, S. 118.

17 Felstead, *The Corporate Paradox*, S. 119 f.

18 A.a.O., S. 101-103.

19 A.a.O., S. 114.

20 A.a.O., S. 203.

21 *General Electric Co. v. De Forest Radio Co. et al.*, Nr. 3654, Circuit Court of Appeals, Third Circuit, 28 F.2d 641, 1928 U.S. App. LEXIS 2406, 18. September 1928.

22 Rural Advancement Foundation International, »The Gene Giants. Masters of the Universe?«, in: *RAFI Communique*, März/April 1999, S. 6.

23 Rural Advancement Foundation International, »Seed Industry Consolidation. Who Owns Whom?«, in: *RAFI Communique*, Juli/August 1998, S. 2.
24 A.a.O.
25 A.a.O.
26 A.a.O.
27 Bernard Le Buanec, Generalsektretär der International Seed Trade Federation, Rede vom 16. Januar 1998, zitiert nach: Rural Advancement Foundation International, »The Gene Giants: Masters of the Universe?«, S. 4.
28 Michael Pollan, »Playing God in the Garden«, in: *New York Times Magazine*, 25. Oktober 1998, S. 44-51, 62 f., 82, 92.
29 Curt Anderson, »Sterile Seeds Patent Sparks Debate«, in: *Associated Press*, 23. Mai 1998; »Biotechnology. Sowing Seeds of Discontent«, in: *St. Louis Post-Dispatch*, 13. November 1998, S. C16.
30 Leora Broydo, »A Seedy Business. A New ›Terminator Technology‹ Will Make Crops Sterile & Force Farmers to Buy Seeds More Often – So Why Did the USDA Invent It?«, in: *Mother Jones Interactive*, 7. April 1998, http://bsd.mojones.com/news_wire/broydo.html.
31 »Biotechnology: Sowing Seeds of Discontent«, S. C16.
32 A.a.O.
33 *Moore v The Regents of the University of California et al.*, Supreme Court of the State of California, S. 23.
34 John Schwartz, »For Sale in Iceland. A Nation's Genetic Code«, *Washington Post*, 12. Januar 1999, S. A1.
35 Seth Shulman, *Owning the Future,* Boston 1999, S. 190.

Kapitel 5

1 Art Spinella, »Leasing's Share of Market Slows a Bit in 1998«, in: *Leasing News*, September 1998, http://www.leasesource.com/news room/body_news.htm; CNW Marketing Research, »Annual Study. Leasing Showing Its Age; Taken for Granted; Still Potent Siren Song for Many Car Shoppers«, in: *LTR/8+*, 11, Nr. 4, 1998, S. 2, 5.
2 David Woodruff / Edward C. Baig, »Leasing Fever: Why the Car Business Will Never Be the Same«, *Business Week*, 7. Februar 1995, S. 92 f.

3 A.a.O., S. 96.
4 A.a.O., S. 94.
5 Spinella, »Leasing's Share of Market Slows a Bit in 1998«
6 A.a.O.
7 Tina Cassidy, »Getting a Lease on Your Dreams«, in: *Boston Globe*, 31. Juli 1995, S. 73.
8 CNW Marketing Research, »Annual Study. Leasing Showing Its Age«, S. 1.
9 Jerry Knight, »Lost But Not Leased? A Used-Car Glut Looms; Analysts Say Consumers, Economy Could Be Hit«, in: *Washington Post*, 5. Juni 1994, S. H1.
10 Woodruff / Baig, »Leasing Fever«, S. 94.
11 Brandon Mitchener, »Frankfurt Auto Show. In This Car Pool, Drivers Can Try Any Car Any Time«, in: *Herald Tribune*, 14. September 1995.
12 Car Free Cities Network, »CityCarClub. Carfree But Carefree«, Unternehmensbroschüre, 1998.
13 Zitiert nach: Car Free Cities Network, »CityCarClub«
14 Daniel Bell, *The Coming of Post-Industrial Society*, New York 1973, S. 115.
15 Paul Lafargue, *The Evolution of Property. From Savagery to Civilization*, New York 1901, S. 2.
16 Sir William Blackstone, *Commentaries on the Laws of England*, Band 1, Philadelphia 1825, S. 1.
17 Charles H. McIlwain, *The Growth of Political Thoughts in the West, from the Greeks to the End of the Middle Ages*, New York 1932, S. 181.
18 Richard Schlatter, *Private Property. The History of an Idea*, New York 1973, S. 63 f.
19 John Locke, *Zwei Abhandlungen über die Regierung*, Frankfurt/Main 1967, §§ 27 und 32.
20 Adam Smith, *Lectures on Jurisprudence*, Oxford 1978, S. 209.
21 A.a.O.,; Andrew Reeve, *Property*, London 1986, S. 58-61, 66.
22 Harry Braverman, *Labor and Monopoly Capital*, New York 1971, S. 273 f.
23 Robert Smuts, *Women and Work in America*, New York 1971, S. 11-13.
24 George Stigler, *Trends in Output and Employment*, New York 1947, S. 14, 24.
25 Braverman, *Labor and Monopoly Capital*, S. 276.
26 A.a.O., S. 248.

27 James Brian Quinn, *Intelligent Enterprise. A Knowledge and Service Based Paradigm for Industry*, New York 1992, S. 5 f.
28 Bell, *The Coming of Post-Industrial Society*, S. xvi, xix-xx.
29 Quinn, *Intelligent Enterprise*, S. 30.
30 Peter Martin, »Revolution Again«, in: *Financial Times*, 4. Juni 1998. S. [?]
31 A.a.O.
32 Bell, *The Coming of Post-Industrial Society*, S. xvi.
33 Taichi Sakaiya, *The Knowledge-Value Revolution, or, A History of the Future*, Tokio 1991, S. 60
34 Thomas E. Weber, »Talking Toasters. Companies Gear Up for Internet Boom in Things That Think«, in: *Wall Street Journal*, 27. August 1998, S. A1.
35 A.a.O.
36 Henry Ford, *My Life and Work*, Salem 1987, S. 41, 67.
37 Carl Shapiro / Hal R. Varian, *Information Rules. A Strategic Guide to the Network Economy*, Boston 1999, S. 14, 19; Larry Downes / Chunka Mui, *Unleashing the Killer App. Digital Strategies for Market Dominance*, Boston 1998, S. 51.
38 Downes / Mui, *Unleashing the Killer App*, S. 51.
39 A.a.O.,; Shapiro / Varian, *Information Rules*, S. 19 f.; *Encyclopedia Britannica, Inc.*, »Why Subscribe to BritannicaOnline?«, http://www.eb.com/whysub.htm.
40 Eleanor A. Gossen / Suzanne Irving, »Ownership Versus Access and Low-Use Periodical Titles« in: *Library Resources & Technical Services*, 39, Nr. 1, Januar 1995, S. 43.
41 Roger Brown, »The Changing Economic Environment – Access vs. Ownership. Access Where? Own What? – A Corporate View«, in: *Serials. The Journal of the United Kingdom Serials Group*, 8, Nr. 2, Juli 1995, S. 125-129.
42 Ethan Bronner, »For More Textbooks. A Shift From Printed Page to Screen«, in: *New York Times*, 1. Dezember 1998, S. A26.
43 A.a.O.
44 Jeffrey F. Rayport / John J. Sviokla, »Managing in the Marketplace«, in: *Harvard Business Review*, Dezember 1994, S. 144.
45 Joan Magretta, »Growth Through Global Sustainability. An Interview with Monsanto's CEO, Robert B. Shapiro«, in: *Harvard Business Review*, Januar/Februar 1997, S. 83.

46 A.a.O.

47 Thomas J. Bierma / Frank L. Waterstraat / Joyce Ostrosky, »Shared Savings and Environmental Management Accounting. Innovation Chemical Supply Strategies« in: Martin Bennett / Peter James (Hg.), *The Green Botton Line. Environmental Accounting for Management – Current Practice and Future Trends*, Sheffield 1998, S. 268 f.; Jill Kauffman Johnson / Allen White / Shelly Hearn, »From Solvents to Services. Restructuring Chemical Supplier Relationships to Achieve Environmental Excellence«, in: *Proceedings of the 1997 Institute of Electrical and Electronics Engineers International Symposium on Electronics and the Environment*, 5.-7. Mai 1997, S. 322-325.

48 Bierma u.a., »Shared Savings and Environmental Management Accounting«, S. 270.

49 Paul Hawken / Amory Lovins / Hunter Lovins, *Natural Capitalism. Creating the Next Industrial Revolution*, Boston 1999, S. 136.

50 Mack Hanan, *Sales Shock! The End of Selling Products, the Rise of Co-Managing Customers*, New York 1996, S. 119.

51 James F. Moore, *The Death of Competition. Leadership and Strategy in the Age of Business Ecosystems*, New York 1996, S. 251; Hanan, *Sales Shock!*, S. 57.

52 Claudia H. Deutsch, »Services Becoming the Goods in Industry. Not Enough Profit in Making Things«, in: *New York Times*, 7. Januar 1997.

53 A.a.O.

54 A.a.O.

55 A.a.O.

56 A.a.O.

57 Steven L. Goldman / Roger N. Nagel / Kenneth Preiss, *Agile Competitors and Virtual Corporations*, New York 1995, S. 12.

58 Neil Gross / Peter Coy / Otis Port, »The Technology Paradox. How Companies Can Thrive as Prices Dive«, *Business Week*, 6. März 1995, S. 76 f.

59 Kevin Kelly, *New Rules for the New Economy. 10 Radical Strategies for a Connected World*, New York 1998, S. 57.

60 Gross u.a., »The Technology Paradox«, S. 77.

Kapitel 6

1 Stanley M. Davis / Christopher Meyer, *Blur. The Speed of Change in the Connected Economy,* Oxford 1998, S. 48.
2 Don Peppers / Martha Rogers, *The One to One Future. Building Relationships One Customer at a Time*, New York 1993, S. 394.
3 A.a.O.
4 Don Tapscott, *The Digital Economy. Promise and Peril in the Age of Networked Intelligence*, New York 1996, S. 245.
5 Peppers / Rogers, *The One to One Future*, S. 15.
6 Carl Sewell / Paul Brown, *Customers for Life. How to Turn That One-Time Buyer Into a Lifetime Customer*, New York 1990.
7 William H. Davidow / Michel S. Malone, *The Virtual Corporation. Structuring and Revitalizing the Corporation for the 21st Century*, New York 1992, S. 230; Hyatt Resorts, »Discover Camp Hyatt«, http://www.hyatt.com/resorts/camp/index.html.
8 Peppers / Rogers, *The One* to *One Future*, S. 45 f.
9 Kevin Kelly, *New Rules for the* New *Economy. 10 Radical Strategies for a Connected World*, New York 1998, S. 118 f.
10 Peter Schwartz, »R-Tech« in: *Wired*, 4, Nr. 6, Juni 1996, http://www.hotwired.com/collections/virtual_communities/4.06-r_tech_pr.html.
11 A.a.O.
12 Robert C. Blattberg / Rashi Glazer, »Marketing in the Information Revolution«, in: Robert C. Blattberg / John D. Little / Rashi Glazer (Hg.), *The Marketing Information Revolution*, Boston 1994, S. 9.
13 James Rule, »My Mailbox Is Mine«, in: *Wall Street Journal*, 15. August 1990, S. A8.
14 Mack Hanan, *Sales Shock! The End of Selling Products, the Rise of Co-Managing Customers*, New York 1996, S. 107.
15 A.a.O., S. 107.
16 Peter F. Drucker, *The Practice of Management*, Oxford 1954, S. 35 f.
17 Theodore Levitt, »Marketing Myopia«, in: *Harvard Business Review*, 38, Juli/August 1960, S. 45-56.
18 B. Joseph Pine II, *Mass Customization. The New Frontier in Business Competition*, Boston 1993, S. 146-149.
19 A.a.O., S. 141-145, 196-199.
20 Richard Cross / Janet Smith, *Customer Bonding*, Lincolnwood 1995, S. 56-59; Larry Downes / Chunka Mui, *Unleashing the Killer App. Di-*

gital Strategies for Market Dominance, Boston 1998, S. 112, 116-118; Hallmark, »Reminder Service«, http://www.hallmark. com.

21 Cross / Smith, *Customer Bonding*, S. 190.

22 A.a.O., S. 162.

23 A.a.O., S. 162 f.

24 Downes / Mui, *Unleashing the Killer App*, S. 101.

25 A.a.O.

26 Cross / Smith, *Customer Bonding*, S. 121 f.

27 A.a.O., S. 149, 153.

28 A.a.O., S. 154.

29 A.a.O., S. 154, 156; Winnebago Industries, »Winnebago-Itasca Travelers Club«, http://www.winnebagoind.com/witclub.htm; Winnebago Industries, »Member Benefits«, http://www.winnebagoind.com/witbenefits.htm.

Kapitel 7

1 Evan McKenzie, *Privatopia. Homeowner Associations and the Rise of Residential Private Government*, New Haven 1996, S. 12.

2 James L. Winokur, »Choice, Consent, and Citizenship in Common Interest Communities«, in: Stephen E. Barton / Carol J. Silverman (Hg.), *Common Interest Communities. Private Governments and the Public Interest*, Berkeley 1994, S. 88.

3 McKenzie, *Privatopia*, S. 176 f.

4 A.a.O., S. 177.

5 Edward J. Blakely / Mary Gail Snyder, *Fortress America. Gated Communities in the United States*, Washington 1997, S. 63.

6 Russ Rymer, »Back to the Future. Disney Reinvents the Company Town«, in: *Harper's Magazine*, 293, Nr. 1757, Oktober 1996, S. 65.

7 A.a.O., S. 66.

8 A.a.O., S. 69.

9 Ebenezer Howard, *Garden Cities of Tomorrow*, Cambridge (Mass.) 1965, S. 76; McKenzie, *Privatopia*, S. 3 f.

10 McKenzie, *Privatopia*, S. 29-31.

11 Urban Land Institute / Federal Housing Administration, *The Homes Association Handbook*, Technical Bulletin Nr. 50, Washington 1964, S. vi.

12 Bettina Drew, »Celebration. A New Kind of American Town«, in: *Yale Review*, 86, Nr. 3, Juli 1998, S. 60.

13 Curtis C. Sproul, »The Many Faces of Community Associations Under California Law«, in: Barton / Silverman (Hg.), *Common Interest Communities*, S. 45 f.
14 McKenzie, *Privatopia*, S. 127.
15 A.a.O., S. 128.
16 A.a.O., S. 142.
17 Richard Louv, *America* II, New York 1982, S. 93.
18 William K. Stevens, »Condominium Associations. New Form of Local Government«, in: *Los Angeles Daily Journal*, 8. September 1998, S. 22; »Court Finds Wife Too Young for Retirement Condo«, in: *United Press International*, 11. Dezember 1987; »Couple Sues to Lift Ban on Condo Door«, in: *United Press International*, 8. Oktober 1989; John Singh, »Fat Dog Isn't Welcome in the Land of Fat Cats«, in: *Orlando Sentinel Tribune*, 12. März 1992, S. B4; John Singh, »Scales of Justice Tip in Favor of Pudgy Dog in Subdivision«, in: *Orlando Sentinel Tribune*, 17. März 1992, S. B3.
19 McKenzie, *Privatopia*, S. 129.
20 A.a.O., S. 147.
21 David Dillon, »Fortress America. More and More of Us Are Living Behind Locked Gates«, in: *Planning*, 60, Nr. 6, Juni 1994, S. 10 f.
22 Frank Heflin, »Closed Gates Trouble Outsiders«, in: *Progressive*, Oktober 1993, S. 33.
23 David J. Kennedy, »Residential Associations as State Actor. Regulating the Impact of Gated Communities on Nonmembers«, in: *Yale Law Journal*, 105, Nr. 3, Dezember 1995, S. 7.
24 McKenzie, *Privatopia*, S. 126.
25 Drew, »Celebration«, S. 59.
26 Danter Company, »Home Ownership Rates«, http://www.danter.com/statistics/homeown.htm.
27 Christy Fisher, »New Markets for Landlords«, in: *American Demographics*, November 1995, S. 48, 50; Statistisches Bundesamt.
28 A.a.O., S. 50.
29 Coates and Jarratt, Inc., für den National Multi Housing Council und die National Apartment Association, *The Future of the Apartment Industry*, Washington 1995, S. 39.
30 A.a.O., S. 53.
31 John R. Knight / Cynthia Fiery Eakin, »A New Look at the Horne Ownership Decision«, in: *Real Estate Issues*, Sommer 1998, S. 23.

32 Steven Bergsman, »Now That Time-Shares Have Come Into Respectability, They're Also Coming to Town – Downtown«, in: *Barrons*, 76, Juni 1996, S. 58; »The $5 Billion Swapshops. Timeshare Holidays«, in: *The Economist*, 340, Nr. 7979, August 1996, S. 53.
33 Jon Bigness, »Time-Share Firm Purchase Is Set by HFS«, in: *Wall Street Journal*, 8. Oktober 1996, S. A3; »The $5 Billion Swapshops«, S. 53.
34 Mitchell Pacelle, »Developers Market Time Shares as Classy Vacation for the Rich«, in: *Wall Street Journal*, 30. August 1995, S. B1.
35 A.a.O.
36 Bergsman, »Now That Time-Shares Have Come Into Respectability«, S. 58.
37 Bergman, »The $5 Billion Swapshops«, S. 53.
38 A.a.O.,; Elizabeth Razzi, »Time Shares Grow Up. The Entry of Disney, Hilton and Marriott Is Helping to Erase the Industry's Hard-Sell Reputation«, in: *Kiplinger's Personal Finance Magazine*, Oktober 1995, S. 69.
39 Georg W. F. Hegel, *Grundlinien der Philosophie des Rechts*, Frankfurt/Main 1970, § 39.
40 A.a.O., § 40 ff.
41 Siegfried Sassoon, *Glück im Sattel. Erinnerungen eines Jagdreiters*, Kempen 1949, S. 14.
42 Joshua Meyrowitz, *No Sense of Place. The Impact of Electronic Media on Social Behavior*, New York 1985, S. 115.
43 Erwin Schrödinger, *Mein Leben, meine Weltansicht*, Wien 1985, S. 71 f.

Kapitel 8

1 Arnold Toynbee, *Lectures on the Industrial Revolution of the 18th Century*, London / New York 1937.
2 Sarah Sanderson King, *Human Communication as a Field of Study*, New York 1989, S. 111.
3 Lee Thayer, *On Communication. Essays in Understanding*, Norwood 1987, S. 45.
4 Zitiert nach Warren I. Sussman, *Culture As History. The Transformation of American Society in the Twentieth Century*, New York 1973, S. 252.

5 A.a.O.
6 John Fiske, *Introduction to Communication Studies*, 2. Auflage, New York 1990, S. 2.
7 Herbert I. Schiller, *Culture Inc.. The Corporate Takeover of Public Expression*, New York 1989, S. 31.
8 Daniel Bell, *The Coming of Post-Industrial Society*, New York 1973, S. 12.
9 Mike Featherstone, *Consumer Culture and Postmodernism*, London 1991, S. 114.
10 Zitiert nach Carl Eugene Loeffler, »Virtual Polis. A Networked Virtual Reality Application« in: Carl Eugene Loeffler / Tim Anderson (Hg.), *The Virtual Reality Casebook*, New York 1994, S. 60.
11 Alvin Toffler, *Future Shock*, New York 1970, S. 234, 236 f.
12 Norman K. Denzin, *Images of Postmodern Society. Social Theory and Contemporary Cinema*, London 1991, S. 44.
13 James Ogilvy, »This Postmodern Business«, in: *Marketing and Research Today*, 18, Februar 1990, S. 14.
14 A.a.O., S. 20.
15 A.a.O., S. 20.
16 B. Joseph Pine / James Gilmore, *The Experience Economy. Work Is Theatre and Every Business a Stage*, Cambridge (Mass.) 1999, S. 100.
17 A.a.O., S. 16.
18 A.a.O., S. 14 f.
19 Larry Krotz, *Tourists. How Our Fastest Growing Industry Is Changing the World*, Boston 1996, S. 214.
20 World Travel and Tourism Council, »Travel & Tourism Set to Boost Worldwide Economy Growth«, Pressemitteilung vom 8. April 1998, http://www.wttc.org; »Travel & Tourism and Information Technology Joins Forces for 21st Century Growth and Job Creation«, Pressemitteilung vom 22. Januar 1998, http://www.wttc.org.
21 Krotz, *Tourists*, S. 11; World Travel & Tourism Council, »New Figures Show Travel & Tourism's Long-Term Potential – Governments Urged to Build It into Asian Economy Recovery«, Pressemitteilung vom 2. Februar 1998, http://www.wttc.org.
22 World Travel & Tourism Council, »The Travel & Tourism Satellite Account. World Economic Impact«, April 1998, http://www.wttc.org.
23 World Travel & Tourism Council, »Travel & Tourism Set to Boost Worldwide Economic Growth«.

24 William F. Theobald, *Global Tourism. The Next Decade*, Oxford 1994, S. 4.
25 World Travel & Tourism Council, »Millenium Vision. Strategic Economic and Employment Priority«, http://www.wttc.org.
26 World Travel & Tourism Council, »Travel & Tourism Taxation. A 20th Century Vicious Circle«, http://www.wttc.org.
27 Barbara Crossette, »Surprises in the Global Tourism Boom«, in: *New York Times*, 12. April 1998, Teil 4, S. 5.
28 Krotz, *Tourists*, S. 11 f.
29 Theobald, *Global Tourism*, S. 7.
30 Krotz, *Tourists*, S. 6.
31 A.a.O., S. 48; Daniel J. Boorstin, *The Image. A Guide* to *Pseudo-Events in America*, New York 1961, S. 87.
32 Boorstin, *The Image*, S. 87; Krotz, *Tourists*, S. 50 f.
33 Krotz, *Tourists*, S. 51.
34 Boorstin, *The Image*, S. 88 f.
35 Mark Kurlansky, *A Continent of Islands. Searching for the Caribbean Destiny*, Reading 1992, S. 20 f.
36 Krotz, *Tourists*, S. 56-60.
37 A.a.O., S. 57 f.
38 Boorstin, *The Image*, S. 88.
39 Dean MacCannell, *The Tourist. A New Theory of the Leisure Class*, New York 1989, S. 100.
40 Krotz, *Tourists*, S. 223.
41 A.a.O.
42 Kreg Lindberg / Jeremy Enriquez, »An Analysis of Ecotourism's Economic Contribution to Conservation and Development in Belize«, Bericht für den World Wildlife Fund in den USA und das Ministerium für Tourismus und Umwelt in Belize 1994.
43 World Travel & Tourism Council, »Millennium Vision«.
44 A.a.O.
45 Tom Kenworthy, »The Rich Find a Home on the Range«, in: *Washington Post*, 13. März 1994, S. A12.
46 Zitiert nach Kenworthy, »The Rich Find a Home on the Range«, S. A12.
47 International Council of Shopping Centers, »Shopping Centers Rank High in US-Tourist Attractions«, in: *ICSC News*, Juni 1999, http://www.icsc.org/srch/about/impactofshoppingcenters/shopping centersrank.html.

48 International Council of Shopping Centers, »Did You Know That ...«, in: *ICSC News*, Juni 1999, http://www.icsc.org/srch/about/impactofshoppingcenters/didyouknow.html; Euro-Handels-Institut, Köln.
49 A.a.O.
50 William Severini Kowinski, *The Malling of America. An Inside Look at the Great Consumer Paradise*, New York 1985, S. 349 f.
51 Joan Didion, »On the Mall«, in: *The White Notebook*, New York 1979, S. 34.
52 Margaret Crawford, »The World in a Shopping Mall«, in Michael Sorkin (Hg.), *Variations on a Theme Park. The American City and the End of Public Space*, New York 1992, S. 62.
53 Kowinski, *The Malling of America*, S. 62.
54 Crawford, »The World in a Shopping Mall«, S. 9.
55 Jennifer Stoffel, »Where America Goes for Entertainment«, in: *New York Times*, 7. August 1988, Teil 3, S. 11F; Kowinski, *The Malling of America*, S. 71; International Council of Shopping Centers, »Did You Know That ...«.
56 Kowinski, *The Malling of America*, S. 61.
57 Crawford«,The World in a Shopping Mall«, S. 3.
58 Tracy C. Davis, »Theatrical Antecedents of the Mall That Ate Downtown«, in: *Journal of Popular Culture*, 24, Nr. 4, Frühjahr 1991, S. 4.
59 Crawford, »The World in a Shopping Mall«, S. 4.
60 Davis, »Theatrical Antecedents of the Mall That Ate Downtown«, S. 1, 4, 7-9.
61 A.a.O., S. 5.
62 Leslie Kaufman, »Sony Builds a Mall. But Don't Call It That.« in: *New York Times*, 25. Juli 1999, Teil 3, S. 1-12.
63 Kowinski, *The Malling of America*, S. 355.
64 A.a.O.
65 A.a.O.
66 A.a.O., S. 356.
67 A.a.O.
68 A.a.O., S. 357.
69 Neal Gabler, *Life the Movie.* How *Entertainment Conquered Reality*, New York 1998, S. 205.
70 A.a.O., S. 205 f.
71 Mark Landler, »Are We Having Fun Yet? Maybe Too Much«, in: *Business Week*, 14. März 1994, S. 66; Michael J. Mandel u.a. , »The Enter-

tainment Economy. America's Growth Engines. Theme Parks, Casinos, Sports, Interactive TV«, in: *Business Week*, 14. März 1994, S. 59.

72 Mandel u.a., »The Entertainment Economy«, S. 59.

73 Manuel Castells, *The Information Age. Economy, Society, and Culture*, Band 1: *The Rise of the Network Society*, Cambridge (Mass.) 1996, S. 366; Mandel u.a., »The Entertainment Economy«, S. 59.

74 Walter Russell Mead, »At Your Service. The New Global Economy Takes Your Order«, in: *Mother Jones*, 22, Nr. 2, März/April 1998, S. 35.

75 Mandel u.a., »The Entertainment Economy«, S. 61.

76 A.a.O., S. 60.

77 Zitiert nach Peter C. Marzio, *The Democratic Art. Pictures for a 19th-Century America: Cromolithography, 1840-1900*, Boston 1979, S. 5.

78 A.a.O., S. 104.

79 Lewis Palmer, »The World in Motion«, in: *Survey*, 22, 1909, S. 357.

80 Stuart Ewen / Elizabeth Ewen, *Channels of Desire. Mass Images and the Shaping of American Consciousness*, New York 1982, S. 87.

81 Michael M. Davis, *The Exploitation of Pleasure. A Study of Commercial Recreations in New York City*, New York 1911, Tabelle 8, S. 30.

82 Gabler, *Life the Movie*, S. 57.

83 Mandel u.a., »The Entertainment Economy«, S. 60; Deutsches Institut für Wirtschaftsforschung, Wochenbericht 10/2000, Berlin.

84 John Kao, *Jamming. The Art and Discipline of Business Creativity*, New York 1996, S. 96.

85 A.a.O., S. 189.

86 A.a.O., S. 190.

87 Pine / Gilmore, *The Experience Economy*, S. 140, 143-156.

88 Tom Peters, *Liberation Management. Necessary Disorganization for the Nanosecond Nineties*, New York 1992, S. 640, 741, 743.

89 Kao, *Jamming*, S. 66 f.

90 Stephen J. Grove / Raymond F. Fisk, »The Dramaturgy of Services Exchange. An Analytical Framework for Services Marketing«, in: Leonard L. Berry / G. Lynn Shostack / Gregory D. Upah (Hg.), *Emerging Perspectives on Services Marketing*, Chicago 1983, S. 45.

91 Stephen J. Grove / Raymond F. Fisk, »The Service Experience as Theater«, in: *Advances in Consumer Research* 19, 1992, S. 456.

92 Hillel M. Finestone / David B. Conter, »Acting in Medical Practice«, in: *Lancet*, 344, Nr. 8925, September 1994, S. 801.

93 Grove / Fisk, »The Dramaturgy of Services Exchange«, S. 47.
94 Zitiert nach Steve Barth, »Exporting the Fantasy«, in: *World Trade*, März 1998, S. 43.

Kapitel 9

1 Dentsu Institute for Human Studies / Data Flow International, *Media in Japan*, Tokio 1994, S. 67.
2 *Nielsen Media Research News*, New York 1990.
3 Manuel Castells, *The Information Age. Economy, Society, and Culture*, Band 1: *The Rise of the Network Society*, Cambridge (Mass.) 1996, S. 339.
4 Linda M. Harasim (Hg.), *Global Networks. Computers and International Communication*, Cambridge (Mass.) 1993, S. 67.
5 Kevin Kelly, Out of Control. The Rise of Neo-Biological Civilization, Reading 1994, S. 340-350.
6 Mark Slouka, Nicholas Negroponte wiedergebend, in: *War of the Worlds. Cyberspace and the High Tech Assaulton Reality*, New York 1995, S. 69 f.
7 Castells, *The Rise of the Network Society*, S. 373.
8 Brenda Laurel, *Computers as Theatre*, Reading 1991.
9 Randall Walser, »Elements of a Cyberspace Playhouse« in: *Proceedings of National Computer Graphics Association '90*, 1990.
10 Howard Rheingold, *Virtual Reality*, New York 1991, S. 386.
11 Slouka, *War of the Worlds*, S. 75.
12 Rheingold, *Virtual Reality*, S. 17, 19.
13 A.a.O., S. 46.
14 Kevin J. Clancy / Robert S. Shulman, *Marketing Myths That Are Killing Business. The Cure for Death Wish Marketing*, New York 1994, S. 140, 171.
15 Bruce Horovitz, »Accounting for Taste. Designers Tally Profits«, in: *USA Today*, 14. Mai 1997, S. B1.
16 A. Fuat Firat / Alladi Venkatesh, »Postmodernity. The Age of Marketing«, in: *International Journal of Research in Marketing*, 10, 1993, S. 244.
17 Stephen Brown, *Postmodern Marketing*, New York 1995, S. 129 f.
18 Firat / Venkatesh, »Postmodernity«, S. 245.

19 Alfred L. Schreiber / Barry Levinson, *Lifestyle and Event Marketing. Building the New Customer Partnership*, New York 1994, S. 2.
20 A.a.O., S. 5.
21 A.a.O., S. 2.
22 A.a.O., S. 75.
23 A.a.O., S. 103.
24 A.a.O., S. 239.
25 Ronald Collins, »Clutter«, in: *Columbia Journalism Review*, November/Dezember 1991, S. 49.
26 Richard Cross / Janet Smith, *Customer Bonding*, Lincolnwood 1995, S. 4, 14, 15, 86; Robert W. McChesney, »The Political Economy of Global Communication«, in: McChesney u.a. (Hg.), *Capitalism and the Information Age. The Political Economy of the Global Communication Revolution*, S. 13 f., 20; Mary Kuntz / Joseph Wever, »The New Hucksterism«, in: *Business Week*, 1. Juli 1996, S. 82.
27 David Lieberman, »Networks of the Net. Media Powerhouses Buy Into New World Order«, in: *USA Today*, 19. Juni 1998, Finanzteil, S. 1B.
28 A.a.O.
29 John Markoff, »Internet Service Is Planning $6 Billion Deal to Buy Excite«, in: *New York Times*, 19. Januar 1999, S. 1.
30 Lieberman, »Networks of the Net«, Finanzteil, S. 1B.
31 A.a.O.
32 Elihu Katz / Paul F. Lazarsfeld, *Personal Influence. The Part Played by People in the Flow of Mass Communication*, Glencoe 1995, S. 119.
33 Castells, *The Rise of the Network Society*, S. 171.
34 Kurt Lewin, *Field Theory in Social Science. Selected Theoretical Papers*, New York 1951, S. 186; Kurt Lewin, »Channels of Group Life. Social Planning and Action Research«, in: *Frontiers of Group Dynamics*, New York 1946, S. 145 f.
35 Pamela J. Shoemaker, *Communication Concepts 3: Gatekeeping*, Newbury Park 1991, S. 4.
36 Steven E. Clayman / Ann Reisner, »Gatekeeping in Action. Editorial Conferences and Assessments of Newsworthiness«, in: *American Sociological Review*, 63, April 1998, S. 179; Diana Crane, *The Production of Culture. Media and the Urban Arts*, Newbury Park 1992, S. 67.
37 Crane, *The Production of Culture*, S. 71.
38 Diana Crane, *The Transformation of Avant Garde. The New York Art World, 1940-1985*, Chicago 1987, S. 114.

39 Mike Featherstone, *Consumer Culture and Postmodernism*, London 1991, S. 35.
40 A.a.O., S. 44.
41 Youth Intelligence, »Youth Intelligence«, in: *media kit* 1998, S. 2.
42 Malcolm Gladwell, »The Coolhunt«, in: *The New Yorker*, 17. März 1997, S. 78.
43 Venessa Grigoridis, »How to Totally Know What's Cool«, in: *Cosmopolitan*, März 1999, S. 215.
44 Darius Sanai, »Hunters on Trail of Cool«, in: *European*, 20.-26. Juli 1998, S. 30.
45 J. D. Heiman, »Cool Occupation: Trend Spotter«, in: *US*, März 1999, S. 73.
46 A.a.O., S. 74.
47 A.a.O.
48 Norman K. Denzin, *Images of Postmodern Society. Social Theory and Contemporary Cinema*, London 1991, S. 9.
49 Zitiert nach Daniel Burstein / David Kline, *Road Warriors. Dreams and Nightmares Along the Information Highway*, New York 1995, S. 299.
50 United Nations Development Program, *Human Development Report, 1999*, New York 1999, S. 33 f.
51 A.a.O.
52 Wade Davis, »The Issue Is Whether Ancient Cultures Will Be Free to Change on Their Own Terms«, in: *National Geographic*, August 1999, S. 65.
53 A.a.O.
54 Burstein / Kline, *Road Warriors*, S. 298.

Kapitel 10

1 Arnold Toynbee, A *Study of History*, Band 8, London 1954, S. 338; Barry Smart, *Modern Conditions, Postmodern Controversies*, New York 1992, S. 164.
2 John H. Randall, *The Making of the Modern Mind. A Survey of the Intellectual Background of the Present Age*, Boston 1940, S. 223 f.; Francis Bacon, »Novum Organum«, in: *The Works of Francis Bacon*, Band 4, London 1778, S. 114, 246, 320, 325; Francis Bacon, »The Masculine

Birth of Time«, in: *The Philosophy of Francis Bacon. An Essay on Its Development from 1603-1609*, hg. v. Benjamin Farrington, Liverpool 1964, S. 62, 92 f; Francis Bacon, »Description of the Intellectual Globe«, in: *The Works of Francis Bacon*, Band. 5, London 1778, S. 506; William Leiss, *The Domination of Nature,* Boston 1972, S. 58; Carolyn Merchant, *The Death of Nature. Women, Ecology and the Scientific Revolution*, San Francisco 1980, S. 172.

3 Marquis de Condorcet, *Entwurf einer historischen Darstellung der Fortschritte des menschlichen Geistes*, Frankfurt/Main 1976, S. 31.

4 Bertrand Russell, *Our Knowledge of the External World, as a Field for Scientific Method in Philosophy,* 1914; Nachdruck: London 1995.

5 R. G. Collingwood, *The Idea of Nature,* Oxford 1945, S. 146.

6 Zitiert nach Alfred North Whitehead, *The Principles of Natural Knowledge,* 2. Auflage, Cambridge 1925, S. 54.

7 Collingwood, *The Idea of Nature,* S. 146.

8 Alfred North Whitehead, *Nature and Life*, New York 1968, S. 27.

9 José Ortega y Gasset, *Meditationen über ›Don Quijote‹*, Stuttgart 1959, S. 17.

10 Werner Heisenberg, *Physik und Philosophie*, Frankfurt/Main / Berlin 1990, S. 40.

11 William Bergquist, *The Postmodern Organization. Mastering the Art of Irreversible Change*, San Francisco 1993, S. 24.

12 Jean Baudrillard, *Agonie des Realen,* Berlin 1978, S. 46-49.

13 Ellen Edwards, »Plugged-In Generation«, in: *The Washington Post,* 18. November 1999, S. A1.

14 Steve Levy, »Ad Nauseam – How MTV Sells Out Rock and Roll«, in: *Rolling Stone*, 8. Dezember 1983, S. 33.

15 E. Ann Kaplan, *Rocking Around the Clock. Music Television, Postmodernism, and Consumer Culture*, New York 1987, S. 46.

16 O. B. Hardison Jr., *Disappearing Through the Skylight. Culture and Technology in the Twentieth Century*, New York 1989, S. 321.

17 Jean Baudrillard, »Videowelt und fraktales Subjekt«, in: Ars Electronica (Hg.), *Philosophien der neuen Technologie,* Berlin 1989, S. 130.

18 Jean Baudrillard, »Die Simulation«, in:Wolfgang Welch (Hg.), *Wege aus der Moderne. Schlüsseltexte der Postmoderne-Diskussion,* Weinheim 1988, S. 1959.

19 Donald M. Lowe, *History of Bourgeois Perception*, Chicago 1982, S. 71.

20 Orison Swett Marden, *Masterful Personality*, New York 1921, S. 1, 3, 17, 23, 33, 68, 291; Warren I. Sussman, *Culture As History. The Transformation of American Society in the Twentieth Century*, New York 1972, S. 279.

21 Georg Simmel, *Das Individuum und die Freiheit. Essais,* Berlin 1984, S. 192.

22 ders., *Der Konflikt der modernen Kultur,* Schutterwald 1994, S. 13 f.

23 Michael R. Wood / Lewis A. Zurcher Jr., *The Development of a Post Modern Self. A Computer-Assisted Comparative Analysis of Personal Documents*, Westport 1988, S. 125.

24 Philip Rieff, *The Triumph of the Therapeutic. Uses of Faith After Freud*, Chicago 1987, S. 22.

25 A.a.O., S. 23.

26 Christopher Lasch, *The Culture of Narcissism. American Life in an Age of Diminishing Expectations*, New York 1979, S. 30, 33.

27 A.a.O., S. 30.

28 A.a.O.

29 Folgende Arbeiten wurden für die Diskussion in diesem Abschnitt herangezogen: Donald M. Lowe, *History of Bourgeois Perception*, Chicago 1982; David Crowley / Paul Heyer (Hg.), *Communication in History. Technology, Culture, Society*, New York 1991; Harold A. Innis, *Empire and Communications*, Neubearbeitung, Toronto 1972; Marshall McLuhan, *Understanding Media. The Extensions of Man*, Cambridge (Mass.) 1994; Walter J. Ong, *Orality and Literacy. The Technologizing of the Word*, New York 1982; Elizabeth L. Eisenstein, *The Printing Revolution,* in: *Early Modern Europe*, Cambridge 1983.

30 Roland Barthes, »La mort de l'auteur«, in: ders., *Essais critiques IV. Le bruissement de la langue,* Paris 1984, S. 61-67.

31 Michael Heim, *Electric Language. A Philosophical Study of Word Processing*, New Haven 1987, S. 215.

32 A.a.O., S. 221.

33 Jean-François Lyotard, *Das postmoderne Wissen. Ein Bericht,* Wien 1986, S. 55.

34 Kenneth J. Gergen, *The Saturated Self. Dilemmas of Identity in Contemporary Ljfe*, New York 1991, S. 70-80.

35 A.a.O., S. 79.

36 A.a.O., S. 7.

37 A.a.O., S. 17, 146 f.

38 A.a.O.
39 Jean Baudrillard, *Das Andere Selbst*, Wien 1987, S. 14.
40 Sherry Turkle, *Life on the Screen. Identity in the Age of the Internet*, New York 1995, S. 267.
41 A.a.O., S. 12.
42 A.a.O., S. 14.
43 Robert Jay Lifton, *The Protean Self. Human Resilience in an Age of Fragmentation*, New York 1993, S. 17.
44 A.a.O., S. 9.
45 Nicholas Evreinoff, *The Theater in Life*, New York 1927, S. 27.
46 A.a.O.
47 Neal Gabler, *Life the Movie. How Entertainment Conquered Reality*, New York 1998, S. 8.
48 Martha Stewart, in: *USA Today*, Teil 'Life', 17. Januar 1996.
49 Daniel Boorstin, *The Image. A Guide to Pseudo-Events in America*, New York 1961, S. 240.
50 Dennis Brissett / Charles Edgley, »The Dramaturgical Perspective«, in: Dennis Brissett / Charles Edgley (Hg.), *Life As Theater. A Dramaturgical Sourcebook*, 2. Auflage, New York 1990, S. 15 f.
51 R. S. Perinbanayagam, *Signifying Acts. Structure and Meaning in Everyday Life*, Carbondale 1985, S. 63.
52 A.a.O., S. 62 f.
53 R. S. Perinbanayagam, »Dramas, Metaphors, and Structures«, in: *Symbolic Interaction*, 5, Nr. 2, 1982, S. 266.

Kapitel 11

1 Daniel Bell, *Sociological Journeys. Essays 1960-1980*, London 1980, S. 43, 51.
2 Jean-François Lyotard, *Das postmoderne Wissen. Ein Bericht*, Wien 1986, S. 52.
3 Robert McChesney, »The Political Economy of Global Communication«, in: Robert McChesney / Ellen Meiksins Wood / John Bellamy Foster (Hg.), *Capitalism and the Information Age. The Political Economy of the Global Communication Revolution*, New York 1998, S. 12 f.
4 »The Power Center«, in: *Vanity Fair*, September 1995, S. 271.

5 Laura Landro / Elizabeth Jensen, »All Ears. Walt Disney's Deal for ABC Makes Show Business a Whole New World«, in: *Wall Street Journal*, 1. August 1995, S. A1; Disney Online, »The Walt Disney Company 1998 Factbook«, http://www.disney.go.com/investors/factbook98.

6 Ben Bagdikian, *The Media Monopoly*, 5. Auflage, Boston 1997, S. xxv; Disney Online, »The Walt Disney Company 1998 Factbook«.

7 Steve Fainaru, »Multi-Media Man«, in: *Boston Globe*, 22. Januar 1995, S. 77 f.

8 Bagdikian, *The Media Monopoly*, S. xvi-xvii.

9 Steven E. Miller, *Civilizing Cyberspace. Policy, Power, and the Information Superhighway*, New York 1996, S. 149.

10 McChesney, »The Political Economy of Global Communication«, S. 14 f.; Bernard Simon, »Seagram to Hold On to 15 % Stake in Time Warner«, in: *Financial Times*, 1. Juni 1995, S. B1.

11 A.a.O., S. 15.

12 Mark Landler, »Communications Pact to Favor Growing Giants«, in: *New York Times*, 18. Februar 1997, S. B1.

13 Edmund L. Andrews, »Economic Boom Seen in World Telecom Pact. Political and Business Leaders Hail Accord to End Monopolies«, in: *Herald Tribune*, 17. Februar. 1997, S. 1.

14 A.a.O.

15 Landler, »Communications Pact to Favor Growing Giants«, S. B1.

16 A.a.O.

17 Mike Mills, »British Telecom, AT&T Join Forces. $10 Billion Global Alliance to Offer Range of Phone, Internet, Data Services«, in: *Washington Post*, 27. August 1998, S. A1.

18 Michael Lindemann, »Telecoms Operators Launch Global Alliance«, in: *Financial Times*, 1. Februar 1996, S. 16.

19 A.a.O.

20 Peter Golding, »Global Village or Cultural Pillage? The Unequal Inheritance of the Communications Revolution«, in: *Capitalism and the Information Age*, S. 78.

21 Andrews, »Economy Boom Seen in World Telecom Pact«, S. 1.

22 Bagdikian, *The Media Monopoly*, S. ix.

23 U.S. Foreign Relations Subcommittee 1977, zitiert nach Robert E. Babe, *Information and Communication in Economics*, Boston 1994, S. 293.

24 William Greider, *One World, Ready or Not. The Manic Logic of Global Capitalism*, New York 1997, S. 21; Office of Technology Assessment, U.S. Congress, *Multinationals and the National Interest. Playing by Different Rules*, September 1993.
25 Esther Dyson u.a., *Cyberspace and the American Dream. A Magna Carta for the Knowledge Age*, Washington 1994, S. 16.
26 Jill Hills, »The U.S. Rules. OK? Telecommunications Since the 1940s«, in: *Capitalism and the Information* Age, S. 118.
27 A.a.O.
28 A.a.O.
29 Leo Herzel, »›Public Interest‹ and the Market in Color Television, Regulation 18«, in: *University of Chicago Law Review*, Nr. 18, 1951, S. 802-816.
30 George A. Keyworth u.a., *The Telecom Revolution. An American Opportunity*, Washington 1995, S. 6 f.
31 A.a.O., S. 6.
32 The Progress & Freedom Foundation's FCC Working Group, »Broadcast Spectrum. Putting People First«, in: *Progress on Point. Periodic Commentaries on the Policy Debate*, 1, Nr. 9, Januar 1996, S. 3.
33 Diane Coyle, *The Weightless World. Strategies for Managing the Digital Economy*, Cambridge (Mass.) 1997, S. 16.
34 A.a.O.
35 Jean-Marie Guéhenno, *Das Ende der Demokratie*, München/Zürich 1994, S. 39 f.
36 Miller, *Civilizing Cyberspace*, S. 206.
37 Nathaniel C. Nash, »Group of 7 Defines Policies About Telecommunications«, in: *New York Times*, 27. Februar 1995, S. D1.
38 International Telecommunications Union, »Report on the State of World Communications«, in: *ITU Newsletter*, 1, 1994, S. 9-12.
39 Peter Golding, »World Wide Wedge. Division and Contradiction in the Global Information Infrastructure«, in: *Monthly Review*, 48, Nr. 3, Juli/August 1996, S. 82.
40 Trevor Haywood, *Info-Rich/Info-Poor. Access and Exchange in the Global Information Society*, West Sussex 1995, S. 123.
41 Michael Connors, *The Race to the Intelligent State. Towards the Global Information Economy of 2005*, Oxford 1993, S. 18.
42 United Nations Educational, Scientific and Cultural Organization, *UNESCO Statistical Yearbook*, Paris 1995.

43 United Nations Development Program, *Human Development Report, 1999*, New York 1999, S. 63.
44 Zitiert nach Golding, »World Wide Wedge«, S. 70.
45 United Nations Development Program, *Human Development Report, 1996*, New York 1996.
46 Robert Taylor, »Market Fallout Will Lift Jobless Total. World Unemployment Third of All Workers Affected Says ILO Report«, in: *Financial Times*, 24. September 1998, S. 8.
47 Golding, »World Wide Wedge«, S. 70.
48 Khozem Merchant, »World Heads for Grotesque Inequalities«, in: *Financial Times*, 16. Juli 1996, S. 4.
49 United Nations Development Program, *Human Development Report, 1998*, New York 1998.
50 Barbara Crossette, »Hope, and Pragmatism for U.N. Cities Conference«, in: *New York Times*, 3. Juni 1996, S. A3.
51 United Nations Development Program, *Human Development Report, 1998*.
52 A.a.O.
53 Statistisches Bundesamt, Einkommens- und Verbrauchsstichprobe.
54 Coyle, *The Weightless World*, S. 11.
55 »Number of Americans in Poverty Up for Third Year, Health Care Drops, Census Bureau Announces«, in: *Commerce News*, 4. Oktober 1993; »Number of Poor Americans Rises for 3rd Year«, in: *Washington Post*, 5. Oktober 1993, S. A6.
56 Bob Herbert, »Bogeyman Economics«, in: *New York Times*, 4. April 1997, S. A29.
57 Lester C. Thurow, »What Boom? Two-Thirds of USA Stuck in 1973«, in: *USA Today*, 12. November 1998.
58 G. Pascal Zachary, »Economists Say Prison Boom Will Take Toll«, in: *Wall Street Journal*, 29. August 1995, S. B1.
59 Daniel Burstein / David Kline, *Road Warriors. Dreams and Nightmares Along the Information Highway*, New York 1995, S. 325.
60 Suneel Ratan, »A New Divide Between Haves and Have-Nots«, in: *Time*, Sonderheft zum Thema Cyberspace, Frühjahr 1995, S. 25.
61 Miller, *Civilizing Cyberspace*, S. 113; Lee de Forest, zitiert nach Jesse Drew, »Media Activism and Radical Democracy«, in: James Brook / Iain A. Boal (Hg.), *Resisting the Virtual Life. The Culture and Politics of Information*, San Francisco 1995, S. 74.

62 Howard Besser, »From Internet to Information Superhighway«, in: *Resisting the Virtual Life*, S. 60.

63 Walton S. Baer, *Cable Television. A Summary Overview of Local Decisionmaking*, Santa Monica 1973, S. 6.

Kapitel 12

1 Crawford MacPherson, *Democratic Theory. Essays in Retrieval*, Oxford 1973, S. 125.

2 A.a.O., S. 133.

3 A.a.O.

4 A.a.O., S. 135.

5 A.a.O., S. 139.

6 A.a.O.

7 A.a.O.

8 A.a.O., S. 140.

9 Independent Sector, »In Brief: America's Nonprofit Sector«, Broschüre, Frühjahr 1998, S. 5 f., 11 f., 16; EMNID-Institut im Auftrag des Malteser Hilfsdienstes, Mai 1999.

10 Lester M. Salamon / Helmut K. Anheier u.a., »The Emerging Sector Revisited: A Summary, (Revised Estimates)«, The John Hopkins Comparative Nonprofit Sector Project, Phase II, Baltimore 1999, S. 4.

11 Robert Jay Lifton, *The Protean Self. Human Resilience in an Age of Fragmentation*, New York 1993, S. 214.

12 A.a.O.

13 David Throsby, »The Role of Music in International Trade and Economic Development«, in: *World Culture Report. Culture, Creativity and Markets, 1998*, Paris 1998, S. 196.

14 A.a.O., S. 206.

15 A.a.O., S. 159.

16 Throsby, »The Role of Music in International Trade and Economic Development«, S. 154, 159.

17 John Tagiabue, »›Bagels‹ and ›Dirty Water‹. Fast-Food Chains Take U.S Marketing to Europe«, in: *New York Times*, 27. August 1999, S. C1, C3.

18 A.a.O., S. C3.

19 Roger Cohen, »Fearful Over the Future, Europe Seizes on Food«, in: *New York Times*, 29. August 1999, Teil 4, S. 1.

20 A.a.O., S. 3.

21 United Nations Development Program, *Human Development Report, 1999*, New York 1999, S. 33.

22 Johan Huizinga, *Homo Ludens. Vom Ursprung der Kultur im Spiel*, Reinbek 1987, S. 7.

23 A.a.O., S. 57.

24 A.a.O.; Edward Norbeck, »The Study of Play – Johan Huizinga and Modern Anthropology«, in: David F. Lancy / B. Allan Tindall (Hg.), *The Anthropological Study of Play. Problems and Prospects – Proceedings of the First Annual Meeting of the Association for the Anthropological Study of Play*, Cornwall 1976, S. 6.

25 Friedrich Schiller, *Über die ästhetische Erziehung des Menschen*, Stuttgart 1989, S. 59.

LITERATUR

Agnew, Jean-Christophe, *Worlds Apart.* The *Market and the Theatre in Anglo-American Thought, 1550-1750*, Cambridge 1986.

Anders, George, *Health Against Wealth. HMOs and the Breakdown of Medical Trust*, New York 1996.

Anderson, Walter Truett (Hg.), *The Truth About the Truth. De-Confusing and Re-Constructing the Postmodern World*, New York 1995.

Antonelli, Cristiano, *The Economics of Information Networks*, New York 1992.

Ariès, Philippe, *Centuries of Childhood. A Social History of Family Life*, New York 1962.

Ariès, Philippe/George Duby (Hg.), *A History of Private Life. Revelations of the Medieval World*, Cambridge, MA, 1988.

Babe, Robert E., *Communication and the Transformation of Economics*, Boulder 1995.

ders., *Information and Communication in Economics*, Boston 1994.

Bacon, Francis, *The Works of Francis Bacon*, Bd. 4 und 5, London 1778.

Baer, Waltern S., *Cable Television. A Summary Overview of Local Decisionmaking*, Santa Monica 1973.

Bagdikian, Ben, The *Media Monopoly*, Boston [5]1997.

Bailey, James, *After Thought. The Computer Challenge to Human Intelligence*, New York 1996.

Baker, Michael (Hg.), *Perspectives on Marketing Management*, Bd. 4, New York 1994.

Barker, Francis, The *Tremulous Private Body. Essays on Subjection*, New York 1984.

Barton, Stephen E./Carol J. Silverman (Hg.), *Common Interest Communities. Private Governments and the Public Interest,* Berkeley 1994.

Baudrillard, Jean, *Agonie des Realen,* Berlin 1978.

ders., *Das Andere Selbst,* Wien 1987.

Bauman, Zygmunt, *Intimations of Postmodernity,* London 1992.

Beaglehole, Ernest, *Property. A Study* in *Social Psychology,* New York 1932.

Bell, Daniel, The *Coming of Post-Industrial Society,* New York 1973 (dt.: *Die nachindustrielle Gesellschaft,* Frankfurt 1996).

ders., *Sociological Journeys. Essays 1960-1980,* London 1980.

Benamou, Michel/Charles Caramello, *Performance in Postmodern Culture,* Madison 1977.

Benedikt, Michael (Hg.), *Cyberspace. First Steps,* Cambridge 1991.

Beniger, James R., The *Control Revolution. Technological and Economic Origins of the Information Society,* Cambridge/London 1986.

Bennett, Martin/Peter James (Hg.), *The Green Bottom Line. Environmental Accounting for Management-Current Practice and Future Trends,* Sheffield 1998.

Benson, Lee, *Turner and Beard. American Historical Writing Reconsidered,* Westport, CT, 1980.

Bergquist, William, *The Postmodern Organization. Mastering the Art of Irreversible Change,* San Francisco 1993.

Berke, Michael, *Selling Equipment Leasing,* New York 1994.

Berle, Adolf A./Gardiner C. Means, *The Modern Corporation and Private Property, New York* 1932.

Berry, Leonard L./G. Lynn Shostack/Gregory D. Upah (Hg.), *Emerging Perspectives on Services Marketing,* Chicago 1983.

Blackstone, Sir William, *Commentaries on the Laws of England,* Bd. 1, Philadelphia 1825.

Blakely, Edward J./Mary Gail Snyder, *Fortress America. Gated* in *the United States,* Washington 1997.

Blattberg, Robert C./John D. C. Little/Rashi Glazer (Hg.), *The Marketing Information Revolution,* Boston 1994.

Bocock, Robert, *Consumption,* New York 1993.

Bolter, Jay David, *Writing Space. The Computer, Hypertext, and the History of Writing,* Hillsdale, NJ, 1991.

Boorstin, Daniel J., *The Image. A Guide to Pseudo-Events* in *America,* New York 1961 (dt.: *Das Image. Der amerikanische Traum,* Reinbek 1987).

Bourdieu, Pierre, *Die feinen Unterschiede. Kritik der gesellschaftlichen Urteilskraft*, Frankfurt/Main 1988.

Bradley, Stephen, *Globalization, Technology, and Competition. The Fusion of Computers and Telecommunications in the 1990s*, Cambridge, MA, 1993.

Branscomb, Anne Wells, *Who Owns Information? From Privacy to Public Access*, New York 1994.

Braverman, Harry, *Labor and Monopoly Capital.* The *Degradation of Work in the Twentieth Century*, New York 1974 (dt.: *Die Arbeit im modernen Produktionsprozess*, Frankfurt/Main 1985).

Brissett, Dennis/Charles Edgley (Hg.), *Life As Theatre. A Dramaturgical Sourcebook*, New York 21990.

Brodsky, Ira, *Wireless. The Revolution in Personal Telecommunications*, Boston 1995.

Brook, James/Iain A. Boal (Hg.), *Resisting the Virtual Life. The Culture and Politics of Information*, San Francisco 1995.

Brown, Stephen, *Postmodern Marketing*, New York 1995.

Burke, Kenneth, *Dramatism and Development*, Barre, MA, 1972.

Burstein, Daniel/David Kline, *Road Warriors. Dreams and Nightmares Along the Information Highway*, New York 1995.

Burt, Richard/John Michael Archer (Hg.), *Enclosure Acts. Sexuality, Property, and Culture in Early Modern England*, Ithaca, NY, 1994.

Butler, Richard/Douglas Pearce, *Change in Tourism. People, Places, Processes*, New York 1995.

Campbell, Colin, *The Romantic Ethic and the Spirit of Modern Consumerism*, New York 1987.

Capra, Fritjof, *The Web of Life. A New Scientific Understanding of Living Systems*, New York 1996 (dt.: *Lebensnetz. Ein neues Verständnis der lebendigen Welt.* Darmstadt 1996).

Carrithers, Michael/Steven Collins/Steven Lukes (Hg.), The *Category of the Person. Anthropology, Philosophy, History*, New York 1985.

Casey, Edward S., *The Fate of Place. A Philosophical History*, Berkeley/Los Angeles 1997.

Castells, Manuel, *The Rise of the Network Society. The Information Age. Economy, Society, and Culture*, Bd. 1, Cambridge, MA, 1996.

ders., *The Informational City. Information Technology, Economic Restructuring, and the Urban Regional Process*, London 1989 (dt.: *Die Welt der Stadt*, München 1991).

Chandler, Alfred D., Jr., *The Visible Hand. The Managerial Revolution in American Business*, Cambridge, MA, 1977.
Cheney, George, *Rhetoric in an Organizational Society. Managing Multiple Identities*, Columbia, SC, 1991.
Cheska, Alyce Taylor (Hg.), *Play as Context. 1979 Proceedings of the Association for the Anthropological Study of Play*, West Point, NY, 1981.
Clegg, Steward R., *Modern Organizations, Organization Studies in the Postmodern World*, Newbury Park, CA, 1990.
Clement, Wallace/Glen Williams, *The New Canadian Political Economy*, Kingston, Ontario, 1989.
Coase, R. H., *Essays on Economics and Economists*, Chicago 1994.
Collingwood, Robin G., *The Idea of Nature*, Oxford 1945.
Combs, James E./Michael Mansfield (Hg.), *Drama in Life, The Uses of Communication in Society*, New York 1976.
Condorcet, Marquis de, *Outlines of an Historical View of the Progress of the Human Mind*, London 1795.
Coyle, Diane, The *Weightless World. Strategies for Managing the Digital Economy*, Cambridge, MA, 1997.
Crane, Diana, *The Production of Culture. Media and the Urban Arts*, Newbury Park, CA, 1992.
dies., The *Transformation of Avant Garde. The New York Art World 1940-1985*, Chicago 1987.
Cross, Gary, *Time and Money. The Making of Consumer Culture*, New York 1993.
Cross, Richard/Janet Smith, *Customer Bonding*, Lincolnwood 1995.
Crowley, David/Paul Heyer (Hg.), *Communication in History. Technology, Culture, Society*, New York 1991.
Csikszentmihalyi, Mihaly/Eugene Rochber-Halton, *The Meaning of Things. Domestic Symbols and the Self*, New York 1981 (dt.: *Der Sinn der Dinge. Das Selbst und die Symbole des Wohnbereichs*, München 1988).
Cummings, Nicholas A./Janet L. Cummings/John N. Johnson, *Behavioral Health in Primary Care. A Guide for Clinical Integration*, Madison, CT, 1997.
Curran, James/Michael Gurevitch (Hg.), *Mass Media and Society*, New York [2]1996.
Czitrom, Daniel, *Media and the American Mind. From Morse to McLuhan*, Chapel Hill, NC, 1982.

Dahlman, Carl J., *The Open Field System and Beyond. A Property Rights Analysis of an Economic Institution,* New York 1980.

Davidow, William H./Michael S. Malone, *The Virtual Corporation. Structuring and Revitalizing the Corporation for the 21st Century,* New York 1992 (dt.: *Das virtuelle Unternehmen. Der Kunde als Co-Produkt,* Frankfurt/Main 1993).

Davidson, Martin P., *The Consumerist Manifesto. Advertising in Postmodern Times,* New York 1992.

Davis, Stan/Christopher Meyer, *Blur. The Speed of Change in the Connected Economy,* Oxford 1998 (dt.: *Das Prinzip Unschärfe. Managen in Echtzeit,* Wiesbaden 1998).

Debord, Guy, *The Society of the Spectacle,* New York 1994 (dt.: *Die Gesellschaft des Spektakels,* Hamburg 1978).

Delany, Paul/George P. Landow (Hg.), *Hypermedia and Literary Studies,* Cambridge, MA, 1991.

Denzin, Norman K., *Images of Postmodern Society. Social Theory and Contemporary Cinema,* London 1991.

Dicke, Thomas S., *Franchising in America.* The *Development of a Business Method 1840-1980,* Chapel Hill, NC, 1992.

Dittmar, Helga, *The Social Psychology of Material Possessions. To Have Is to Be,* New York 1992.

Dobb, Maurice, *Studies in the Development of Capitalism,* New York 1963 (dt.: *Entwicklung des Kapitalismus. Vom Spätfeudalismus bis zur Gegenwart,* Köln 1972).

Douglas, Mary, *In the Active Voice,* London 1982.

Douglas, Mary/Baron Isherwood, *The World of Goods,* New York 1979.

Downes, Larry/Chunka Mui, *Unleashing the Killer App. Digital Strategies for Market Dominance,* Boston 1998 (dt.: *Auf der Suche nach der Killer-Applikation. Mit digitalen Strategien neue Märkte erobern,* Frankfurt/Main 1999).

Drucker, Peter F., *Post-Capitalist Society,* New York 1993.

ders., *The Practice of Management,* Oxford 1954 (dt.: *Management. Ein Leitfaden für die Führungsaufgaben der modernen Wirtschaft,* München 1998).

Dyson, Esther, *Release 2.0. A Design for Living in the Digital Age.* New York 1997 (dt.: *Release 2.0. Die Internet-Gesellschaft. Spielregeln für unsere digitale Zukunft,* München 1997).

dies. u.a., *Cyberspace and the American Dream. A Magna Carta for the Knowledge Age,* Washington 1994.

Eisenschitz, Tamara S., *Information Transfer Policy. Issues of Control and Access,* London 1989.

Eisenstein, Elizabeth L., *The Printing Revolution in Early Modern Europe,* Cambridge 1983.

Ely, James W., Jr., *The Guardian of Every Other Right. A Constitutional History,* Oxford 1992.

Estabrooks, Maurice, *Electronic Technology, Corporate Strategy, and World Transformation,* Westport, CT, 1995.

Ewen, Stuart, *All Consuming Images. The Politics of Style in Contemporary Culture,* New York 1988.

ders., *Captains of Consciousness. Advertising and the Social Roots of the Consumer Culture,* New York 1976.

ders./Elizabeth Ewen, *Channels of Desire. Mass Images and the Shaping of American Consciousness,* New York 1982.

Farrington, Benjamin (Hg.), *The Philosophy of Francis Bacon. An Essay on Its Development from 1603-1609,* Liverpool 1964.

Featherstone, Mike, *Consumer Culture and Postmodernism,* London 1991.

Fiksdal, Susan, *The Right Time and Pace. A Microanalysis of Cross-Cultural Gatekeeping Interviews,* Norwood, NJ, 1990.

Fiske, John, *Introduction to Communication Studies,* New York ^{2}1990.

ders., *Understanding Popular Culture,* Boston 1989.

Flestead, Alan, *The Corporate Paradox. Power and Control in the Business Franchise,* London 1993.

Ford, Henry, *My Life and Work,* Salem, NH, 1987 (dt.: *Erfolg im Leben. Mein Leben und Werk,* München 1952).

Foster, Hal (Hg.), *The Anti-Aesthetic Essays in Postmodern Culture,* Seattle 1983.

Fox, Richard Wightman/T. J. Jackson Lears (Hg.), *The Culture of Consumption. Critical Essays in American History 1880-1980,* New York 1983.

Gabler, Neal, *Life the Movie. How Entertainment Conquered Reality,* New York 1998 (dt.: *Das Leben, ein Film. Die Eroberung der Wirklichkeit durch das Entertainment,* Berlin 1999).

Gaines, Jane M., *Contested Culture. The Image, the Voice, and the Law,* Chapel Hill, NC, 1991.

Garnham, Nicholas, *Contribution* to *a Political Economy of Mass-Communication,* London 1979.

ders./Fred Inglis (Hg.), *Capitalism and Communication. Global Culture and the Economics of Information,* London 1990.

Gates, Bill, *The Road Ahead,* New York 1995 (dt.: *Der Weg nach vorn,* Hamburg 1995).

Gelernter, David, *Mirror Worlds or The Day Software Puts the Universe in a Shoebox. How It Will Happen and What It Will Mean.* Oxford 1991 (dt.: *Gespiegelte Welten im Computer,* München 1996).

Gergen, Kenneth J., *The Saturated Self Dilemmas of Identity in Contemporary Life,* New York 1991 (dt.: *Das übersättigte Selbst. Identitätsprobleme im heutigen Leben,* Heidelberg 1996).

Gilder, George, *Microcosm. The Quantum Revolution in Economics and Technology,* New York 1989.

Goffman, Erving, *The Presentation of Self in Everyday Life,* New York 1959 (dt.: *Wir alle spielen Theater. Die Selbstdarstellung im Alltag,* München 1969).

ders., *Relations in Public. Microstudies of the Public Order,* New York 1971 (dt.: *Das Individuum im öffentlichen Austausch. Mikrostudien zur öffentlichen Ordnung,* Frankfurt 1982).

Goldman, Steven L./Roger N. Nagel/Kenneth Preiss, *Agile Competitors and Virtual Organizations. Strategies for Enriching the Customer,* New York 1995 (dt.: *Agil im Wettbewerb. Die Strategie der virtuellen Organisation zum Nutzen des Kunden,* Berlin 1996).

Goldstein, Paul, *Copyright's Highway. From Gutenberg to the Celestial Jukebox,* New York 1994.

Grant, James, *Money of the Mind. Borrowing and Lending* in *America from the Civil War to Michael Milken,* New York 1992.

Greider, William, *One World, Ready or Not. The Manic Logic of Global Capitalism,* New York 1997 (dt.: *Endstation Globalisierung. Der Kapitalismus frisst seine Kinder,* München 1998).

Guéhenno, Jean-Marie, *Das Ende der Demokratie,* München 1994.

Gumpert, Gary, *Talking Tombstones and Other Tales of the Media Age,* New York 1987.

Gurevitch, Michael u.a. (Hg.), *Culture, Society, and the Media,* New York 1982.

Habermas, Jürgen, *Strukturwandel der Öffentlichkeit. Untersuchungen zu einer Kategorie der bürgerlichen Gesellschaft,* Neuwied 1980.

Hampton, Benjamin B., *History of the American Film Industry. From Its Beginnings to 1931*, New York 1970.

Hanan, Mack, *Sales Shock! The End of Selling Products, the Rise of CoManaging Customers*, New York 1996.

Harasim, Linda M. (Hg.), *Global Networks. Computers and International Communication*, Cambridge, MA, 1993.

Hardison, O. B., Jr., *Disappearing Through the Skylight. Culture and Technology* in *the Twentieth Century*, New York 1989.

Harvey, David, *The Condition of Postmodernity. An Enquiry into the Origins of Cultural Change*, Cambridge, MA, 1990.

Hawken, Paul/Amory Lovins/Hunter Lovins, *Natural Capitalism. Creating the Next Industrial Revolution*, New York 1999 (dt.: *Öko-Kapitalismus. Die industrielle Revolution des 21. Jahrhunderts. Wohlstand im Einklang mit der Natur*, München 2000).

Hawthorne, Nathaniel, *The House of the Seven Gables*, Boston 1851 (dt.: *Das Haus der sieben Giebel*, Reinbek 1988).

Hayward, Philip/Tana Wollen (Hg.), *Future Visions. New Technologies of the Screen*, London 1993.

Healy, Jane M., *Endangered Minds. Why Children Don't Think and What We Can Do About It*, New York 1990.

Heer, Friedrich, *Mittelalter. Vom Jahr 1000 bis 1350*, Zürich 1961.

Heilbroner, Robert L., *The Making of Economic Society*, Englewood Cliffs, NJ, 1962 (dt.: *Wege zum Wohlstand. Das Wirtschaftsleben in Theorie und Praxis*, Gütersloh 1962).

Heim, Michael, *Electric Language. A Philosophical Study of Word Processing*, New Haven, CT, 1987.

ders., *The Metaphysics of Virtual Reality*, Oxford 1993.

Heisenberg, Werner, *Physik und Philosophie*, Frankfurt/Main/Berlin 1990.

Herman, Edward S./Robert W. McChesney, The *Global Media. The New Missionaries of Corporate Capitalism*, Herndon, VA, 1997.

Hoffman, Charles, *The Depression of the Nineties. An Economic History*, Westport, CT, 1970.

Hollowell, Peter G. (Hg.), *Property and Social Relations*, London 1982.

Horkheimer, Max/Theodor W. Adorno, *Dialektik der Aufklärung. Philosophische Fragmente*, Frankfurt/Main 1988 (darin: »Kulturindustrie. Aufklärung als Massenbetrug«).

Hornbrook, Adrian (Hg.), *World Leasing Yearbook 1995*, Sussex 1995.

Horney, Karen, *The Neurotic Personality of Our Time,* New York 1937.

Howard, Ebenezer, *Garden Cities of Tomorrow,* Cambridge, MA, 1965 (dt.: *Gartenstädte von morgen. Das Buch und seine Geschichte,* München 1968).

Huizinga, Johan, *Homo Ludens. Vom Ursprung der Kultur im Spiel,* Reinbek 1987.

Hunt, E. K., *Property and Prophets,* New York 1972.

Innis, Harold A., *Empire and Communications,* Toronto 1950.

Jameson, Fredric, *Postmodernism. Or the Cultural Logic of Late Capitalism,* Durham, NC, 1991.

Jones, Steven G. (Hg.), *Cybersociety. Computer-Mediated Communication and Community,* Thousand Oaks, CA, 1995.

Jussawalla, Meheroo, *The Economics of Intellectual Property in a World Without Frontiers. A Study of Computer Software,* Westport, CT, 1992.

Kamath, Kundapur V./Sanjiv A. Kerkar/Tumu Viswanath, *The Principles and Practices of Leasing,* Croyden 1990.

Kao, John, *Jamming. The Art and Discipline of Business Creativity,* New York 1996.

Kaplan, Ann E., *Rocking Around the Clock. Music Television, Postmodernism, and Consumer Culture,* New York 1987.

Katz, Elihu/Paul F. Lazarsfeld, *Personal Influence. The Part Played by People in the Flow of Mass Communication,* Glencoe, IL, 1955 (dt.: *Persönlicher Einfluss und Meinungsbildung,* Wien 1962).

Kelly, Kevin, *New Rules for the New Economy. 10 Radical Strategies for a Connected World,* New York 1998 (dt.: *Net Economy. Zehn radikale Strategien für die Wirtschaft,* München 1999).

ders., *Out of Control.* The *Rise of the Neo-Biological Civilization,* Reading, MA, 1994 (dt.: *Das Ende der Kontrolle. Die biologische Wende in Wirtschaft, Technik und Gesellschaft,* Mannheim 1997).

Kern, Stephen, *The Culture of Time and Space,* Cambridge, MA, 1983.

Keynes, John Maynard, *The General Theory of Employment, Interest and Money,* New York 1935 (dt.: *Allgemeine Theorie der Beschäftigung, des Zinses und des Geldes,* Berlin 1952).

Keyworth, George A. u.a., *The Telecom Revolution. An American Opportunity,* Washington 1995.

King, Sarah Sanderson (Hg.), *Human Communication as a Field of Study,* Albany, NY, 1989.

Kowinski, William Severini, *The Mailing of America. An Inside Look at the Great Consumer Paradise,* New York 1985.

Krotz, Larry, *Tourists. How Our Fastest Growing Industry Is Changing the World,* Boston 1996.

Kumon, Shumpei/Henry Rosovsky (Hg.), *Cultural and Social Dynamics. The Political Economy of Japan*, Bd. 3. Stanford, CA, 1992.

Kurlansky, Mark, *A Continent of Islands. Searching for the Caribbean Destiny,* Reading, MA, 1992.

Kurtzman, Joel, The *Death of Money. How the Electronic Economy Has Destabilized the World's Markets and Created Financial Chaos,* New York 1993.

Lafargue, Paul, *Die Entwicklung des Eigentums,* Leipzig 1971.

Lancy, David F./B. Allan Tindall (Hg.), *The Anthropological Study of Play. Problems and Prospects-Proceedings of the First Annual Meeting of the Association for the Anthropological Study of Play,* Cornwall 1976.

Landow, George P., *Hypertext. The Convergence of Contemporary Critical Theory,* Baltimore 1992.

Lanham, Richard A., The *Electronic World. Democracy, Technology, and the Arts,* Chicago 1993.

Lasch, Christopher, *The Culture of Narcissism. American Life in an Age of Diminishing Expectations,* New York 1979 (dt.: *Das Zeitalter des Narzissmus,* Hamburg 1995).

Laurel, Brenda, *Computers As Theatre,* Reading, MA, 1991.

Leach, William, *Land of Desire. Merchants, Power, and the Rise of a New American Culture,* New York 1993.

Leiss, William, *The Domination of Nature,* Boston 1972.

Levin, David Michael, The *Body's Recollection of Being. Phenomenological Psychology and the Deconstruction of Nihilism,* London 1985.

Lewin, Kurt, *Field Theory in Social Science. Selected Theoretical Papers,* New York 1951 (dt.: *Feldtheorie in den Sozialwissenschaften. Ausgewählte theoretische Schriften,* Stuttgart 1963).

ders., *Frontiers of Group Dynamics,* New York 1946.

Lifton, Robert Jay, *The Protean Self. Human Resilience in an Age of Fragmentation,* New York 1993.

Lipman-Blumen, Jean, *The Connective Edge. Leading in an Interdependent World,* San Francisco 1996.

Locke, John, *Of Civil Government. Two Treatises,* New York 1924 (dt.: *Über die Regierung,* Reinbek 1966).

ders., *Two Treatises of Government*, Bd. 2, New York 1963 (dt.: *Zwei Abhandlungen über die Regierung*, Frankfurt/Main 1995).

Loeffler, Carl Eugene/Tim Anderson (Hg.), *The Virtual Reality Casebook*, New York 1994.

Louv, Richard, *America II*, New York 1982.

Love, John F., *McDonald's. Behind the Arches*, London 1987 (dt.: *Die McDonald's Story. Die Anatomie eines Welterfolgs*, München 1996).

Lowe, Donald M., *History of Bourgeois Perception*, Chicago 1982.

Lury, Celia, *Cultural Rights. Technology, Legality, and Personality*, London 1993.

Lyotard, Jean-François, *Das postmoderne Wissen. Ein Bericht*, Wien 1986.

MacCannell, Dean, *The Tourist.* A *New Theory of the Leisure Class*, New York 1989.

Macfarlane Alan, *The Origins of English Individualism. The Family, Property, and Social Transition*, New York 1979.

MacPherson, Crawford, *Democratic Theory. Essays* in *Retrieval*, Oxford 1973 (dt.: *Demokratietheorie. Beiträge zu ihrer Erneuerung*, München 1977).

Malabre, Alfred L., *Beyond Our Means.* How *Reckless Borrowing Now Threatens to Overwhelm Us*, New York 1987.

Mandel, Ernest, *Spätkapitalismus*, Frankfurt 1972.

Marchand, Roland, *Advertising the American Dream. Making Way for Modernity. 1920-1940*, Berkeley, CA, 1985.

Marcuse, Herbert, *Eros and Civilization. A Philosophical Inquiry into Freud*, New York 1962 (dt.: *Triebstrukturen und Gesellschaft. Ein philosophischer Beitrag zu Sigmund Freud*, Frankfurt/Main 1967).

Marden, Orison Swett, *Masterful Personality*, New York 1921.

Martin, James, *Cybercorp. The New Business Revolution*, New York 1996 (dt.: *Das Cyberunternehmen. Total digital vernetzt*, Wien 1997).

Marvin, Carolyn, *When Old Technologies Were New. Thinking About Electric Communication in the Late Nineteenth Century*, New York 1988.

Marzio, Peter C., *The Democratic Art. Pictures for a 19th-Century America. Chromolithography 1840-1900*, Boston 1979.

Masuda, Yoneji, *The Information Society as Post-Industrial Society*, Washington 1980.

McChesney, Robert W., *Corporate Media and the Threat to Democracy*, New York 1997.

McChesney, Robert W./Ellen Meiksins Wood/John Bellamy Foster (Hg.), *Capitalism and the Information Age. The Political Economy of the Global Communication Revolution*, New York 1998 (dt.: *Der Kapitalismus und das Informationszeitalter*, Hamburg 1996).

McIlwain, Charles H., *The Growth of Political Thoughts in the West, from the Greeks* to *the End of the Middle Ages*, New York 1932.

McKenna, Regis, *Real Time. Preparing for the Age of the Never Satisfied Customer*, Boston 1997.

ders., *Relationship Marketing. Successful Strategies for the Age of the Customer*, Reading, MA, 1991.

McKenzie, Evan, *Privatopia. Homeowner Associations and the Rise of Residential Private Government*, New Haven, CT, 1996.

McLuhan, Marshall, *Understanding Media. The Extensions of Man*, Cambridge, MA, 1994 (dt.: *Medien verstehen*, Mannheim 1997).

ders./Bruce R. Powers, *The Global Village. Transformations in World Life and Media in the 21st Century*, New York 1989 (dt.: *The Global Village. Der Weg der Mediengesellschaft in das 21. Jahrhundert*, Paderborn 1995).

Medoff, Janies/Andrew Harless, *The Indebted Society. Anatomy of an Ongoing Disaster*, Boston 1996.

Merchant, Carolyn, *The Death of Nature. Women, Ecology and the Scientific Revolution*, San Francisco 1980 (dt.: *Der Tod der Natur. Ökologie, Frauen und neuzeitliche Naturwissenschaften*, München 1987).

Meyrowitz, Joshua, *No Sense of Place. The Impact of Electronic Media on Social Behavior*, New York 1985 (dt.: *Die Fernsehgesellschaft. Wirklichkeit und Identität im Medienzeitalter*, Weinheim 1987).

Miller, Daniel, *Material Culture and Mass Consumption*, London 1987.

Miller, Steven E., *Civilizing Cyberspace.* Policy, *Power, and the Information Superhighway*, New York 1996.

Molnar, Alex, *Giving Kids the Business. The Commercialization of America's Schools*, Boulder, CO, 1996.

Moore, James F., *The Death of Competition. Leadership and Strategy in the Age of Business Ecosystems*, New York 1996 (dt.: *Das Ende der Wettbewerbsführung und -strategie im Zeitalter unternehmerischer Ökosysteme*, Stuttgart 1998).

Morris, Colin, *The Discovery of the Individual. 1050-1200*, New York 1972.

Mosco, Vincent, *The Pay-Per Society. Computers and Communication in the Information Age*, Norwood, NJ, 1989.

ders./Janet Wasko, *The Political Economy of Information,* Madison, WI, 1988.

Munzer, Stephen R., *A Theory of Property,* New York 1990.

Nedelsky, Jennifer, *Private Property and the Limits of American Constitutionalism. The Madisonian Framework and Its Legacy,* Chicago 1990.

Negroponte, Nicholas, *Being Digital,* New York 1995.

Nourse, Edwin G., *America's Capacity to Produce,* Washington 1934.

Oakley, Francis, *The Medieval Experience. Foundations of Western Cultural Singularity,* New York 1974.

O'Connor, James, *Accumulation Crisis,* New York 1984.

Ong, Walter J., *Orality and Literacy. The Technologizing of the Word,* New York 1982 (dt.: *Oralität und Literalität. Die Technologisierung des Wortes,* Opladen 1987).

Opaschowski, Horst W.: *Generation @. Die Medienrevolution entlässt ihre Kinder. Leben im Informationszeitalter,* Ostfildern 1999.

Ortega y Gasset, José, *Meditationen über ›Don Quijote‹* Stuttgart 1959.

Pagels, Heinz R., *The Dreams of Reason. The Computer and the Rise of the Sciences of Complexity,* New York 1988.

Papert, Seymour, *The Children's Machine. Rethinking School in the Age of the Computer,* New York 1993.

Patterson, Marvin/Sam Lightman, *Accelerating Innovation. Improving the Process of Product Development,* New York 1993.

Pellegrini, Anthony (Hg.), *The Future of Play Theory. A Multidisciplinary Inquiry into the Contributions of Brian Sutton-Smith,* Albany, NY, 1995.

Pelton, Joseph N., *Wireless and Satellite Telecommunications. The Technology, the Market and the Regulations,* Upper Saddle River, NJ, 1995.

Pennock, J. Roland/John W. Chapman (Hg.), *Property,* New York 1980.

Peppers, Don/Martha Rogers, *The One to One Future. Building Relationships One Customer at a Time,* New York 1993 (dt.: *Die 1:1 Zukunft. Strategien für individuelles Kundenmarketing,* Freiburg 1994).

Perinbanayagam, Robert S., *Signifying Acts. Structure and Meaning in Everyday Life,* Carbondale, IL, 1985.

Perlman, Kalman I., *The Leasing Handbook,* Washington 1990.

Peters, Tom, *Liberation Management. Necessary Disorganization for the Nanosecond Nineties,* New York 1992 (dt.: *Jenseits der Hierarchien,* Düsseldorf 1993).

Pine, B. Joseph II, *Mass Customization. The New Frontier in Business Competition,* Boston 1993.

ders./James Gilmore, *The Experience Economy. Work Is Theatre and Every Business a Stage*, Cambridge, MA, 1999.

Polanyi, Karl, *The Great Transformation. The Political and Economic Origins of Our Time*, Boston 1957 (dt.: *The Great Transformation. Politische und ökonomische Ursprünge von Gesellschaften*, Frankfurt/Main 1978).

Porter, Michael E. (Hg.), *Competition in Global Industries. Coalitions and Global Strategy*, Boston 1986 (dt.: *Globaler Wettbewerb. Strategien der neuen Internationalisierung*, Wiesbaden 1989).

Quinn, James Brian, *Intelligent Enterprise. A Knowledge and Service Based Paradigm for Industry*, New York 1992.

Radin, Margaret Jane, *Reinterpreting Property*, Chicago 1993.

Randall, John H., *The Making of the Modern Mind. A Survey of the Intellectual Background of the Present Age*, Boston 1940.

Reeve, Andrew, *Property*, London 1986.

Rein, Irving J./Philip Kotler/Martin R. Stoller, *High Visibility*, New York 1987.

Rheingold, Howard, *Virtual Reality*, New York 1991 (dt.: *Virtuelle Welten*, Reinbek 1992).

Rieff, Philip, *The Triumph of the Therapeutic. Uses of Faith After Freud*, Chicago 1987.

Rifkin, Jeremy, *Biosphere Politics. A Cultural Odyssey from the Middle Ages to the New Age*, New York 1991.

ders., *The Biotech Century. Harnessing the Gene and Remaking the World*, New York 1998 (dt.: *Das biotechnische Zeitalter*, München 1998).

ders., *The End of Work. The Decline of the Global Labor Force and the Dawn of the Post-Market Era*, New York 1995 (dt.: *Das Ende der Arbeit und ihre Zukunft*, Frankfurt/Main 1995).

ders./Nicanor Perlas, *Algeny*, New York 1983.

ders./Ted Howard, *The Emerging Order. God in the Age of Scarcity*, New York 1979.

Rochberg-Halton, Eugene, *Meaning and Modernity. Social Theory in the Pragmatic Attitude*, Chicago 1986.

Rose, Carol M., *Property and Persuasion. Essays on the History, Theory, and Rhetoric of Ownership*, Boulder, CO, 1994.

Rothbard, Murray N., *America's Great Depression*, New York 1963.

Rowles, Graham D./Russell J. Ohta (Hg.), *Aging and Milieu. Environmental Perspectives on Growing Old*, New York 1983.

Russell, Bertrand, *Our Knowledge of the External World, as a Field for Scientific Method in Philosophy*, London 1914 (dt.: *Unser Wissen von der Außenwelt*, Leipzig 1926).
Ryan, Bill, *Making Capital from Culture. The Corporate Form of Capitalist Culture*, New York 1992.
Sassoon, Siegfried, *Memoirs of a Fox-Hunting Man*, London 1928 (dt.: *Glück im Sattel. Erinnerungen eines Jagdreiters*, Kempen 1949).
Schechner, Richard, *Between Theatre and Anthropology*, Philadelphia 1985 (dt.: *Theater-Anthropologie*, Reinbek 1990).
Schiller, Friedrich, *Über die ästhetische Erziehung des Menschen*, Stuttgart 1989.
Schiller, Herbert I., *Culture, Inc.. The Corporate Takeover of Public Expression*, New York 1989.
ders., *Mass Communications and American Empire*, Boulder, CO, [2]1992.
Schlatter, Richard, *Private Property. The History of an Idea*, New York 1973.
Schneider, Kenneth R., *Autokind vs. Mankind*, New York 1972.
Schneirov, Richard, *Labor and Urban Politics. Class Conflict and the Origins of Modern Liberalism in Chicago 1864-97*, Chicago/Urbana 1998.
Schreiber, Alfred L./Barry Lenson, *Lifestyle and Event Marketing. Building the New Customer Partnership*, New York 1994.
Schrödinger, Erwin, *Mein Leben, meine Weltansicht*, Wien 1985.
Sewell, Carl/Paul Brown, *Customers for Life. How to Turn That One-Time Buyer into a Lifetime Customer*, New York 1990 (dt.: *Kunden für's Leben. Die Erfolgsformel für mehr Service und Kundenzufriedenheit*, Wiesbaden 1996).
Shapiro, Carl/Hal R. Varian, *Information Rules. A Strategic Guide to the Network Economy*, Boston 1999 (dt.: *Online zum Erfolg. Strategien für das Internet-Business*, München 1999).
Sherman, Andrew J. (Hg.), *The Franchising Handbook*, New York 1993.
Shilling, A. Gary, *Deflation. Why It's Coming, Whether It's Good Or Bad, and How It Will Affect Your Investments, Business, and Personal Affairs*, Short Hills, NJ, 1998.
Shoemaker, Pamela J., *Gatekeeping. Communication Concepts*, Bd. 3., Newbury Park, CA, 1991.
Shulman, Seth, *Owning the Future. Staking Claims on the Knowledge Frontier*, Boston 1999.
Simmel, Georg, *Philosophie des Geldes*, Berlin 1958.

Sklar, Martin J., *The United States as a Developing Country. Studies in U.S. History in the Progressive Era and the 1920s,* New York 1992.

Slater, Gilbert, *The English Peasantry and the Enclosure of Common Fields,* London 1907.

Slouka, Mark, *War of the Worlds. Cyberspace and the High-Tech Assault on Reality,* New York 1995.

Smart, Barry, *Modern Conditions, Postmodern Controversies,* New York 1992.

Smith, Adam, *An Inquiry into the Nature and Causes of the Wealth of Nations,* Bd. 1, London 1961 (dt.: *Der Wohlstand der Nationen. Eine Untersuchung seiner Natur und seiner Ursachen,* München 1998).

ders., *Lectures on Jurisprudence,* Oxford 1978 (dt.: *Vorlesungen über Rechts- und Staatswissenschaften,* Sankt Augustin 1996).

Smith, Preston G./Donald G. Reinersten, *Developing Products in Half the Time,* New York 1995.

Smuts, Robert W., *Women and Work in America,* New York 1971.

Soja, Edward W., *Postmodern Geographies. The Reassertion of Space in Critical Social Theory,* London 1989.

Sorkin, Michael (Hg.), *Variations on a Theme Park. The American City and the End of Public Space,* New York 1992.

Springler, Claudia, *Electronic Eros. Bodies and Desire in the Postindustrial Age,* Austin 1996.

Stanworth, John/Brian Smith, *The Barclays Guide to Franchising for the Small Business,* Oxford 1991.

Stephenson, William, *The Play Theory of Mass Communication.* Chicago 1967.

Stewart, Thomas A., *Intellectual Capital. New Wealth of Organizations,* New York 1997 (dt.: *Der vierte Produktionsfaktor. Wachstum und Wettbewerbsvorteile durch Wissensmanagement,* München 1998).

Stigler, George, *Trends in Output and Employment,* New York 1947.

Strasser, Susan, *Satisfaction Guaranteed. The Making of the American Mass Market,* New York 1989.

Sussman, Warren I., *Culture as History. The Transformation of American Society in the Twentieth Century,* New York 1972.

Sveiby, Karl Erik, *The New Organizational Wealth. Managing and Measuring Knowledge-Based Assets,* San Francisco 1997 (dt.: *Wissenskapital. Das unentdeckte Vermögen,* Landsberg 1998).

Sweezy, Paul M., *The Theory of Capitalist Development. Principles of Marxian Political Economy,* New York 1942 (dt.: *Theorie der kapitalistischen Entwicklung,* Köln 1959).

Tapscott, Don, *The Digital Economy. Promise and Peril in the Age of Networked Intelligence,* New York 1996 (dt.: *Die digitale Revolution. Verheißungen einer vernetzten Welt. Die Folgen für Wirtschaft, Management und Gesellschaften,* Wiesbaden 1996).

Tate, William E., *The English Village Community and the Enclosure Movement,* London 1967.

Tawney, Richard H., *The Acquisitive Society,* New York 1920.

Thayer, Lee, *On Communication. Essays in Understanding,* Norwood 1987.

Theobald, William F., *Global Tourism. The Next Decade,* Oxford 1994.

Toffler, Alvin, *Future Shock,* New York 1970 (dt.: *Der Zukunftsschock. Strategien für die Welt von morgen,* München 1983).

ders./Heidi Toffler, *Creating a* New *Civilization. The Politics of the Third Wave,* Washington 1994 (dt.: *Die dritte Welle, Zukunftschance. Perspektiven für die Gesellschaft,* München 1997).

Toynbee, Arnold, *Lectures on the Industrial Revolution of the 18th Century,* London/New York 1937.

ders., *A Study of History,* Bd. 8, London 1954 (dt.: *Studie zur Weltgeschichte,* Zürich 1949).

Tuan, Yi-Fu, *Segmented Worlds and Self Group Life and Individual Consciousness,* Minneapolis 1982.

Turkle, Sherry, *Life on the Screen. Identity in the Age of the Internet,* New York 1995 (dt.: *Leben im Netz,* Hamburg 1998).

Turner, Frederick Jackson, *The Frontier in American History,* New York 1920 (dt.: *Die Grenze. Ihre Bedeutung in der amerikanischen Geschichte,* Bremen 1947).

Turner, Victor, *The Anthropology of Performance,* New York 1986.

ders., *From Ritual to Theatre.* The *Human Seriousness of Play,* New York 1982 (dt.: *Vom Ritual zum Theater. Der Ernst des menschlichen Spiels,* Frankfurt 1989).

Umiker-Sebeok, Jean (Hg.), *Marketing and Semiotics. New Directions in the Study of Signs for Sale,* New York 1987.

Varela, Francisco J./Evan Thompson/Eleanor Rosch, *The Embodied Mind. Cognitive Science and Human Experience,* Cambridge, MA, 1991.

Veblen, Thorstein, *Essays in Our Changing Order*, New York 1943.

Weber, Max, *Die protestantische Ethik und der Geist des Kapitalismus*, Tübingen 1934.

Whitehead, Alfred North, *Nature and Life*, New York 1934, Reprint. New York 1968.

ders., The *Principles of Natural Knowledge*, Cambridge 1925.

ders., *Science and the Modern World*, New York 1927 (dt.: *Wissenschaft und moderne Welt*, Zürich 1949).

Whiteley, Richard/Dianne Hessan, *Customer Centered Growth. Five Proven Strategies for Building Competitive Advantage*, New York 1996 (dt.: *Wachstumsmotor Kunde. Fünf praxiserprobte Strategien für langfristige Kundenzufriedenheit, maximalen Profit und gesundes Wachstum*, Landsberg 1996).

Wiener, Norbert, *Cybernetics. Or Control and Communication in the Animal and the Machine*, Cambridge, MA, 1961 (dt.: *Kybernetik. Regelung und Nachrichtenübertragung im Lebewesen und in der Maschine*, Düsseldorf 1992).

ders., The *Human Use of Human Beings. Cybernetics and Society*, Boston 1954 (dt.: *Mensch und Maschine. Kybernetik und Gesellschaft*, Frankfurt/Main 1972).

Wikse, John R., *About Possession.* The *Self as Private Property*, University Park, PA, 1977.

Williams, William Appleman, *The Contours of American History*, Cleveland 1961.

Wolf, Michael J., *The Entertainment Economy. How Mega-Forces Are Transforming Our Lives*, New York 1999.

Wood, Michael R./Lewis A. Zurcher, Jr., *The Development of a Postmodern Self. A Computer-Assisted Comparative Analysis of Personal Documents*, Westport, CT, 1988.

Woolley, Benjamin, *Virtual Worlds. A Journey in Hype and Hyperreality*, New York 1992 (dt.: *Die Wirklichkeit der virtuellen Welten*, Basel 1994).

Zurcher, Louis A., Jr., *The Mutable Self. A Self-Concept for Social Change*, Newbury Park, CA, 1977.

REGISTER

Clifford Stoll

Kuckucksei

Aus dem Amerikanischen von Gabriele Herbst

Band 13984

Geradezu zufällig kommt Clifford Stoll 1986 als neu eingestellter Systemmanager am Berkeley Laboratory in Kalifornien einem deutschen Hacker auf die Spur, der militärische Geheimnisse an den damals noch existierenden sowjetischen Geheimdienst KGB verraten hat. Da alle Warnungen an die Behörden nichts bewirken, nimmt Stoll die Nachforschungen selbst in die Hand und führt uns zurück in die frühen, wilden Pionierjahre des Internet. In seinem Bestseller »Kuckucksei« schildert Clifford Stoll diese atemberaubende Verfolgungsjagd durch das Netz. Wir erfahren, wie man durch Löcher in elektronischen Zäunen schlüpft, wie eine digitale Falle funktioniert und wo es mit der Datensicherheit hapert ...

»Kuckucksei«: Ein Thriller der Extraklasse – über das Netz und das Ende seiner glücklichen Kindertage.

Fischer Taschenbuch Verlag

fi 13984 / 1

Barbara Tuchman

Die Torheit der Regierenden

Von Troja bis Vietnam

Aus dem Amerikanischen von Reinhard Kaiser

Band 15394

Barbara Tuchman untersucht die vielleicht faszinierendste Paradoxie der Geschichte: die Verwirklichung einer Politik, die dem Eigeninteresse der Regierenden entgegensteht. Sie führt den Leser an vier entscheidende Schauplätze. Der erste ist der Trojanische Krieg. Gegen göttliche Omen und Beschwörungen aus den eigenen Reihen handelnd, ziehen die Trojaner das Pferd in ihre Mauern und verurteilen sich selbst zum Untergang. Das hölzerne Pferd ist das Symbol eines Wahns, der heute existenzgefährdend geworden ist. Die sechs Jahrzehnte päpstlicher Torheiten stellt sie im zweiten Abschnitt vor: Korruption, Amoral und Machthunger, die hochmütige Nichtachtung aller Proteste und Klagen, die zum Protestantismus und zu den Religionskriegen führten. Im dritten Kapitel erzählt sie, wie Georg III. und seine Regierung die Beziehungen zu den Siedlern in den amerikanischen Kolonien zerstörten. Die Verblendung der englischen Krone und ihrer Berater machte aus Untertanen Rebellen und besiegelte den Verlust eines Kontinents. Und schließlich analysiert sie Amerikas Verwicklung in Vietnam – von Franklin D. Roosevelts zögernder Unterstützung des französischen Kolonialismus in Indochina über die unsinnige Domino-Theorie bis zu Lyndon B. Johnsons törichtem Bestehen auf einem militärischen Sieg und der kaum verhüllten Niederlage der USA.

Fischer Taschenbuch Verlag

fi 15394 / 1

Hans Fenske, Dieter Mertens, Wolfgang Reinhard
und Klaus Rosen

Geschichte der politischen Ideen

Von der Antike bis zur Gegenwart

Band 13214

Die zweieinhalb Jahrtausende der faszinierenden Geschichte politischen Denkens, politischer Ideen, Programme und Entwürfe werden in diesem Kompendium für den Leser lebendig und anschaulich dargestellt.
Für die Antike werden die drei klassischen Tragiker Aischylos, Sophokles und Euripides, ferner Thukydides, Platon und Cicero ausführlich gewürdigt, für das frühe Christentum Ambrosius v. Mailand und Augustin, für die Epoche des Mittelalters Thomas v. Aquin, Wilhelm v. Ockham und Dante, für die Frühe Neuzeit Luther, Machiavelli, Hobbes, Montesquieu, Rousseau und Adam Smith. Unter den Vätern der amerikanischen Verfassung werden Hamilton und Jefferson eingehend behandelt.
Die großen miteinander konkurrierenden Staatssysteme erläutern die Verfasser am Beispiel ihrer einflußreichen Repräsentanten. Abbé Sieyès, Kant und Hegel stehen für den politischen Liberalismus ein, Metternich, v. Haller und Disraeli für den Konservatismus, Marx, Engels, Lenin für den Sozialismus, Mussolini für den Faschismus und Hitler für den Nationalsozialismus. Als Verfechter eines politischen Nationalismus unterschiedlichster Prägung werden Ho Chi Minh und Mao Tse-tung, Gandhi und Nehru, Senghor und Nasser vorgestellt.

Fischer Taschenbuch Verlag

fi 2255 / 1

Edward Tenner

Die Tücken der Technik

Wenn Fortschritt sich rächt

Aus dem Amerikanischen von Michael Bischoff

Band 14446

Wer kennt sie nicht, die Technik, die frustriert, unsere Nerven strapaziert, die »nach hinten losgeht«. Seien es Klimaanlagen, die für Erkältungen sorgen, oder Computerprogramme, deren Beherrschung mehr Zeit und Geduld kosten, als sie angeblich einsparen sollen. Die Errungenschaften des technischen Fortschritts bringen nicht nur Erleichterung sondern sind gleichzeitig immer komplexere Systeme, die uns permanent mehr Wachsamkeit und Vorausschau abverlangen.

Edward Tenner ist diesem »Rache-Effekt« systematisch nachgegangen. An einer Vielzahl, oft kurioser und verblüffender Beispiele zeigt er: Je naiver unser Technik-Optimismus, desto sicherer der Rückschlag!

Fischer Taschenbuch Verlag

fi 14446 / 1

Vilém Flusser

Nachgeschichte

Eine korrigierte Geschichtsschreibung

Herausgegeben von
Stefan Bollmann und Edith Flusser

Band 13387

Der Eintritt der Nachgeschichte bedeutet, so Vilém Flusser, »daß künftig nichts mehr erzählt, sondern nur noch aufgezählt oder bildlich geschildert werden wird: nur noch Statistiken oder elektromagnetische Bildaufzeichnungen gemacht werden. Und wenn nichts mehr erzählt wird, wird auch nichts mehr geschehen. Die Posthistoriker meinen, daß die an sie gerichtete Frage, was nach dem Ende der Geschichte komme, ebenso absurd ist, wie die an Scheherezade gerichtete, was denn nach der tausendundersten Nacht komme.« Flussers pointierte Studien beleuchten die Alltagswelt der *posthistoire*: vom Supermarkt als dem zeitgenössischen Marktplatz der *polis* über den amphitheatralischen Diskurs der Medien bis hin zum »dummen Zeug« – den Automaten oder »ultraschnellen Idioten«.

Fischer Taschenbuch Verlag

fi 411 / 6